KB241060

나남출판
문학론

나남출판

문학론

趙 芝 薫 전 집 3

NANAM
나남출판

일러두기

1. 조지훈 전집 제3권 《문학론》은, 그 무겁고 가벼움, 길고 짧음에 관계없이, 문학 일반에 대한 글들은 '문학론'으로, 시나 시인에 대한 글들은 '시론·시화'로 각각 묶었으며, 그 밖에 시집의 서·발문과 몇 편의 문학서평을 포함하여 지훈이 남긴 모든 형태의 서·발문 및 축사 등은 '서·발·기타'로 묶었다. 그리고 시인으로서의 지훈에게 매우 큰 영향을 미친 그의 실형(實兄) 세림 조동진(世林 趙東振)의 시집을 부록으로 여기에 함께 수록하였는데, 이는 세림의 시집이 지훈과 그의 시세계를 이해하는 데 귀중한 자료가 될 것으로 판단하였기 때문이다.

2. 표기 및 구두점은 되도록 기간서대로 따랐다. 다만, 외래어 표기는 1986년에 개정된 외래어 표기법에 따랐다.

3. 이 책에서 사용한 문양은 '백제 금동 용봉 봉래산 향로'(百濟 金銅龍鳳蓬萊山香爐)에 있는 봉황의 형상이다.

조지훈 전집 서문

　지훈(芝薰) 조동탁(趙東卓, 1920~1968)은 소월(素月)과 영랑(永郎)에서 비롯하여 서정주(徐廷柱)와 유치환(柳致環)을 거쳐 청록파(青鹿派)에 이르는 한국 현대시의 주류를 완성함으로써 20세기의 전반기와 후반기를 연결해 준 큰 시인이다. 한국 현대문학사에서 지훈이 차지하는 위치는 어느 누구도 훼손하지 못할 만큼 확고부동하다.

　문학사에서 지훈의 평가가 나날이 높아가는 것을 지켜보며 기뻐해 마지 않으면서도, 아직도 한국 근대정신사에 마땅히 마련되어야 할 지훈의 위치는 그 자리를 바로 찾지 못하고 있는 것이나 아닌가 하는 걱정이 없지 않다. 매천(梅泉) 황현(黃玹)과 만해(萬海) 한용운(韓龍雲)을 이어 지훈은 지조를 목숨처럼 중히 여기는 지사의 전형을 보여 주었다. 서대문 감옥에서 옥사한 일송(一松) 김동삼(金東三)의 시신을 만해가 거두어 장례를 치를 때 심우장(尋牛莊)에 참례(參禮)한 것이 열일곱(1937년)이었으니 지훈이 뜻을 세운 시기가 얼마나 일렀던가를 알 수 있다.

　지훈은 민속학과 역사학을 두 기둥으로 하는 한국문화사를 스스로 자신의 전공이라고 여기었다. 우리는 한국학의 토대를 마련한 지훈의 학문을 정확하게 인식해야 한다. 조부 조인석(趙寅錫)과 부친 조헌영(趙憲泳)으로부터 한학과 절의(節義)를 배워 체득하였고, 혜화전문과 월정사에서 익힌 불경과 참선 또한 평생토록 연찬하였다. 여기에 조선어학회의 큰사전 원고를 정리하면서 자연스럽게 익힌 국어학 지식이 더해져서 형성된 지훈의 학문적 바탕은 현대교육만 받은 사람들로서는 감히 짐작하기조차 어려울 만큼 넓고 깊었다.

지훈은 6·25 동란중에 조부가 스스로 목숨을 끊고 부친과 매부가 납북되고 아우가 세상을 뜨는 비극을 겪었다. 《지조론》에 나타나는 추상 같은 질책은 민족 전체의 생존을 위해 도저히 참을 수 없어 터뜨린 장렬한 양심의 절규였다. 일찍이 오대산 월정사 외전강사(外典講師) 시절 지훈은 일제가 싱가포르 함락을 축하하는 행렬을 주지에게 강요한다는 말을 듣고 종일 통음하다 피를 토한 적도 있었다. 자유당의 독재와 공화당의 찬탈에 아부하는 지식인의 세태는 지훈을 한 시대의 가장 격렬한 비판자로 만들고 말았다. 이 나라 지식인 사회를 모독한 박정희 대통령의 진해 발언에 대해 이는 학자와 학생과 기자를 버리고 정치를 하려 드는 어리석은 짓이라고 비판한 지훈은 그로 인해 정치교수로 몰렸고 늘 사직서를 지니고 다녔다. 지훈은 언제고 진리와 허위, 정의와 불의를 준엄하게 판별하였고 나아갈 때와 물러날 때를 엄격하게 구별하여 과감하게 행동하였다.

지훈은 근면하면서 여유 있고 정직하면서 관대하고 근엄하면서 소탈한 현대의 선비였다. 매천이 절명(絕命)의 순간에도 '창공을 비추는 촛불'(輝輝風燭照蒼天)로 자신의 죽음을 표현하였듯이 지훈은 나라 잃은 시대에도 "태초에 멋이 있었다"는 신념을 지니고 초연한 기품을 잃지 않았다. 지훈에게 멋은 저항과 죽음의 자리에서도 지녀야 할 삶의 척도이었다. 호탕한 멋과 준엄한 원칙 위에 재능과 교양과 인품이 조화를 이룬 대인을 우리는 아마 다시 보지 못할지도 모른다. 이른바 근대교육에는 사람을 왜소하게 만드는 면이 있기 때문이다. 지훈의 기백은 산악을 무너뜨릴 만했고 지훈의 변론은 강물을 터놓을 만했다. 역사를 논하는 지훈의 시각은 통찰력과 비판력을 두루 갖추고 있었다. 다정하고 자상한 스승이었기에 지훈은 불의에 맞서 학생들이 일어서면 누구보다도 앞에 나아가 학생들을 격려하였다. 지훈은 제자들과 함께 술을 마시고 서로 속마음을 털어놓기도 했고 손을 맞잡고 한숨을 쉬기도 했다. 위기와 동요의 시대인 20세기 후반기에 소용돌이치는 역사의 상처를 지훈은 자신의 상처로 겪어냈다.

지훈은 항상 현실을 토대로 하여 사물을 구체적으로 파악하려 하였고 멋을 척도로 하여 인간을 전체적으로 포착하려 하였다. 지훈은 전체가 부분의 집합보다 큰 인물이었다. 지훈의 면모를 알기 위해서는 그의 전체상을 살펴볼 필요가 있다. 한국의 현대사를 연구하려는 사람은 반드시 먼저 한국현대정신사의 지형을 이해해야 한다. 우리는 지훈의 전집이 한국현대정신사의 지도를 완성하는 데 기여하리라고 확신하고, 지훈이 걸은 자취를 따르려는 사람들뿐 아니라 지훈을 비판하고 극복하려는 사람들에게도 지훈의 전모를 객관적으로 인식할 수 있게 해야 한다고 생각하여 오래 전에 절판된 지훈의 전집을 새롭게 편찬하기로 하였다. 이 전집은 세대를 넘어 오래 읽히도록 편집에 공을 들이었고, 연구자의 자료가 되도록 판본들을 일일이 대조하여 결정본을 확정하였고 1973년판 전집에 누락된 논설들과 한시들을 찾아 수록하였다.

　전집 출판의 어려운 일을 맡아 주신 나남출판 조상호 사장의 특별한 뜻에 충심으로 경의를 표하며 1973년판 전집의 판권을 선선히 넘겨주신 일지사 김성재 사장의 후의에 감사드린다. 교정에 수고하신 나남출판 편집부 여러분의 노고에 깊은 사의를 표하는 바이다.

1996년 2월

편 집 위 원

趙芝薫 전집 3

文學論

차 례

· 일러두기 4
· 조지훈 전집 서문 5

文 學 論

문학의 근본과제 17

문학과 자유옹호 31

자연과 문학 39

고전주의의 현대적 의의 45

현대문학의 고전적 의의 54

한국 문학의 전통 65

유미주의문예 소고 68

세기말의 예술적 풍토 90

예술의 지방성과 국제성 102

소재와 표현 105

노래와 시의 관계 110

동화의 위치 117

우리말의 뿌리를 찾자 121

불안의 절정에서 125

전통에의 회귀 128

입명(立命)의 문학 131

현대의 전통 135

연극 수감(隨感) 138

소포클레스 극(劇)에 대하여 141

詩論 · 詩話

한국의 시는 이렇게 자라 왔다 147

한국 현대시사의 관점 154

한국 현대시사의 반성 166

현대시의 문제 172

현대시의 회의(懷疑) 181

《창조》지의 시사적(詩史的) 위치 187

두 개의 방법 190

봉황의 시름 193

나의 역정(歷程) 198

내 시의 고향 207

해방 전후의 추억 210

해방시단의 일별(一瞥) 218

해방시단의 과제 221

순수시의 지향 226

영남(嶺南) 시단의 단면 231

민족시의 밤 개회사 237

모색의 도정(道程) 240

방황하는 시정신 246

1954년의 기억 251

1955년의 구상 255

고대문학(高大文學)의 회고와 전망 258

실험실의 창 263

시의 육종 283

시감상 8편 299

한용운 론 304

김영랑 론 311

홍노작 론 315

序·跋·其他

《청자부》(靑磁賦) 319

《피리》 320

《해》 322

상화(尙火)와 고월(古月) 327

《보병과 더불어》후기 329

《낙화집》(落花集) 서 333

고행(苦行)의 유열(愉悅) 336

《산도화》 발문 339

《박두진 시선》 343

《카오스의 사족(蛇足)》 345

박희진 시집《실내악》서 347

민재식 시집《속죄양》서 349

오랜만의 음용(音容) 351

범대순 시집《흑인 고수(鼓手) 루이의 북》서 353

신석정 시집《산의 서곡》서 355

《20세기 시집》서 357

이원섭 역《당시신역》(唐詩新譯) 서 359

'Korean Verses' 후기 361

시대의 윤리 363

수필의 세계 370

《여명 80년》서문 373

《세계문학전집》을 보고 377

《대학》, 《중용》서 379

지성의 풍류 382

《구자균(具滋均)박사 유고집》발(跋) 384

《민족문화연구》창간사 386

민족적 자아발견의 겨울 388

《서창집》권두언 391

《한글》지 꼬리말 394

《석탑문학》권두언 396

《한용운 연구》서문 397

《흘러간 성좌(星座)》서 400

《돌의 미학》서 403

《효석 전집》간행사 405

《창에 기대어》서 406

한글학회 지은《중사전》서평 408

《현대인의 한방(漢方)》서 410

발(跋) - 심산공(心汕公) 유고(遺稿) 413

世林詩集

憂 鬱 421

失 春 譜 422

誤植된 靑春 423

春 想 424

哀　歌　425

沈　愁　426

搖　籃　428

鄕　愁 1　430

鄕　愁 2　431

歸　鄕　432

내마음은　433

八月夜半　434

채 송 화　435

豊 年 頌　436

庭園의 輓歌　438

菊　花　439

검 은 밤　440

절 간 길　441

눈날리는밤　442

밤　443

狂想數片　444

疲　勞　445

茶　房　446

·연　보 /　447

文學論

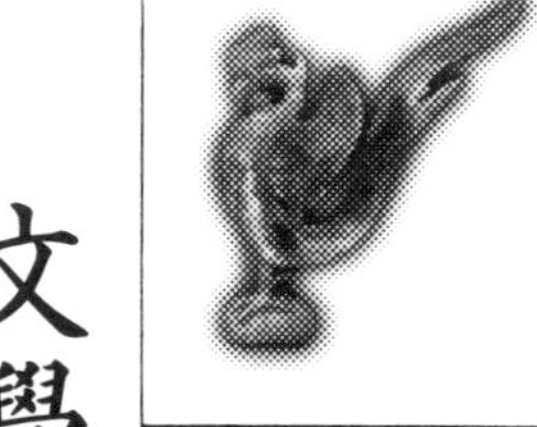

문학의 근본과제

문학정신이란 무엇인가. 이 문제에 대한 자각만이 구구한 이론의 난류(亂流) 속에서 헤어나와 자신의 문학에 도달하는 거경(據徑)이 될 것이다. 문학정신은 문학의 본질을 체득함이니 이는 곧 문학을 창조하는 그 문학적 태도에 결부되는 것이며 문학하는 태도는 문학을 생활함으로써 하나의 문학적 인생관에 연결된다. 그러므로, 문학관은 그의 예술관이요 인생관이며 세계관이기도 하다.

문학정신에 대한 기본문제는 그 독자성과 종속성 문제로, 문학하는 태도에 대한 기본 문제는 그 예술성과 공리성 문제로, 문학적 인생관의 기본문제는 그 개성과 사회적 문제로 대치된다.

1. 문학의 독자성과 종속성

사람의 요구를 만족시키는 사물의 성질을 가치(價値)라고 한다. 그런데, 사람의 욕구가 무수하니만큼 가치도 무수하며 따라서 가치판단도 무수한 것이다. 가치의 분류를 시험한 학자가 몇 사람 있었으나 복잡미묘한 인간생활 내용의 요구를 깡그리 해명할 수 없는 이상 그들이 한정한 몇 개의 가치는 실상 도로(徒勞)였다. 여기서 가치에 대한 관찰은 방향을 바꾸어 어떠한 근본적인 것에서 수많은 가치가 파생되는 것인가, 다시 말하면, 모든 가치는 통틀어 몇 개 가치에 대부분(大部分)할 수 있는가를 찾을 때 그들은 비로소 관혁(貫革)을 맞추었다.

칸트의 지(知)·정(情)·의(意) 삼분설(三分說) 이후 절대가치로서 통설이 된 진(眞)·선(善)·미(眞) 세 가치는 이미 하나의 상식이 되었다. 그러나 이 진·선·미 세 절대가치는 쾌락이라든가 경제가 자연물질가치임에 비하여 이들은 모두 이상(理想)정신가치인 것이니 그러므로 미적(美的) 가치로서 문학이 하나의 정신가치임은 자명한 일이 된다. 그러나 정신이 물질에서 파생된 듯이 생각하는 관점에서 문학도 자연물질가치를 위하여 투쟁의 도구라는 견해가 나옴으로부터 문학은 하나의 독자성을 잃고 어디에 종속되는 듯이 느껴지는 편이 많다. 하지만 자연물질가치든 이상정신가치든 그 구극(究極)이 인간의 근본적 요구에 환원할 때 가치는 실로 생활 하나밖에 없을 것이요 지·정·의는 유일생명에 통섭(統攝)될 것이다.

이렇게 생각한다면 문학이 복속(服屬)할 곳은 바로 인간 총체밖에 없을 것이다. 만일, 문학이 그 자신 인간의 본연한 욕구로서 나타나는 것이 아니고 그 이외의 다른 가치 획득에 사용되기 위한 제2차적 가치밖에 타고나지 못했다고 한다면 그 문학은 제 자신이 스스로 존립할 근거를 최초의 생명 속에서 스스로 포기하는 것이 된다. 왜 그러냐 하면, 순수한 예술충동도 사람이 지닌 생명적 요구이기 때문이다. 진(眞)은 보편타당성을 갖춘 학술적 가치로 논리적 증명이요, 선(善)은 합목적성, 합법칙성을 갖춘 도덕적 가치로 명령적 구속을 지님에 비하여 미(美)는 증명이나 목적이나 효용성을 초월한 예술적 가치로 정신적 감화(感化)가 그 특색이라 할 것이다. 다시 말하면, 이 세 절대가치는 서로 불가분의 것이면서도 그 본래의 요구를 혼동할 수 없다는 말이다. 실제로 우리는 선량한 행위를 미덕이니 진심이니 하고, 논리간명(論理簡明)한 글을 미문(美文)이니 선필(善筆)이니 하고, 우수한 예술을 진실이니 하는 등 혼용(混用)하는 것으로 봐서 진·선·미는 다름아닌 가치판단에 쓰이는 좋다는 느낌의 공통된 문구(文句)로 볼 것이다.

그러므로, 대상(對象)에 대한 평가작용의 구극은 정서적 감동을 낳지만 정서적 감동이라고 모두 예술이 될 수는 없다. 그것은 미의 가능한 소재요 구극의 내용은 될 수 있으나 곧 그대로 예술가치라 할 수는 없으니, 실로 문학은 자연과 인생 속에 내재하는 미(美)의 소재를 사람의 손으로 다시 창조한 제2의 자연이기 때문이다. 무식한 농부가 자기의 위험을 무릅쓰고 죽음에 직면한 애를 구해 내는 것을 보고도 우리는 감동할 수 있다. 그 감동의 근원은 도덕적 감동에서 오는 것이요, 위대한 과학자의 저서를 읽고도 그 해박(該博) 정밀(精密)함에 우리는 감동 할 수 있으나 그 감동의 근원은 학구적인 데서 오는 것을 알 수 있다. 그러나 들녘에 핀 아름다운 한 송이 꽃이나 하나의 예술품에 접했을 때 느끼는 감동은 어디서 오는가. 선의식(善意識)에서 올 것인가, 진의식(眞意識)에서 올 것인가? 이것이야말로 미의식(美意識)에서 오는 정서적 감동인 것이다.

문학은 언어에 의하여 창조된 예술품이다. 이와 같은 문학작품의 창조를 통해서 생명의 밑바닥을 흔드는 감동만이 문학이 주는 감동이요, 문학이 향수(享受)한 가치이기 때문이다. 다시 말하면, 자연과 인생의 일체 내용, 곧 일체 가치는 미(美)의 내용, 문학의 내용이 될 수 있다. 그러나 예술은 내용과 형식 그 어느 것 하나만으로는 설명할 수 없는 생명의 전일(全一)한 표현이기 때문에 광의(廣義)로는 이미 말한 바같이 미(美)의 내용은 자연 또는 인생 내용 속에 이미 소재(素材)로 존재하는 것이지만, 협의(狹義)로는 문학이란 그 내용이 예술화하는 형상, 곧 창조작용과 떠나서 있을 수 없다. 그러므로, 문학이란 작가를 통해 새로 창조된 생(生)의 내용인 것이다.

여기서 우리는 문학의 독자성(獨自性)과 종속성(從屬性)에 대한 결론을 내리기로 하자. 문학이, 문학 아닌 것 — 다시 말하면, 문학 이외 일체의 것을 떠나서 독립하여 존재할 수 없다는 것은 문학과 문학 아닌 것의 관련성이요, 문학 아닌 것은 문학의 소재일 뿐 그것이 문학으로 형성되는 데는 작가의 문학적 창조를 통한 문학적 생성이 요청된다는 것은 문학과 문학 아닌 것의 한계성이다. 그러므로, 문학과 문학 아닌 것의 한계성은 바로 문학의 독자성(獨自性)을 내증(內證)하는 것이며, 따라서 문학의 종속성(從屬性)이란 결국 관련성의 오인(誤認)에 지나지 않음을 알 것이다. 이미 문학이 문학 아닌 일체의 생활 속에 뿌리를 두는 이상 어떠한 소재와 동기로 쓰든지 작가의 문학적 역량만 우수하다면 훌륭한 작품이 낳아질 수 있는 것이지만, 한편, 문학 아닌 것이 문학적 창조를 거쳐야만 비로소 문학이 될 수 있는 이상 작품의 소재와 동기의 우수만으로는 훌륭한 작품이 이루어질 수 없는 것이다.

그러므로, 문학화(文學化)되지 못한 작품을 두고 문학 이외의 다른 각도에서 소재와 동기를 논할 수는 있으나 문학으로서의 우수성은 문학의 가치판단이 아니고는 평가할 수 없는 것이니 문학은 오직 문학적 가치판단에 의거할 것이요, 문학 이외의 여하(如何)한 가치판단에도 복종할 수 없다. 문학은 문학을 통해서만 그 진·선·미를 발휘함으로써 바로 인생을 위하여 — 다른 가치와 관련하며 — 공헌하는 것밖에 다른 목적과 길이 없으니 이 길을 지키는 것이 문학의 향수(享受)한바 독자성을 지키는 것이며 그의 바른 목적이 되는 것이다. 그러면, 그것은 문학을 위한 문학이 아니냐고 하겠지만 문학이 이미 생명의 요구요 생활의 표현이라면 이 말은 문학인에 있어서는 생활이 곧 문학이라 할 것인데 '생활을 위한 문학'은 결국 동어반복(同語反覆)이 되어 문학을 위한 문학이 되고 말 것이 아닌가. 도리어 생명적으로 문학을 위하는 생활만이 참으로 인생을 위하는 문학이 될 수 있을 것이다.

같은 학술에도 자연과학은 법칙정립적(法則定立的)이지만 문화과학(文化科學)은 개성기술적(個性記述的)이 아니면 안 된다는 것은 빈델

반트의 말이다. 왜 그러냐 하면, 자연과학은 일반화적·몰가치적임에 비하여 문화과학은 개성화적·가치관계적이 아니면 안 되기 때문이다. 그런데, 유물사관(唯物史觀)은 자연과학에 배리를 두기 때문에 논리적 증명에 미사여구만 입히면 문학이 되는 줄 알고 일반화적 특색에 좇아 개성을 무시하는 공식사상을 강요하며 몰가치적이므로 정치·경제·문학의 가치를 혼동하거나 주종관계를 규정한다. 그러므로, 정치적 선전 효용이 많다거나 개념적 사상이 자가(自家)에 일치되는 것만으로 내리는 그 비평기준은 모두 정치사상의 기준과 일치한다.

이제 남은 문제는 하나이다. 과연 유물사관(唯物史觀) 예술관(藝術觀)의 경전(經典)이 말하는 대로 예술현상은 전혀 물질생활에 의존하고 오직 물질생활의 반영(反映)일 뿐 하등 독자성(獨自性)을 가지지 못하는 것인가. 이는 물질생활이 예술을 제약한다는 의미이겠으나, 엄밀히 생각하면, 제약은 어디까지든지 제약이요 산출(産出)과 혼동해서는 안 된다. 생리작용이 심리작용을 제약하는 것이 명백한 사실이라 하여 혈액순환이라든가 호흡변화와 같은 생리작용이 도덕적 고민을 낳는다고 볼 수 있는가. 이 문제는 하나의 철학문제로 들어갈 일이다. 색채와 음향은 어디로나 전자기(電磁氣)의 파동일 따름이요, 물리적으로 비유(非有)임에 불구하고 그 자극이 우리의 감관(感官)과 신경을 통하여 뇌중추(腦中樞)에 전달될 때 그 물적(物的) 현상과는 절대로 이질적인 색채나 음향이 감각(感覺)된다 한다. 이와 같은 사실은 곧 물적인 외적 원인 속에는 없는 결과가 우리의 정신을 통함에 의하여 창조된다는 의미에 지나지 않는 것이니 정신을 통하여 창조된다는 이 불가사의한 질적 전환을 유물론자들은 어떻게 설명할 것인가. 그러므로, 문학이 물질적 생활의 제약을 받는다고 하더라도 그것이 이와 같은 기능을 지닌 두뇌를 거친 정신의 산물인 이상 물질생활이 그대로 문학을 낳을 수는 없으며, 따라서 문학은 물질생활의 반영모사(反映模寫)만이 아니요, 독자의 적극적 존재임은 의심할 수 없다. 따라서 문학은 물질을 일의(一義)로 삼는 경제투쟁의 정치사상에 복속해야 할 필연적 운명을 가진 것이 아니다. 그러므로, 문학은 물질생활을 포함한 인간생활을 내용으로 하고 그것을 문학적으로 창조하여 이루어지는 독자성을 지닌다는 것은 자명한 일이다. 그러므로, 문학이 문학으로서 독자성을 가지는 한, 문학인은 먼저 그 자율성(自律性)에 충실할 것이요 다른 가치에 복속한다는 것은 그 독자성을 부인하게 되는 것이다.

어떤 민족의 문학이든 문학이 문학으로서 진정한 발전을 가진다는 것은 오직 문학인의 작가적 역량의 함양(涵養)에서 비롯되는 것이며, 작가적 역량의 함양이란 곧 문학정신의 옹호를 통해서만 가능한 것이며 문학정신의 옹호는 문학의 독자성과 그 자율성의 이해에서부터 비롯된다 할 것이다. 그러므로, 작가적 역량의 함양을 위한 문학정신의 자유로운 사유(思惟)와 노력을 방해하고 말살함으로써 자가(自家)의 정치선전에 예속시키고 이용하는 것은 결국 진정한 문학의 발전을 질식시키려는 반동적 모략(謀略)인 것이다. 문학보다 정치를, 인생보다 정당을, 생명보다 명예를 우위에 두는 사람에게는 문학의 종속과 정당의 독재(獨裁)와 허영(虛榮)의 향락(享樂)이 더 중요한 것일지도 모른다. 또 처음부터 역량 있는 문학인은 문학을 수업하기 전에 대작(大作)을 쓸 자신이 있을지도 모르니 그런 사람에게는 이 글이 우졸(愚拙)한 나의 기우(杞憂)가 되었으면 다행이리라. 그렇지 않고 성실하게 문학을 수업할 사람은 이미 문학의 독자성을 자득(自得)했을 것이다.

2. 문학의 예술성과 공리성

문학의 근본과제가 문학의 독자성을 긍정하느냐 그 종속성만을 시인하느냐 하는 문제에서 출발한다는 것은 이미 앞에서 논급하였다. 따라서, 문학정신이란 문학의 정신 곧 문학적 인간정신이므로 문학 이상의 어떠한 것으로 문학정신에 대치(代置)할 수 없는 이상 바른 의미의 문학정신은 문학의 독자성을 긍정하는 사람에게만 존재한다는 것은 자명한 일이 아닐 수 없다. 그러므로, 문학하는 태도는 어떠해야 하는가 할 문제도 심히 복잡하고 미묘하지만 이 복잡한 유형의 본질을 구명(究明)한다면 결국 문학활동의 중심이 되는 문학창작의 태도가 문학의 독자성을 기반으로 하는가, 문학의 종속성을 기반으로 하는가 하는 문제, 다시 말하면 인생을 위하여 문학을 하는가, 인생을 위하는 다른 것을 위하여 문학을 하는가 두 가지의 기본태도로 구별된다는 것을 알 것이다. 이 말은 곧 문학하는 태도란 구경(究竟)에서 문학하는 이념의 기본이 되는 독자성과 종속성의 2대 성격 중에서 어느 것을 자기의 태도로 향수(享受)하느냐에 귀결되지 않을 수 없는 것이니 전자의 세계는 인간의 생명적 요구의 삼면인 진·선·미의 세 절대가치 속에 미(美)의 내용인 예술의 분신으로서 문학이 존재한다는 것이요, 후자의 세계는 진·선 두 가치 밑에 미(美)를 둠으로써 예술은 진이나 선, 다시 말하면 철학·종교, 또는 정치·경제의 방편으로 존재한다고 보는 근본적 차이가 있는 것이다. 그러므로, 문학의 독자성을 인정하는 태도는 오직 예술정신을 문학정신으로 삼는 1차적 가치로서 문학을 하지만 문학의 종속성을 시인하는 태도는 예술정신 이외의 다른 정신을 문학정신으로 타용(他用)하는 2차적 가치로서 문학을 하게 되는 것이다.

이로써 문학하는 태도는 문학이념을 예술성에 치중하느냐, 공리성(功利性)에 치중하느냐 하는 문제로 바뀌어지는 것이니 예술성은 그대로 인생을 위한 공리(功利)가 되지만 공리성은 과학성이라든가 도덕성을 보조함으로써 그러한 목적의 뼈다귀에 미사여구(美辭麗句)의 옷을 입히는 정도밖에 예술성을 인정하지 않게 되는 것이다.

나는 이미 문학의 독자성과 종속성 문제에서 문학의 예술로서 독자성이 있음을 밝혔고 문학의 종속성이란 다른 가치와의 관련성을 오인한 것이라고 규정하였다. 그러므로, 문학하는 태도를 예술성에 치중해야 하느냐 공리성에 치중해야 하느냐 하는 문제는 이상의 관점에서 볼 때 문제 제출이 이미 그릇되었다는 것을 논파(論破)하고 들어가지 않을 수 없는 것이다. 왜? 이 문제는 곧 예술이 예술이 되어야 하는가, 다른 것이 되어야 하는가 하는 문제로 바뀌어져 버리고 말기 때문이다.

물론 원시사회에서는 과학과 종교와 예술이 생활 속에 융합되어 분화되지 않았고 그보다 좀더 진보되었다는 고대의 희랍(希臘)이나 중화(中華)에서도 문학은 학문이라는 말과 동의어로 쓰였던 것이다. 그러나 오늘 우리가 쓰는 문학이란 개념은 형식적으로 봐서 문자로 씌어진 것이면 다 문학이라 한다든가, 내용적으로 사람의 관념을 기록한 것이면 다 문학이라는 그런 생각 위에 서 있는 것이 아니고, 언어문학으로 창조되지만 예술의 영역 속에 드는 문학, 바꿔 말하면 형식으로나 내용으로나 보다도 양자의 일체화된 점에서 문학은 벌써 자신의 독자적 체계를 세우게 된 것이다.

대저 사람이 땅 위에서 밥을 먹고사는 이상 사회성이나 시대정신을 전연 버릴 수 없고, 사람이 무엇을 생각하는 동물인 이상 사상성이 없을 수 없다. 그런데 공리성의 입장에서 어떠한 문학에 대하여 생활이 없다, 시대정신이 등한(等閑)하다, 사상성이 몰각(沒覺)되었다 등의 반박적 제언(提言)을 한다는 것은 엄밀히 살펴보면 다음과 같은 사실을 발견할 수 있다. 생활이 없다는 생활은 주로 물질생활을 의미한다는 것, 시대정신이란 주로 역사적 필연성을 표방하고 그 필연성의 노선을 가정(假定)한다는 것, 사상성이란, 어떠한 기성주의의 공식이라는 것이 그것이다. 그러므로, 경제생활과 함께 정신생활을 함께하는 인간으로 볼 때 개연성(蓋然性) 밖에 없는 역사를 일정한 회고(回顧) 선상(線上)에서 합리적으로 연역(演繹)하여 필연성을 찾고 전망대 위의 희망적 정치로서 세우는 시대정신은 구경 기성사상에 추수(追隨)하는 편협성(偏狹性)에 의거할 뿐이기 때문에 실상 이러한 문제는 창조를 본질로 삼는 문학에 일의적(一義的)으로 적용되지 않아도 좋은 것이다.

그러나 어떠한 문학이 혼(魂)이 없고 예술정신이 저조(低調)되고 예술성이 맹목(盲目)되었다면 이는 인간에서, 예술에서, 문학에서 한결같이 고귀한 본질적이요 일의적인 요소를 잃어버렸기 때문에 인간·예술·문학의 범주에서 제외되어 기계·기술·과학의 다른 영역 안으로 들어가지 않을 수 없는 것이다. 왜 그러냐 하면, 내용과 형식, 예술정신과 시대정신, 감동성과 사상성을 문학에서 분리하여 논하는 그 근본태도에서 이미 인간을 동물적 투쟁으로, 예술을 감각적 기교로, 문학을 개념적 사상으로 변질시키는 그 문학의 숙명이 준비되었기 때문이다. 인간에 이용할 사상이 물에 기름 탄 것처럼 예술 속에 들어와서는 그 본의(本意)인 효용성이 예술로서 인간에 공헌하지 못하는 것이기 때문이요, 그 문학 내지 예술을 위하여서는 항상 예술정신 이외의 다른 근거와 감동을 요구하지 않고는 스스로 존재할 수 없기 때문이다.

문학창조의 근본동력이 되는 예술충동(藝術衝動) 곧 미(美)의 탐구욕(探求慾)이 인간의 향유(享有)한 생명적 본능의 하나란 것과 이 요구를 만족시키는 것이 예술로서 문학의 독자성이 존재하는 이유가 된다는 것은 이미 앞에서 여러 가지 각도로 밝혔다고 본다. 그러나 이와 같은 순수한 예술충동의 본유설(本有說)을 부인하는 견해가 있으니 이것이 곧 문학하는 태도를 공리성에 두어야 한다는 문학관의 근거가 됨은 물론이다. 순수한 예술충동의 부인이란 다름아닌 예술이 독자성의 부인을 결과하기 때문에 우리는 문학성, 독자성을 방증(傍證)하기 위해서는 이 공리관(功利觀) 문제를 면밀히 석명(釋明)해야 하는 것이다. 예술에서 공리관은 그 철학적 근거를 주로 유물론(唯物論)과 감각론(感覺論)에, 윤리학적 근거를 이기주의와 쾌락주의에 두고 있다는 것을 논증할 수 있다. 이기(利己)든 극기(克己)든 쾌락이든 금욕이든 그리고 유물론이든 유심론(唯心論)이든 감각론이든 경험론이든 여하간 공리관이란 실용주의사상의 단적 표현이라 함에도 이의(異議)가 없는 것이다. 물론 우리는 실용주의사상을 무조건 배격할 수는 없을 것이다. 우리의 현실은 이 프래그머티즘의 재검토를 요청하고 있기까지 하다. 그러나 건전한 문화형성의 본질적 의의를 몰각한 획일주의는 충분히 경계하지 않으면 안 되는 것이니 문학의 본질과 공리성 문제의 상극상관(相克相關)을 해명하는 방법적 회의(懷疑)가 없이는 민족문화 건설의 기반을 그르칠 우려가 있음을 자각해야겠기 때문이다.

다 같은 근대 과학정신의 분파(分派)로서 어느 의미에선 공통된 실용주의로 볼 수 있는 영(英)·미(美)·중(中)·소(蘇)의 정신 속에 예술정책을 공리성(功利性) 문제로서 일률화하고 그 이외의 것을 배격하는 태도는 역시 유물사관의 그것뿐이라 할 것이다. 유물사관의 공리문학관(功利文學觀)은 주로 그로세, 루나찰스키, 푸레하노프, 프리의 순으로 발달된 것이나 전이자(前二者)는 순수예술충동을 어느 정도 시인했으므로 그 티피컬한 유물적 공리예술관은 후(後)의 이자(二者)에서 찾을 수 있다. 유물사관은 진화론시대의 과학이요, 과학적 사회주의는 사회경제의 발전단계설을 무기로 하는 정치관이므로 오늘에서는 과학으로도 이미 낡은 시대의 표본이거니와 특히 문학의 본질탐구에 착각을 줌으로써 그릇된 영향을 끼치는 바 크기 때문에 우리는 그 문학관의 핵심이 되는 공리성(功利性)의 본질을 소개 비판하지 않으면 안 되는 것이다. 유물사관(唯物史觀)의 예술관은 다음과 같이 말한다.

첫째, 예술의 발생과 기원은 물질생산의 증진을 위하여 생겨났다고 보고 원시(原始)의 회화(繪畵)·무도(舞蹈)·음악 등은 모두 고대 수렵민족이 오로지 실생활을 위한 생존경쟁의 수단으로 만들어 낸 것이라 한다. 나는 앞에서 원시사회의 과학·종교·예술의 미분화(未分化)를 말했으며 또한 당시 예술의 주술적(呪術的) 의의도 인정하지 않는 것은 아니다. 그러나 원시의 회화라든가 무도·음악이 집단의 결합과 용기의 고무(鼓舞)를 위하여 행하여졌다는 것만 보고 그 음악이라든가 무도가 아름다움을 즐기려는 인간 생래의 요구에 맞기 때문에 실제 생활에 이용되었다는 사실을 보지 않았음을 지적하지 않을 수 없다. 음악이나 무도에 의하여 노동이 안이(安易)해지고 투지가 왕성해진다는 것은 무엇 때문인가. 이는 순수한 예술충동 곧 그 음악과 무도를 즐거워하는 마음이 인간에게 본래 구유(具有)되어 있다는 전제를 떠나서는 성립될 수 없기 때문이다. 암탉의 눈에 곱게 보여지라고 그런 털이 아름답게 진화(進化)되었다 하지만 하필 그렇게 진화되는 데는 암탉의 쾌감(快感)에의 적응이란 것을 잊을 수는 없지 않는가. 수탉의 깃털을 변하게 한 암탉의 쾌감처럼 음악이나 무도가 이용되기까지에는 인간의 미감(美感)이 먼저 있다는 것이다.

둘째, 예술의 발달에 있어 지식과 감정, 개인의 재능과 민족정신 등의 영향을 부인하고 원시예술이 생산형식의 제약을 받음과 같이 모든 예술은 근본적으로 물질생활의 제약을 받는다고 한다. 이에 대해서는 문학의 독자성과 종속성을 논하는 항목(項目)에서 일단 해명하였으므로 여기서는 비판을 생략(省略)한다.

셋째, 사회생활의 근본상(根本相)은 경제투쟁이므로 각 시대의 예술은 어느 것이나 경제투쟁과 무관계할 수 없고 이에 충실함이 마땅하다 한다. 그러나 사회생활이 과연 투쟁만이냐 하는 것도 논의의 대상이 되는데 하물며 그 투쟁이 경제투쟁만으로 한정될 것인가. 우선, 손쉬운 대로 문화투쟁도 들 수 있지 않는가. 정신과 육체의 불가분은 경제적 독립이 없는 곳에 문화적 독립이 없다는 명제 앞에 문화적 자주(自主)가 없는 곳에 경제적 자주가 없다는 명제를 승인하지 않을 수 없는 것이다. 도시, 문화를 물질생활의 2차적인 상층구조로 보는 이들의 견해는 정신의 독자성을 부인하는 데서 출발하기 때문에 이 항목 또한 문학의 독자성과 종속성 문제에 들어간 것이므로 또한 여기서는 논외에 두기로 한다.

넷째, 푸레하노프는 예술미(藝術美)를 도덕적 선(善)과 동의(同義)

로 보고 그 도덕적 선은 곧 인간의 물질생활에서 유용한 것을 뜻하며 이와 같은 선(善)이 감성에 나타나는 것이 미(美)라고 한다. 그러나 선(善)과 미(美)는 공통되기도 하지만 반드시 동일한 개념이 아니요, 선(善)만이 미전체(美全體)가 아님으로써 여기서는 미(美)의 독자성 문제를 논해야 되게끔 되었다. 이와 같은 선(善)과 미(美)의 동일설에서는 근대예술에 나타난 도덕적 악(惡)이 훌륭히 예술로 성립된 것을 설명할 수 없을 것이다. 또 쉬운 한 예를 들면 같은 버섯이라도 송이 (松栮)는 사람에게 영양을 주는 것이니 선(善)하고, 어떤 버섯은 먹으면 사람을 미치게 하므로 악하다 할 것인데 색채는 도리어 먹으면 미치는 버섯이 송이보다 더 아름다운 것이니 우리는 선(善)한 것이 감성에 나타나는 것이 미(美)라는 설(說)은 이러한 사실로도 일고(一顧)의 값도 인정할 수 없는 것이다. 왜? 맛좋고 이롭다고 송이를 가져다 새 빨간 유독(有毒)버섯보다 아름답다 할 자는 사람 속에는 없을 것이기 때문이다. 여기에 미(美)의 가치판단이 반드시 윤리적 판단에 일치되지 않는 증거가 있는 것이다.

또 유용하다는 것과 도덕적 선(善)도 반드시 공통개념이 될 수 없다. 물질생활의 욕구란 동물로서 개체생존의 본능이라 할 것인데 이 본능을 만족시키는 것이 모두 선이라면 유용을 구실로 하여 어떠한 수단도 선(善)으로 인정할 수 있는가. 여기 유물사관(唯物史觀)이 도덕적 목적을 위해 부도덕적 수단을 승인채택하는 오류(誤謬)의 모략(謀略)이 있으며 제 영아(嬰兒)를 죽이는 것을 경제생활을 구실로 도덕적으로 용인하는 윤리를 세우기에 이를 근거로 알 수 있는 것이다. 도덕적 선(善)은 차라리 본능을 견제하는 제약으로서 명령하고 구속하는 것이다. 또 실용에 이롭다는 것과 미(美)와는 동일한 개념이 아니다. 무명옷이 노동에 더 오래 견디고 명주나 비단이 실용에 빨리 떨어지는 것이라 해서 무명을 명주나 비단보다 더 아름답다 할 수 없으며 배고플 때 먹을 수 있는 고구마를 파초보다 아름답다 할 수는 없기 때문이다. 만일 이와 같이 규정(規定)한다면 가난한 사람이 깨어진 화분에 관상식물을 심는다면 악한 사람이 될 것 아닌가. 또 만일 이런 경우에 아름다움을 찾는 마음에 제일 실용적인 것이 이 명주나 파초라고 변명한다면 이는 미(美)의 내용에 물질적 반실용(反實用)의 가치 면이 있음을 승인하게 되기 때문에 자가당착(自家撞着)에 떨어지는 것이다.

이와 같이, 유물사관에 입각한 예술관은 일체의 예술을 도덕적·실용적·공리적으로 규정하기 때문에 문학을 물질생활, 경제투쟁을 위한 도구문학(道具文學), 선동문학(煽動文學)으로 화하게 하는 것이 필지(必至)의 추세인 것이다. 사실은 이와 반대로 예술의 공리성(功利性)은 예술성을 기초로 하고 이루어지는 것이다. 위대한 예술, 성공한 예술은 공리성·선전성이 절로 부수하는 것이니 예술에서 공리성은 2차적이라는 것이요, 모든 낮은 가치는 언제나 높은 가치에 근거하는 것이다. 우리가 천만언(千萬言)의 논문보다 한 줄 시에 더 선전(宣傳)의 효용(效用)을 느끼는 것은 시가 예술로서 미감(美感)을 통하여 사람의 진실한 심금(心琴)에 부딪칠 수 있기 때문이요, 미감은 이상과 현실의 생명적 창조의 조화작용(調和作用)이 있기 때문이다.

다시 말하면, 문학에서 받은 공리성(功利性)은 즉 그 문학작품에 영향한 바 모든 요소를 다른 방면에서 적출(摘出)하여 이용하게 할 수 있는 점이요, 설사 이용할 것을 미리 그 속에 넣어서 창조한다고 하더라도 그 효용성이 예술이란 방편(方便)을 빌고 그 예술적 본질을 통하여 호소할 것이라면 예술로서의 생성(生成)의 제약이라든가 예술로서의 창조의 계기(契機)를 필요로 하지 않을 수 없는 것이다. 수학공식이나 역사연대(歷史年代)의 기억을 돕기 위한 노래가 아무리 시가(詩歌)의 형식을 빌렸다고 하더라도 그것이 시로서 존립할 수 없음은 거기는 시정신 곧 시에서의 예술성이 결여되어 있기 때문임을 알 것이니 예술에서는 비예술성(非藝術性)과 반기억성(反記憶性)이 일치되는 것이며 비예술적인 것이 반교화적(反教化的)인 것임을 알아야 하는 것이다.

이 말은 곧 예술은 예술이 되어야만, 문학은 문학이 되어야만 그가 맡은 선전(宣傳)과 감화(感化)가 더 절실하게 효용되는 것이며 그 감동과 효용이 공간적으로 시간적으로 확장하는 생명을 가지는 것이기 때문이다. 요컨대 문학하는 태도는 예술의 본령(本領)을 지키는 문학을 해야 바른 문학이 될 것이요, 예술의 본령(本領)을 지키는 문학이란 예술의 독자성을 옹호(擁護)하는 문학정신을 자기의 인생관으로 한다는 말이 아니면 안 될 것이다.

문학과 자유옹호
─그 한국적 양상에 대하여

'자유하(自由下)의 발전'이란 오늘의 의제는 자유의 향유(享有)를 전제로 한 문화의 새로운 방향을 모색하려는 데 주안이 있는 것 같습니다. 이 논제는 우리에게 대체로 두 가지 면에서 문제를 제기해 주고 있습니다. 그 하나는 이때까지의 우리의 문화는 자유 아래 놓여 있지 않았다는 데 대한 반성이요, 다른 하나는 자유가 보장된 정상적인 상황에서 우리가 생각할 수 있는 가능성의 탐구와 그에 대한 장애가 있을 때에 그것을 극복하는 투쟁의 목표를 예견(豫見)하는 일입니다.

앞으로의 방향을 찾기 위해서는 우리는 먼저 걸어온 길을 반성함으로써 우리의 생각의 바탕을 해명하는 것이 필요하다고 봅니다. 그래서 저는 자유옹호에 대한 한국적 이념의 내용이 무엇인가, 그 기본적 핵심이 무엇이었던가 하는 점을 우리 문학사(文學史)에 비추어서 좀 생각해 보고자 하는 것입니다.

자유의 문제가 우리 민족에서처럼 오랜 역사적 과정을 두고 지식인의 심각한 고민으로 부딪쳐 온 민족은 달리 유례를 찾기 어려울 것입니다. 그렇기 때문에 자유에 대한 우리의 태도는 현대 휴머니즘 운동의 일련환(一連環)으로서의 선진국가의 자유옹호 운동과는 양상을 달리하는 바가 있을 뿐 아니라 그 내포한 문제의 다난(多難)함이 또한 남다른 바가 있는 것이 사실입니다. 이와 같이, 우리의 특수한 역사과정이 제약한바 자유문제는 우리 문화 일반이 공동(共同)한 운명으로 부하(負荷)한 심각한 문제이지만 그것을 우리 문화 내부에서 볼 때는 문화분야만큼 더욱 절실한 문제가 된 분야는 없을 것입니다. 왜 그러냐 하면, 문학은 주지(周知)하는 바와 같이 언어예술인데 문학의 유일한 표현수단 또는 형상화(形象化)의 질료인 자기의 언어문자 사용의 자유를 극도로 제한 또는 박탈당한 지경에 이른 적이 있었기 때문입니다. 이것은 문학의 기본적 자유문제입니다. 따라서, 문학의 자유의 첫 투쟁은 침략민족의 우리 국어 말살 정책에 항거하는 어문운동(語文運動)에 연결되지 않을 수 없었고, 더 근본적으로는 민족의 자유를 전취(戰取)하려는 민족해방운동과 그 기반을 같이하지 않을 수가 없었던 것입니다. 다시 말하면, 우리말로 문학을 창작한다는 사실 자체가 문학에서의 자유옹호운동이었다는 웃지 못할 역사를 우리는 지니고 있는 것입니다. 이러한 부자유의 역사로서 36년간의 일본 제국주의의 압제가 오기 이전에도 우리에게는 우리 문학의 자유를 옹호해야 할 불운의 세월이 장구한 기간을 계속했습니다. 그것은 중국 문화에 심취한 부유(腐儒)들의 사대모화주의(事大慕華主義)와 거기에서 결과한 한문학전천(漢文學專擅)에 대한 항쟁이었습니다. 이것도 사상적으로는 민족주체의식에 결부되어 있었습니다만은 그보다는 더 민중의식이랄까 백성을 본위로 생각하는 근대의식의 발아(發芽)에서 비롯되었다고 보는 것이 타당하겠습니다.

다시 말하면, 우리 문학이 자유에 대한 관심을 나타내기 시작한 것은 다른 나라에서와 마찬가지로 우리 문화가 근대의식에 눈뜨기 시작하면서부터였습니다. 우리의 근대의식은 어느 때부터 싹텄느냐 하는 문제는 용이한 문제는 아닙니다. 이른바 근대사회의 여명(黎明) 또는 근대에의 분수령이라는 1894년의 갑오경장으로써 근대의식의 발아기를 삼을 수도 있겠습니다만, 실상 갑오경장은 우리 내부에서 서서히 생성된 근대의식과 외부의 노력이 합쳐져서 정치제도의 변혁을 초래한 결정적 시기였습니다. 그러므로, 그것을 우리 근대문화 발아기라고 부를 수는 없는 것입니다. 다시 말하면, 갑오경장은 청일전쟁의 결과로 이루어진 것이지만 그 청일전쟁의 도화선이 우리 동학혁명(東學革命) 이었고 동학혁명은 우리 내부에서 성장한 근대의식이 폭발된 것이었습니다. 우리는 갑오경장의 시정요목(施政要目)에서 동학혁명군이 제기한 근본적인 문제를 많이 발견할 수 있습니다. 이런 의미에서 갑오경장이 비록 외국 힘에 의한 독립선포(獨立宣布)와 내정(內政)의 근대적 개혁이라 할지라도 그것은 우리 내부에서 이루어진 근대의식이라 보지 않을 수 없는 것입니다.

그러면, 우리 나라의 근대의식은 어느 때부터 싹텄는가. 다시 말하면, 갑오경장과 동학혁명의 원류는 어디까지 거슬러 올라갈 수 있는가. 저는 이것을 세 가지 큰 단계로 나누고 그 세 가지를 다시 각기 두 단계에 나누어 생각할 수 있다고 봅니다.

첫째, 세종대왕의 정치에서 이 민본사상(民本思想)의 바탕을 보려는 것입니다. 세종대왕은 주지하는 바와 같이 동서양사를 통해서 드물게 보는 문화제왕(文化帝王)으로 빛나는 업적을 많이 남긴 분입니다만, 그분의 일생 치적은 민족적 의의와 민중적 의의의 두 가지 면에서 파악 할 수 있습니다. 대마도(對馬島) 정복, 북진개척(北鎭開拓), 일본 해적 침입방지를 위한 교역(交易), 3항구 개방이라든가 외국약재(藥材) 수입단절에 대비한 《향약집성방》(鄕藥集成方) 편찬 등은 전자의 면이요 옥중(獄中) 위생시설 개선, 삼심제도(三審制度) 실시, 고문제도 엄금, 70세 이상 15세 미만자 살인강도범을 제외한 투옥금지(投獄禁止) 등의 사법제도(司法制度)와 세궁민(細窮民) 구휼법(救恤法), 도시 방화시설(防火施設), 《농사직설》(農事直說 ; 老農의 경험담) 등은 후자의 면이 강조된 것입니다. 그의 문화정책이 두드러진 자(者)도 이 두 가지 면에서 벗어나지 않습니다.

집현전(集賢殿) 설치, 천문학(天文學) 연구, 음악(音樂) 정리, 인쇄술(印刷術) 개량, 음성학(音聲學) 연구는 그 중요한 자이지만 세종대왕 시정(施政)의 대강령(大綱領)이 표현된 것은 역시 훈민정음(訓民正音) 서문(1446)입니다. 모든 나라가 다 문자가 있는데 우리 나라만이 문자가 없다는 것과 어리석은 백성이 말하고 싶은 바가 있어도 제나라 글이 없으므로 제 뜻을 표현하지 못하는 것을 민망히 여기는 것으로써 훈민정음의 제정 동기를 삼은 것입니다. 세종대왕의 이러한 민족주의적이요 민본주의적 사상은 우연히도 서구의 르네상스 시기에 발현되었습니다. 다만 르네상스가 밑으로부터 솟아나온 기운인 데 비해서 이것은 어진 치자(治者)의 뜻으로 위에서 아래로 베풀어진 것이라는 차이가 있을 따름입니다.

둘째, 임진왜란과 병자호란으로 국토가 외적의 발굽 아래 짓밟히고 정부의 권위가 땅에 떨어짐으로부터 민중의식은 눈을 뜨기 시작했습니다. 이 두 가지 시기를 통해서 우리의 근대의식은 비로소 그 바탕을 얻었던 것이 사실입니다.

셋째, 김육(金堉)·유형원(柳馨遠)으로 시작되는 실사구시(實事求是)의 학풍이 도학(道學) 중심의 당대 풍조에 이용후생(利用厚生)의 경제의 학을 세움으로써 사상적으로 근대는 한 걸음 다가섰습니다.

넷째, 조선 건국 이후 상국(上國)으로 섬겨 왔고 임란(任亂) 때는 원군(援軍)을 보내 준 명(明)나라에 대한 의리 때문에 또는 병자(丙子)의 치욕과 북방호족(北方胡族)이라 해서 적시(適視) 모시(侮視)하던 청(淸)나라가 문화적으로 흥륭(興隆)하자 종래의 관념은 타파하고 청나라를 배워야 한다고 주장한 북학파(北學派)의 대두와 천주교 수입의 발판이 된 서학파(西學派)는 다 같은 실학파(實學派)로서 사상사적으로 이들은 근대학파였던 것입니다. 당시 청나라는 천주교 동양 선교의 거점이자 서구문물 교수(教授)의 대학(大學)이었던 것입니다. 다시 말하면, 서구에서 종교개혁에 패퇴한 천주교는 동양에서는 충분히 서구

과학의 선구적 전파자가 되었을 뿐 아니라 천주교는 정신적으로는 우리 나라에 종교개혁을 가져왔던 것입니다. 이 두 가지 시기에 우리의 근대는 사상적으로 성숙해 갔던 것입니다.

다섯째, 순조(純祖) 연간(1801~1834) 곧 조선 말기가 되면서의 부패정치는 마침내 백성을 도탄(塗炭)에 빠뜨리기 시작해서 도처에 민중봉기 곧 민란(民亂)을 일으켰습니다. 삼정소요(三政騷擾) 라는 이름으로 불리는 이들 민란은 민중의식을 자각적 항쟁의 불가피한 자리에 몰아넣었습니다.

여섯째, 유(儒)·불(佛)·도교(道敎) 와 민간신앙을 종합하고 천주교의 순교(殉敎) 에 자극되어 그 사상까지 섭취하여 전통적 사상에 환원함으로써 전형적인 한국사상으로서의 신개지(新開地) 를 개척한 동학사상(東學思想) 은 사상적으로는 서학(西學) - 천주교에 대립되는 것이요, 행동적으로는 민중혁명의 선구(先驅) 로서 동학혁명을 일으키게 되었습니다. 이 두 가지 단계에 이르러서 우리의 근대의식은 뒤늦게나마 명료(明瞭) 한 각성(覺醒) 에 이른 것입니다.

이상으로써 우리는 우리 나라의 근대의식의 성장과정 곧 인권 내지 민권(民權) 의 옹호투쟁의 모습을 별견(瞥見) 했습니다. 이로써 우리는 이와 같은 근대사상사 내지 사회사(社會史) 의 과정이 그대로 우리 문학의 자유에 대한 관심과 발아(發芽) 와 자각과 투쟁의 과정이라는 것을 말할 수 있습니다. 다시 말하면, 임진·병자란 이후 홍경래란(洪景來亂), 동학혁명까지에 이르는 동안 문학사상의 배경으로서 우리는 두 줄기 선(線) 을 찾을 수 있습니다. 그 하나는 '한글문학 — 평민문학(平民文學)'의 선이요 다른 하나는 '실학사상(實學思想 ; 西學) — 동학사상'의 선이라는 것입니다. 〈홍길동전〉〈춘향전〉이 전자의 소산이요 〈허생전〉〈호질〉(虎叱) 등이 후자의 소산입니다. 그리고, 이 두 가지 선이 합쳐진 사상적 배경과 사회적 기반 위에 갑오경장이란 우리의 근대가 재래(齎來) 된 것입니다.

앞에서 우리가 살펴본 바는 우리 문학 내부에서 싹튼 자유에의 관심을 적출(摘出)한 것입니다마는 우리의 근대문학은 실상 서구의 문학사상과 형식을 받아들임으로써 이루어진 것입니다.

그러므로, 한문학적(漢文學的)인 고대문학에 서구적인 근대문학을 접붙인 것이 오늘 우리 문학의 시작이었습니다. 그러므로, 이 서로 이질적인 것이 어울려서 하나의 전통을 세우기까지에는 고대문학적 요소가 그렇게 손쉽게 탈피(脫皮)되는 것은 아니었습니다. 그 점은 소설에서 더욱 그러했습니다. 형식적으로도 우리의 최초의 신시(新詩)는 완전한 자유율(自由律)로 씌어졌는데 같은 시기의 신소설(新小說)은 역시 구소설적인 형식을 많이 지니고 있었습니다.

이러한 신시와 신소설이 처음 우리 나라에 등장한 것은 갑오경장 이후, 다시 말하면 1900년대 20세기 초두였습니다. 계몽문학이라고 불리어지는 이 시기의 우리 문학은 한말로 해서 개인주의·자연주의에 발판을 둔 민권사상·신도덕·신연애(新戀愛)를 골자로 하는 봉건적 인습타파사상과 과학사상의 고취와 신교육보급운동으로 표현되었습니다. 이와 같이, 사회사상적 배경은 다른 분야에서와 마찬가지로 인도주의와 이상주의로써 안목을 삼았던 것입니다. 3·1 독립선언서에도 이 사상이 근저가 되어 있습니다. 다시 말하면, 갑오경장에서 8·15 해방까지 우리 문화의 바탕을 이룬 주류적 사상은 민주주의와 세계주의에 결부된 민족주의, 문화주의와 인격주의에 연결된 사회주의였습니다. 이 두 가지 면의 융합은 우리 한국사상의 원형(原形)으로서 멀리 단군신화·부여(扶餘)·신라의 사상에서 원효·세종·최수운의 동학사상에 이르기까지 한국적 사상가의 생각 밑바닥에 깔려 있는 오랜 전통에 연유한 것을 증거할 수가 있습니다.

계몽문학은 우리에게 민족의식을, 이상주의·인도주의는 우리에게 세계의식을, 낭만주의·사회주의는 우리에게 자유의 꿈과 힘을 가르쳐 주었다고 말할 수 있습니다.

우리의 문학은 8·15 해방을 계기(契機)로 해서 오늘의 남북 분단의 바탕이 된 두 가지 세계로 나뉘어지고 말았습니다. 해방 직후의 혼란 시기를 우리는 공산주의문학의 반예술성(反藝術性)과 반자유성(反自由性)에 항쟁하기에 많은 세월을 보낸 적이 있습니다. 우리는 해방을 세 가지 면에서 보고자 했습니다. 문학의 정치에서의 해방, 민족의 타민족의 압제에서의 해방, 인간의 상품화와 기계화에서의 해방이 그것입니다. 이것은 아직도 우리 문학사상의 주류에 깃들여 있습니다.

이러한 사실은 우리의 문학이 이미 현대 휴머니즘의 일련환(一連環)으로 참가하고 있다는 것을 말하는 것이 아닐 수 없습니다. 현대 휴머니즘 운동은 반(反)파시즘 운동과 동의어입니다. 우리는 전체주의(全體主義) 또는 공산주의 독재와 자유당 정권의 독재적 횡포와 싸워 왔습니다. 이러한 저항에 우리의 문학인 전체가 과감한 참가를 본 것은 아니라고 하더라도 4월 혁명으로써 그 저항의 정당성은 찬양되었습니다. 뿐만 아니라 앞으로 자유옹호항쟁에 우리 문학이 나약했던 과거를 반성하게 하는 자극은 충분히 주어진 것이 사실입니다.

4월 혁명을 계기로 해서 우리 문학은 종래에 보지 못하던 과감한 문제를 다루는 몇 개의 작품을 이미 성취하고 있습니다. 이것이 우리가 말하고자 하는바 자유하(自由下)의 문학의 발전이라 할 수 있습니다.

나는 이 말씀의 첫머리에서 우리의 특수한 역사적 과정은 자유에 대한 남다른 난문제(難問題)를 지닌다고 말했습니다. 통일된 완전 자주독립을 이루지 못한 우리에게는 공산주의와의 투쟁 또는 그 위협 때문에 우리의 자유 — 절대자유에 스스로 제한을 주고 있다는 사실입니다. 민주주의와 민족주의라는 약소민족으로서의 우리의 항쟁의 전통은 기본적인 휴머니즘, 근대적 휴머니즘에 멈추어 있지 않을 수가 없다는 사실입니다. 개인주의와 민족주의적인 사상은 내추럴리즘을 바탕으로 하였을 뿐 보편적 전통을 동경하는 코스모폴리탄이즘에까지 발전하지 못한 것이 앙탈할 수 없는 일이란 말입니다. 그러나 우리의 문학은 이

미 문화의 위기에 대한 문화옹호운동에 참여하고 있습니다. 전쟁위험에 대한 전쟁방위 운동에도 공감하고 있습니다. 다만 무저항(無抵抗), 반전(反戰)으로 평화를 사랑해도 선민(先民) 이래의 전통이 항상 격정의 지배를 강요당한 슬픈 역사에 희생되었을 따름입니다. 또 민족주의 내지 인종주의에 대한 문화의 국제성 앙양은 우리 문학의 꿈이기도 합니다. 우리 문학의 지성은 이미 국제주의의 전선(前線)에 참가해 있습니다.

문학에서 자유옹호운동은 곧 휴머니즘의 개인적 성격과 세계적 성격은 상극(相克)하지 않습니다. 그러나 그 사이에 있는 사회집단단위로서의 민족의 국가의 한계는 영원히 마멸(磨滅)되지 않는 화원(花園)의 장벽입니다. 이 장벽에 자유의 문을 열고 공동의 광장을 마련하는 것이 우리 문학에 주어진 당면한 과제라고 생각할 수가 있겠습니다.

정치와 경제는 인간을 병들게 하고 있습니다. 자유의 향유(享有)를 위하여 우리는 싸워야 하느냐? 싸워야 한다는 데는 아무런 이의(異議)도 있을 수 없습니다. 싸운다면 절대평화주의를 무기로 삼느냐? 여기 대해서 우리 문학인은 선뜻 그렇다고 대답할 사람은 없을 것입니다. 진실한 전쟁문학은 반전문학(反戰文學)인 줄 우리는 잘 알고 있습니다. 그러나 한편으로 불의를 악마와 같이 미워해야 한다는 것도 우리는 알고 있습니다. 자유를 방해하는 것은 불의(不義)입니다. 파시즘은 불의입니다. 자유하의 발전은 모두 전체주의적 사상의 파멸까지는 그와의 항쟁을 병행하지 않을 수 없는 곳에 우리의 고민이 있는 것입니다. 분명히 우리의 자유를 구속하는 폭력사상이 자유주의를 역이용(逆利用)하려는 간계(奸計)인 줄 알면서도 그를 관용하고 그와 타협함으로써 자유는 스스로의 자유를 자승자박할 것인가. 문학의 자유는 마침내 쓰기 싫은 문학을 하지 않을 수 있는 자유를 필요로 합니다. 그것은 바로 저항의 자유입니다. 이것은 어떠한 흥정에도 우리가 양보할 수 없는 문학이 향유(享有)하는 바 기본적 자유이기 때문입니다.

자연과 문학

자연과 문학에 대해서 조금만 생각해 보기로 하고, 먼저 자연과 문학을 매개하는 인간의 본성으로서의 자연을 생각해 봅시다. 인간의 본성으로서 자연은 문학의 본질로서의 자연이기 때문입니다.

서구에서 말하는 자연 곧 '네이처'니 '나투르'니 '나투라'니 하는 것은 그 어원(語原)이 '생긴다'는 말이라고 합니다. 생긴다는 것은 '절로 나타난다는 것' 곧 인위적 조작이 가해지지 않고 이루어진 것이란 말일 것입니다. 그러므로, 우리는 절로 생기는 것은 자연이라 하고 저절로 생긴 그대로 있는 것을 자연의 상태라고 부르는 것입니다. 원시생활 그대로 사는 야만인을 자연인이라 부르고 우리들같이 무엇을 좀 배워서 제 손으로 값있는 것을 큰 것을 만드는 생활 속에 사는 현대인은 문화인이라 합니다. 이 두 가지 구별된 용어에서 우리는 오늘 두 가지 중요한 문제를 생각하지 않을 수 없습니다.

첫째, 절로 생기는 자연 그대로의 인간이 자연 속에서 다시 자연을 소재로 하여 자연이 능히 이룰 수 없는 것을 스스로 창조하는 문화(文化)를 가진다는 것은 인간이란 절로 만들어진 동시에 스스로 만들 수 있는 존재라는 말이 아닐 수 없습니다. 인간의 자랑인 문화라는 서구 말 'culture'니 'Kultur'니 하는 말의 어원이 경작(耕作)한다는 말에서 나왔다는 것을 생각하면 자연은 절로 생기는 것이요, 문화는 스스로 만드는 것이란 지극히 간명한 특질을 찾을 수 있는 것입니다. 그러나 생기는 것은 만들어지는 것이요, 만드는 것은 생기게 하는 것입니다. 그러므로, 자연의 분신으로서 이루어진 사람도 절로 만들어 주는 무엇이 있을 것이요, 인위(人爲)의 노력으로 이루어진 문화도 스스로 생겨난 무엇이 있을 것입니다. 그러므로, 더 높은 데서 보면 사람도 자연의 것이면서 하나의 문화요, 문화도 사람의 것이면서 하나의 자연이라 보지 않을 수 없을 것이 아닙니까. 이런 점에서 보면 자연의 뜻은 한문 그대로의 해석이 더 보람있을 것 같습니다. 자연(自然)이란 '자'(自)자는 보통 '스스로 자'라고 읽지만 절로란 뜻으로도 쓰입니다. 절로라는 자연발생의 원리와 스스로라는 창조행동의 주체가 합쳐진 것이 자연이 아니겠습니까.

둘째, 문화가 인위(人爲)의 산물로써 자연을 이용하고 지배하여 오늘의 경탄할 업적을 낳기까지에는 자연을 배반하지 않을 수 없었고 자연의 배반은 어느 점으로는 부자연을 낳았다는 것입니다. 만능의 신이 되려다가 동물이 되고 만다는 것은 인간을 기계화하는 경향에서 비롯되는 것이 아니겠습니까. 자연은 인간에게 비정률성(非定律性)이란 창조의 자율성을 주었습니다. 창조의 자율성으로 다른 동물과 구별되는 인간의 특질이 추구 확대된 구극에 제 손으로 제 목을 조르게 되었다는 것도 지나치게 자연을 배반하는 인간에게 주어진 자연한 운명이 아니겠습니까. 자연을 거세한다는 것이 자연에 지배되는 것이라는 말은 하나의 비극이라 하겠습니다. 그러므로, 우리는 인간은 기계적이나 동물적이어서 자연적이 되는 것이 아니라 도리어 인간적이고 자율적이어야 더 자연적이라는 진리를 찾을 수 있는 것입니다.

문학은 문화산물의 하나로서 인간만이 향유(享有)한 것입니다. 그러나 문학을 한다는 것은 인간이 태어나면서부터 절로 발생하지 않을 수 없었던 생명의 욕구였습니다. 생명의 욕구라는 것은 일체가 자연입니다. 그러므로, 자연의 원리가 인간이란 주체를 계기로 하여 만들어진 문학은 인간의 기술을 거쳐서 자연에 환원되는 본질을 가지는 것이고 다만 기술에 멈춰지는 것이 아닙니다. 따라서, 좋은 작품은 분명히 한 개인이 만든 작품이면서도 일단 그 지은 사람의 분신이 되어 새로운 개체의 생명을 받아 가지고 지은 사람의 생사흥망(生死興亡)에 완전히 정률화(定律化)되지 않는 운명을 가지는 것이며, 이 사실은 곧 문학작품이 하나의 인격으로서 하나의 자연에 핏줄을 통한다는 말이 됩니다.

이와 같이, 문학은 자연과 인간 사이에서 살고 있으므로 문학은 인간을 통해 나타나는 자연 총체의 결정(結晶)이요 자연을 통해 나타나는 인간정신의 구경적(究竟的) 구현이라 할 수 있습니다.

단지, 물질과 물질 사이의 보편적 관계를 생각하는 자연과학적 또는 유물론적 세계관은 인간의 정신현상에 대해선 적은 부분을 생리학적으로 해명하는 길밖에 없습니다. 이와 같이, 자연과학이 부분을 합쳐서 전체를 이루는 데 비하여 문학은 먼저 전체를 받아들이고 그 세포(細胞)로서 부분을 이루는 것이며, 자연을 과학처럼 논리적 구조로만 파악하지 않고 살아 움직이는 생명의 전일상태(全一狀態)에서 파악하는 것입니다. 그러므로, 문학은 처음부터 끝까지 살아 움직이는 자연을 취재(取材)하고 그것을 양식으로 하는 것입니다.

취미 있어야 할 얘기가 너무 몰취미(沒趣味)하게 되었습니다. 다만 이러한 몰취미도 생각하면 할수록 재미가 나는 것이므로 사색과 반성의 취미를 단서(端緖)만 풀고, 나는 이 막연한 자연과 문학의 한계를 줄여서 얘기하겠습니다.

자연을 산천초목(山川草木) 풍토적 환경의 뜻으로 줄여서 봅시다. 또 문학을 이 한정된 자연의 의미와 가장 많이 통한 자로서 서정시의 뜻으로 줄여서 봅시다. 자연미(自然美)는 서정시와 어떠한 관계에 있는 것이겠습니까. 서정시는 심금의 다채로운 율동적 표현에 그 생명이 있습니다. 그러므로 심금 곧 감정이란 대개 외계의 현상에 부딪쳐 유로(流露)되기 때문에 자연미와 서정시는 떼려야 뗄 수 없는 관계에 있는 것입니다. 자연을 미(美)로 관찰하는 감정은 자연을 자기 정신의 표현으로 보고 자기의 마음을 자연의 움직임으로 느끼는 것입니다. 그리하여, 자기와 대상의 일체화의 경지에서 울고 노래하고 사랑하고 미워하는 것입니다. 그러므로, 서정시인에게는 제 마음이 곧 거문고 줄이요, 자연은 그 거문고를 타는 손길이며, 또는 자연은 거문고요 시인의 마음은 거문고를 타는 손길이 되는 것이라 할 수 있겠습니다.

그러나 문화가 상당히 진보되지 않으면 자연을 미(美)로서 파악할 수 없고 시로써 표현하지 못합니다. 원시인에게는 자연현상이 아름다움으로 파악되기 전에 먼저 그것에 압도되기 때문에 공포감을 느낌으로써 자연을 숭배의 대상으로 삼게 되었던 것입니다. 원시종교에 있는 산천초목 일월풍우(日月風雨)의 숭배가 모두 이러한 자연경외(自然敬畏)의 감정을 주로 했고, 그러므로 그들의 노래는 아름다움으로 느끼기보다는 그 찬탄(讚嘆)은 항시 서정시의 모체가 되는 주가(呪歌)로 나타났던 것입니다.

그러므로 서정시가 먼저 문학에서 빛나는 발달을 보게 된 점에서 동양은 서양에 비하여 엄청나게 앞섰던 것입니다. 이태백(李太白), 두자미(杜子美), 왕마힐(王摩詰) 같은 서정시 대가(大家)가 백화요란(百花燎亂)을 다투던 성당시대(盛唐時代) 곧 서력기원으로 7세기에서 9세기 말에 이르는 사이에는 아직 서구의 문학에서는 자연미와 자연의 사랑에 자기 심정을 반영하는 태도는 발달되지 못했던 것이니, 훨씬 뒤에 낭만주의 문예의 전성(全盛)을 기다려서 비로소 이루어졌던 것입니다.

자연을 정복하고 지배한다는 사상을 창조한 서구인이 자연에 대한 두려움을 일찍 극복했을 것임에 불구하고 이러한 자연미를 토대로 한 서정시에 뒤떨어졌다는 것은 이상한 듯합니다. 실상 그들의 관심이 인간문제를 물질문명의 성취에 전심(專心)했기 때문이라는 사정으로써 용이하게 이해할 수 있으며, 동양은 여러 가지 물질문명에 뒤떨어지면서도 찬연한 정신문화를 이루기까지에는 자연 속에 자연을 생활하고 감상(鑑賞)하며 자연과 일체가 되어 사는 서정시 정신을 체험했기 때문이라는 것을 생각할 수 있지 않습니까. 오늘날 우리는 과학문명을 배워야 하고 또 인류는 과학을 영구히 버릴 수 없을 것입니다마는 과학을 버리지 못한다 해서 반드시 서정시를 버려야 할 이유는 없습니다. 그러므로, 원시인이 자연을 두려워하듯이 현대인이 과학을 두려워해서 자연미를 감상하고 생활하는 것을 꺼리고 두려워하고 비방하는 것은 자연스러운 인간의 마음에 작은 여유도 가지지 못한다는 말에 지나지 않는 것입니다.

자연미는 빈부의 차별로써 그 애정의 대상을 저울질하지는 않습니다. 오히려 마음이 가난한 사람에게만 자연미의 전체적 생명이 항상 그를 싸안고 있는 것입니다. 무너진 담장, 성긴 울타리를 꽃을 심어 보충하던 옛 우리의 조상들은 얼마나 너그럽고 아름다운 마음의 소유자들이었겠습니까. 자연을 두려워하거나 지배하는 데는 자연에 대한 사랑이 미(美)로 나타날 수 없고 자연미를 느끼지 못하는 것은 자연과 한 덩어리가 되는 마음이 없기 때문이 아니겠습니까.

로마 시대에 장편시 〈자연〉(自然)이란 시를 쓴 루크레티우스라는 시인은 그 시 제 6 편에서 자연 현상을 거의 과학적으로 세밀한 묘사를 할 정도로 유물론(唯物論)의 시조와 에피쿠로스의 쾌락주의 신봉자를 겸한 사람이었지만, 어느 날 아름다운 자연의 풍경 속에서 영구불변의 그 무엇을 보고 자기의 생의 너무도 짧음을 느껴 소리 없는 눈물을 흘렸다는 얘기를 남기고 갔습니다. 자연은 어머니가 아니겠습니까. 그 젖줄을 마시고 그 품에 안기는 때만 우리는 우주의 사랑에 고개 숙이고 기도하는 자신을 발견할 수 있을 것입니다. 과학정신의 엄격한 채찍 밑에 사는 우리는 때로 몸부림치면서도 언제나 우주의 사랑을 잊어서는 안 될 것입니다.

자연과 한 덩어리가 되는 서정시의 정신이 사람 사람의 가슴속에 퍼져 간다면 어떠한 세상이 올 것 같습니까. 서정시 정신은 딱딱한 교훈

(敎訓)이 아니요, 모든 사람의 가슴에 절로 샘솟는 사랑으로 창조되는
아름다운 노래이기에 말입니다.

고전주의의 현대적 의의
― 민족문학의 지향에 관한 노트

1.

'고전'(古典)의 본질을 말할 때, 사람들은 흔히 '조각적'(彫刻的)이란 말을 쓴다. 실상, 고전은 하나의 위대한 '전통의 입상(立像)'이기도 하다. 전통은 과거세(過去世)의 누적된 문화 총체에서 정련(精鍊)되어 스스로 발전하는 생명을 갖춘 양질의 문화소이므로 같은 역사적인 것이면서도 부패하고 있는 인습과도 구별된다. 입상은 석재의 질의 파악에서 그것이 디디고 설 천공(天空), 다시 말하면 기후 풍토의 자연이 미치는 음영(陰影)을 이해하지 않고는 폐허에 흘립(屹立)하는 영원의 모습이 될 수 없다. 그러므로, 전통은 알고 보면 오랜 세월을 경과하는 동안 '자각적'으로 추구하고 세련하고 발전시켜 온 낡은 인습의 일종이요, 입상 또는 실상은 예술적 표현의 수다한 소재 속에서 '자각적'으로 선택하고 구성하고 조각해 온 움직이는 관념의 일종이 아닐 수 없다. 마찬가지로 '전통의 입상'인 고전은 생활의 의욕에서 형성되어 역사의 흐름 속에 지속하는 자요, 개성의 주체 속에 생탄하여 보편성의 객관에 용화되어 가는 자이며, 따라서 그는 한 민족문화가 'chaos'에서 'cosmos'로 방산(放散)하는 관념에서 구체적 집결로 나아가는 비롯이 되기도 한다.

2.

　우리가 오늘 쓰고 있는 고전이란 말이 '클라식'의 역어(譯語)로서도 모순을 느끼지 않는 것은 이 양자의 개념이 일치되어 있기 때문이다. 고전을 단순히 고서(古書)란 뜻으로 쓰는 경우도 없진 않으나 고전이란 어원을 캐 본다면 고서라고 다 고전일 수는 없게 된다. '전'(典)자는 책과 兀를 합친 자로 '설문'(說文)에는 '典 五帝之書也 쌔(從) 冊在兀上尊閣之也'라고 되어 있다. 다시 말하면, 책을 상 위에 올려 놓고 존경한다는 뜻이니, 고전은 곧 고서 속에서도 늘 존경받을 수 있는 생명을 지닌 책이란 말이 된다. 곧, 후인이 준봉(遵奉)하고 준거할 수 있는 책, 법칙과 전범(典範)이 되는 책이란 말이다. '클라식'이란 말의 어원은 라틴어의 'classicus'라지만 그 본래의 뜻은 로마시민의 6 계급 중 최고 계급인 '모범적' 일등 시민을 표현하는 말인 'classici'에서 나왔다고 한다. 이 말이 다시 문학 용어로 쓰일 때, 고대 그리스 문호를 상찬(賞讚)하는 말이 되고, 그리스 문학 속에서도 가치 있는 시가의 작풍(作風)을 가리키는 말이 되어 마침내 그리스뿐 아니라 각국의 대표적 작품으로 최고 가치를 지니는 형식의 우수한 작품을 가리키는 말이 되었다.

　그러므로, '우수한 가치'를 지닌 작품으로서 후세에까지 전거(典據)가 되고 존경을 받을 수 있는 책이란 것이 고전에 대한 동서의 공통된 개념이 아닐 수 없다. 아득한 공막(空漠) 위에 천공을 받들고 서 있는 뭇사람이 기대일 수 있는 입상(立像)! 이것이 고전이다. 이와 같이, 고전은 옛 것이기 때문에 귀한 것이 아니라 가치 있기 때문에 고전이라 불린다는 것은 역사적으로 오래 된 것이 다 고전이 될 수 없다는 말이요, 아득한 세월을 거쳐 오는 동안에도 고전을 형성하지 못한 문화가 있음을 암시하는 것이 아닐까.

3.

　우수한 가치를 지닌다는 것이 고전이 고전되는 까닭이라면 가치란 사람의 요구하는 사물의 성질을 가리키는 말이므로 사람의 요구가 시대를 따라 변하면 가치도 변하게 되고, 이렇게 가치가 변하게 되면 모범적 준거라는 뜻을 가진 고전은 무의미하게 되고 말 것같이 생각된다. 그러나 한번 고전을 이루어 논 다음에는 고전의 가치는 이와 같은 일시적 흐름에 의하여 그 뿌리가 흔들리지 않는다. 시대 정신의 주류가 어떻게 변하든지 오랜 동안을 초시대적으로 감명을 주면서 '읽는 이의 생명의 체험 속에서 그 자신의 생명을 발전시키는 것', 이것이 고전이기 때문이다. 그러나 고전도 시대를 따라서 가치의 소장(消長)이 없는 것은 아니다. 자극성을 잃는 보수퇴영(保守退嬰)의 시대, 지나친 적극성이 외래 문화의 흡수에만 몰두하는 시대에는 고전이 폐각(閉却)하는 수가 있지만 이러한 사실만으로 고전의 불이성(不易性)을 부정하지는 못한다. 반종교 이론으로 성서(聖書)가 매몰되고 민족 예술의 무자각 탓으로 석굴암의 조각이 사람의 시야에서 멀어졌다 하여 성서와 석굴암이 고전성을 잃어버릴 수는 없기 때문이다. 다시 말하면, 고전은 한 시대의 학대를 받으면서 도리어 다음에 올 새로운 시대를 위하여 넘치는 생명력을 지니는 것이니, 이러한 의미에서 볼 때 고전이면 모두 다 여하한 시대에도 최고 가치를 지니는 것이라고는 못 한다 하더라도 시대의 추이에 좌우되어 소멸되고 마는 것을 고전이라 부를 수 없다는 것도 알 수 있게 된다.

　그러므로, 고전이 옛 것이면서 오늘에도 규범이 되고, 남의 것이면서도 우리에게까지 존경받는다는 사실 하나만으로도 이미 고전에는 '초시간성'(超時間性)과 '초공간성'이 내포되어 있음을 안다. 이러한 영항성(永恒性)과 보편성이 본질이 된다는 것은, 바꿔 말하면 고전문학이 항시 "인간성의 일반성 공통성을 지향하고 있다"는 것을 증거함에 지나지 않는다. 그리기에 "자유방종의 시대정신의 반영이 아닌 건전한 사회 생활의 암시", "미숙난잡(未熟亂雜)한 기교(技巧)가 아니라 조화 통일의 구성" 이것이 고전문학의 한결같은 지향이 된다.

4.

한 민족이 고전문학을 형성하기까지에는 필연한 조건이 있다. 브륜 티에르(Bruneitére)는 고전 발생의 조건으로 '제기능(諸機能)의 완전한 평형', '국어의 완성', '국민적 독립', '예술종류의 완성', '흥취(興趣)의 광범(廣汎)'의 다섯을 열거하였다. 나는 이를 요약하여 '국어의 발달', '국민의식의 자각', '이지(理智)와 정열의 균형' 세 가지를 고전문학 발생의 기본 조건으로 든다.

첫째, 국어의 정리를 통한 문학어의 완성이 못된 문단은 고전문학을 형성하기 위한 준비 공작에 지나지 않는다. 복잡해지는 생활 감정 속에 고유어만으로 표현의 부족을 느낄 때, 외래어의 유입은 불가피의 사실이 될 것이고, 외래어의 섭취는 언어의 풍부를 가져오지만 그와 동시에 어법(語法), 어맥(語脈)의 혼란을 함께 재래(齎來)하기 때문에 민족문학의 전통적 양식의 완성에 파괴작용을 동시에 감행하게 된다. 그러므로, 고전문학의 형성은 이 풍부해진 언어를 정리하여 문학 용어로서의 체계 성숙을 요청한다.

둘째, 국민 의식의 자각은 외래 사상의 자극 영향에 대한 추수(追隨)에서 창조의식의 원천을 발견할 뿐 아니라 대타국민(對他國民)의 식관계에서 보수적이 아니요, "배타적이 아닌 자아(自我)의 확충을 세계의식 속에 찾을 수 있기 때문"이다. 그뿐 아니라 이는 민족성의 거울이 되어 그 반성 속에 민족적 자아의 본연의 모습을 발견하고 그로써 끊임없는 자기 향상이 이루어지는 것이다.

셋째, 이지와 정열의 균형은 고전문학의 본질적 규격이다. 이에 대한 반발에서 감정 치중의 비법칙적이요 반항적인 개성 특수성 표출의 낭만주의가 나오고, 낭만주의에 대한 반발이 이지의 일면으로 역행하여 주지주의를 낳은 것이 근대 문예사조의 가르친 바이지만, 문학의 본격적 지반이 형성되지 못한 곳에서는 아무래도 고전문학의 조화 통일의 미가 자유 분방에 앞서고, 형식의 균정(均整)이 비상칭(非常稱)에 앞서며, 종합적 효과에서 오는 전체 감동이 부분적 변화에서 오는 감격보다 높이 평가되지 않으면 안 된다. 그러므로, 문학에서 이지와 정열의 균형을 얻는다는 것은 고전문학의 보편적 주제와 표현의 유산 위에 이루어지지 않고는 성공하기 어려운 문제가 아닐 수 없다.

5.

우리에겐 고전문학은 있어도 엄밀한 의미의 고전문학은 없다. 일찍이 이 땅에는 고전문학 발생의 세 가지 기본 조건이 성숙해 본 적이 없기 때문이다. 고대에서는 중국의 문학이 고전이었고 현대에서는 서구의 문학이 고전이 되어 있을 뿐이다. 이와 같이, 우리는 문학 정신의 유산은 동서를 아울러 가지고 자라고 있지만, 문학이란 고전이 스타일을 떠나서 있을 수 없는 이상 '집 잃은 문학적 고아'를 면하지 못한다.

첫째, 우리 문학은 고대에서 그 표현 언어를 한문이라는 외국어를 빌려 썼고, 한문 문학이 당당하게 정통문학 노릇을 하는 동안 정상한 의미의 국민의식이 성장하지 못했으며, 임진(壬辰)·병자(丙子)란 후 실학운동이 싹트자 조금씩 국민의식이 자각되었으나 국어의 정리, 국민의식의 자각이 완성되지는 못했던 것이다. 그러므로, 갑오경장 이후 3·1 운동 사이에 걸쳐 일어난 언문일치의 신문장 운동으로써 비롯된

"현대문학이 이 민족의 고전문학을 미래의 역사 속에 이루어 간다"고 볼 것이다. 더구나 오늘까지 계속되는 끊임없는 사화(士禍)와 당쟁 때문에 이지와 정열의 균형은 싹도 트지 못하지 않았는가. "이론투쟁만 일삼는 동안, 서정시나 산문문학 일방만이 득세하는 동안, 예술부문의 융성과 상호부조(相互扶助)의 발달이 없는 동안, 지말적(枝末的)이고 개적(個的)인 문제가 근본적이고 보편적인 문제를 엄폐(掩蔽)하는 동안은 고전문학은 발생할 기운을 얻지 못한다"는 말은 좋은 시사가 되지 않을 수 없다.

나는 앞에서 우리는 고전문학은 가져도 엄밀한 의미의 고전문학은 가지지 못했다고 했지만, 비록 우리의 국어 문자로 창작되지 않아도 신라의 '사뇌가'(詞腦歌)는 우리 시가(詩歌)의 고전적 형성을 이루었다 볼 수도 있다. 이 사뇌가의 발생 조건이 앞에 말한 고전문학 발생의 세 가지 기본 조건을 구비하고 이루어졌다는 것을 간과해서는 안 될 것이다. 국어의 정리가 한문자의 음훈(音訓)을 가차(假借)한 '이두문자의 완성'으로, 국민의식의 자각이 삼국통일의 원천인 '화랑도의 성립'으로, 이지(理智)와 정열의 균형이 '석굴암의 구상(構想)'으로 나타났으니, 이 3자가 여러 면으로 우리 민족문화의 고전을 형성한 신라 전후의 사회 기운에서 양성(釀成)되었고, 그 태반(胎盤) 위에 고전 시가 사뇌가(詞腦歌)가 우러난 것이다.

현대의 우리 문학운동이 고전문학 수립 운동의 노선을 정도(正道)로 해야 한다는 것은 나의 편견만이 아니다. 민족문학은 다름아닌 고전문학으로서 본격문학을 지향하는 지점에 와 있다고 본다. 이를 위하여 우리는 우리의 미숙한 고대문학에서나마 민족 누천년(屢千年)의 생활 감정을 길러 올 수 있고 우리 민족의 호흡인 언어를 캐낼 수 있으므로 고대문학의 반구(反求)는 민족문화 성격의 파악에 첩경이 될 수 있다.

6.

“문화의 황금시대는 그 황금시대가 오기 직전에 있다”는 말이 있다. 고전문학은 조화통일과 완성의 미를 지향하는 것이기 때문에 언제나 건전한 사회 의욕에서만 태동한다. 갑오경장, 3·1 운동이 그 불타는 개화사상 속에, 문화적으론 전통적 복고주의를 동반하여 정열과 이지(理智)의 균형을 잃지 않았기 때문에 우리의 근대 민족운동 이념의 고전적 형태를 성취했음을 우리는 봤다. 문학에서 주체의 완성을 이루지 못한 때문이라는 것만이 고전주의 지향의 타당한 근거가 아니다. 36년간의 중세적 암흑 속에 우리는 데모크라시와 자유를 희구하는 프랑스 혁명의 소산인 낭만주의의 방자한 정열의 주체적인 ‘내항정열(內抗情熱)의 고뇌(苦惱)’를 체험하였다. 통일을 이루지 못하고 파탄을 아우르지 못한 오늘의 민족문학 지표는 무모한 정열과 법칙의 파괴를 일삼는 낭만주의적 문예정신에서 마땅히 고전주의의 이지(理智)와 조화의 질서에로 전화하지 않으면 안 된다. 중세기 암울에서 균정(均整) 명랑한 예술에로 행하는 불타는 정열을 이지의 힘으로 견제하여 그 대립의 지양에서 하나의 새로운 균형의 모습을 창조하여야 한다. ‘고귀한 순일(純一)과 고요한 위대함’이란 빙켈만(Windkelmann)이 그리스 고전미술의 정수(精髓)를 표현한 말이지만 “꿈 속에 힘을 갖추고 힘 속에 꿈을 깃들인다”는 것은 모든 고전의 공통한 특색이 된다.

그러므로, 문학의 고전주의가 이 땅의 오늘에 대두하여 마땅한 데는 다음의 이유가 있다. ‘세련된 문장’, ‘충분한 구성’, ‘일관한 관념’이라는 고전문학의 3대 요소는 문학 본격의 지향인 주체주의에 부합되고, ‘지배적’이고 ‘통일적’이고 ‘전형적’이라는 고전문학의 3대 본질은 민족문학 앙양의 계몽주의에 부합되는 것이며, ‘명랑성’과 ‘조화성’과 ‘일반성’이라는 고전문학의 3대 특성은 현대문학의 제약인 이성주의에 부합된다. 여기서 말하는 부합이란 그 요구의 충족적 해결이 지향될 수 있다는 뜻이다. 민족문학의 이러한 지양이 그 전통과 역사 위에 개화하려는 발아(發芽)가 문학의 황금시대를 가져오는 것이 아닐까.

7.

한 민족의 고전문학의 특질은 그 고전문학이 형성되는 시기 이전의 모든 민족 고전의 역사적 경과를 증명한다. '그리스의 페리클레스 시대', '로마의 오규스트 시대', '영국의 엘리자베스 조(朝)', '프랑스의 루이 14세 왕조', '독일의 괴테·실러 시대', '러시아의 톨스토이·도스토예프스키 시대'는 그 나라의 고전문학 시대라 부른다면 그 고전 형성의 시대가 동시적이 아니기 때문에 그 특색도 등질적일 수 없다. 물론 각국 고전문학으로서 공통성은 없을 수 없지만 그 특수성에는 자국의 전통과 역사의 차이 밖에 민족 고전의 세계 고전화에서 오는 섭취의 영향이 간과되지 못한다. 가령 한 예를 든다면, 독일에서의 고전주의 발생기는 영국에서 초기 로맨틱 운동이 일어난 뒤요, 영국의 산업혁명과 프랑스의 정치혁명과 그 중간기를 '슈트름 운트 드랑'이라는 정서적인 내항의식(內抗意識)의 고뇌를 경과하는 도중에 독일의 고전주의가 이루어졌기 때문에, 영·불의 그것과는 다른 특색을 발휘하였다. 그러므로, 테느(Taine)의 말에 의하면, 괴테의 《파우스트》에서는 클라시즘이 파우스트에, 로맨티시즘이 메피스트에서 대립되어 있다고 한다.

바야흐로 산업혁명과 정치혁명을 이루려는 부흥기를 맞이한 우리는 문학에서도 과거 세계문화의 총체적 저수지 속에 들어 있다. 남의 경험을 자기 이론화할 수 있는 인간의 승의(勝義)는 우리로 하여금 그리스와 중국의 제 1클라식, 로마와 조선의 제 2 클라식 르네상스와, 일본의 제 3 클라식을 경과하여 장래할 세계문화의 제 4 클라식의 주동적 각광을 받고 섰다. 기후와 토양은 21세기에 새로운 인간의 태생(胎生)을 예언한다.

8.

 ‘고전’(古典)의 본질을 말할 때, 사람들은 흔히 ‘인간적’이란 말을 쓴다. 과연 고전은 하나의 위대한 ‘이상주의적 현실주의’이기도 하다. 이상은 창생 이래 인간이 생명으로 구유한 현실에 근거하여 현실 이상의 것을 찾는 본능이므로 영원히 이룰 수 없는 공상과는 구별된다. 현실은 관념의 능동적인 주체의 완성이 환경의 본질과 제약을 이해하지 않고는 무위(無爲) 속에서 움직이는 창조의 손이 될 수 없다. 그러므로, 이상은 알고 보면 눈앞의 현실을 체험하는 동안 자각적으로 추구하고 세련하고 발전시켜 온 아름다운 가설의 일종이요, 현실 또는 인간적 영위의 수다한 이념 속에서 자각적으로 도태하고 길항(拮抗)하고 지양해 온 산 자연의 일종이 아닐 수 없다.

 마찬가지로 ‘이상주의적 현실주의적’인 고전은 과거 속에 생탄하여 현재에 행위하는 자요, 보편성의 객체 속에 형성되어 개성의 주관에 계시하는 자이며, 따라서 그는 한 인류 문화가 원심운동에서 구심운동으로 상극(相克)에서 상생(相生)으로 전화하는 계기이기도 하다.

— 1949. 9. 10, 《문예》(文藝) 제 4 호

현대문학의 고전적 의의
─ 민족문학의 전통을 위한 시론(時論)

1. 고전문학과 고전주의

나는 "고전주의의 현대적 의의"(《문예》제 4 호) 라는 소론(小論)에서 한 민족이 고전문학을 형성하기 까지에는 필수 조건으로 '국어의 발달', '국민의식의 자각', '이지(理智)와 정열의 균형'이라는 세 가지 기본 문제의 완성이 요청된다는 것을 말한 일이 있다. 이와 같은 고전문학 발생의 세 가지 기본 조건은 곧 민족문화 전반의 지향과 기능이 조화와 통일의 질서 위에 놓여 있을 때만 고전문학이 발생할 수 있다는 말로 대치될 수도 있다. 이러한 근본적인 문제에 비추어서 나는 전게의 소론에 우리에겐 고전문학은 있어도 엄밀한 의미의 고전문학은 없다는 것을 지적하고, 그 이유로 이 땅에는 일찍이 이 고전문학 발생의 세 가지 기본 조건이 성숙해 본 적이 없기 때문이라는 것을 말한 일이 있다.

국어의 발달이 미숙해도 문학정신은 점진적으로 한 전범(典範)을 이룰 수가 있으나, 표현의 완성을 갖추지 못하는 한 어떠한 깊은 문학정신도 고전을 형성할 수 없을 뿐 아니라 완전한 의미의 문학이라 부를 수조차 없기 때문이다. 그러므로, 통일 신라에서 세종성세(世宗盛世)

이전까지에 이르는 이 민족의 문학적 누적은 실상 고전문학 형성의 첫째 조건인 문학 용어의 발달의 역사에 불과하였다. 원시에서 계승된 무가(巫歌)와 신화(神話)의 구송문학(口誦文學)이라든가, 문자의 전래로 비롯되는 민요와 전설의 기재문학(記載文學)이라든가, 샤머니즘과 불교의 조화에서 이루어진 고전문학 맹아기의 이두문학(吏讀문학)이라든가, 비관(神官)과 승려(僧侶)의 손에 맡겨진 중국문화 독천기(獨擅期)의 한역문학(漢譯文學)에서 우리는 이 민족 누천년의 생활 감정과, 이념의 원형과, 풍속의 성격을 파악할 수는 있어도 문학적 국어의 정상한 발달은 볼 수 없는 것이다.

민족의식의 자각이 없이도 문학의식은 태동할 수 있으나, 어떠한 문학의식도 한 민족의 문학적 전범(典範)으로 생성되는 데는 민족의식의 집결이라는 배경이 없이는 불가능한 것이다. 그러므로, 국문(國文)의 창제(創製)가 민족적 민중적 의의를 고조함으로써 우리 문학의 의식적인 거점을 비로소 이루었다든가, 왜호양란(倭胡兩亂) 이후 군담전기(軍談傳記)가 창작되어 민족의식의 싹을 틔웠다든가, 실사구시(實事求是)의 학풍 이후로 권선(勸善)과 풍자(諷刺)로써 근대의식이 비롯되었다든가 하는 문제는 변태적 역사 속에서나마 한 줄기 민족정신의 연면히 이어 온 증좌(證左)는 되지만, 국민의식 자각의 완성까지에는 섬약하고 요원한 파동이 아닐 수 없었던 것이니, 여기에서 우리는 세종 이후 갑오경장 직전까지의 선인의 문학적 누적을 실상 고전문학 형성의 둘째 조건인 민족의식 발달의 징조에 불과하였다는 것을 알 수 있는 것이다.

이와 같은 나의 견해는 필연적으로 정상한 의미의 우리의 고전문학 형성의 계기가 신문학 대두기 이후에 획득되었다는 결론에 이르지 않을 수 없는 것이니, 갑오경장의 시정(施政)이 문화 면에 준 지대한 영향은 관공용 문서에 국문을 쓰기 시작한 점에 있었고, 이러한 시정을 가져오기까지에는 민족의식 자각의 완성에서 오는 개화사상이 전통적 복고주의를 동반함으로써 고유문화의 새로운 정리와 고전부흥에 눈뜨기 시작했다는 그 시대 사조에 힘입었다는 사실을 간과할 수는 없는 것이다. 그러므로, 갑오경장이라는 이른바 근대의 분수령을 통하여 배태(胚胎)된 신문학은 비로소 자신의 문학 용어의 기반을 언문일치 문장운동이란 이름 아래 제 민족의 문자, 제 시대의 언어에서 찾기 시작했고, 문학주제의 정신을 계몽주의 사상의 근거 위에서 제 민족의 역사 제 시대의 현실에서 찾기 시작했으니, 이로써 우리는 과거 누천년에 걸쳐 이루지 못한 민족문학의 거점을 잡았으며, 훈민정음 창제로써 주어진 지향을 상실하고 방황하던 민족문학이 그 정통의 노선을 바로잡을 수 있었던 것이다. 여기에 내가 말하는바 현대문학의 고전화적 성격과 의의가 기본적으로 재래되었다는 사실을 볼 수 있는 것이다.

그러나, 고전문학 형성의 셋째 조건인 '이지(理智)와 정열의 균형'만은 아직 신문학의 역사 속에서는 찾을 수가 없다. 이는 항상 평화를 갈구하면서도 격정의 지배를 받지 않을 수 없었던 이 민족 누세기(累世紀)의 역사적 환경에서 유래하는 면도 있지만, 그보다는 더 근본적인 이유가 있는 것이다. 다시 말하면, 신문학 발생 이후 50년의 역사는 일언이폐지하여 신문명 섭취기에 불외하기 때문이다. 섭취라는 것이 이미 행동하는 자신의 주체를 이루기 위한 것이요, 민족적 개성에 눈뜨려는 의욕이기 때문에 그것은 곧 감각적이기도 하였다. 그러나, 한 개인이나 민족의 문학적 기반은 개성적인 청신한 감각에서 비롯되는 것이지만, 개인이나 민족의 정서는 개성적인 감각을 토대로 하면서도 도리어 몰개성적 - 보편적이기 때문에 섭취의 면에 기울어진 시기의 문학에는 항시 올바른 정치가 생탄하기 어려운 것이다.

그러므로, 나는 감히 오늘의 우리 문학을 규정하여 비로소 정서(情緒)의 단계에 들었다고 보고, 이 정서의 단계의 특정적 표현을 '특수성을 통한 보편성', '개성을 통한 사회성'의 지향이라고 부르는 바이다. 이 지표를 거쳐서 비로소 우리는 고전문학의 발생을 전망하고 그 기운의 성숙을 자극할 수도 있는 것이다.

이와 같은 나의 관점은 나의 문학을 보는 기본 태도가 항상 역사의식 속에 있다는 것을 말함에 지나지 않는다. T.S. 엘리어트는 "전통과 개인의 재능"이라는 평론에서 다음과 같이 시사 깊은 말을 하였다 : "이 역사적 의식은 과거의 과거성에 대한 인식뿐 아니라 현재성에 대한 인식도 내포되어 있으며, 이 역사적 의식으로 말미암아 작가가 작품을 쓸 때 그는 골수(骨髓)에 박혀 있는 자신의 세대를 파악하게 되며, 골수 속에 호머 이래 구라파 문학 전체와 함께 그 일부를 이루고 있는 자국의 문학 전체가 동시적으로 존재하고 동시적 질서를 구성하고 있다는 느낌을 반드시 갖게 된다"라고.

과연 그의 말대로 역사적 의식은 일시적인 것에 대한 의식인 동시에 항구적인 것에 대한 의식이요, 항구적인 동시에 일시적인 것에 대한 의식이어서 작가를 전통적이게 하는 것이요, 작가로 하여금 시대에 처한 자신의 위치, 자신의 현대성을 극히 예민하게 의식시키기 때문이다.

그러므로, 나는 이러한 역사적 의식에서 해방 이후 혼란 속에 재출발한 우리 문학을 세 가지 각도에서 보았을 뿐 아니라 미약한 이론으로나마 이로써 우리 문학의 방향을 찾아보려고도 노력했던 것이다. 나는 먼저 순수문학이란 용어를 표어로 하여 주로 문학의 독자성 옹호와 개성의 문학을 문학하는 태도의 기본 거점에서 주장하였으나, 이것만이 문학 전부가 아니므로 민족문학이란 지표 밑에 민족문화 제분야의 발달과 관련성을 고조하여 순수문학과 민족문학의 동의어적 일치점을 밝혀 문학의 사회성과 보편성을 강조하여 보았다. 마지막으로 순수문학과 민족문학이 개인의 문학에서 민족의 문학에로만이 아니라 인류의 문학, 세계의 문학에 이르는 길로서 '고전문학에의 지향'을 들어 이지(理智)와 정열의 군형에서 오는 창조적 조화로써 인간의 전형성 탐구를 제창하기도 하였다. 이와 같은 일견 발전단계설적 공식적인 듯한 견해는 실상 단계적이요 공식적이 아니라, 등시적(等時的)이요 현실적인 일체화적(一體化的) 문학관에서 유래함을 보아야 할 것이다.

서상(敍上)한바 나의 견해가 민족문학의 지향에 대한 노트로 나타난 것이 "고전주의의 현대적 의의"란 소론으로 표현되었으니, 순수문학이나 민족문학이란 개념에 혼란이 심했던 것과 마찬가지로 나의 이 고전주의란 용어 개념에도 허다한 선입견에서 오는 오해가 있을 줄 안다. 그러나, 나는 우리 문학이 지향할 성격이 이상주의나 낭만주의나 주지주의(主知主義)적 성격보다는 고전주의적 성격에 더 많이 통해 있다고 보고, 이와 같은 우리 문학의 역사 의식적 파악을 지향하고 또 그 지향을 실천하고 자극하는 것을 고전주의라고 붙여 둔 데 지나지 않는다는 것을 말해 두는 것이다. 나는 문학에서 한결같이 '문학'(文學) 그것의 지향 이외의 무슨 주의 무슨 파 운운에는 흥미를 느끼지 못하는 사람이다. 모더니즘을 배격하고 모더니티를 사랑하며 고전성을 취한다는 것은 모더니티와 고전성의 지양을 희구한다는 말에 지나지 않는 것이니 여기에 고전주의의 현대적 의의 및 현대문학의 고전적 의의가 있는 것이다.

그런데, 이와 같은 입지에서 쓴 나의 글이 오늘에 고전문학이 발생한다거나, 고전주의만이 이 시대 문학의 일률적 윤리라거나, 지금 내가 말하는 고전주의가 서구의 지난날 고전주의와 동의라고 단언할 리가 없고, 또 전게의 졸론(拙論) "고전주의의 현대적 의의"를 보면 오히려 이와 같은 오해를 석명(釋明)하고자 하였음에 불구하고, 백철(白鐵) 씨가 "평단 일년의 회고"(《新京鄉》 1호)에서 전게의 졸론에 내가 현대를 고전문학이 발생할 때라고 독단했다고 지적한 것은 알 수 없는 일이다. 이는 백철 씨가 고전주의와 고전문학이란 말의 개념을 혼동한 몰상식에서 오는 악의 없는 무고가 아니면, 글쓴 이의 논거를 먼저 정당히 파악하지 않고 임의로 왜곡하여 자가견(自家見)을 토로하는 평자로서의 성실하지 못한 소홀을 범한 것이라고 밖에 말하지 못할 것이다.

2. 고전주의와 현대문학

고전주의는 확실히 현대문학의 과제로 들어와 있다. 그러나 고전문학을 이루는 것은 고전주의만이 독점한 것은 아니다. 그러므로 고전주의는 고전문학을 지향하는 문학할 한 태도에 불과한 것이다. 하지만 고전주의 발생의 역사적 근거는 각국의 선례를 보더라도 민족자각의 정치 경제상 중앙집권적 통제가 문화일반의 이념으로 나타날 때 문예 운동에 영향을 미쳐 정상적인 신전성(伸展性)을 보이는 때라고 한다.

오늘 우리 문화의 역사적 사명이 여기에 놓여져 있는 것은 아무도 부인할 이가 없을 것이다. 나는 고전문학을 현실주의적 이상주의라고 불렀거니와 이는 고전주의의 발생의 통성(通性)이 현세적(現世的)이요, 관능적이요, 이지적(理智的)인 헬레니즘과 후세적이요, 절대적이요, 의지적인 헤브라이즘의 결합을 기조로 했기 때문이다. 그러나 고전문학은 항구적이지만 고전주의는 항구적인 것을 위한 일시적인 것이어서 이내 그 자신의 과제가 일면으로 치우치게 되므로, 내가 말하는 고전주의는 언제나 문학이 그 본질적인 것, 전통적인 것으로 환원적 발전을 의도할 때 나타나는 이념의 통칭으로 본다. 그러므로, 서구의 근대고전주의가 인본적(人本的)이요 주지적(主知的) 일면으로 치우쳐 헬레니즘 편향이 될 때, 필연적으로 자연 대 인간의 관계로 주지적으로 추구되는 낭만주의의 중세적 감정의 부활이 의도되지 않을 수 없었으며, 이데올로기의 면에서는 고전주의의 지배적 법칙적인 중세적 성격이 낭만주의의 반항적 비통제적인 상대적(上代的) 성격으로 대체되지 않을 수 없었던 것이다. 이와 같은 고전주의와 낭만주의의 혼선과 대립이 신고전주의에 의하여서만 다시 통일될 수 있었다는 것은 곧 낭만주의의 통성(通性)이 전형성과 보편성 및 전체조화의 법칙성보다는 독창성과 특수성 및 부분적 변화의 자유성에 뿌리박았기 때문에 자신을 통솔할 의욕의 실천을 감당하지 못하기 때문이다. 더구나 오늘과 같은 우리의 역사적 현실에서는 낭만주의의 반항적 폭발이 유물사관(唯物史觀) 투쟁 의욕의 성격과 통해 있어서 통일과 법칙과 질서와 조화가 없는 곳에 이에 대한 파괴가 문학에도 미치고 있었음을 보았다. 그렇기 때문에 고전주의의 현실적 타당의 근저와 현대적 선구의 이론이 있는 것이지만, 고전주의에도 합리주의 공식주의(公式主義)의 함정이 근본 성격으로 개재해 있음을 알아야 할 것이다.

그러므로, 새로운 고전주의는 그 본연의 자태로서 이지(理智)와 정열의 균형을 지향하는 근거가 있을 수밖에 없다. 이지에 주지주의(主知主義) 아닌 현실주의를, 정열에 주정주의(主情主義) 아닌 이상주의를 맡김으로써 그 균형을 잡을 때 신(神)과 실존(實存)의 역사적 괴리에 대한 근대의 반성이 오는 것이 아닐까? 이와 같은 문제는 오늘날 인류 문화 전반에 관한 명제에 들어가지 않을 수 없으니 여기에 우선 작가(作家)로서의 유물사관과 카톨릭에 대한 비판의 관문이 열리기도 하는 것이다.

나는 앞에서 우리 문학의 구경의 과제를 우선 고전문학 형성이라고 보고 일체의 유파성(流派性)이 이에 합류되어야 할 것을 지적했으나, 고전문학이란 이름이 거창하다면 '우리 문학의 정상한 발전의 지표'라고 이름 짓고, 이 고전문학 형성의 지향을 고전주의라고 부르는 대신에 '우리 문학의 정상한 발전을 위한 기초공작(基礎工作)'이라고 부르고자 한다. 이러한 의미에서 우리 문학의 정상한 발달에 고전문학 발생의 세 가지 기본 조건의 성숙이 그대로 요청된다는 것을 부인할 사람이 누구인가.

첫째, 국어의 발달로 보더라도 범람하는 외래어에 대한 무자각, 문법의 자동(自動)과 피동(被動)과 사역(使役)도 구별 못하는 작가의 문장, 수사학의 첫걸음도 떼어 보지 못한 행문(行文)으로써 누가 문학 용어의 완성에 대한 고심을 운위할 수 있으며, 국민의식의 자각으로 보더라도 민족문제, 역사문제, 국제문제의 정상한 일가견을 작품으로 형상화할 수 있는 사람이 몇이나 되는가. 이지와 정열의 균형문제에 들어가면 더 말할 나위도 없다. 가령, 오늘의 문학정열이 사회문제에 기울었다고 하는 것이 당연한 추세라고 하더라도 나는 오늘 우리 문단의 작품에서 한결같이 느끼는 불만이 문학의 보편성과 상식성의 무구별(無區別)이요 개성과 전형성(典型性)의 혼동이 이렇게 혼미할 수 있느냐는 문제다.

둘째, 어휘의 풍부다. 표준어와 사투리, 은어, 속어, 경어, 겸양어(謙讓語) 등 이러한 온축이 없어서는 진실한 묘사와 미묘한 어감이 이루어지지 않을 뿐 아니라 생명 있는 언어의 엄폐에서 오는 국어의 빈곤이 재래된다.

셋째, 문장의 창달이다. 이것 없이는 독자가 작품을 읽어 낼 수가 없다. 구성의 파탄, 주제의 산란이 문장의 난삽과 부당에서 오는 것을 자각할 필요가 없다면 이런 작가에게서 작가를 통한 국어의 세련은 기대할 수가 없다.

넷째, 민족문제에 대한 역사적 의식과 민족 주체에 대한 작가의 정열이다. 이로써만 작가의 정치의욕, 민족윤리뿐 아니라 문학 전체의 모럴의 원천이 이루어진다고 본다. 시류적(時流的)이요 상식적이요 피상적이 아니기 위해서는 휴머니티가 세계관 문제에 직접 부딪치는 계기가 실상 이를 떠나서 존립할 수 없는 것이 보통이기 때문이다. 이를 무시하는 작가에게서 우리는 국민 정신의 전형(典型) 수립을 기대할 수가 없다.

다섯째, 새로운 세계 문제에 대한 철학적 사변이다. 문장과 구성은 덮어놓고라도 그 테마에나마 붙여 두었던 기대가 작품을 읽고 나서 그 세계관의 불안정과 빈곤 때문에 완전히 실망하는 것이 요즘 눈 있는 독자의 공통된 심정이다. '무엇을 말했는가?' 훌륭한 작가는 문명 비평가의 일면을 지니지 않고선 민족문학을 통한 세계문학에의 기여라는 말은 공염불을 벗어날 수 없는 것이다.

여섯째, 지말적(枝末的)이고 개적(個的)인 이론투쟁을 항시 근본적이요, 보편적인 문제에 환원시키라는 것이다. 도시, 이론투쟁만 일삼는 동안 훌륭한 문학은 생성되지 않는 것이요, 파당적 감정으로 악화되는 동안은 비판이 살리기 위한 비평에서 죽이기 위한 비평으로 전락하지 않을 수 없는 것이니 정상한 문학의 발달을 위해서는 일방의 문학만이 득세해서는 안 되고 나아가서는 예술 제부문의 융성한 발달이 상호 부조하고 자극하지 않아서는 안 되기 때문이다.

이 여섯 가지 신조가 우리 문학인의 당면한 과업으로 논의되어 마땅하다는 것이 나의 신조다.

3. 현대문학과 고전해석

우리의 현대문학은 우리의 고대문학이 누적된 지점에서 서구의 근대문학을 받아들여 접을 붙인 합성문학(合成文學)이다. 그러나 현대문학의 출발이 고대문학의 계승이 아니요, 도리어 그 반항이었기 때문에 현대에서 고전문학을 이루려는 현대문학이 먼저 서구의 근대 고전을 섭취하고 해석하고 비평해야 할 것이 당연한 듯하지만, 고전문학이 민족적 전통을 떠나서 설 수 없는 이상 고대문학에서 현대성을 재생시키는 것이 현대문학이 고전성(古典性)의 일익을 탐구하는 첩경이 되지 않을 수 없는 것이다. 왜 그러냐 하면, 문학에서 자아의 발견과 주체의 확립과 전통의 현대화라는 명제가 민족문학에 부여된 첫 사명이기 때문이다. 이를 위해서는 첫째, 작가에 의하여 처리된 한 권의 국문학사(國文學史)가 있어야 할 뿐 아니라 신화, 전설, 무가(巫歌), 민요, 사담(史談), 고소설(古小說) 등 민족문학 제분야의 수집과 연구의 보조가 있어야 되겠다.

그러나, 이러한 수집과 연구(解釋)가 그 방면 전문가에 의해서만이 아니라 작가에 의해서 수행되어야 된다는 점을 잊어서는 안 된다. 다시 말하면, 이러한 구송문학(口誦文學)과 소재문학(素材文學)은 구론(口論)하고 기록하는 자의 문학적 역량에 의하여 작품이 될 수도 있고 안 될 수도 있고 가치가 있을 수도 있고 없을 수도 있기 때문이다. 작금 우리 학계에 주어진 몇 권의 차등서(此等書)가 문학적 가치를 지니기에는 너무나 보잘것 없었다는 것은 그 기술자(記述者)가 문학을 염두에 두지 않았다는 것을 증명한다. 그러므로, 이러한 소재를 현대문학화하는 데는 야담가(野談家)라든가 이상한 역사소설가의 방법을 빌지 않고 서구의 민담(民譚)이 훌륭한 고전문학을 이루듯이 현대문학으로 구성과 주제를 대치 개혁시키는 역량 있는 작가의 참여가 기대되어 마땅하다는 것이다. 마의태자(麻衣太子)와 허생(許生)과 춘향(春香)과 진이(眞伊)가 몇 작가에 의하여 몇 번이라도 창작되고 실험되어야 할 것이 아닌가.

가령, 지금에 전하는 《춘향전》(春香傳) 그대로는 현대의 고전문학이 될 수가 없다. 그러나, 전라도를 무대로 한 이 소설이 같은 그 향토시인인 김영랑과 서정주에 의하여 현대문학의 생명과 감정 속에 어느 정도 들어온 것을 우리는 보았다. 김영랑의 시 〈일편단심〉은 춘향의 정절이 영화로 갚아지지 않고 이도령의 어사 출두 끝에 "내 변가(卞哥) 보다 잔인무지(殘忍無智) 하여 춘향을 죽였구나. 오, 일편단심"으로 끝맺어진 것이라든가, 서정주의 〈옥중가〉(獄中歌) 나 〈추천사〉(鞦韆詞) 에서 현대에 살아 오는 춘향의 영혼을 볼 수도 있었다. 비록 이와 같은 시가(詩歌)의 시험이 고대소설을 한 편의 현대고전(現代古典) 으로 완성시키지는 못 했다고 하더라도 시정신(詩精神)이 민족전통의 탐구와 현대적 재건에는 소설보다 한 걸음 앞서 있다는 것을 말하는 것이라 아니 할 수 없다. 파우스트가 여러 소설가의 손에 씌어졌고 같은 가사(歌詞)가 수많은 작곡가에 의하여 작곡된 것을 볼 때 서상(敍上)

의 문제는 더 절실한 느낌을 가져오는 것이다.

　여기에 우리의 현대문학이 서구의 고전을 우리의 눈으로 새로운 논리적 해석을 해야 할 것과 마찬가지로 우리의 고대문화의 현대화에 노력해야 한다는 의의가 있거니와, 내가 우리의 민담(民譚)의 성격이 소재로서도 비상히 비문학적이라는 것을 누구보다 잘 알면서도 이런 말을 하는 데는 먼저 우리의 민족신화부터 문학적으로 재편성하여 장래의 문학적 양식을 마련해 줄 작가가 나와야 한다고 믿기 때문이다. 이는 바로 민족의 정신사(精神史)인 서사시(敍事詩)의 부흥 문제이기도 하다.

―1949년 12월, 《문예》

한국 문학의 전통
― 신문학과 한국사상에 대하여

한국 문학의 전통은 항시 논의되어 오는 것이지만 여기에서 우리 스스로가 본래 가지고 있던 사회사상사적인 배경과 서구 사조가 미친바 문예사조사적 내용을 캐어 보는 것은 결코 무의미한 일은 아니다. 한 마디로 말하면 곧 한국에서의 신문학의 성격 내지 특질은 근대사상에 바탕을 둔 개화사상과 세기말 사상에서 찾아볼 수 있을 것이다.

개화(開化)란 말은 근대화라는 말과 동일한 뜻을 지니고 있으므로 가령 개화당(開化黨), 개화장(開化杖), 개화(開化) 주머니 같은 말들을 새겨 본다면 그 내용을 충분히 이해할 수 있을 것이다. 개화기 초에 독립당(獨立黨)으로 대표된 개화당은 수구당(守舊黨)이 쇄국정치를 주장하였음에 반하여 이에 속하는 사람들은 문호 개방주의를 부르짖었다. 개화장(開化杖)은 종래의 긴 지팡이가 아니라 청장년들이 들고 다닌 짤막한 단장으로서 그것을 사용한 계층은 '하이 칼라' ― 당시 지도적인 사람들의 복식의 한 부분이었다. 또한 개화(開化) 주머니도 옷에 직접 붙어 있는 호주머니로, 그것은 외래품, 즉 서구문명을 수입하는 한 부속품이었음을 알 수 있다.

이러한 개화운동은 당시는 민중의 지지를 얻지 못하여 막심한 반발과 회의적인 경향이 없지 않았으나 어쨌든 신문학(新文學)의 발전에 있어서는 그 뒤 지배적으로 작용하였으며, 특히 사회기구 면에서 역사적 전환기를 이루었다 하겠다. 갑오경장 때 단행한 개혁 안건 23개 가운데 정치 및 경제기구의 개혁은 6건에 불과하며 17건은 모두 사회문제, 즉 봉건성(封建性)의 타파에 있었으며, 나아가 그것은 2천 년에 걸친 사회 제도를 일시에 근본적으로 개혁하는 계기를 마련했다. 그러면, 우리가 우리의 근대화를 말할 때 외래적인 것만을 말할 수 있는가. 나는 그렇지 않다고 본다. 오히려 근대화의 발단은 밖으로부터의 충돌이기보다는 안으로부터의 요구가 컸음을 지적하고 싶다.

오랜 역사 동안 곪아 온 것이 요구하는 내용인 것이다. 갑오경장도 그러하려니와 동학혁명이 또한 자체 내부 즉 국민 개개인으로부터의 요구였으니, 우리가 근대의식을 전개함에는 그것이 한국 자체내에서 우러나온 것임을 전제해야 된다. 근대의식은 곧 민중의식이며 우리에게는 '개화'란 형태로 발달되었다. 이러한 민중의식 내지 민족의식은 역사적으로 소급해서도 찾아볼 수 있다. 삼국시대 이전에는 어떠한 민족 의식이 형성되어 있었다고는 말할 수 없으나 신라 통일 이후에는 뚜렷이 나타나고 있다. 발해(渤海)의 유민이 고려에 들어온 사실이나 세종 때 여진족(女眞族)에 대한 태도에서도 그러한 일면이 있다. 더구나 임진왜란과 병자호란을 통해서는 그것이 구체적으로 국민 속에서 싹터 자라나 형성되었음을 발견할 수 있다. 비록 외적과의 실(實) 싸움은 졌으나 소설(小說)로써 복수한 《임진록》(壬辰錄)이라든가 탐관오리를 쳐 없애는 사회소설 《홍길동전》 등은 다 그러한 표현의 일단이다.

그 뒤 서양문물이 들어옴에 따라 민중의식은 더욱 강력해졌고 발전상 커다란 밑거름이 되었다. 물론 그것이 청(淸)나라를 거쳐 온 것이든 일본을 거쳐 온 것이든 앞서 국내적으로 형성된 민중의식을 성장시키는 데는 집요한 강요가 되었던 것이 사실이다. 끝으로 신문학(新文學)의 중요한 특징의 하나인 세기말(世紀末)적 사조에 대해서는 자세한 것을 생략하거니와 '르네상스' 이후 발전해 온 자연주의, 상징주의,

인도주의, 예술지상주의 등 많은 갈래의 사상이 일시에 우리 나라로 들어옴에 따라 우리 나라에도 그와 유사한 많은 형태가 자라났고 또한 그것이 많은 혼란을 불러일으킨 점만 말해 둔다.

— 1963. 5, 《대한일보》

유미주의문예 소고

There is no such thing as a moral or an immoral book.
Books are well written or badly written, that is all.
— Oscar Wilde

1. 서 언

유미주의문예(唯美主義文藝) 소고(小考)라는 타이틀을 걸었으나 필자는 이것이 논문이 되리라고는 생각지 않습니다. 붓을 들기 전에 황홀해지고 가슴에 물결치는 미(美)의 선율(旋律)에 사로잡히기 때문입니다. 그러나 그것이 응당 우리로서 한 번 반드시 생각해 볼 필요를 느끼게 하기 때문에 붓을 들었습니다만 재료를 수집해야 연구할 수 있는 문제를 탐미주의자(耽美主義者)인 필자는 체계적으로 냉정히 거기에 들어갈 수 없는 불행과 행복을 함께 지니고 있습니다. 그러므로, 극히 상식적인 나의 감상을 펴서 나의 생활(그것이 어느 의미로서는 現下 젊은이 생활을 상징합니다)의 고백과 함께 변명을 위하여 이 글을 쓰는 것입니다.

먼저 이 글을 쓰는 본의는 세소위(世所謂) 예술지상주의란 무엇인가. 그것은 정말 인생에서 타기(唾棄)할 존재의 무가치한 예술인가,

예술을 위한 예술이란 어째서 생겨났는가, 이것을 구명(究明)하기 위하여 이 예술지상주의의 근본개념처럼 된 유미주의를 해부하고 다시 거기에 나의 견해의 일단을 펴려는 데 있습니다.

　예술을 위한 예술의 설명은 어디에도 다 '유미주의적인' 하는 문구를 찾을 수 있겠습니다. 그러므로, 유미주의를 논함은 곧 예술을 위한 예술을 논하는 것입니다. 그래서 먼저 예술을 위한 예술과 인생을 위한 예술을 논하고 그 다음으로 세기말문예(世紀末文藝)와 기계문명의 영향을 말하고, 유미주의의 기원 그 이론을 말하고, 가장 이 유미주의를 실천생활에 옮긴 오스카 와일드의 생애와 예술에까지 조금 언급하려고 합니다. 문예사조의 변천에는 시대적 특색이 큰 요소이므로 물론 필자의 유미주의에 대한 견해는 재래의 그것과 다른 점이 있을지 모르나 그 점은 양해하시고 이 예술지상주의의 재검토로써 그것을 재인식하고 새로운 예술관을 세우는 데 이 글이 일조가 될 수 있다면 분에 넘치는 영광이 되겠습니다.

2. 예술을 위한 예술과 인생을 위한 예술

　원래, 예술을 위한 예술과 인생을 위한 예술의 구별은 없는 것이다. 위대한 예술은 이 어느 것의 구별을 요하지 않고 스스로 꽃을 피우며 우리에게 남겨진 예술의 유산으로서 아직도 생명을 지니고 있는 것이다. 그것은 곧 예술은 예술 자체로서 엄정한 밸런스, 즉 자기 균형 위에서 군림하기 때문이니 이 양자를 내세우고 다툰다는 것이 무모한 일이 아닐 수 없다. 그러나 우리는 이 전제 앞에서 양자의 재검토를 시(試)해 보기로 하자. 그러면 예술을 위한 예술은 무엇인가, 또 인생을 위한 예술은 무엇인가, 먼저 그 차이점을 밝히고 어째서 그것이 분기(分岐) 되었는가에 대해서도 응당 재사(再思)의 필요가 있다고 생각한다. 먼저 양자의 개념을 비교하면 아래와 같다.

(1) 예술을 위한 예술 (Art for art sake)

예술은 예술로서 다른 문학활동에서 독립하여 그 지배를 받지 않는다는 입장에서 예술을 창작하고 감상하고 비평하며, 예술을 절대 유일한 것으로 신봉하고 지상에서 얻을 수 없는 행복을 예술의 세계에서 이루고 살려는 것이 세칭 예술지상주의의 주장의 대략이라 볼 수 있다.

"예술은 전부요 인생은 무(無)다"라고 한 플로베르의 말에서 우리는 예술을 위한 예술이 어떤 것이라는 막연한 개념이라도 얻을 수 있어야 할 것이다.

(2) 인생(생활)을 위한 예술 (Art for life sake)

예술을 위한 예술에 대립된 것으로서 예술의 공리주의적 입장에 뿌리를 박은 것이니, 즉 예술을 인간의 생활도구로 이용하려는 것이 그 주안이 되어 있다. 인생을 위한 예술은, 예술을 위한 예술이 오직 미(美)를 추구하고 목적을 자기 내부에 두는 데 반하여 인생의 진미(眞美) 또는 모럴을 찾고 그 목적을 자기 외부에 두는 것이 특징이다. 그러므로, 이 인생을 위한 예술의 전형적 문학을 휴머니즘이라 할 수 있다. 오직 문학은 휴머니즘에 봉사해야 한다고 규정(規程)되어 있다.

위에서 필자는 이 양자의 대강을 논했다. 그러면 그 양자의 차이는 나타나고 있으니, 즉 전자는 와일드가 한 말과 같이 "자연은 예술을 모방한다"고 해서 예술을 자연과 인생 위에 둔 것이요, 후자는 예술이 인생과 자연을 모방한다고 보는 것이다. 전자는 주관적이요 후자는 객관적이며, 전자는 낭만적이요 후자는 사실적이며, 전자는 서정적이요, 후자는 이지적(理智的)인 것이니, 이상적인 것과 실천적인 차, 정열과 냉정, 형이상(形而上)과 형이하(形而下), 여기서도 그들은 대립한다.

그러나 우리는 그 시비를 논하기 전에 결국은 양자의 다툼이 이 양자가 미(美)에 대한 취미와 견해의 상위(相違) 밖에 아무것도 아님을 알아야 할 것이다.

그러므로, 우리는 여기서 그리스 철학의 두 가지 범주를 연상하게 된다. 즉, 아리스토텔레스와 플라톤을. 실로 플라톤 철학은 주관주의 예술의 연원이 되고, 아리스토텔레스는 객관주의 예술을 대표한 것이다. 플라톤의 사상에는 실재는 현실세계에 있지 않고 형이상(形而上)의 관념계(觀念界 : 이데아)에 있다고 봤기 때문에 철학에 대한 사모를 이데아에 향한 동경으로 했으나, 그에 사사(師事)한 아리스토텔레스는 플라톤 설(說)을 반박하여 실재를 현실세계에 인식하고 한걸음 나아가 진리를 천상(天上)에서 하계(下界)로 끌어내린 것이니 철학에서 이 양 대분파는 예술에서 시적 로맨티시즘과 현실적 리얼리즘의 대립, 예술을 위한 예술과 인생을 위한 예술을 생산하였다. 그러므로 철학에서 양파의 의논이 끝날 수 없음과 같이 예술에서도 양파의 의논은 영원히 끝날 수 없을 것이다.

그러나 우리는 여기서 다시 한걸음 나아가 생각하지 않으면 안 된다. 예술을 위한 예술과 인생을 위한 예술이 앞에 말한 바와 같이 현저한 대립을 보이고 있으나 세밀히 관찰할 때 그 본질의 교역(交易)을 인정하지 않을 수 없다는 말이다.

예술을 위한 예술은 현실에 대한 불만과 부족을 극복하고 보다 나은 생활을 동경하는 데 반하여, 인생을 위한 예술은 예술 자체를 현실의 모방, 인생의 재현(再現)을 그 능사(能事)로 삼는 것이다. 그러면 우리는 어느 것이 더 생활을 고양(高揚)하려는 의욕에 싸여 있다고 보겠는가. 현실에 불만을 느끼고 보다 나은 생활을 열애(熱愛)하는 의미에서 전자는 확실히 인생을 위한 예술이요, 후자가 현실의 모방을 일삼음으로써 있는 그대로를 그리는 보다 더 나은 생활을 동경하는 의지가 약함에 따라 그것은 또한 인생을 위한 예술이 될 수 없다. 그러므로, 여기서 우리는 양자의 분립(分立)이 옳지 않음을 믿어야 옳을 것이다.

또 후자가 현실표현에만 노력하는 것을 우리는 예술을 위한 예술이라 부를 수 있는 것이다. 예술지상주의와 현실모방주의는 구극에서 이와 같은 합류(合流)를 보는 것이다.

예술이 물론 현실의 거울만이 아님을 알 수 있다. 그러면 어째서 객관파는 주관파를 생활 없는 작품을 쓴다고 부르는가? 예술의 싹을 튼 뒤로 필자는 생활 없는, 한 개의 생활도 없는 작품은 보지 못하였고 또한 앞으로도 없을 것이다. 예술이 보다 나은 생활을 창조하고 보다 나은 인간을 낳을 수가 참으로 없다 할 수 있을까.

톨스토이나 괴테는 물론 생활을 위한 예술가였으나 이단적 쾌락주의자 오스카 와일드 또한 생활을 위한 예술가가 아닐 수 없다.

그러면, 여기서 우리는 또한 문제에 봉착하게 된다. 그것은 곧 종래의 예술을 위한 예술에 대한 개념의 바꿈과 반성의 기회를 갖지 않아서는 안 된다. 어째서 인생을 위한 예술만이 예술이요 이 이른바 예술을 위한 예술은 예술의 사도(邪道)처럼 되어 왔는가. 우리는 이 문제를 위하여 해숙어(該熟語)의 발생과 그 기원을 찾아야 할 것이다.

원래, 예술을 위한 예술은 자유의 예술, 의욕의 예술, 정열의 예술이었다. 르네상스 이후에 구미문단에 나타난 표어였다. 당시 기독교 교권시대(敎權時代)에서 예술이 종교와 도덕의 속박을 받아 그 성장의 박해는 만신창이였었다. 여기서 예술가는 예술의 자유해방을 부르짖었으니 그 선언이 곧 예술은 곧 교회를 위한 예술, 설교를 위한 예술, 도덕의 노예가 아니요 예술 그 자체가 예술을 위한 예술로서 비판될 것이라고 한 데서부터 이 세인(世人)의 오해와 조소(嘲笑)를 받게 된 대명사는 시작된 것이다. 그러나 당시의 의미는 정통예술 비판의 주장이었을 뿐 생활을 위한 예술에 대립하기 위한 주장은 아니었다. 아니 그 당시로 봐서는 이 주장이 종래의 예술보다 오히려 생활을 위한 예술이었을 것이다.

필자는 이 위에서 여러 번 예술을 위한 예술과 인생을 위한 예술의 분류를 무모한 짓이라고 말해 왔으나 정말로 우리가 내면의 이상을 노래하든지, 외부의 현실을 읊든지, 약자를 위하여 울든지, 강자를 구가(謳歌)하든지 혹은 사상의 성명서(聲明書)로 쓰든지 백보환(百補丸 : ㅁㅋ..ㄴ)의 광고를 위해 쓰든지 우리는 거기에 관심할 필요는 없다. 예술은 예술 자체로서 예술가치를 측량하는 비평 이전의 것인 것이다.

권선징악만이 예술이 아니요 탐미사추(耽美捨醜)만이 예술은 아니므로 예술의 세계에 한계를 지을 필요는 없다. 톨스토이가 전세계에 무수한 독자를 가지고 있는 데 대하여 보들레르나 와일드의 독자는 어째서 그에 못지않게 많은가. 병적(病的) 시인 베를렌의 〈가을 노래〉는 왜 그를 욕하던 모든 문인을 삼탄(三嘆)시키고 말았는가. 거기는 세인(世人)이 말하는 인생을 위한 예술은 아무것도 없었으나 의연히 값있는 그 가치의 반면에 인생을 위한 예술의 섬광(閃光)은 빛나고 있는 것이다. 선악(善惡)과 미추(美醜)가 상대적임은 물론 이 모든 모순이 통히 하나로 예술에 종속하는 것이다.

말이 기로(岐路)에 흐른 것 같다. 이와 같이, 그 뜻으로서의 예술을 위한 예술은 르네상스 이후에 싹튼 것이 사실이나 그것을 실험에 쓰게 된 것은 프랑스 유미파(唯美派)의 일인자인 데오필 고티에의 소설 〈모팽양(孃)〉의 서문(序文)에서 발(發)했다고 볼 수 있다. 그것은 다음의 각국 유미주의 운동에 쓰겠으므로 여기서는 약(略)한다.

이상으로서 예술을 위한 예술과 인생을 위한 예술의 본질과 차이점에서 출발하여 그 본질의 교역성(交易性)을 거쳐 이 양자 분류의 무모(無謀)라는 곳까지 붓은 나와 있다. 필자는 여기서 다시 양자의 공통점을 논하여 이 글을 쓰는 본의인 유미주의에 붓을 옮기려고 생각한다.

다시 예술을 위한 예술과 인생을 위한 예술. 이쯤 쓰고 나니 예술은 르네상스 이전에 양자의 구별 없이 혼돈하던 경지까지 다시 나아가야 한다. 종래 미학(美學)에 관해서는 무수한 학자가 견해를 달리하고 있으나 요컨대 "예술은 미(美)의 표현이다"(물론 추상적인 말이나) 라는 말에는 이의(異議)가 없을 것이다. 벌써 이 한 마디를 수긍할 수 있다면 인생을 위한 예술과 예술을 위한 예술이 다 같은 예술로서 또는 다같이 미(美)를 찾는 점에 있어 공통점은 췌언을 요하지 않게 된다. 양자의 교역성은 이 공통점을 '우라가끼'한 것일 것이다.

그러면, 남은 문제는 우리가 예술을 함에 있어 주관파에 가담하느냐 객관파에 가담하느냐 밖에 없다. 그것은 개인 기호(嗜好)의 차이요 예술본질에는 아무런 영향도 없는 것이다. 서로 적대되는 이론을 가졌다 해서 서로 상대편을 예술가 아니라고 할 수는 없다. 동시에 그렇게 말할 수도 있기 때문이다.

"예를 들면, 매맞는 작은 강아지를 동정하고 눈물을 흘리면 그것을 태도의 주관적이라 할 수 있고, 여기 반하여 무관심한 태도를 취하고 냉정한 지적(知的) 눈으로 보는 것을 객관적 관찰이라고 생각된다"(萩原朔太郎).

어느 것이 더 예술적 태도냐 하면 그것은 각자의 주관에 맡겨야 당연할 일이리라. 더욱 재미있는 것은 인생을 위한 예술, 즉 객관파가 지적(知的)이라 하나 엘리엇 류(流)의 주지주의(主知主義)는 예술을 위한 예술로 되고 프로이트 정신분석학에 근거를 둔 초현실파도 또한 예술을 위한 예술인 것이다.

예술하는 태도와 그가 생산하는 작품은 별문제라는 것을 하기하라 사쿠다로(萩原朔太郎) 씨는 아래와 같이 예를 들었는데 여기 그것을 인용하고 이 문제는 쉬기로 한다.

"학문을 하는 데는 여러 가지 태도가 있다. 입신출세를 위하여, 사회민중의 복리를 위하여, 혹은 학문함으로써 생활상의 회의를 품고 안심입명(安心立命) 하기 위하여, 그리고 최후에는 학문하는 흥미에 끌려 학문을 위한 학문(예술을 위한 예술—필자) 하는 사람 등이 있다. 이렇게 학문하는 태도에는 여러 가지 종류가 있으나 학술이 학술로서 비판되는 한 순전히 진리로서 학술가치를 묻는 것이지 다른 공리가치(功利價値)나 실용가치에만 관해서가 아니다. 예(例)하면 전신(電信)이나 증기선의 발명 목적이 사회의 복지에 있든지 다만 과학적 흥미에 있었든지 간에 발명으로서 가치에 변함이 없고 또한 그 학술상 비판에서는 이용의 유익무익(有益無益)을 묻지 않는 것이다"라고….

3. 순수예술의 발아와 그 계통

여기서부터 예술을 위한 예술을 순수예술이라고 부르겠다. 이 순수예술의 발아(發芽)는 어느 때부터인가는 실로 막연한 문제다. 원시인간의 예술로서의 수렵생활 혹은 외적(外敵) 방지, 신앙의식을 위한 그들 단순한 원시예술로부터 이 순수예술이 싹을 트고 있었음은 물론의 일일 것이다. 또, 그리고 다음으로 문자를 빈 예술에서 주관이 조금도 가미되지 않은 문학은 없었을 줄 안다. 그러나, 여기서는 그 막연한 문제에 논급하지 않고 범위를 좁혀 구체적으로 문예사조사(文藝思潮史)에 나타난 순수예술의 여명기(黎明期), 즉 발아기(發芽期)를 생각해 보려 한다.

먼저 문예사조를 생각함에 있어 우리는 그 시대적 특색을 생각하지 않으면 안 된다. 정치, 철학, 민심 그것이 예술에 반영되는 것이 문예사조의 변천인 것이다. 철학에도 시대적 특색이 있고 정치에도 시대적 특색이 있음은 예술에서와 마찬가지로 엄연한 법칙으로 존재하는 것이다. 종교개혁 이전의 정치는 예술에 어떠한 영향을 주었으며, 쇼펜하우어의 염세철학(厭世哲學)은 또한 얼마나 큰 영향을 줄 것인가. 지나(支那)에 있어서도 전국시대(戰國時代)에 난 장자철학(莊子哲學)의 시대적 특색을 볼 수 있으니 정치는 철학에 영향을 미치는 동시에 그 철학을 배경으로 하는 예술에 간접적 영향을 미치고 예술은 또한 민심(民心)으로 더불어 정치에 그 영향을 미쳐 왔다.

그러므로, 한 사회의 사조(思潮)의 물결이 번복(飜覆)되는 바와 마찬가지로 예술사조도 결국은 반동(反動)의 역사에 불과하는 것이다. 헌 것을 버리고 새 것을 찾는 곳에 곧 묵은 것은 새 것이 될 수 있으므로 거기에 시대적 특색을 가미했다 뿐이지 모든 문예사조를 세밀히 관찰하면 주지적(主知的) 경향과 주의적(主意的) 경향, 곧 다시 말하면 객관예술과 주관예술이 서로 바뀌고 있다는 것밖에 다른 아무것도 없다고 생각한다.

18세기의 냉정한 주지적(主知的) 경향을 가진 계몽시대의 편리주의(偏理主義 ; Rationalism), 의고주의(擬古主義 ; Classicism)의 형식적인 것의 반동으로 19세기 전반은 낭만파의 전승(全勝)으로 돌아가고 다시 거기에서 나아가 19세기 중엽에는 사실주의(Realism), 자연주의(Naturalism)의 전성시대였으나 예술사조도 역시 모든 역사와 같이 한 곳에 정착할 수 없음과 마찬가지로 19세기 말로부터 20세기에 걸치어 다시 신주관주의(新主觀主義), 신낭만주의가 싹트게 된 것이다.

필자는 여기서 순수예술이 꽃을 피우기 시작한 곳을 이 의고주의(擬古主義)의 반동으로 일어난 낭만주의(Romanticism)에서 찾고 싶다(〈A도〉 참조).

그리스 예술을 모방하고 대리석상(大理石像) 같이 차갑던 의고주의(擬古主義) 예술론은 낭만주의의 타오르는 불꽃으로 변하고 말았다. 열 있는 감정(Passion)과 정서(Emotion)는 낭만파의 중점이요, 불기분방(不羈奔放)한 정열은 형식을 돌보지 않는 파격(破格)의 예술을 낳고 다시 예술을 평민화(平民化)한 것이다. 그러므로, 그것이 주관으로 흐르지 않을 수 없었으나, 그러나 낭만주의는 눈부시게 화려한 역사의 한 페이지를 장식하고 있는 것이다. 그것은 문학사상(文學史上)에 있어 이른바 'storm and stress'라고 해서 괴테, 쉴러, 티크, 노발리스, 호프만, 클라이스트, 하이네 등은 모두 이 문학을 위하여 만장(萬丈)의 기염(氣焰)을 토한 것이다. 영길리(英吉利)에서는 워어즈워드, 코

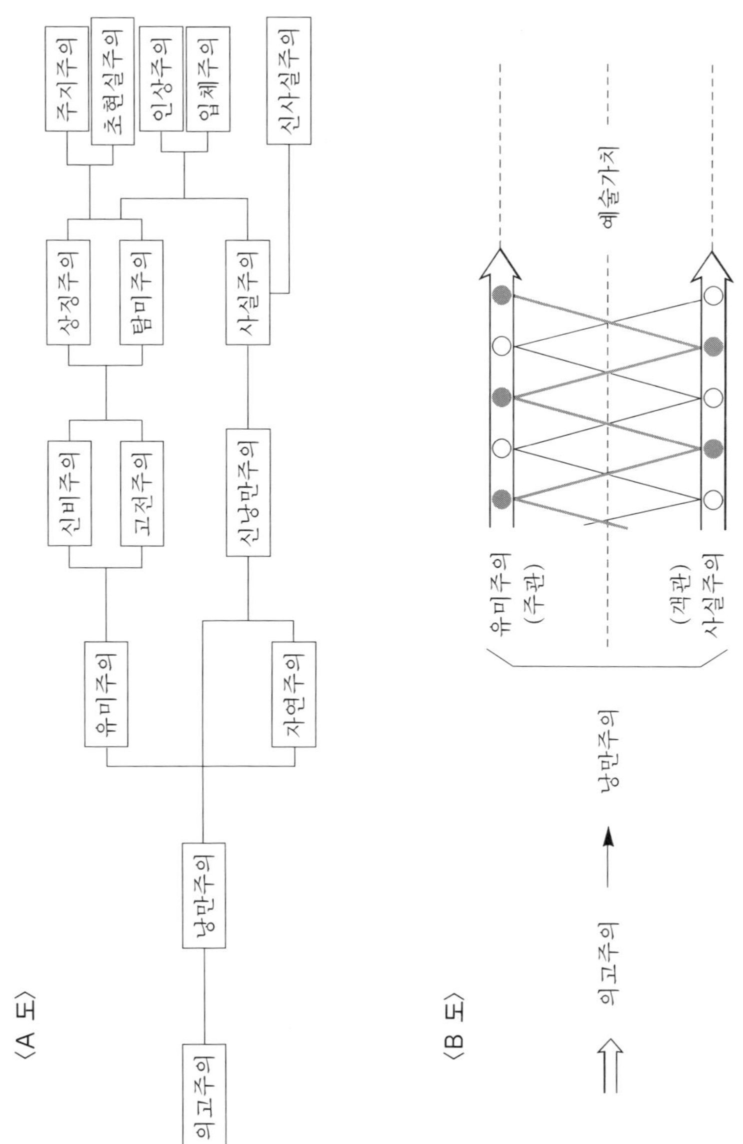
주지주의
초현실주의
인상주의
입체주의
신사실주의
상징주의
탐미주의
사실주의
신비주의
고전주의
신낭만주의
유미주의
자연주의
낭만주의
의고주의
〈A 도〉
예술가치
유미주의
(주관)
(객관)
사실주의
낭만주의
의고주의
〈B 도〉

울리지, 셸리, 키이츠, 스콧, 바이런 등의 대시인이 나왔고 남구(南歐) 이탈리아에서 만조니, 레오파르디, 러시아의 푸시킨, 레르몬토프, 프랑스의 라마르틴, 샤토브리앙, 내려와서 뮈세, 비니, 위고, 고티에는 모두 낭만파의 효장(驍將)이었다. 호화로운 성좌(星座)가 아닐 수 없다. 낭만주의는 곧 모든 순수예술의 조종(祖宗)이라 할 수 있으니 여기서는 그 예술론은 덮어두고 근세 문예사조의 극히 대략을 도표로 그려보려고 생각한다. (〈B 도〉참조)

순수예술 발아(發芽)에 대한 사견(私見)을 대략 말했으므로 다음으로 필자는 순수예술의 발전형태요 후기 유미주의(唯美主義)가 소속하는 '세기말'(世紀末)에 대하여 논하려 한다.

4. 세기말 문예와 기계문명

세기말(世紀末)이란 무엇인가? 이것은 원래 백년에 한 번 오는, 즉 1세기의 마지막으로 오는 한 개의 사회심리현상인데, 이 '세기말'이란 것은 보통명사에서 고유명사로 변하게 되었으니 곧 18세기 말에 프랑스의 일반 민중, 특히 청소년의 심장을 엄습(掩襲), 지배하던 일종 심리경향이다. 이 세기말을 'fin de siécle'이라 하고서 독일에서는 세계고(世界苦)란 이름으로 나타나고 있다.

그 대표적 문학이요 또한 연원(淵源)은 문호(文豪) 괴테의 〈젊은 베르테르의 슬픔〉에서 시작된 것이다. 당시 작품상의 경향으로는 베르테르이즘이 형성되고 그 사회에 미친 현상은 얼마나 컸다는 것을, 우리는 〈젊은 베르테르의 슬픔〉을 읽고 프랑스에서 자살한 사람이 대전(大戰)에서 전사(戰死)한 수보다 많았다는 말로써 짐작할 수 있을 것이다. 베르테르가 죽을 때 입은 푸른 연미복(燕尾服)에 노랑 조끼는 당시의 젊은이들에게 유행되고 있었다는 것도 이것을 증명하는 것이다.

이 세기말은 독일 프랑스에서는 18세기 말이었으나 영문학사상(英文學史上)에 나타난 세기말은 19세기 말을 의미하므로 좀 차가 있는 것이다. 영국 후기 유미주의 운동의 대표자 오스카 와일드의 탐미(耽美) 전성시대로 봐서 그것은 18세기 말엽이기 때문이다.

그러면 어째서 세기말병(世紀末病)은 18세기 말에 덮쳐 온 것인가. 왜 오지 아니치 못했던가, 그들은 어째서 낙일(落日)의 애수(哀愁) 같은 심정 속에서 허덕이지 않으면 안 되었던가. 그 첫째 이유는 자유를 찾아 목이 마르던 그들에게 혁명이 폭발되어 주관의 해방, 정서의 해방은 왔으나 다음에 오는 것은 암담한 앞길이었다. 어두운 앞길의 행방에 그들은 넘쳐흐르는 비애(悲哀)를 억제하기 어려웠다. 이 정해지지 못한 앞길에서 그들은 강해지지 못하고 세기(世紀)의 선풍(旋風)에 휩쓸려 자살, 방랑, 고독, 유거(幽居), 탐닉(耽溺)의 길로 흘러져 들고 만 것이다.

그러나, 현대의 또한 수많은 젊은이가 정히 또 이런 부류의 인간으로서 한 줄의 빛을 찾지 못하고 강한 알코올의 자극을 찾는 것임을 어쩌랴. 여기에 문예사조의 시대적 분위기 문제가 논의된다.

화려한 꿈을 동경하고 미(美), 오직 미(美)를 찾아 헤매는 젊은이에게 현실의 괴로움은 너무나 컸다. 권태의 질곡(桎梏)에서 벗어나 몽상(夢想)의 세계, 인공의 세계에 거닐려는 이들 낭만주의문예의 반동적 현상으로 과학문명의 힘을 등지고 나타난 자연주의문예는 세기말 문예보다 한층 더 심각한 예술지상주의를 낳게 한 것이다. 이상과 현실의 배치(背馳), 치열한 생존경쟁, 꺾이는 의욕, 이 모든 것은 세기말 문예를 낳은 18세기 말의 현실이었던 것이며 이것이 또한 정히 지역과 연대를 달리하면서도 곧 그대로 우리의 생활인 것이다. 물질적 생활에 등한할 수 없는 그들에게 오는 것은 당연의 추세로 자포자기와 탐닉(耽溺)의 구렁이었었다. 여기에서부터 화려한 슬픔은 시작된다. 퇴폐의 적극 면은 악마주의와 탐미주의에 나타나고 소극적인 면으로 현실을 도피하여 정밀(靜謐)한 사념의 세계에 방랑하는 신비주의와 고전주의가 나타나게 된다. 물질적 과학적인 것을 배경으로 한 자연주의를 영향받으며 자란 네오로맨티시즘은 이 양자의 중간적 입장이라 볼 수 있다.

생존경쟁의 심한 곳에서 그들은 한시라도 실생활을 떠날 수 없는 그러나 아니 떠날 수도 없는 고민에 울었다. 생에 대한 열애(熱愛)가 너무도 크므로 보다 나은 생활의 동경, 현실의 불만은 데카당 문예의 요소가 된 것이요 그들의 현실을 떠나려 함은 현실의 도피는 확실히 아니었다. 한 사회와 국가를 사랑하는 점에서 그들은 생활과 인생을 열애하므로 그 근본은 염세사상(厭世思想)과는 거리가 멀다 할 수 있다. 그러므로, 여기서 사(死)의 동경이란 생에 대한 애착이란 말이 예술의 세계에서는 성립된다.

애아(愛兒)가 씹어먹고 싶도록 귀엽다든지, 연인을 못 살게 굴므로 쾌감을 맛본다든지, 몹시 즐겁고 반가운 일에 우리가 소리쳐 우는 것은 모든 감정이 극도에서 역현상(逆現象)으로 나타나기 때문이다. 탐닉이라 해도 무지(無知)한 노동자와 인텔리의 탐닉은 엄격히 구별해야 될 것이다. 〈젊은 베르테르의 슬픔〉을 읽고 누가 자기 연인이 먼지 털어 준 피스톨로 자살하는 베르테르를 동정하지 않을 수 있으랴. 내성적(內省的)인 생활, 거기 또 희생의 정신이 빛나고 있음과 같이… 생각해야 할 것이다. 인생에 대한 열애(熱愛)와 비애(悲哀) 없이는 고려(顧慮) 없는 탐닉이 있을 수 없다고.

현실의 괴로움을 울분과 원한으로, 몽환(夢幻)의 세계를 인공적 관능(官能)의 만족으로, 고민의 현실을 순간적 쾌락으로 바꾸는 곳에 그들의 행복과 비애가 있었다.

예술을 위한 예술을 부르짖는 자에게 노래와 함께 술과 계집과 아편(阿片)은 왜 꽃을 피우고 사는 것인가. 베를렌이 강한 아브산트에 취하여 죽고 태백(太白)이 달을 잡으려 용궁(龍宮)으로 영가(永佳)한 것이 아닌가. 예술가 중에도 시인이 더 많이 예술지상주의로 흐르는 경향을 볼 수 있다. 그것은 곧 시는 아무래도 민중화할 수 없는 소수인의 것임을 말한다. 가장 높은 예술로 모든 것이 처음이 되는 시는 대중적으로 하라는 것은 곧 실용주의의 발악이다. 시인으로서 일가를 이루면 자기로서의 세계가 있고 그 세계는 세속적인 평평범범(平平凡凡)한 것이어서는 못 쓴다. 미(美)에 대한 존숭(尊崇)의 염(念)은 미를 수호하는 신으로 우리를 이끌어 간다. 예술은 종교와 철학과 풍속으로 돌아가서 우리 생활에 깃들인 형이상(形而上)의 나라를 살찌게 해야 할 것이다.

진실로 물질주의의 해독은 크다. 기계문명의 죄악은 크다. 현실을 떠나서 그 현실을 사랑하기 위하여 비물질주의(非物質主義) 예술의 나라에 사는 것이 죄될 수 있습니까. 행복하지 않습니까.

5. 유미주의의 기원

유미주의(唯美主義)의 기원을 모리스나 스윈번에 둔 사람도 있으나 필자는 역시 유미주의의 기원을 낭만주의에서 시작했다고 본다(그렇다면 유미주의의 기원은 역시 낭만주의의 시작인 루소에까지 거슬러 올라가게 된다). 미에 대한 동경, 경이(驚異)의 부활이 낭만주의의 모토였으므로 넉넉히 알 수 있는 일이다. 위에 예술지상주의의 계통에서 말한 바와 같이 낭만주의에서 사실주의와 유미주의로 갈라지고 유미주의는 또한 모든 예술지상주의의 으뜸이 되어 있다. 낭만주의가 반기독교적이요 반도덕적, 반형식적이므로 악마주의, 상징주의, 유미주의의 종자(種子)를 품고 있었음을 또한 알 수 있다.

그러므로, 《악(惡)의 화(華)》의 저자로서 위고가 새로운 전율(戰慄)의 창시자라 부른 보들레르의 문예사상(文藝史上)의 지위는 낭만주의의 최후자요 신비상징파의 시조가 되는 것이다. 여기서 유미주의란 미를 추구하는 파(派)임은 물론이지만 유미주의는 전후기로 나누어서 전자는 상궤(常軌)를 벗어나지 않은 것이요 후자는 보들레르, 와일드 류의 이단적 유미주의인 것이다. 그렇기 때문에 필자는 후기 유미주의를 특히 탐미주의라 부른다. 물론 유미주의와 탐미주의는 같은 말이지만 전기의 유미주의는 예술상의 미의 추구였으나 후기유미주의는 그 미를 생활에 가져오려는, 즉 미(美)를 탐(耽)하는 것이기 때문이다.

유미주의 입장에서 본다면 예술을 위한 예술은 유미주의의 일부분에 불과하다. 낭만주의와 유미주의는 서로 떠날 수 없다. 괴테도 한 사람의 유미주의자요, 푸시킨, 고티에 등 한 나라의 낭만주의 효장(驍將)들은 곧 그 나라 유미주의 운동의 시조가 되는 것이다.

그러면, 우리는 이 유미주의의 기원을 낭만주의에 둠을 전제로 하고 이 논(論)을 진전하여 그 구체적 표현을 찾기로 하자. 이 유미파(唯美派) 연구의 권위인 월터 해밀튼은 그 저서 《영국 유미파 운동》에서 실질적 운동의 기원을 라파엘전파(Pre-Raphaelitism), 특히 그 주창자의 한 사람인 단테, 가브리엘, 로세티에 두었다. 이 설에 대해서는 폴 플라우만(1844~1919)도 같은 견해를 가졌다. 로세티에서부터 시작하여 찰스 스윈번(1837~1909), 윌리엄 모리스(1834~1896), 월터 페이터(1839~1894)를 거쳐 오스카 와일드(1854~1900)에 이르렀던 것이다.

그러면, 단테, 로세티는 어디서 영향을 받았는가 하면 그것은 물론 예술에 대한 견해를 낭만주의에 따르게 한 데서 부터일 것이다.

유미주의의 일파로서 악마주의는 죄악의 성서(聖書)라는 보들레르(1821~1867)의 시집 《악(惡)의 화(華)》에서 그 꽃을 피웠다.

유미주의(Aestheticism)는 미(美)에 중점을 두기 때문에 선악진위(善惡眞僞)를 가리지 않는다. 그러나 악마주의(Satanism)는 미(美)를 주로 하는 것은 유미(唯美)와 같으나 악마를 숭배하는 것이다. 선(善)에 대한 악(惡), 신에 대한 악마를 숭배한다는 말이다. 그러므로, 악마주의는 유미주의의 일부다. 탐미주의자 와일드가 미의식(美意識)이 생활

을 낳는다고 해서 탐미주의를 실천생활에 옮기려는 고뇌(苦惱)와 추문
(醜聞)은 컸다.

그러나, 양자가 가진 미추(美醜)의 개념이 반도덕적인 점에서 일치
하는 것이요, 로세티 당시의 유미주의에 비하면 와일드의 탐미주의도
넓은 의미의 유미주의의 일부분이다.

그 다음으로 필자는 인물적으로 유미주의의 계통을 그려 그 설명은
독자에게 임의로 맡기겠다.

여기는 넓은 의미의 유미주의(唯美主義)로서 그 작품상의 영향, 직
접적 간접적인 그것은 독자 스스로 그 작품을 읽어 이해하기 바란다.
단테의 《신곡》(神曲)에서부터 현대의 앙드레 지드, 폴 발레리까지 극
히 개념적인 광범한 의미의 계통, 즉 족보를 담아 보면 아래와 같다.
그것은 물론 필자의 사견(私見)도 가미되었음을 미리 말해 둔다.

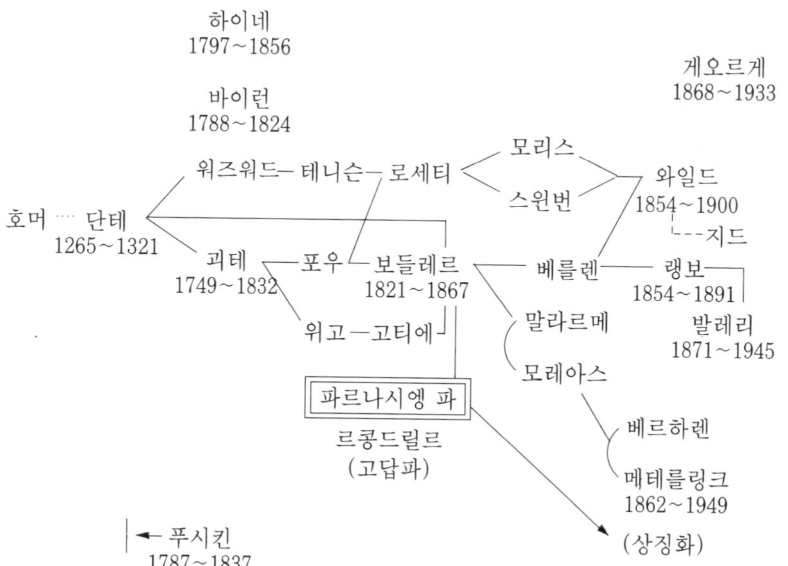

6. 유미주의 예술론

앞에서 누누이 언급한 바지만 광범위의 유미주의 예술론을 쓰게 된다면 각자의 특색, 차이 등 한정된 지면에 쓸 수 없다. 다만 널리 낭만주의 전성시대 예술품부터 그 뒤의 작가들의 작품을 읽는 수밖에 다른 도리는 없다. 유미주의로서 종래의 전통을 받고 시대적 특색을 가미해 온 지금에는 지성을 편중하는 일파도 생긴 것이다. 그러나, 주지(主知)나 주의(主意)가 다 예술 구극목적인 미를 찾음에 있으니, 다만 여기서 필자는 필자가 모은 노트를 펴서 이 유미주의 예술론을 대신할까 하나, 그것이 체계 선 것이 못 되므로 이 글 전체를 통하여 유미주의의 맥박(脈搏)과 호흡을 조금이라도 엿보는 것이 당연한 일일 것이다.

"유미주의 예술론 : 사람에게는 선악을 표준하여 인사(人事)를 판단하는 경향과 미추(美醜)를 기준으로 행위를 율(律)하려는 두 가지 경향이 있다. 전자는 이지적(理智的) 판단을 기다리고, 후자는 대체로 감정의 움직임에 의하는 것이다. 근대에서 정감의 전적 해방을 구한 것은 낭만적 문예이다. 해방(解放)한 정감(情感)을 대상으로 미를 찾고 미를 나타내고 미적 행동에 종시(終始)하려는 것이니 '미(美)를 좇는 마음은 영원을 생각하는 정(情)이라'고 보는 것이다. 유미주의는 낭만적 문예에 그 발원(發源)을 두고 그것이 구극한 것으로서 다만 추미(追美)의 정(情)에 그치지 않고 몸으로써 미적 표현으로 하려는 것이니 딴디슴이 그것이다. 요컨대 근대에서 예술의 공리론, 목적의식론에 대한 탐미론(耽美論), 무목적론(無目的論)을 이름이다."   —吉江喬松

"유미주의 어원 (영국: Aestheticism, 프랑스: Esthetisme, 독일: Asthetismus). Aestheticism이라는 말은 원래 그리스어 Aisthesis 즉 통각(統覺, Perception) 또는 미(美), 특히 예술에서의 미의 과학

이란 뜻으로서 독일 미학자(美學者)에 의해서 오랫동안 미의 학설, 바꿔 말하면, 시 또는 예술에 나타난 미문제(美問題)에 대해서 철학적 고찰을 오롯이 한 학문의 의미로서 쓰여졌으나 바움가르텐(1714~1762)이 1750년 《미학》(美學) 이라는 저서를 발간한 후 이래 1세기 반 동안 독일에서 미문제(美問題)에 대한 논쟁이 있었는데 그 주제는 미란 대상 그것에 존재하는 것인가 또는 그것을 감상할 수 있는 재능을 가진 사람의 주관에 의하는 것인가 라는 문제였다. 우리가 여기서 말하는 유미파(唯美派)는 이 논쟁에서부터 시작된 것이다."

— 월터 해밀튼

"모든 악예술(惡藝術)이란 인생과 자연에로 돌아가 이성(理性)으로 고양(高揚)하려는 데서 온다."

— 와일드

"시(詩)에는 시 그 자체밖에 다른 목적이 없고 또 아무런 목적도 가질 수 없다. 다만, 시를 쓴다는 것은 쾌락을 위하여 지어진 것이 아니면 시라고 이름지어 부를 수 있는 참다운 귀한 시라 할 수 없다."

— 보들레르

"우리들이 이 세상에 난 것은 향락(享樂)을 위함이 아니요 탐람(貪婪)과 싸우기 위함도 아니다. 우리들은 감흥(感興)을 위하여 달콤한 음악과 기원(祈願)을 위하여 난 것이다."

— 푸시킨

"抽刀斷水水更流　擧杯鎖愁愁更愁"

— 李太白

"포에지는 극소수자에만이 느껴지는 것이다."
"진실은 너무 발가숭이다. 그것은 인간을 자극하지 못한다."

— 장 콕토

"이전에 아직 씌어지지 않은 것을 말할 것. 그것은 지금까지 형상화되지 않은 형태로 말하는 것이 예술가의 직책(職責)이다. 독특한 사고를 문학의 생명으로 한다. 아름다운 언어보다 새로운 사실, 새로운 생각이 보다 가치 있다"
                                                              ─ 구르몽

"모든 도덕적인 혹은 부도덕적인 책이란 것은 없다. 그것을 잘 씌어졌는가 졸(拙)하게 씌어졌는가 다만 그것뿐이다"   ─ 와일드

"색(色)과 음(音)과 향(香)은 일치한다."   ─ 보들레르

"물상(物象)을 정관(靜觀)해서 그것이 환기(喚起)할 환상(幻想) 뒤 스스로 심상(心象)이 비양(飛揚)할 때 노래가 이루어진다. 고답(高踏)의 시인은 물(物)의 전반을 잡아 그것을 보이므로 시, 유묘(幽妙)를 결(缺)하고 사람으로 하여금 완연(宛然) 스스로 창작함과 같은 향락을 없이 한다. 물상을 명시함은 시흥(詩興) 4분의 3을 몰각(沒却)하는 것이라, 독시(讀詩)의 묘(妙)는 점점지지(漸漸遲遲) 한 진도(進度)에 있는 것이다."   ─ 말라르메

"제군(諸君)은 청년이 예술 때문에 타락하는 것을 겁내고 있다. 그러나 안심하라. 제군처럼 용이(容易)히 타락하지는 않으리라."
"제군은 예술이 국민의 해독 끼침을 겁내고 있다. 그러나 안심하라. 예술이 제군을 해독함은 절대로 불가능한 것이다. 2천년내 예술의 매력을 이해 못한 제군에게 해독을 끼친다는 것은 ….."
"이성(理性)이 나에게 가르쳐 준 것은 결국 이성(理性)의 무력(無力)이었다."   ─ 芥川龍之介

"시인에게는 귀가 말하고 입이 듣는다."   ─ 발레리

"밀림(密林)에서 당신은 무엇을 보십니까. 휘돌아 나간 연륜(年輪)

의 최초의 일점(一點)! 당신은 가벼이 손끝을 대어 보십니까? 육신(肉身)에 젖이 흐르는 지성(知性)과 함께 당신은 혈액(血液)에서 두견(杜鵑)이가 우는 것을 들을 수 있습니까? 사실만을 노래한다면 시인은 낙엽처럼 고갈(枯渴)하리다."　　　　　　　　　　　— 밀추랑

"여하한 창작이라도 유일의 특색을 가진 산 유기체다."　— 딜타이

"예술은 전부요 인생은 무(無)다."　　　　　　　　　　— 플로베르

"최후의 계시(啓示)는 허언(虛言)! 아름다운 거짓을 말할 것 그것이 예술의 바른 목적이다."　　　　　　　　　　　　— 와일드

"예술작품은 무엇이든지 증명해서는 안 된다."　　— 앙드레 지드

"예술작품은 아무것도 증명할 수 없고 또 증명하지 않는다. 증명하든지 하려고 애쓰면 작품은 비소(卑小)해진다."
　　　　　　　　　　　　　　　　　　　— 조르주 뒤아멜

"보다 나은 인생에 이끌려 하지 않는 말은 모두 다 허망한 것이다."
　　　　　　　　　　　　　　　　　　　— 롤랑 도투쥬레스

"증명하려고 애쓰는 것은 예술작품이 할 일은 아니다. 작품은 그 무엇의 노예가 되지 않기에 노력하지 않으면 안 된다… 미(美)만이 중요하다. 예술작품의 참의 비밀은 아름다우려는 전념(專念)에 있는 것이다."　　　　　　　　　　　　　　　　— 샬 빌드라크

"예술작품은 결론을 독자에게 맡겨 버려야 한다."
　　　　　　　　　　　　　　　　　　　— 마르크 샤드룬

"작가가 고의든지 아니든지 간에 사회적 비판이나 정치적 의견을 품지 않는 작품을 쓴다는 것은 불가능한 일이다. 그러나, 작가가 스스로 증명하려고 애쓰는 것은 무익(無益)한 일이라고 단언(斷言)한다. 일부러 증명하려고 애쓰지 않아도 저절로 정치관(政治觀)은 표현되는 것이다."
— D. 라로시에르

"시인이나 작가는 모든 정치적, 사회적, 논리적 문제에 관여하지 않고 다만 미(美)를 사랑하고 상상(想像)하고 만들어 내면 그뿐이다. 미(美)는 효용성을 초월하는 것이요, 비속(卑俗)한 효용성과 같은 것은 추악(醜惡)이다. 그러므로, 여기에 반항하는 곳에 미(美)가 존재하는 것이요 예술에는 자율성(自律性)이 갖추어져 있는 것이다." (〈모팽양(孃)〉 서(序)에서)
— 데오필 고티에

7. 결 론

여기서 그만 붓을 놓겠습니다. 당초에는 각국의 유미주의(唯美主義) 운동, 와일드의 생애와 예술, 유미주의 방향에 대해서도 논하려 했으나 지수(紙數)가 초과되고 벌써 권태를 느끼게 됩니다. 그것은 다음 기회로 미루고 여기서는 이 논문 아닌 수필 그나마도 두서(頭緒)의 정돈이 없이 끊어 버리겠습니다. 이 글을 통독(通讀)하고 난 감상으로서 나의 심경(心境)을 이해하실 수 있다면 감사하겠고 그것으로서 당신의 가슴에 벌써 풍요한 미(美)의 세계가 깃들임을 축복합니다. 그리고, 내가 밟는 생활의 해석(解釋)은 당신의 주관에 맡기고 또 당신이 여전히 예술지상주의를 비웃고 또 필자 자신을 비웃어도 그것은 나의 관심할 바 아닙니다. 생활의 미화(美化)와 비밀화(秘密化)에서 나는 당신 아닌 단 한 사람의 독자라도 가지면 행복합니다.

그러나 다시 탐미주의(耽美主義)는 무엇인가?

— 오스카 와일드의 39년제(祭)를 당하여 / 11월 30일

▌ 유미주의 연구문헌 ▌

本間久雄, 《英國近世唯美主義硏究》
大塚保活, 《文藝思潮論》
廚川白村, 《近代文學十講》
失野峯人, 《近世英文學史》
亮 橋 泰, 《와일드》
Ransom, *Oscar Wilde*
Scherard, *The life of Oscar Wilde*
Oscar Wilde, *Intention*
獄中記, 와일드詩集
포우論, 보들레르 '惡의 華'
青年文學者에게 주는 忠言, 보들레르 '巴里의 憂鬱'
雄鷄와 아르르간, 콕토, 랭보 '地獄의 季節'
콕도 藝術論, 발레리 詩論, 엘리엇 '主知主義文學論'
살로메, 도리안그레이의 畫像, 西脇 '超現實主義詩論'
幸福한 王子, 베르테르의 슬픔, 파우스트

기타 제가(諸家)의 서(書)가 수없이 많으나 철학과 성전(聖典), 풍속과 고전이 낳은 취미, 요컨대, 물질주의(物質主義)가 미워하는 모든 것을 사랑하면 그뿐입니다.

세기말의 예술적 풍토

1. 세기말의 성격

르네상스가 근대문예사조의 온상(溫床)이듯이 세기말은 현대문예사조의 태반(胎盤)이었다. 르네상스가 세계 문화의 합주적(合奏的) 향연(饗宴)의 첫 페이지였음에 비하여 세기말은 인류 문화가 절망의 심연에 허덕이게 된 파멸적인 암담한 첫 비극이었다.

고대를 장강(長江)에 비한다면 중세는 호수요, 근대는 대해(大海)라 할 수 있다. 르네상스는 그 중세의 호수에서 근대의 대해를 향하여 운하(運河)를 열었다. 그리하여, 르네상스는 고전주의의 돛을 달고 그 운하를 미끄러져 망망한 대해를 향하여 출범하였던 것이다. 낭만주의의 꽃피는 섬으로, 사실주의(寫實主義)의 불모(不毛)의 신대륙으로 그들은 항행(航行)하였다. 그러나, 사실주의에 이른 그들의 항로는 이제 돛배로는 견디기가 어렵게 되었다. 다시 말하면, 르네상스는 앞길의 풍랑을 모르는 항구의 희망과 환희에 찬 출범의 아침이었기에 고전주의·낭만주의·사실주의에로 그래도 순조로운 항해를 하였으나, 사실주의의 항구를 떠난 근대정신의 돛배는 풍랑에 꺾이고 말았다.

이 난파(難破)된 근대정신이 표착한 곳이 바로 세기말의 기슭이었다. 그 낯선 항구의 뒷골목은 파산(破産)과 저주(詛呪), 회의(懷疑)와 탐닉(耽溺), 휴식과 기도(祈禱)의 밤을 알리는 만종(晩鐘)이 우는 황혼이었다. 밤이 새어도 쉬지 않는 풍랑, 거친 현대의 물결은 이 근대정신이 타개할 항로를 아무 곳으로도 열어 주지 않았고 그들은 고장난 나침반(羅針盤)을 둘러싸고 그들의 앞길에 대하여 논난(論難) 하였다. 그러나, 그들의 방향은 이미 통일될 수가 없었다. 마침내 그들은 대략 세 가지 견해로 분열되고 말았으니 자연주의·상징주의와 인도주의가 그것이다. 다만 이 세 가지 돛의 방향 설정에 공통점이 있었다면 그것은 그들의 풍랑의 원인을 인간악(人間惡)에서 발견했다는 사실뿐이었다. 현대문예사조가 그 주류를 상실한 비극이 여기서부터 비롯되었던 것이다.

르네상스의 뻗쳐오르던 휴머니즘은 신(神)의 권위에 질식된 인간성을 자각하고 탈환함으로써 인간을 해방하고 인간의 권위로써 신의 권위에 대체시켰으나 그러한 근대정신 출발의 정열은 마침내 인간의 힘으로 인간을 주체하지 못한 채 동물적 신음과 기계관(機械觀)의 질곡(桎梏) 속으로 제 몸을 이끌고 말았던 것이다. 이런 의미에서 세기말은 진실로 근대정신의 비극적 결론이요, 그 비극적 결말 속에 방황하는 인간의 몸부림이었으며, 인간의 승리 속에 도취(陶醉)하고 방종(放縱)하던 르네상스가 그 승리 때문에 상실한 새로운 신을 향하여 울부짖는 임종(臨終)의 애원(哀願)이 인간악(人間惡)을 통해서 보는 사랑의 손길에 대한 구원의 갈구(渴求)이기도 하다.

2. 세기말의 의미

세기말(世紀末)은 'Fin de siécle'의 역어(譯語), 즉 세기의 종말이라는 뜻으로 특히 19세기 말의 분란(紛亂)하고 착잡한 시대에 주어진 이름이니 불안과 동요와 절망을 암시하는 세기의 의식을 표현하는 말이다. 19세기 말의 서구는 신앙의 권위를 상실하고 의지할 곳과 통일할 힘을 잃은 인간들이 불안·실망·공포·자기(自棄)에 휩싸인 시기로서 사상적 혼란 때문에 극도로 피로한 시대였다. 그러므로, 이 세기말 사상은 아무것도 믿을 수 없는 회의사상(懷疑思想)이요, 비수(悲愁)와 절망으로 가득찬 퇴폐적 경향을 띠는 것을 특질로 한다.

이 세기말 의식의 밑바닥에는 '인종(人種)의 종말'(Fin de race)이라는 의식이 흐르고 있었다. 프랑스 국민의 대부분을 형성하고 있는 라틴 민족이 19세기 중엽부터 해마다 감멸(減滅)하는 데서 오는 공포, 19세기말은 라틴 민족의 끝이라는 의식이 그들을 엄습해 왔던 것이다. 몰락하는 것에 대한 낙일(落日)의 애감(哀感)과 같은 심리(心理)와 자유를 찾아 폭발하는 주관(主觀)의 해방과 정서(情緒)의 해방이 가져온 자의적 행동이 향방을 잃은 괴로움에 젖어 날이 새기 전 심야의 한기(寒氣)와 공포에 전율하고 있었다. 이러한 시대적 경향은 다른 사상의 면에도 심각한 영향을 주었지만 특히 문예 사상 위에 현저한 영향을 주었던 것이다. 이는 시대에 대한 예술가의 예민한 감수성을 이해함으로써 곧 수긍할 수가 있을 것이다.

19세기 말은 근대정신의 결말을 의미한다. 사회과학의 마르크스, 문화과학(文化科學)의 니체가 각각 다른 의미에서 양극(兩極)의 선언을 발(發)한 것도 이 시대이지만, 이 두 학자는 어느 의미에선 다 같은 근대 정신의 유복자(遺腹子)요, 근대정신의 구경에 도달한 사람들이다. 물질을 신에 대치한 마르크스나 신의 사망을 선고(宣告)한 니체는 근대정신의 가고 말 양면의 단애(斷崖)에 선 사람이었으니, 공산주의와 전체주의는 근대정신의 두 전형으로서 현대 여명(黎明)의 전야(前夜)인 제2차 대전을 양성(釀成)한 것이다. 이 동복(同腹) 쌍동 형제의 골육상잔으로 근대 일가가 파멸하고 말았다고 할 수 있다.

문예사조사상의 세기말 조류는 두 가지 면으로 고찰할 수가 있다. 그 첫째는 근대정신과 정통으로서의 사실주의와 그 사상의 배경이 되는 현실사조, 즉 자연 과학적·유물론적 사조이며, 다른 하나는 그러한 사고의 바탕에 흐르는 기계관(機械觀)에 대한 반동으로서 현실의 범용(凡庸)한 저조에 불만한 나머지 현실의 괴폐(壞廢)를 요구하는 함성이라는 것이다. 이 점에서 세기말 사조는 낭만주의의 일층 절박한 표현이라 할 수 있다.

르네상스에서 비롯된 휴머니즘의 승리가 신을 패퇴시키고 인간의 힘으로 이루어지는 새로운 구원의 길을 기대했으나 그 구원의 길은 이룩되지 않고 신과의 절연에서 오는 암담한 절망만이 휩쓸고 있는 시대였다. 세기말은 근대정신의 정류지(停留池)로서 또 하나 다른 의미의 중세적 암흑기였다. 고대사상(古代思想)의 정류지(停留池)로서 중세 말은 르네상스의 새로운 생명을 배태(胚胎)했으나 세기말은 르네상스의 이성(理性)도 낭만주의의 감성도 아닌 병적 신경과 훤소(喧騷)된 불협화음만이 난주(亂奏)되는 시대였다. 현대정신은 이 세기말의 심연 속에서 오직 먼 의욕으로 꿈틀거릴 뿐 아무런 타개도 없이 20세기 후반기에 이른 것이다. 신의 상실, 관능의 탐닉, 현실의 돌파, 붕괴와 흥륭(興隆)의 동시적 움직임 속의 질서 없는 새 카오스, 이것이 곧 세기말의 양상인 것이다.

3. 세기말의 시대

세기말은 문자 그대로 세기의 종말을 의미하지만 이 세기말이 문예사조사상 특칭명사(特稱名詞)로 사용될 때에는 19세기 말을 의미한다는 것도 앞서 말한 바와 같다. 19세기 말이라 하더라도 이 문예사조로서 세기말 사상을 어느 연대에 한정하는가 하는 문제에서는 이론(異論)이 많다. 놀다우가 말하는 1860년에서 1880년까지의 20년간이라든가, 잭슨이 의미한 1890년에서 1900년까지의 10년간은 그 중요한 때이거니와, 잭슨은 세기말이란 문자적 관념에 치우쳐 그 사조를 너무 협소하게 국한시켰고, 놀다우는 이에 비하여서는 범위를 넓혔으나 문예사조로서 세기말의 성격을 파악하는 데는 적지아니 모호하다. 무릇 문예사조사란 엄밀한 의미의 단계적이거나 획기적인 것이고 동시적인 것이며 병행적으로 그 동시·병존 속에서 하나의 주된 문예사조를 추출, 부각(浮刻)하기 위해서는 역사의 수직적 흐름 속에 광범한 원(圓)을 그리고 그 원을 최대한으로 축소하여 한 사상의 시대적 성쇠를 파악하는 것이 가장 타당한 방법일 것이다.

이런 의미에서 세기말 사조는 광의로는 1850년에서 1919년까지 약 70년간에 걸친 것이요, 협의로는 1870년 경에서 1900년까지 약 30년의 1세대간의 근대문학을 지칭하는 말이라고 보는 것이 타당하다. 1850년대에는 세기말에로 기우는 연대상의 분수령일 뿐 아니라 세기말 사상의 역사적 배경이 되는 심각한 불안이 유럽을 휩쓸던 시기로서 모든 나라가 국가적 모순과 상호간의 파국적 충돌로 근박(近迫)하는 때였다. 또 세기말의 주조(主潮)는 상징주의로 보겠는데 상징주의 조(祖)는 보들레르요, 문학상 그의 선구 에드거 앨런 포가 죽은 것은 1849년이었다. 세기말 사상이 19세기 후반에 대두하였다 하더라도 문예사조사상 그의 여진(餘燼)은 제1차 대전 후에까지 계속하였다. 세기말 사조의 배경이 되는 강국의 약진과 식민지 획득 싸움은 1914년 제1차 세계대전으로 폭발하게 되었고 그 전쟁의 종결까지 이 사조는 상당한 세력을 가졌던 것이다. 이렇게 보면 세기말 사조의 절정은 1885년에서 1915년의 30년간으로 볼 수도 있다.

이와 같이, 광의의 세기말을 확정하는 원(圓)을 줄이기 위하여 근대정신의 궁극적 표현으로서의 중핵(中核)을 이루는 중요한 사상의 중심인물의 위치를 찾을 수 있으며 그들의 생몰(生沒)과 주저(主著)의 연대로써 우리는 세기말의 연대를 확정할 수 있다. 포가 죽은 1849년에서부터 자연주의 및 예술지상주의의 거장 플로베르의 〈보바리부인〉과 상징주의 및 악마주의의 거장 보들레르의 《악(惡)의 꽃》이 간행된 해인 1857년을 거쳐, 유물사관의 대성자(大成者) 마르크스의 《자본론》

제 1 권이 나온 해요, 도스토예프스키의 《죄와 벌》이 간행되고 보들레르가 죽은 해인 1867년에 이르는, 즉 1850년에서 1870년 사이의 20년간을 세기말의 전기로 하고 '초인'(超人)·'권력의지'·'가치전환' 등 3자의 사상으로 위대한 문명비평가가 된 니체가 바그너, 쇼펜하우어의 영향에서 떠나 만년(晚年) 사상에의 발단을 이룬 《인간적인 너무나 인간적인 것》이 나온 1878년에서 플로베르의 죽음(1880)과 도스토예프스키의 《카라마조프 형제》가 간행된 해이자 그가 죽은 해인 1878년을 거쳐, 탐미주의의 효장(驍將) 와일드와 니체가 죽은 해인 1900년까지, 즉 1870년에서 1900년 사이의 30년을 세기말 성기(盛期)로 하고, 쇠스토프의 《비극철학》이 나온 1904년 경부터 러시아의 1차 혁명 이후(1905~6) 지식 계급의 극도에 달한 염세관(厭世觀)을 심화하여 비극시대 문단의 중심을 점한 안드레예프(1871~1919)가 죽은 1919년까지를 세기말의 후기로 한다.

　세기말 사조를 단순히 데카당 문예에 한정하지 않고 이와 같이 광범하게 보는 것은 세기말 사조를 근대정신의 총결산 또는 그 전면의 비극을 통하여 제 1 차 대전 후 발흥(勃興)한 제반 문예사조의 성격상 계통을 파악하기 위한 까닭이다. 앞에서 말한 바 세기말의 연대(1850~1920)를 3기로, 즉 나폴레옹 3세의 즉위(1853)에서 독불전쟁(1870), 독일통일(1871)에서 남아전쟁(1899~1902), 러시아 1차 혁명(1905)에서 제 1 차 세계대전의 종결(1919)의 3시기로 조응(照應)한다.

4. 세기말의 배경

　세기말 사조의 기본색조인 '회의'(懷疑)와 '염세'(厭世)는 반드시 19세기 말의 특수 현상은 아니었다. 이러한 사조가 표면에 대두하기는 18세기 말에서 비롯된 낭만주의 사조에서 였다. 프랑스 대혁명(1789)은 낭만주의 사조의 개화를 재촉하여 유럽을 지배하고 있던 종래의 제도를 근저로부터 뒤집고, 모든 방면의 기성 권위를 타쇄(打碎)하여 자유의 분류(奔流)로써 휩쓺으로써 낡은 질곡을 벗어났으나 그들은 거기서 이내 자신의 입주(入住)할 정신적 집이 없는 설움에 잠기었던 것이다. 그렇게 갈구하던 자유는 찾았으나 정치상의 이상은 실현되지 않고 피비린내 나는 전란이 계속되는 속에서 차츰 회의와 염세의 경향으로 물들어 갔다. 19세기 초두를 장식하는 낭만주의 문학 — 바이런의 〈만프레드〉를 비롯한 여러 시편에서 나타난 염세관(厭世觀), 또 하이네의 작품 속에 나타난 염세관은 모두 이러한 시대 사조의 영향이었다.

그러나, 이러한 세기병(世紀病)은 낭만주의 사상의 산물이었던 만큼 아직 여유가 있었다. 그 비애는 일종의 감미(甘味)까지 있었고 연극 같은 느낌도 있었으나, 산업혁명(1760~1840)을 거쳐 과학정신의 배경 아래 사실주의를 거친 심각하고 통절한 회의와 염세에 떨어진 일시적 우울기였음에 비하여, 후자는 사실주의에서 더 나갈 길을 잃은 근대정신이 명일을 예상하지 못한 채 자기(自棄)에 빠졌다는 데 현저한 차이가 있으니 여기에 그 절망과 혼도(混度)가 더한 까닭이 있는 것이다. 이런 의미에서 전자는 1848년의 2월 혁명을 계기로 사실주의의 결정적 승리가 오기까지의 새로운 시대에 대한 동경과 환멸에서 이루어진 것이요, 후자는 평판(平板)적 묘사(描寫)와 구상력의 빈곤에 빠진 사실주의에 대한 반동으로서 일어난 점에서 공통된 낭만주의적 색조(色調)에 근거한다 할 수 있는 이상과 현실의 괴리에서 오는 회의와 염세, 이것이 이 양자를 연결하는 것이다.

19세기 말은 이와 같이 심각한 불안이 구라파적 세계를 덮고 있었다. 모든 강국은 외면상으로는 의연 약진하고 있었으나 국내의 모순은 증대하였고 파국적 충돌은 박두하였다. 부(富)의 집적(集積)과 극단의 빈궁(貧窮)의 저울대 위에서 동요하는 지식인의 고민은 세기말 문예에 그대로 반영되어 극도의 호사(豪奢)와 참혹한 남루(襤褸)가 거기 있었다. 산업혁명, 민족통일 국가의 실현, 생산의 비약적 증대를 통한 고도의 자본제 경제에 도달한 열강은 불가피한 격렬한 경쟁에 휩싸였으니 원료 자원의 확보를 위한, 시장의 독점을 위한 식민지의 획득이 급무(急務)가 되었다. 19세기 중엽에 비롯된 아프리카 대륙의 분할은 20세기 초두까지 영(英)·불(佛)·독(獨)·이(伊) 등에 의하여 대략 완결되었으나 이미 소령(所領)이 귀속(歸屬)된 토지의 쟁탈전마저 시작되었다. 남아(南阿) 전쟁(1899), 영·불 간의 이집트 식민지 쟁탈전, 독(獨)·불(佛) 간의 모로코 쟁탈, 미(美)·서(西) 전쟁이 연속적으로 일어났는데, 가장 격렬한 쟁패(爭覇) 지점은 중국과 발칸이었다. 청·일 전쟁에 진 중국은 그 약체를 유럽 열강에 보여 영·불·독·노(露)의 조차지(租借地) 강요와 1904년 일·노 전쟁에 까지 이르렀고, 여러 민족의 소국(小國)이 분립한 발칸은 여러 강국의 세력 부식(扶植)으로 말미암은 복잡한 관계의 교착으로 구주(歐洲)의 화약고가 되고 말았다. 이 속에서 영국과 독일은 '먹느냐 먹히느냐'의 단판 싸움을 각오하고 3국 협상과 3국 동맹을 맺음으로써 일시적 세력 균형상태에 무장평화를 유지하였으나 사라예보(보스니아 수도)의 비극을 도화선으로 전세계는 전쟁의 불바다 속에 들게 되었다.

이와 같이, 세기말 시대는 전란의 연속 속에 불안과 동요에 싸인 시기를 그 배경으로 한다. 그러므로, 세기말 사조의 성격은 문예사조가 걸어온 길, 곧 자기 과정과 사회적 환경에서 파악될 것이요, 또 이러한 배경은 곧 그대로 문예 사조에 지대한 영향을 끼치는 학술사상에 시대적 색조(色調)를 주는 것이다. 폭력밖에는 아무것도 믿을 것 없는 그들의 자부(自負)에는 일말의 불안이 깃들여 있었으니, 그것은 근대 정신의 종언과 함께 오는 서구 문명 몰락의 예감이었고 문화의 쇠약과 퇴폐 속에서 그를 초극하려는 의지의 고민이었다.

5. 세기말의 양상

세기말 특징의 양상은 세 가지로 나누어 설명할 수 있다: 벨트슈메르츠(Weltschmerz), 데카당스(Décadence), 토스카(Toska)가 그것이다.

1) 벨트슈메르츠(Weltschmerz)

벨트슈메르츠 즉 세계고(世界苦)는 세기말 사상의 선구(先驅)로서 낭만주의와 함께 발현(發現)하였다. 루소의 '새로운 에로이제', 괴테의 '베르테르' 등에 나타난 바 염세주의적 생활 태도는 이 경향의 한 형태이다. 내적 분열감, 자아(自我)와 세계의 모순, 현실 세계를 부정하려는 생활 감정 등, 이러한 것으로 표현된 이 '세계고'의 일반적 의미는 종래의 일체 생활형식·사상형식은 파괴되었으나 거기에 대체할 만한 새로운 생활형식이나 사상형식이 생탄(生誕)하지 못한 문화전환기로서의 특유한 심리현상이라 할 수 있다. 문학적으로는 프랑스 혁명 이후 과거에 대한 환멸, 현재에 대한 불만, 장래에 대한 절망 등의 교착하는 비관적인 이른바 세기병(世紀病)으로서 유럽의 전지식 계급에 만연되어 그 사상을 지배한 19세기 초두에서 그 중엽에 이르는 시기를 가리키는 용어이다. 이 '세계고'라는 표현은 장 파울이 만들었지만 오늘 우리가 사용하는 의미로 최초에 쓴 사람은 문학사가(文學史家)인 유리안 슈미트였다. 다시 말하면 '세계고'의 공통된 특징이란 세련된 감수성, 과도의 감상벽(感傷癖), 문화 부정, 주관에의 침잠, 증인감(憎人感), 허무감, 일체의 시민적 직업에 대한 멸시, 무종교적 감정, 회의 등이라 하겠다. 그러나, 외부적 원인은 혁명 후 사회 인심의 불안과 동요에서, 그 내재적 원인은 후기 낭만주의의 극단적인 주체주의(主體主義)에서 그 원인이 손꼽히게 된다.

이 '세계고'가 문학작품에 최초로 표현된 나라는 프랑스이다. 샤토브리앙의 작품 〈르네〉(René, 1820)가 그 선구요 세낭쿠르의 〈오베르만〉(Obermann, 1804), 뮈세의 〈세기(世紀)의 아들의 고백〉(1804)에서는 '세계고'의 프랑스적 표현이 엿보인다. 비뉘, 라마르틴느 등의 시인에서도 이와 일맥 상통하는 침울한 비관적 정취가 흐르고 있다.

영국 문학에서 '세계고'의 대표적 시인은 바이런이다. 그의 〈차일드 해롤드〉(Childe Harold, 1812~19)와 〈만프레드〉(Manfred, 1817)에는 세계혐오·무기력·우울·회의·허무감으로 충만되어 있어, 이 '세계고'는 바이런주의란 이름으로 한때 유럽의 인심을 풍미하기에 이르렀다.

이탈리아에서는 시인 레오 파르디의 작품 〈칸쪼니〉(Canzoni), 〈칸티〉(Canti) 등이 또한 허무적 세계관을 바탕으로 하였다. 일체는 허망(虛妄), 일체는 무상(無常), 그리고 이 세계는 예토(穢土)로서 고통과 권태를 줄 뿐이라고 그는 말했다.

독일에서 대표적인 '세계고'의 시인은 하이네다. 그의 달콤한 서정시와 현실세계의 불합리에 대한 격렬한 분노의 혁명시는 그대로 '세계고'의 상징이었다. 하이네보다 더 철저한 염세주의자는 오스트리아의 레나우였다. 그의 서정시는 제행(諸行)의 무상(無常)을 노래했고, 그의 〈파우스트〉(Faust, 1863)는 극단의 이상주의와 극단의 주관주의 때문에 몰락한 초인의 비극을 그렸으며 그의 〈돈 쥬안〉(Don Juan, 遺稿)은 색욕한(色慾漢)의 세계 혐오와 권태를 그린 것이다. 그람베의 〈고트란트의 테오도르공(公)〉(1822), 게오로그 부네르의 〈당톤〉(Danton, 1835)이 또한 극단의 염세사상을 토로하고 있다. 독일 문학에서의 '세계고'의 타입, '세계고'의 발전은 중요한 자리를 차지한다.

러시아 문학에서는 레르몬토프의 작품에 이 '세계고'의 러시아적 표현을 엿볼 수 있다.

2)데카당스 (Décadence)

데카당스(퇴폐)가 문학사상(文學史上) 가장 알려진 것은 로마 제국 말기와 19세기 말의 두 시기이다. 그러나, 오늘 우리가 쓰는 데카당스는 후자, 특히 19세기 말 프랑스의 상징파 중의 일파를 가리키는 말이다. 데카당스의 일반적 의미는 실추 또는 쇠망을 향하는 사상적 경향을 표현하는 말이다. 문예용어로서의 데카당스에도 두 가지 뜻이 있다. 그 하나는 예술활동의 퇴조 곧 융성기(隆盛期)에 뒤따르는 타성적 시대에 맥빠진 예술활동을 계속하려는 소극적 의미요, 다른 하나는 예술지상주의 또는 댄디즘의 형태를 취하는 적극적 의미가 그것이다. 이는 어쨌든, 데카당스의 일반적 특징은 형식의 난숙과 붕괴, 기교의 편중과 도덕성의 희박이라 할 수 있다. 이 데카당스는 그 시대의 사회적 환경, 사상적 경향 등 일반적 정세에 조응(照應)하였던 것이다.

보들레르는 이 경향으로 19세기 프랑스 상징파의 선구자가 되었거니와 그가 더욱 현저해진 것은 폴 베를렌, 아르뒤르 랭보, 그리고 줄 라포르그 등에서 이다. 마침내 이 경향은 '데카당'이란 칭호를 외부로부터 받게 되었고 나중에는 이 테카당이라는 칭호를 자칭하는 사람들도 나타나게 되었다. 영국에서 이 데카당 경향이 나타난 것은 프랑스보다 좀 늦게 그 영향을 받아서 였다. 그것은 잭슨의 이른바 〈1890년대〉에서의 데카당 경향의 발생이 그것이다. 그리고, 오스카 와일드는 그 하나의 전형이라고 볼 수 있다.

데카당은 19세기 말에 일어난 것으로 그것은 19세기 초두의 벨트슈메르츠의 심화요 극단화였고, '세기말'(Fin de siécle)이라 불리는 사회적 경향과 결부하여 고구(考究)될 성질의 것이다. 또 그것은 세기말뿐 아니라 근대말(近代末)로서의 사상적 귀결이기도 하였다. 종교를 인간성의 퇴폐로 본 니체의 철학, 현대의 사회 정세에 의하여 이루어지는 여러 가지 퇴폐적 경향도 이 데카당과 사상적 계보관계는 고려되어야 할 것이다.

3) 토 스 카 (Toska)

토스카는 애수(哀愁)란 뜻의 러시아어(語). 광막(廣漠)한 벌판, 음산한 긴 겨울날씨, 그러한 가열(苛烈)한 자연의 힘이 러시아인의 정신에 끼치는 생의 우수 등이 본래 의미의 토스카이다. 여기에 '월드 쏘로우' 곧 벨트슈메르츠의 정조(情調)가 스며들고, 데카당의 비애(悲哀)가 젖어들어서 이루어진 이 토스카는 일종의 문학적 슬로건이 되었다. 고리키의 소설에도 토스카의 러시아적 특성이 나타나 있지만 안드레예프·셰스토프에게서 더욱 토스카의 사상적 바탕을 볼 수 있다. 토스카에도 두 가지 뜻이 있다. 애수(哀愁)의 러시아적 특성으로서의 무의식인(無意識人)의 자연적 토스카와, 근대 지식인의 사회 조직적 불안정에서 오는 의식적·자각적 토스카가 그것이다. 그러나, 여기서 말하는 토스카가 후자임은 물론이다.

이와 같이, 세기말 사조는 벨트슈메르츠에서 비롯되어 데카당스에 이르러 절정(絶頂)이 되고, 토스카에 이르러 침체하였다. 그러나, 세기말은 근대의 종말인 동시에 현대의 단서(端緒)이기 때문에 20세기 예술풍토에 강력한 영향을 남겼다. 계승이든 성립이든, 20세기의 예술 또는 현대예술은 이 '세기말'(世紀末)을 모르고서는 존립이 불가능하게 되었다. 누가 무어라 해도 19세기는 문학사상 최고의 황금시대다. 그 성대(盛大)가 무너져내리는 낙일(落日)의 애수(哀愁) 속에 '세기말'의 침통 초췌(憔悴)한 우민(憂悶)의 풍토(風土)가 있다.

— 1963, '20세기 강좌' 제 3 권

예술의 지방성과 국제성

국제교류 시대에서 한국 예술계의 자세

적극적으로 받아들이고 적극적으로 진출해야 하겠지요. 그러나, "수용(受容)은 비판적으로, 진출은 창조적인 것으로"라는 기본태도를 항상 잊지 말아야 하겠습니다. 천박한 것이나 노후(老朽)한 것이 수입을 막고 모조품이나 보세가공(保稅加工) 같은 것은 내보이지 말아야 한다는 말입니다.

지방성의 의미론

지방성(地方性)이란 말에는 두 가지 중요한 의미가 있습니다. 그 하나는 중앙성(中央性)에 대한 주변성(周邊性)이란 뜻이고, 다른 하나는 도시성(都市性)에 대한 향토성(鄕土性)의 뜻입니다. 중앙성의 발전적이란 어감(語感)이 있는 데 비해서 주변성이란 뜻으로서의 지방성은 낙후성이란 어감이 짙게 있습니다. 외래문화의 수용(受容)에는 우리 문화의 이런 의미로서의 한 지방성이 논의될 수 있습니다. 그러나, 도시성의 혼합적 성격에 비하여 향토성이란 뜻에는 고유성(固有性) 또는 순수성의 의미가 내재(內在)해 있습니다. 한국문화의 수출에는 이런 뜻으로서의 지방성이 거점이 되어야 한다고 봅니다.

그러나, 예술 또는 모든 문화는 어느 것이나 다 하나의 지방문화입니다. 프랑스 문화나 한국문화가 다 세계문화 속의 한 지방문화요, 뉴욕 문화나 울릉도 문화가 아메리카나 한국에서 한 지방문화입니다.

세계성으로 통하는 길

세계문화란 민족문화의 합성이기 때문에 민족문화를 떠나서는 세계문화란 실상 공허한 개념이 되고 말 것입니다. 더구나, 예술은 특수성 또는 개성을 통해서 보편성 내지 전형성(典型性)을 추구하는 것이기 때문에 세계성으로 통하는 길은 먼저 민족적 전통의 탐구에서 찾아야 할 것입니다. 민족적 전통이란 결국 하나의 개성입니다. 그리고, 훌륭한 예술가는 그 자신이 민족적 개성에 대등한 하나의 개성일 수 있습니다. 그는 사회집단의 구성원으로서는 한 민족에 속해 있지만 정신적으로는 전인류에 속해 있어서 그 민족 전체의 특징적인 개성과는 다른, 거기서 벗어난 개성을 지닐 수 있다는 말입니다. 민족적 개성이란 말은 그 민족 개개인의 성격의 총화는 아니기 때문입니다.

그러므로, 세계성에 통하는 길은 예술가 자신의 길이든지, 민족적 전통에 의하는 길이든지 간에 남의 길 아닌 제길을 택하는 것이 정도요 첩경(捷徑)이라고 생각합니다.

한국예술의 과거성에 대한 반성

음악이나 미술에 비해서 연극이나 문학 같은 것은 우선 유산(遺産)이 양적으로 허전합니다. 그래서, 우리 과거의 예술은 희소가치 때문에 과장된 것도 아주 없진 않습니다만, 또 깜짝 놀라고 황홀하고 홀딱 반하게 하는 멋과 기품과 솜씨와 매력이 있는 것도 사실이지요. 가다가는 미숙, 속기(俗氣), 무성의, 무기력, 겉멋, 단조(單調) 따위의 결점도 눈에 띄지만 요컨대 우리 예술의 과거성에 대한 반성이란 것이 거의 없는 것이 아닙니까. 어떤 것이 어째서 나쁘다는 구체적인 지적도 없이 덮어놓고 과거의 것이니까 깎아 내리는 것을 가끔 봅니다만 …. 결점을 정당히 파악한다는 것도 전통 이해의 한 방법이 됩니다. 그러나, 그 방법은 예술의 창조를 위해서는 우리 예술의 바탕을 체득하고 그에 심취하는 살뜰한 애정을 따를 수는 없을 것입니다.

소재와 표현

　사람은 누구나 다 제각기 하고 싶은 말을 가지고 있다. 이 하고 싶은 말을 가진 까닭으로 글을 쓴다. 다시 말하면 사람은 저마다의 마음 속에 나타내고 싶은 스스로의 생각을 지니고 있다. 이 나타내고 싶은 생각 때문에 우리가 글을 쓴다는 말이다. 글을 왜 쓰느냐는 문제에 대하여 우리는 여러 가지 대답을 생각할 수 있지만, 이 문제를 자꾸 캐어 간다면, 우리는 마침내 글을 쓰고 싶다는 생각, 그것이 그대로 글을 쓰는 까닭이라고 밖에 더 생각할 수가 없을 것이다.

　사람을 가리켜, 이성(理性)을 가진 동물이라 일컫는다. 생각한다는 기능, 그것이 바로 이성의 바탕이 된다. 우리는 헤아릴 수 없이 많은 생각의 싹을 간직하고 있다. 공부는 왜 하는가? 글을 어떻게 짓는가? 사람은 무엇 때문에 사는가? 문화란 무엇인가? 이런 생각들이 모두 다 우리가 생각할 수 있는 동물이기 때문에, 얻어 누리는 자랑스러움이란 말이다. 우리는 또 수많은 느낌을 지니고 있다. 기쁘고, 슬프고, 사랑하고, 미워하고, 노엽고, 무엇을 하고 싶고 한 것들이 모두 다 느낌의 움직임들이다. 우리가 이런 느낌을 가지고 있는 것도 생각이 있기 때문이란 말이다.

　이와 같이, 생각하고 느낄 줄 안다는 것은 사람이 본디부터 갖추고 있는 능력이지만, 생각과 느낌의 내용은 바깥의 사물에 부딪치거나,

그것을 받아들이는 사이에 일어나는 것이 보통이다. 해와 달, 산과 내, 새짐승과 푸나무, 이러한 자연계가 우리의 생각과 느낌을 풍성하게 한다. 집과 마을, 학교, 직장, 나라와 세계, 이러한 사회생활이 또 우리의 생각과 느낌을 살찌게 한다. 다른 사람이 남겨 놓은 책과 사업과 그림과 글씨와 노래와 춤 들, 이러한 문화재(文化財)가 또한 우리의 생각과 느낌을 감동시킨다. 그러므로, 이러한 자연과 사회와 문화의 전부가 우리의 생각과 느낌의 소재가 되는 것이다. 바꿔 말하면, 사람이 보고, 듣고, 관여하고, 이용하고, 만들고, 허물어 버리는 모든 것이 우리의 생각과 느낌의 재료가 된다는 말이다.

이렇게 생각하고 보면, 글을 짓는 힘도 생각과 느낌이요, 글의 소재도 생각과 느낌이요, 글을 표현하는 것도 생각과 느낌이라는 것을 알 것이다. 그러나, 글을 짓는 데 있어서는 생각은 안에 있고, 소재는 밖에 있으며, 표현은 말의 구성에 있고, 전달은 글자의 기록에 매인다고 생각하여야 한다. 느낌은 생각과 소재의 사이에 있고, 솜씨는 표현과 전달 가운데 있는 것이라고 생각하는 것이 좋다.

사람 사는 땅 위에 있는 모든 것은 글의 소재 곧 재료가 된다. 그러나, 그것들은 어디까지나 소재일 뿐, 그것 그대로를 글이라고 하지는 않는다. 마치 흙으로 옹기를 굽는다 하여, 흙을 가리켜 옹기라고 할 수 없는 것과 마찬가지다.

그러한 소재들이 글이 되기까지에는 글만이 가지는 표현을 거쳐야 된다. 글이 그 단 하나의 표현 수단으로 언어와 문자를 가지고 있는 것은 누구나 아는 사실이지만, 말과 글자로 써 놓았다 하여서 모두 다 글이 되는 것은 아니다. 문법에 맞는 것만으로도 안 된다. 글을 짓는 데는 솜씨가 필요하고, 거기에 생명을 불어 넣는 힘이 필요하기 때문이다. 더 자세히 말하면, 표현이란 것은 단순히 생각이나 느낌을 아무렇게나 나타내는 것을 말함이 아니요, 그 생각과 느낌을 두드러지게 드러내기 위한 온갖 노력의 합성(合成)이란 뜻이다. 글을 잘 짓는다는 것은 표현하는 힘에 매인 일이요, 표현하는 힘은 소재를 파악하고, 조리있게 구성하는 솜씨에 드러나는 법이다.

훌륭한 표현을 위하여서는, 먼저 그 막연한 소재들을 명확하게 붙잡는 개성적인 눈을 마련하여야 한다. 글을 보고 듣고 느끼고 생각한 대로만 쓰면 된다 하지만, 이것부터가 쉬운 일은 아니다. 첫째, 표현하는 힘이 붙지 않으면 생각을 똑똑히 잡지 못한다. 붓을 들기 전에는 그렇게도 많던 생각들이 붓을 들고 써 내려 하면, 해뜬 뒤 안개 걷히듯이 자취도 없이 사라지기가 일쑤다. 생각이 아직 확실히 잡히지 않은 탓이요, 잡히지 않은 생각은 없는 것과 마찬가지다. 사람이 무엇을 보고 듣고 느끼고 생각할 때는 그 소재와 내용이 제각기 높고 낮음과 깊고 얕음과 길고 짧음과 짙고 엷음과 세고 약함이 모두 정도가 다른 법인데, 그것을 표현하는 말이나, 문장이 그 내용에 알맞지 않은 경우가 많다. 옛 사람이 말하기를 "한 가지 사물을 표현하는 데는 단 한 가지 말밖에 없다" 라고 한 것도 소재 내용과 문장 표현이 서로 어긋나는 것을 경계하는 말이다.

훌륭한 표현을 위하여서는 소재를 조리 있게 구성하는 효과적인 솜씨를 익히는 것이 또한 필요하다. 첫째, 이 힘이 붙지 않으면, 아무리 좋은 소재라도 나타낼 도리가 없다. 생각을 풀어 내는 차례가 뒤범벅이 되면, 문맥이 닿지 않고 글 뜻이 흐리어지기가 쉽기 때문이다. 글이란 것은 나타내고 싶은 생각을 어떻게 앞뒤에 배치하고, 어디를 끊었다가 어디에서 잇는가에 따라서, 그 맛이 사뭇 달라지는 것이다. 그 내용에 부합하는 표현은 그 구성에 따라서 좌우되는 까닭이다.

개성적인 눈은 바탕이요, 효과적인 솜씨는 설계요, 그 바탕 위에 그 설계를 따라서 이루어진 건축이 곧 글이란 것이다. 그러나, 글에서는 개성적인 눈도 문장으로 나타나고, 효과적인 솜씨도 문장에 나타나며, 인품의 향기도 문장에서 풍겨 나온다. 다시 말하면, 글이란 쓰는 사람의 안에 있을 때는 생각이 바탕이지만 바깥에 나타날 때는 문장이 근본이 된다. 그러므로, 생각을 깊게 하는 것이 글 쓰는 첫 힘이 되듯이, 문장을 깔끔하게 다듬는 것이 또한 글 쓰는 마지막 힘이 되는 것이다.

사물을 관찰하는데, 치밀하고 날카로움과 평범한 사실에서 놀라움을 발견할 줄 알라. 아무나 보고 느낄 수는 있어도 깨닫지는 못한 것을 잡으라. 모든 사람이 다 아는 말이면서도 그 자리에다 쓸 줄을 모른 말, 너 자신의 눈으로 다시 발견한 말을 잡으라. 글을 위하여서는 눈은 과학자를 닮고, 솜씨는 정치가를 배우고, 문장은 화가의 방법을 배울 수도 있다. 그러나, 그것보다 더 중요한 것은 어린 아이의 천진한 눈, 억지로 꿰맨 자국이 없는 그 솜씨, 졸(拙)하면서도 거침없는 문장으로 다시 돌아가는 일이다. 글 짓는 공부는 먼저 익숙하고 능란한 것을 알뜰히 배운 다음에, 아기의 그 천진성을 다시 스승으로 삼아야 한다는 말이다.

고려 때 이름난 시인 정지상(鄭知常)은 어릴 때 물 위에 떠 있는 오리를 보고, "그 누가 새 붓을 잡아 강물 위에 저렇게 '을'(乙)자를 썼노?"라고 읊었다 한다. 프랑스의 문인 르나르는 어른이 된 뒤에, 개미를 보고 지은 글에서 한 마리 한 마리가 '3'이라는 숫자와 같다고 하였다. 대수롭지 않은 생각이지만 그 눈의 느낌이 얼마나 참신하고 개성적인가?

석류(石榴) 껍질 속에
새빨간 구슬이 부서졌구나!

이는 이율곡(李栗谷)이 어릴 때 석류를 보고 지은 시다.

한겨울 지난 석류 열매를 쪼개어,
홍보석(紅寶石) 같은 알을 한 알 두 알 맛보노니.

이것은 우리 나라 어느 현대 시인의 시다. 아이와 어른이 다른 데다가 예와 이제가 또 다르건만, 그 눈, 그 느낌이 어쩌면 이렇게도 들어 맞는단 말인가?

소재를 잡는 눈과 느낌을 표현하는 힘이 없는 사람이란 대개 봄이란 제목으로 글을 쓰라면, 밤낮 강남 제비 오고, 노랑나비 날고, 아지랑이 아른거리고, 버들가지 물오르고, 빨강치마 입고 나물 캐는 색시 따위를 늘어놓는 것밖에는 아무것도 모르는 사람을 말한다. 이런 따위의, 소재만을 늘어놓은 글은 읽을 마음이 내키지 않는 법이다. 글 쓰는 사람의 개성이 들어 있지 않기 때문이다. 이러한 흔한 소재를 글로써 다루려면, 그 관찰하고 파악하는 각도를 강렬한 개성으로써 잡아야 한다. 다시 말하면, 소재를 잡아 쥐고 다루는 법은 개성적이어야 하고, 표현을 전달하고 공감시키는 데는 온건하고 진실하여야 한다는 말이다.

— 구(舊) 중학국어(中學國語) 3-1

노래와 시의 관계
— 동요와 동시의 구별을 위하여

동요와 동시의 관계 또는 그 구별은 가요와 시의 관계 내지 그 발달 과정에서 찾아야 할 것이다.

시는 노래(歌謠)에서 비롯되어 노래와 나뉘어진 자이다. 그러므로, 시는 넓은 의미의 노래요, 노래는 넓은 의미의 시라는 관계에 놓여 있다. 이 때문에 시는 아무리 자유시가 되어도 얘기보다는 노래하는 정신의 소산(所産)이요, 노래는 아무리 음악과 결부되는 것이라 할지라도 기악(器樂)보다는 구체적인 생각의 표현일 수밖에 없는 것이다.

원시 시대에는 춤과 음악과 노래가 따로 나뉘어지지 않은 일체의 것이었다. 원시인들은 흥겨울 때 몸짓, 곧 춤으로 이를 표현하였고 거기에 외마디 규성(叫聲)이라든가 탄성(嘆聲)이 따랐다. 이 규성과 탄성이 노래의 원초적 형태였다. 다시 말하면, 노래의 기원은 언어의 기원과 일치한다는 말이다. 이 경우의 규성이나 탄성은 곧 언어요, 그것은 감탄사인 것이다. 발레리가 서정시를 감탄사의 전개라고 말한 뜻을 파헤쳐 보면 결국 시가 곧 노래에서 발단된 것임을 시사하는 것인 줄 알 것이다. 뿐만 아니라 동양에서도 시는 영언(永言), 영가(永歌)라 하며 시가 노래에서 비롯된 것임을 오랜 옛날에 밝혀 놓았다. 주자(朱子)도 《시경집전》(詩經集傳) 서(序)에서 시의 발생을 논하여 "말이 능히 다

하지 못하는 바가 자차(咨嗟)하며 영탄(咏嘆)하는 나머지에 발(發)하는 것이 반드시 자연한 음향(音響)과 절주(節奏)가 있어 능히 말지 못하는 것이 시의 써 지은 바라" 하였다.

춤과 노래와 음악은 율동하는 예술이요, 소설과 미술은 묘사하고 아로새기고 깎아 세우는 정지태(靜止態)의 예술이며, 연극과 영화는 이 두 가지를 종합한 중간에 위치한다. 그러므로, 시와 소설은 같은 문학이면서도 그 정신 면에서나 표현 각도의 면에서 본다면, 시는 소설보다 음악 쪽에 가깝고 소설은 시보다 미술 쪽에 더 가까운 것을 알 수 있을 것이다. 현대시가 자꾸 산문화(散文化)하는 경향에 있고 소설에도 시적 정취(情趣)를 띠는 것이 있다 할지라도 이는 그 본래의 바탕은 아닌 것이다.

원시인들은 처음 연장(도구)을 발명할 때 자기네 경험에서 얻은 육체의 기능을 모방하여 만들었다. 망치는 주먹을, 갈퀴는 손가락을 모방하여 만든 것이다. 원시인이 악기 제조의 방법을 발명한 것도 이와 마찬가지로 경험에서 얻은바 물체의 기능을 모방한 것이다. 활에서 마현(摩絃) 또는 탄현(彈絃) 악기를, 풀잎이나 나무 껍질에서 취주(吹奏) 악기를, 물체를 두드리는 데에서 타악기를 발견하였던 것이다. 이러한 악기는 곧 춤과 노래의 반주 악기로서 원시 가무악(歌舞樂)의 한 부분을 이루었던 것이다.

이와 같이, 원시의 민요무용 ― '가무악'은 춤과 노래와 음악이 혼성됨으로써 이들 3자는 상생(相生)·보조·종속 관계에 있었다. 춤은 노래와 음악을 위하여, 노래는 춤과 음악을 위하여, 음악은 춤과 노래를 위하여 존재하였던 것이다. 그러던 것이 이 민요무용 ― 가무악은 차츰 분화하여 독립된 분과(分科) 예술을 이루기에 이르렀다. 춤은 노래를 탈락시키고 음악을 종속시켜 오늘의 무용이 되었고, 노래는 춤을 탈락시키고 음악을 종속시켜 오늘의 시가 되었으며, 음악은 춤을 탈락시키고 노래를 종속시켜 오늘의 음악이 되었다. 그러나 이 세 가지가 각기 탈락시킨 부분은 어느 것이나 다 완전 탈락으로 절연(絶緣)된 것이 아니고 말없는 노래, 춤추는 언어, 율동하는 선율은 무용과 시와 음악 속에 민요무용의 원형질로 잠재하게 되었다.

이와 같은 노래의 원초적 바탕인 율동예술의 형태적 발전과정 위에서 문학 내지 노래와 시와 시의 전개과정을 살펴보기로 하자.

원시의 민요무용에서 노래는 세 가지 면을 지니고 있었다.

첫째, 음악적인 노래다. 음악과 결부되어 음악의 보조적 작용을 하는 노래, 단순한 몇 마디 가사와 반복과 중창구(衆唱句)인 후렴을 가지는 것이 이의 일반적 형식이었다. 이러한 노래는 음악과 붙어서 살고 음악을 떼버리면 그 가사 자체만으로 독립할 때는 문학적 정서가 약화되는 것이 보통이다. 우리의 전래 민요나 '쾌지나칭칭나네'라든가 '강강술래'가 이의 잔형이다.

둘째, 사설조(辭說調)의 노래다. 단조로운 음악을 반주로 하는 서사가(敍事歌), 소설적인 얘기를 대행하는 노래로 같은 율조를 반복하는 긴 사설의 연구(連句)를 그 일반' 형식으로 한다. 지루한 것을 피하기 위하여 음악의 반주와 중창(衆唱)의 후렴을 넣지만 이것을 빼면 역시 지루한 얘기만이 남는다. 우리의 무가(巫歌), 조선조의 가사가 이에 연결된다.

셋째, 연주적 노래다. 무용과 결부되어 노래하면서 몸짓을 하거나 노래를 주고받거나 혼자서 다른 목청으로 주고받는 연극의 변형적인 노래다. 우리 나라 판소리 같은 것이 이의 발전한 형태이다. 창(唱)의 극적 변화와 내용의 기발한 풍자 때문에 흥미가 있지만 문학으로서의 노래로는 가치가 적은 것이 사실이다.

첫째의 음악적인 노래가 발달된 것이 서정시→시요, 둘째의 사설조 노래가 발달된 것이 서사시→소설이요, 셋째의 연극적 노래가 발달된 것이 극시→희곡임을 알 것이다.

문학의 기본 형태는 시요, 시는 노래에서 비롯되었다. 그러나 노래가 민요무용 속에서 춤과 음악과 결부되어 있는 동안에는 문학은 아직 독립된 예술 분과로서의 문학일 수 없었다. 그 노래는 가악(歌樂)이요, 선문학(先文學)이었다. 그 노래가 춤과 음악을 탈락시키고도 자립할 수 있는 것을 가요(歌謠)라 하여 이로부터 문학의 논의 대상으로 삼는다. 그러나 가요에도 세 가지가 있다.

첫째, 입에서 입으로 전하는 자연 발생적인 구전가요(口傳歌謠)다. 이것도 구비문학(口碑文學) 또는 구송문학(口誦文學)이라 하여 선문학(先文學)에 넣는다.

둘째, 지은이를 모르는 구전가요 또는 지은이는 알려져 있어도 떠돌이 가요를 문자(文字)로 기재한 가요, 이것을 기재가요(記載歌謠) 또는 정착가요(定着歌謠)라 부른다. 이 기재와 정착은 문학의 근본조건이다. 그러므로, 기재 정착된 것부터 문학의 영역에 든다.

셋째, 창작가요(創作歌謠)다. 구전가요도 아니요 전대의 것을 기재 정착한 것도 아닌 작가가 새로 창작한 가요, 이것이 비로소 참의 문학에 들어간다.

시의 형태적 발달을 살펴보면 그것이 가요→시가→시의 순으로 전개된 것을 이상의 고찰로써 알 수 있을 것이다. 다시 말하면, 시는 노래에서 출발하여 차츰 노래의 요소를 벗어나 애기 쪽으로, 음악적인 데서 시작되어 미술적인 방향으로 접근하고 있다. 그러므로, 시가 발달해 온 역사적 공식은 가요(歌謠) → 정형시(定型詩) → 자유시(自由詩) → 산문시(散文詩)라는 선(線)인 것이다.

이상의 고찰로써 동요와 동시의 관계는 설명을 되풀이하지 않아도 자명(自明)한 바 있다. 동요는 동심의 가요와 정형시를 포함하고, 동시는 동심의 정형시와 자유시를 뜻한다. 그러므로, 시가 정형시로 씌어지는 나라에서는 동요와 동시의 구별이 따로 있을 까닭이 없다. 그대로 동시라 부르면 족한 것이다. 다시 말하면, 동요와 동시라는 구별이 필요하게 된 것은 시가 자유시로 씌어지면서 부터의 일이다. 동시라는 개념이 동요와 대립된 듯한 느낌을 주게 된 것 자체가, 동시라는 형식과 말이 따로 생긴 것부터가 종래의 동요형식인 정형 동시와는 다른 자유시가 나오면서 부터의 일이다.

이렇게 형태가 나뉘어지지 않았으면 모르거니와 엄연히 나뉘어진 이상은 그것을 구별하는 기준이 없을 수 없는 것이다.

그러면, 동요와 동시가 구별되는 또는 구별할 수 있는 표준 한계를 어디에 둘 것인가. 시가 정형으로 씌어질 때는 그 정형의 변화 곧 외형률(外形律) 여하로써 이를 다룰 수 있었다. 그러나 시가 자유율로 씌어지는 오늘에서는 시 형식의 정형과 정형 아닌 것은 이 문제의 기준이 되지 못한다. 왜 그러냐 하면, 정형시로 쓴 동시도 있을 수 있고 자유율로 쓴 동요도 있을 수 있기 때문이다. 그러므로, 동요와 동시의 한계는 그것이 음악적 율조에 치중되어 노래함으로써 동심의 꿈이 더 살아나도록 지어졌느냐(동요) 아니면 이에 지적 부조(浮彫)에 치중되어 읽고 생각함으로써 동심의 꿈이 더 깊어지도록 지어졌느냐(동시) 하는 식으로 내재율(內在律)과 내적 심상(心像)의 강약(强弱)과 심천(深淺)에서 찾을 수밖에 다른 길이 없는 것이다.

동요에는 노래적인 동요와 시적인 동요의 두 가지가 있고 동시에도 노래적인 동시와 시적인 동시의 두 가지가 있다.

노래적인 동요를 가창동요(歌唱童謠), 시적인 동요를 형상동요(形象童謠), 노래적인 동시를 정형동시(定型童詩), 시적인 동시를 자유동시(自由童詩)라고 편의상 이름을 붙여 둔다.

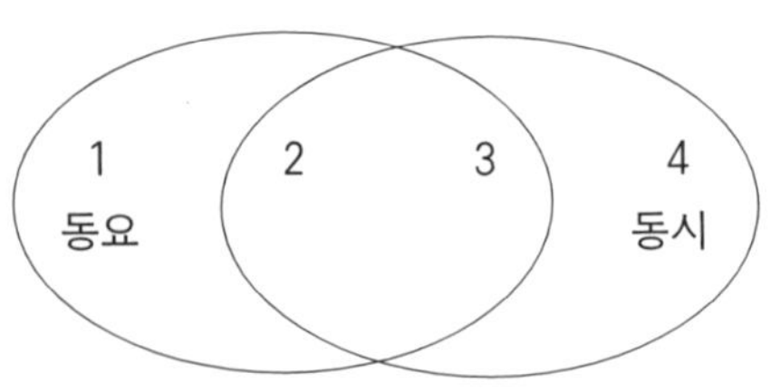

동 요	(1) 노래적인 동요 (歌唱童謠) (2) 시적인 동요 (形象童謠)
동요시	(2) 시적인 동요 (形象童謠) (3) 노래적인 동시 (定型童詩)
동 시	(3) 노래적인 동시 (定型童詩) (4) 시적인 동시 (自由童詩)

동요의 정통은 (1)의 '노래적인 동요'에 있지만 (2)와 (3)에도 요적 (謠的) 형식과 요적 수사(修辭)는 깃들이어 있다. 동시의 정통은 (4)의 '시적(詩的) 동시'에 있지만 (3)과 (2)에도 시적 구성, 시적 발상이 깔려 있다. 그러나, (1)과 (2)를 동요, (3)과 (4)를 동시라고 나누어 보는 것이 보통이다. (2)와 (3)은 주종관계가 뒤집어 있다뿐이지 동요와 동시의 중간인 점에서는 마찬가지다. (2)는 노래적인 것이 겉으로 나서고 시가 바닥에 깔렸기 때문에 동요로 불리고, (3)은 시가 겉으로 앞서고 노래적인 것이 바닥에 깔렸기 때문에 동시로 불려지는 차이가 있을 따름이다.

이제 이와 같은 동요와 동시의 한계와 분류를 좀더 구체적으로 살펴보기 위하여 박목월 씨의 "작품으로 본 아동 문학사(동요편)"(《아동문학》제2집) 속에 수록된 작품들을 이 도표로써 분류 배치한다면 다음과 같다.

(1) 노래적인 동요

윤극영(尹克榮)〈반달〉, 유지영(柳志永)〈고드름〉, 이원수(李元壽)〈고향의 봄〉, 최옥란(崔玉蘭)〈햇빛은 쨍쨍〉, 목일신(睦一信)〈누가 누가 잠자나〉, 김영일(金英一)〈방울새〉

⑵ 시적인 동요

방정환(方定煥) 〈늙은 잠자리〉, 서덕출(徐德出) 〈봄편지〉, 윤석중(尹石重) 〈키대보기〉, 천정철(千正鐵) 〈시골 길〉

⑶ 노래적인 동시

윤석중 〈외나무 다리〉, 한정동(韓晶東) 〈소금쟁이〉, 이원수 〈빨강 열매〉, 최순애(崔順愛) 〈가을〉, 강소천(姜小泉) 〈닭〉, 박목월 〈흥부 와 제비〉

⑷ 시적인 동시

윤석중 〈잠 깰 때〉, 강소천 〈조그만 하늘〉, 박목월 〈여우비〉, 박노춘(朴魯春) 〈고까신〉, 임춘길(林春吉) 〈장명등〉

— 1963, 《아동문학 ⑶》

동화의 위치
― 문학형태 발달과정에서 본 동화와 소설

　동화와 소설의 공통된 점은 그것들이 이야기에서 출발하였고 지금도 이야기의 범주에 들어 있다는 사실이다. 다시 말하면, 동화와 소설이 발달해 온 역사를 더듬어 올라가면 그것은 신화와 전설과 민담(民譚)과 우화(寓話)라는 공통된 연원에서 흘러나온 것임을 알 수 있다는 말이다. 동화와 소설은 결국 이러한 신화, 전설, 민담, 우화로 이루어진 설화문학(說話文學) 곧 '이야기 문학'이라는 나무에서 분화(分化)된 가지에 지나지 않는다.

　그러면 동화와 소설의 다른 점은 무엇인가. 오늘로 봐서는 그 차이점을 동화는 아동을 위한 아동문학이요, 소설은 어른을 위한 일반문학이란 데서 찾을 수 있지만, 원시시대의 이야기 문학에서는 그 구별이 없었다. 물론 원시시대라고 해서 아이와 어른의 구별이 없었던 것은 아니니까 아이들에 의하여 구전(口傳)되는 이야기와 어른들에 의하여 구전되는 이야기가 따로 없었던 것은 아닐 테지만, 그것들은 본질적으로 아이들이 들어서 안 될 이야기와 어른이 들어서 믿을 수 없는 이야기가 따로 없었다는 말이다. 다시 말하면, 아동을 위한 특별한 이야기가 필요 없었던 것은 아동이 인간으로서의 한 사람 몫의 대접을 못 받는 것이 아니라 인지(人知)가 미개(未開)하기 때문에 어른들의 머리와 생각이 아이들과 마찬가지로, 오늘 우리가 봐서 비과학적이요 비합리적인 꿈 같은 이야기를 믿고 있었기 때문이다. 단순하고 소박한 그들에게는 성(性)에 대한 표현조차 오늘처럼 지나치지 않아서 아이들을 기피할 정도가 아니었고, 솔직 대담했던 것이다. 그러므로, 원시시대의 이야기 문학에 동화와 소설의 구별이 없는 것은 아동의 존재가 없어서 아동을 위한 이야기가 따로 없는 것이 아니요, 어른의 존재가 따로 인식되지 않아, 다시 말하면 어른과 아이의 구별이 이야기 문학에서까지 구별할 필요가 그다지 없었던 것이다.

이렇게 보면 동화와 소설의 차이점은 그 공통된 원초형태(原初形態)인 설화문학에서는 찾아지지 않는다. 그러므로, 우리는 이 차이점을 마땅히 문학형태의 발달과정에서 찾지 않으면 안 된다.

문학의 기본형태는 다 아는 바와 같이 서정시(抒情詩)와 극시(劇詩)와 서사시(敍事詩)의 세 가지다. 동요와 동극과 동화는 각기 이 세 가지 기본형태에 소속된다. 오늘의 시는 서정시의 발달된 형태며, 오늘의 희곡은 극시의 발달된 형태이며, 오늘의 소설은 서사시의 발달된 형태이다. 시와 극시는 서정시, 극시 형태로 진작부터 있었는데, 소설만은 서사시 형태의 변모(變貌)로 이 세 가지 중 가장 뒤늦게 발달된 것임을 알 수 있다. 바로 말하면, 소설은 문학의 장르 중에서 가장 늦게 발달한 것으로 이것은 근세에 들어선 뒤의 일이다. 이야기 문학도 소설이라는 형태가 생겨나기 전에 서사시와 극시라는 운문(韻文)으로 씌어졌던 것이다. 소설이 산문으로 씌어진 뒤에 희곡도 극시에서 독립하여 산문으로 씌어졌고 시도 자유율(自由律)로 씌어졌던 것이다.

이와 같은 문학형태의 발달과정에서 동화와 소설의 위치를 찾으면 다음 〈표 1〉과 같다.

즉, 동화는 문학 형태 발달의 제3 단계에 위치하고 소설은 제4 단계에 위치한다. 그러므로, 동화는 본질적으로 내용이나 형식이 서사시적인 것으로서 시에 더 가까운 데 비해서 소설은 산업 혁명을 전후한 과

〈표 1〉

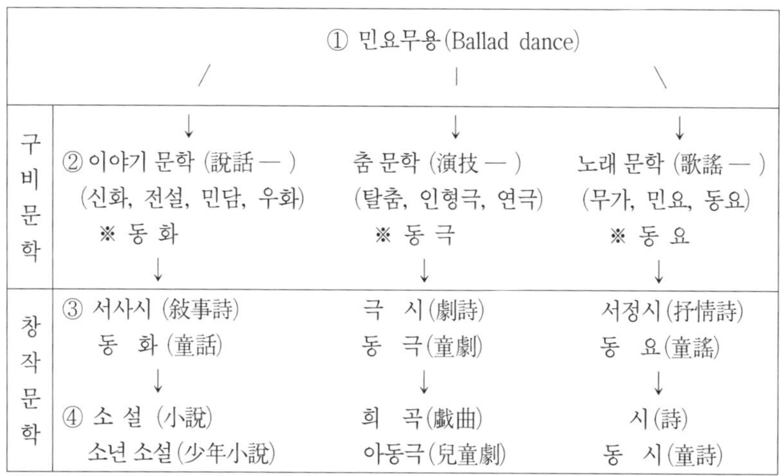

학 문명 실증주의의 산물로서 근대 정신의 문학적 표현 형식인 것이다.

그러므로, 동화는 낭만주의적인 점이 그 원시에서의 발생 이래 계승된 전통인 것이다. 소설은 낭만주의에 반항하고 일어난 사실주의, 자연주의를 정통으로 하는 것이어서 동화적인 것과 대립한다.

동화는 전래동화와 창작동화로 나뉘어진다. 전래동화는 구전(口傳)동화와 기재(記載)동화로 나뉘어지고 창작동화는 문학동화와 구연(口演)동화로 나눌 수도 있다. 창작동화가 구연동화를 필요로 하는 것은 동화의 이야기 문학으로서 발생 이래 전승된 할머니나 어머니 앞에서 듣던 그 전통에 연유한다. 시에 가까운 이야기인 동화는 보는 이야기로서 재미 외에도 듣는 이야기로서의 재미가 따로 있다. 아무리 오늘의 시가 모든 시에 매력을 느껴도 아이들의 시인 동요는 노래로 부르고 싶은 꿈을 버리지 못한다.

동화는 시에 가까운 이야기 때문에 현실적이고 구체적인 문학형식인 소설에 비하여 공상적이요 상징적인 문학형식이란 것은 사실이다. 소년소설은 소설이 발달된 뒤에 그 형식을 받아들인 것이므로 동화의 방법과는 근본적으로 다르다. 소년소설은 리얼리즘 정신 위에 세워져 일반소설과 마찬가지로 구체적 현실을 그릴 수 있고 또 그렇게 하는 것이 좋을 뿐 아니라 그렇게 해야 한다. 그러나, 그렇다 해서 모든 동화를 소년소설의 수법으로 써야 한다는 논리는 성립되지 않는다. 이런 주장을 하는 사고방식은 사람의 꿈이나 공상을 무슨 죄악시(罪惡視) 하지만 과학도 결국은 인류의 꿈의 실현인 것이다. 원시시대라고 과학이 없었던 것은 아니다. 단군이 곰에게서 났다는 것도 그 당시는 과학이었다. 다만, 그 과학하는 개념이 오늘 우리의 과학과 달랐을 뿐이다. 과학도 변모하고 발달한다. 달나라에 가고 싶다는 꿈이 과학으로써 실현되려는 마당에 있지 않은가. 우주시대에 원시성을 띤 동화가 무슨 소용이 있느냐 하면 제법 말이 되는 것 같지만 과학이 발달되면 그 세상에도 또 한걸음 앞서 가는 꿈은 있는 법이다.

아동들도 과학은 따로 배우고 있다. 과학 아닌 꿈도 배워야 할 것이 아닌가. 공상의 가치를 무시하고 예술은 성립되지 않는다. 그러지 않아도 너무 조숙하고 영리해지기만 하는 아이들에게 어서 빨리 어른이 되라고 몰아넣는 것은 가혹할 뿐 아니라 버리는 일이다.

어느 시대에고 원시인같이 단순하고 소박한 어린이가 있고 그러한 것을 좋아하는 어른도 있는 법이다. 이런 이를 위하여 동화는 소설을 닮지 않고 옛 전통을 지켜서 좋을 뿐 아니라 지켜야 할 일이다. 다만 소재(素材)와 표현에 시대적인 세련을 가하여 참신하게 하는 것이 창작 동화에 주어진 오늘의 사명일 따름이다.

우리말의 뿌리를 찾자
— 시작에서의 한자문제

시는 이른바 언어예술이다. 석고나 대리석의 바탕을 체득하지 못하고 조각가가 될 수 없듯이 말을 마스터하지 않고 시인이 된다는 것은 거짓말이다. 그리고, 여기서 말하는 말이란 곧 시를 쓰는 사람 그 자신의 국어임은 말할 것도 없다. 남의 나라 말로 시를 쓸 수도 있고 남의 나라 말이 어쩔 수 없이 시에 들어오는 수가 있으나 남의 나라 글자가 시에 섞인다는 것은 좋은 일이 아니다. 더구나, 그 글자가 로마자처럼 같은 것끼리는 덜하지만 질적으로 아주 다른 글자가 시에 혼용되는 것은 아무래도 좀 어색하다.

우리말에 있어 한자 어휘는 수천년 동안의 특수한 역사 때문에 우리가 별로 어색한 것을 느끼지 않는 경향이 있으나, 그것이 바탕이 아주 다른 문자이기 때문에 원칙적으로는 앞에 말한 남의 나라 글자의 혼용에서 오는 흠점을 벗어날 수는 없다.

이러한 대전제로 보면 시에 있어서 한자 문제는 스스로 밝은 결론을 얻게 된다. 그것은 좋지 않은 현상이요, 절제해야 할 문제요, 나아가서는 완전히 거부하는 시기와 와야 한다는 말일 수밖에 없다.

언어란 것은 본디 이동하고 교류하기로 마련이므로 문화의 접촉은 그 언어의 수입을 불가피하게 하는 바 있다. 시대의 감각과 새로운 관념내용을 받아들일 때 그것을 대번에 제 나라 말로 바꾸어 받아들인다는 것은 확실히 어려운 일이지만, 이것은 우리가 애써 행하지 않으면 안 될 중대한 문제다. 함부로 받아들여 놓고 그 혼란 때문에 쩔쩔맨다는 것은 어리석은 일이기 때문이다. 이 문제에 대해서는 지금부터라도 학자와 문인들이 자각해야 한다.

해방 이후 국어정화 문제가 항상 논의되었고, 그 방법에 대해서도 지나친 주장 때문에 물의가 많았거니와, 국어정화에는 학자보다 시인이 앞장을 서지 않으면 안될 것이다. 말을 만들되 거기에 생명을 불어넣는 사람이 시인이기 때문이다. 말이란 아무나 만든다고 다 그대로 쓰여지고 살아가는 것은 아니다. 그러나 불행히도 오늘 우리의 시인들은 생각의 새로움과 느낌의 새로움에만 팔려서 국어의 정화에 관심하기는커녕 무절제한 사용으로 국어의 혼란을 조장하고 있는 형편이다. 시인을 통하여 국어의 미화 또는 새로운 세련이라는 문제는 먼저 시인들의 이에 대한 성의를 요청하지 않으면 안 되게 되었다. 극단으로 말하면 오늘의 시인은 그 대부분이 제 나라 말의 바탕을 체득하는 공부에서 출발하지 않았고 또 성의도 적은 것이 앙탈할 수 없는 사실이다.

한 민족문화가 그 주체를 자각할 때 외래어의 절제와 국어정화의 기운이 절로 일어나는 법이다. 우리가 문명적으로 뒤떨어진 나라임에는 틀림없으나, 우리도 우리 문화의 주체를 잡고 세우고 그 바탕에서 창조의 힘을 얻어야 할 시기에 도달했다는 것도 또한 틀림없는 사실이라 하겠다. 이 문제를 자극하기 위해서 시인의 선각과 협조와 고행이 필요하다고 본다.

우리 시가 걸어온 길을 돌이켜보면 초기 시에 한자를 남용하는 경향이 있었다. 이것은 신문장 운동이 아무리 국한문 혼용의 이른바 당시의 시문(時文)에 대한 반항으로 일어났다고 하더라도 그 첫 시험에는 역시 한자가 많이 섞일 수밖에 없었을 것이다. 시어(詩語)가 미숙하고 시의 바탕이 되는 문화 자체가 아직 무르익지 못했기 때문이다. 1930년대를 넘어서면서부터 우리 시는 시에 한자를 사용하는 돗수가 부쩍 줄어드는 경향이 있었다. 시의 언어에 대한 성숙과 민족문화의 주체에 대한 자각이 이 무렵에 일어났기 때문이다. 순수시의 자기 침잠과 왜정 말기의 탄압정책이 국어운동에 반발적인 박차를 가했던 것과 마찬가지 까닭에서였다. 그러나, 한편으로 모더니즘 운동이 또 하나의 계몽시로서 한자 남용과 외래어 남용의 풍조를 일으켰다. 우리말에 관념어가 모자라고 새로운 감각에는 낡은 언어만으로는 안 된다는 것이 그 이론의 근거겠지만, 우리는 그 주장을 이해하면서도 그들이 시인으로서 국어 문제 그 자체를 초극하지 못했다는 사실을 지적하지 않을 수 없다.

최근 소수의 젊은 시인들이 순 한글로 새로운 운율의 정형시에의 관심을 표명하고 그것을 시험하는 것을 나는 반갑게 생각한다. 우선 이만 한 성의라도 모국어에 대해서 바쳐야 하겠기에 말이다.

우리 시는 우리말 우리 글자로 쓰자는 원칙을 밝혀 놓으면 우리가 당면한 시에 있어서의 한자 문제에 다음 몇 가지의 기본태도가 아울러 밝혀질 것이다.

첫째, 순수한 우리말이 있는 말은 한문 어휘를 쓰지 말 것.

둘째, 비록 한문에서 온 말일지라도 그것이 완전히 우리말이 되어 한자로 쓰지 않아도 뜻이 통하는 말은 우리 글자로 쓸 것.

셋째, 우리말에 적당한 말이 없을 때는 새로 만들어 쓸 것. 다만 이 경우에는 누구나 이내 알 수 있고, 또 우리말로서 어색함이 없는 말을 만들기 위해서 이미 있는 우리말의 뿌리를 찾아 거기에서 솟아난 말을 골라야 한다.

넷째, 우리말에 있기는 해도 그 통념(通念)이라든가 어감(語感)이 우리말로 써서는 맛이 안 나는 경우에는 부득이 한자를 쓰는 것을 허용할 것.

　다섯째, 시에 있어서 한자 또는 로마자를 괄호 안에 넣지 말 것. 이렇게 되면 시에 맥이 빠진다. 시의 본문 안에다 주(註)를 다는 셈이 되기 때문이다.

불안의 절정에서

— 1952년의 전망

　역사의 방향이 오늘처럼 이렇게 얼크러진 적도 그다지 많았던 성싶지는 않다. 이럴 것 같기도 하고 저럴 것 같기도 해서 도무지 종작이 서질 않는데 어찌 전망이 가능할까 보냐. 전망이 서지를 않는데 어찌 전망이 가능할까 보냐. 전망이 서지를 않는다는 것은 곧 장래의 사태를 내다볼 수가 없다는 말이요, 이와 같이 미래를 내다볼 수가 없어서 또는 거기에 대한 아무런 강구(講究)할 수단도 찾지 못했을 때 생기는 것이 불안이란 것이다. 현재의 주위상황에 대한 암담한 근심 걱정은 문화로 하여금 비활동적이고 억울적(抑鬱的)이게 한다. 그러나, 또 불안의 형식은 서서히 증대하고 감퇴하는 것이고 돌발적인 변화는 적은 것이니 이런 의미에서 동란(動亂)이 발발되면서부터 지난해에 이른 일년간의 공포에 휩싸였는 데 비하여 문화 면이 어느 정도 안정에 들어갔다는 것도 사실이다. 불안하고 안심하고 기대하고 단념하고 이러한 상반된 감정이 교체 번복(飜覆)되는 감정의 정상에 1952년이 와 있는 것이다.

　문화가 불안에 싸여 있다는 것은 이와 같은 세기적인 사회적 불안에 의하여 제약된 정신적 불안이 표현되기 때문이다. 20세기의 절정인 1950년에 한국동란이 터지고 말았다는 것은 후반기에 대한 우리의 희망을 불사르게 하였거니와 어느 의미로 보아서는 21세기를 위한 역사의 당연한 자기분해(自己分解)의 조정이기도 하였다. 그러므로, 이러한 역사의 관문에 놓여 있는 우리의 문화가 불안 속에서나마 싸우는 민족의 힘을 잃지 않고 있다는 것은 이성의 절제가 그만큼 강렬하게 발동하지 않을 수 없는 정세(情勢) 아래 있기 때문이다.

다만, 우리가 경계하지 않을 수 없는 것은 사회적 불안에서 제약된 정신적 불안이 문화계에 표현될 때는 대개 세 가지 면으로 기울어지기 쉽다는 것이다. 하기는 문화가치로서 이 세 가지 면은 독자적인 의의가 없는 것은 아니다. 사회적 불안의 극복을 위해서 그것은 강한 듯하면서도 기실 너무나 소극적인 것이다.

첫째, 현실에서의 도피 또는 거부의 경향이니 지난날 다다이즘과 초현실주의의 발생과 방향을 회고해 보는 것이 이의 좋은 일례가 될 것이다. 둘째, 사회와 개인의 괴리의 경향이니 인격의 붕괴, 자아파산(自我破産)에서 오는 통일 없는 개인주의가 그것이다. 전후파(戰後派)니 육체문학이니 하는 그런 방향에 보조를 같이하는 경향은 이미 이 땅에서도 싹트고 있다. 셋째, 의식과 행동의 배치적(背馳的) 경향이니 자의식의 과잉, 허무와 퇴폐에 대한 취미, 자가농성적(自家籠城的)인 성실성(?) 내지 사르트르를 통해 들어온 실존주의가 문화인의 입맛을 당기는 점이 이러한 경향에서 유래하는 것이다.

'불안의 절정' 1952년에는 세 가지 길이 있다. 전락(顚落)하는 공산주의의 피에 젖은 루트가 그 하나요, 승천하는 가톨릭주의의 구름 사닥다리가 그 둘이요, 절망하는 실존주의의 다이빙판(板)이 그 셋이다. 어느 길을 취하든지 불안은 제거되겠는데 문화는 어떤 길도 택하지 않는다. 택하지 못하고 있다. 결국 이 세 가지 길이 어느 것이나 다음 세기에서 인간을 구원할 힘이 없다는 것을 보기 때문이다. 그러나, 이 세 가지 길밖에 또 무슨 새로운 길이 나올 성싶지도 않다는 것이다. 민주주의는 문화의 주조(主潮)가 되기에는 너무나 기본적이요 원시적이기까지 하다.

　1952년을 전망함에 아무런 예견도 지닐 수 없는 것은 불안의 세기에 우리가 휩싸여 있다는 증좌(證左)다. 그러나, 불안은 반드시 답답한 일만은 아니다. 파스칼은 일찍이 불안을 무한과 허무의 중간자로서의 인간의 상태라 하였고, 키에르케고르에 의하면, 불안이란 동물에게는 없고 인간에만 고유한 것으로 인간이 정신적 존재임을 보이는 것이라 하였다. 이와 같이, 불안이란 단순히 무슨 대상의 결핍에 관계되는 것이 아니고 인간의 근원적 주체적인 상태를 나타내는 것이라면 우리는 도리어 불안을 양식으로 삼을 수 있다는 것이다. 다시 말하면, 심리상의 불안을 철학상의 불안으로 전환시키는 중간과정에서 문화창조의 불안이 극복될 것이란 말이다.

　절처봉생(絕處逢生)! 1952년 불안의 절정 그대로가 안심입명(安心立命)의 지(地)다. 적어도 금년만은 이렇게 보지 않을 수 없다. 불안의 절정 위에 서 있는 것은 우리만이 아니다. 그러나, 그 고민이 절실한 자는 우리뿐이다. 우리는 역경에서 도리어 강인한 민족, 쓰러지지 않고 조금만 더 참자 — 이것이 1952년 전란에 싸인 한국문화의 동의(動議)가 될 수밖에 없다.

— 1952. 1. 1, 《영남일보》

전통에의 회귀
― 문화의 전진을 위하여

　우리는 오늘의 문화에 대하여 두 가지 근본적인 유견(謬見)을 지니고 있다는 사실을 지적할 수가 있다. 그 하나는 모든 사람이 현대문화를 운위(云謂)하면서도 그 현대란 것이 실상 르네상스에서 발상된 찬란한 근대정신이 종언(終焉)을 고한 뒤의 그 타성과 연장으로서의 단순한 시간적 개념에 불과하다는 것 ― 다시 말하면, 근대정신 말류(末流)의 서구적 혼돈과 무질서를 아직 생탄(生誕)하지도 않은 현대정신으로 착각하고 있다는 점이요, 다른 하나는 모든 문화인이 새로운 창조를 운위하면서 그 구신성(求新性)이 문화선상의 사적(史的) 과정에서 자기의 일정한 지위를 정립하려는 의욕이 아니라는 것 ― 바꿔 말하면, 새롭다는 데만 팔려서 이미 세계적으로 낡아빠진 것을 새롭다고 착각하고 창조 아닌 추억에서 저회(低徊)하고 있다는 점이다.

　근대정신의 필연적 귀결로서의 두 사람 최종대변자 ― 니체와 마르크스 사상은 전체주의와 공산주의 양대 방면을 낳아 그 사상의 태반(胎盤)인 근대정신이 가르친바 개성의 신장과 인간의 자유에 대한 부르짖음의 자기배리(自己背理)를 발견하여 새로운 우상(偶像)의 권위를 수립하였다. 제 2 차 세계대전은 곧 다름아닌 전체주의와 공산주의라는 근대정신의 쌍동(雙童) 유복아(遺腹兒) 형제의 싸움 ― 독소전(獨蘇戰)

으로 시작되었고 이로써 근대정신 일가는 사실상 몰락하고 만 것이다. 우리는 물론 역사가 돌발적인 것이 아니고 질서 있는 계기(繼起)임을 믿기 때문에 현대 곧 시간적 개념으로서의 현대가 새로 생탄(生誕)된 현대정신과 분리된 별개의 것이 아닌 줄은 안다. 그러나 진실한 현대, 즉 정립될 시대사상으로서의 현대는 오늘의 타성적 불안보다는 현대를 위한 근대적 현실의 진실한 비판적 파악이 선행하지 않으면 현대문화의 건설이 안 될 것도 안다.

생활과 문화는 시종(始終)이 있는 직선이 아니고 생활이 곧 문화요 문화가 곧 생활인 하나의 원환(圓環)이기 때문에 이 원환의 어느 일점을 기점으로 하여 문화의 인위적(人爲的) 초극력을 발양(發揚)해야만 생활의 적응적 타성(惰性)이 극복된다고 강조하지 않으면 안 된다. 이 점이 현대의 창조를 위한 현대의 파악이 요청되는 소이연(所以然)이다. 따라서, 현대 아닌 것을 현대로 오인하는 데서는 문화의 전진을 기약할 수가 없다고 본다. 오늘의 전쟁도 문화의 의미로 볼 때, 우리는 비로소 새로운 현대를 위하여 무엇을 이상(理想)해야 하는가 하는 구체적 양상을 자각할 수 있을 것이다. 다만 부언해 둘 것은 내가 여기서 말하는 현대는 문화이념으로서의 현대라는 뜻이다.

우리는 역사를 흐르는 면에서 파악해야 한다. 그러나, 동시에 역사는 무엇이 흐르는가 하는 그 '무엇'을 파악해야 한다. 현대는 바로 현대라는 역사 위에 투영된 인간의 자기인식이 아니면 안 되고 그 현대라 할지라도 '우리의 현대'를 남의 과정에서 파악할 수는 없는 것이다. 그러므로, 우리는 세계의 인식으로서 현대일반과 아울러 민족의 자기인식으로서의 우리의 현대를 아울러 찾지 않으면 안 된다.

이러한 탐구의식, 창조의 의욕은 먼저 현대에 요소적으로 존재한 과거를 찾는 데서 비롯된다. 과거를 찾는다는 것은 현대를 연결하고 발육시키는 것이요, 과거를 위하거나 현대를 위한 것이 아니기 때문이다. 과거를 찾는다는 것은 전통의 탐구란 말로 바꿀 수도 있다. 어느 민족이 새로운 창조도 전통에의 환원(還元)의 노력 없이는 불가능하였다. 전통은 창조를 구체화시키고 창조는 전통을 진전시키기 때문이다. 이런 의미에서 전통은 창조의 소재요, 창조는 전통의 방법이라 할 수 있다. 전통의 연구에는 복고주의 의식이 수반하고 있지만 그것은 반드시 보수주의를 의미하는 것은 아니다. 르네상스를 예로 들더라도 그것이 복고주의가 아니라 도리어 개혁사상이었던 것은 과거의 새로운 자각으로서 당시의 현대가 발견한 새로운 것으로서의 전통이었기 때문이다.

새로운 현대가 인간의 주체회복을 그 명제의 하나로 삼는다면 우리의 현대는 마땅히 우리의 주체확립을 명제로 삼지 않으면 안 된다. 현대는 상실(喪失)의 세기(世紀)다. 우리의 현대는 '우리'가 없고 그 때문에 우리의 창조가 없는 것은 아닐까. 규범적 성질, 당위적 의식을 잃어버린 우리는 의식주의 기본문화에서부터 우리를 잃어버리고 있다. 이러한 오늘의 정신에서 창조를 찾는다는 것은 비가망(非可望)이라 할 수밖에 없다.

전통이 선명한 자기의식의 폭력(暴力)을 갖지 않는 현계단은 전통 탐구로 하여금 발전과 균형을 위한 한 면만을 줄 것이다. 동물로서의 생에 대한 오늘의 막연한 상태를 인간이 병든 세기(世紀), 현대 위에서 한 개의 절대적 계속성으로 생을 인식할 때가 왔다. 전통에의 회귀는 문화의 전진을 위한 현대의 거점이다. 지주(支柱)를 상실한 현대, 극도의 자기분열(自己分裂)에 떨어진 현대를 소생시키기 위하여 먼저 전통을 찾을 때가 왔다.

— 1953. 9. 5, 《대구일보》

입명(立命)의 문학
─ 김동리 평론집 《문학과 인간》

　김동리(金東里)의 비평은 그의 창작과 표리일체가 되는 것이지만, 엄밀히 말하면 그의 문학관은 창작을 통해서 전개되고 실천된다. 그러므로, 김동리의 문학적 본질을 파악하기 위해선 그의 창작을 검토하는 것이 첩경(捷徑)이라 할 것이다. 그러나, 그가 하나의 평론가로서 자신의 문학관 내지 세계관을 스스로 내증(內證)해 준다면, 이는 그의 작품을 이해하는 기초가 될 뿐 아니라 이와 같은 체험을 통해서 제시하는 문학적 세계는 언제나 자신의 체계도 세우지 못한 채 피댄틱한 나열만 일삼는 수많은 개론적 비평에 비하여 더 좋은 영양소를 문학인에게 줄 수 있는 것이다. 동리(東里)는 남의 창작은 알뜰히 모아서 읽으면서도 문학에 대한 이론은 비교적 많이 읽지 않는 편이다. 그러므로, 그의 평론은 모두가 그 자신의 지배(紙背)를 철(徹)하는 문학적 안광(眼光)과 작가를 이해하는 인간적 각고로써 이루어진 것이다.

　이 말은 곧 그가 남의 견해를 통해서보다 자가견(自家見)을 통해서 문학을 위하는 진실한 문학 본령(本領)의 태도를 지킨다는 말도 된다. 그러므로, 철두철미 문학을 통해서 보는 인간, 인간을 통해서 보는 민족을 밝히려고 애쓰는 점에서 그의 평론은 한 시류적(時流的) 의의나 파생적 흥미를 떠나서 존립할 수 있는 것이니, 비평가로서 김동리는 이성적 인간의 말로를 지양(止揚)할 새로운 인간형을 모색하는 하나의 사상가로 생성되고 있기 때문이다.

동리(東里)가 본격적 평필(評筆)을 든 것은 1939년대 《문장》지에 유진오(兪鎭午) 이원조(李源朝) 씨 등을 상대로 한 순수문학의 논쟁에서 시작된 줄 안다. 해방 후에도 주로 문학가동맹 결정서(決定書)를 상대로 한 순수문학에 대한 논쟁으로 계속되었으니, 이는 순수문학의 과제가 곧 작금에 일관된 동리 자신의 문학에 대한 과제였기 때문이다. 나는 동리를 해방 후 처음 만나게 되었지만 오늘 순수문학 진영을 지키는 모든 동인으로서 옛날 우리의 단편적 평론을 읽으면 이미 동리의 당시 순수문학이론과 암합(暗合)되었음을 볼 수 있는데, 이는 바르게 문학하려는 마음의 필연한 소치요 한갓 우연만이 아닐 것이다.

동리(東里)가 주장하는 순수문학은 그의 평론에 산견되는 바를 집약하면, 보편적 의미로 본격 ─ 세계 ─ 문학, 특수한 의미로는 애국 ─ 민족 ─ 문학이란 말로 나타나는바 이 양면이 신(新) 휴머니즘에 입각하여 동의어로 일체화된 것이 순수문학이라고 판단할 수가 있다. 이러한 점에서 동리는 실로 지난날의 많은 작가 속에서 이 땅 내지 새 세계문학의 전망에 낙오되지 않은 유일의 비평가를 겸하여 일어선 데 지나지 않는다.

동리가 그 근저 평론집 《문학과 인간》에서 비록 따로 한 항목을 두어서 밝히진 않았다 하더라도 그 일관된 논지를 문학에서 개인적인 것과 개성적인 것의 구별에 두고 그 문학의 본도(本道)를 개성적인 데서 출발시켰다고 볼 수 있다. 다시 말하면, 무엇을 쓰는가에 대해서 우리는 무엇을 써도 좋다는 것을 인정하지만, 문학이 되기 위해선 그 '무엇'이 되는 모든 사상이 문학으로 재편성되어야 한다는 것을 잊을 수는 없으며, 누구를 위하여 쓸 것인가에 대해서 우리는 누구를 위해서도 좋다는 것은 인정하지만, 그 '누구'가 되는 모든 생활이 인간 전체에 공통된 문제에 환원해야 한다는 것을 잊을 수는 없기 때문이다.

이 말은 곧 전체의 파편(破片)으로 지말(枝末)에 흐르는 원심적(遠

心的) 운동이 개인적이고, 전체의 분신(分身)으로 근본에 스미는 구심적 운동이 개성적이라는 말이 아니면 안 된다. 자기의 특수성 속에 보편성을 만들지 않고는 개성이 될 수 없기 때문이다. 그러므로, 유물사관 ― 다시 말하면 문학을 위한 구심적 주체를 가지지 못한 사상이 사회성을 무기로 하여 문학을 인생을 위한 이의적(二義的) 방편으로 돌림으로써 공존을 가장한 이기주의로 전락할 때, 또는 인간을 위한 구심적 주체를 가지지 못한 사상이 영육(靈肉)에 혼연한 생활을 물질로 착각시키고 인생 전체를 위한다는 말을 다수파주의로 왜곡하여 투쟁을 위한 변의적(變義的) 방편으로 사역(使役)함으로써 도의(道義 - 인간)를 가장한 살육(殺戮 - 동물)에 타락할 때, 인간이요 문학가인 김동리가 감연히 일어나 만신의 창이(蒼耳)를 입으며 항거한 것은 지극히 마땅하다 하지 않을 수 없다.

이와 같이, 동리(東里)가 보는 개성은 보편을 내용으로 하는 특수이기 때문에 그의 작품은 모두가 일견 기이한 듯한 성격을 등장시키면서도 그 구절은 평범(자연)에 도입(導入)하는 것이며, 따라서 그의 민족관은 개인적인 배타주의를 버리고 개성적인 연권주의(聯權主義)를 지향하는 민족 단위의 휴머니즘에 서게 되는 것이다.

또한 동리(東里)는 개성(자연)을 잃은 인간의 전체를 찾다가 도리어 개인(기계)에 떨어지는 것을 신과 동물의 종합체인 새 실재―인간이 그 자신의 신(자연)을 상실하는 데서 결과되었다고 보기 때문에 그는 창작을 통하여 이에 다시 신을 찾는 몇 개의 타입을 단편적으로 보였고 평론으로써 그것을 시사하기도 하였다. 나는 다른 곳에서 현대정신을 예술정신이라고 말했거니와 과연 동리(東里)가 탐구하는 인간형이 문학적 인간인지 아닌지는 그의 장편을 보기 전엔 추단할 수가 없다.

그러나, 새로운 인간형의 탐구, 여기에 동리문학(東里文學)이 염불(念佛)처럼 말하는 구제의 손길이 기다리고 있는 것은 틀림없는 사실이라 할 것이다.

이번 간행된 평론집 《문화와 인간》은 이와 같은 그의 문학생리가 주는 열석(裂石)의 논리(論理)이다. 제1부 작가론에서 동인(東仁), 효석(孝石)의 본질적 일면의 파악은 오히려 그 전모를 남김이 없다 할 정도요, 소월(素月)과 《청록집》(靑鹿集)에 대해서도 다소 소홀과 미흡이 있는 채로 정곡(正鵠)을 잃지 않았으며, 제2부 문학가의 위치에 대한 반성은 공리성과 사상성 문제의 관점을 너무 유물사관의 비판에만 국한했기 때문에 그 본질 일반의 해명에 미진함이 있었으나 문학정신의 바른 지향은 사고(私考)란 이름으로 재미있게 밝혀졌다.

제3부의 '순수문학의 진의(眞義)'는 광범한 문제를 제한된 지면과 총망한 시간에 썼던 모양으로 산업혁명 이후 유토피안의 출현으로 싹튼 19세기 휴머니즘에 대해서와 생(生)의 철학, 실존철학을 전후한 현대 철학 사조에 대한 터치가 미족(未足)했음이 서운하나 '본격문학과 제3세계관의 전망'은 이를 보충하는 점에서나 순수문학의 오해를 밝힌 점에서 값 있는 문제를 제시하였다. 특히 '문학과 자유를 옹호함'은 이 책의 백미(白眉)일 뿐 아니라 해방 후 드물게 보는 명문(名文)이라 할 것이다. 여기에 문단총평, 시론(時論)과 작품 단평을 더하여 그 요목과 배열의 묘를 함께 얻었으니 전편(全篇)의 투철한 대조, 독특한 견해, 치밀한 문장과 아울러서 문학 일반의 본질 및 현대문학의 지향(志向)을 아는 데는 물론, 비평문학을 공부하는 사람에게 모범 문례(文例)로도 호개(好個)의 저서임을 부언해 둔다.

현대의 전통

― 김종길 저 《20세기 영시선》

　김종길(金宗吉) 형의 역시집(譯詩集) 《20세기 영시선(英詩選)》을 읽고 이 책이 우리의 빈약한 번역문학사(飜譯文學史) 위에 차지하는 위치와 우리 시단(詩壇)이 모색하고 있는 현대시의 이념에 기여하는 바가 클 것을 생각하였다.

　시의 번역이 지난(至難)한 일이란 것은 누구나 말하는 사실이다. 언어의 장벽을 허물어뜨리는 일, 그 나라의 민성(民性)과 생활풍속을 비롯한 전통의 이해부터가 어려운 일이지만, 이러한 언어문화 전통의 이해는 차라리 그 발판이요, 보다 더 중대한 역시(譯詩)의 난점은 어떻게 하면 원시(原詩)의 정감을 생생하게 옮기느냐 하는 문제, 다시 말하면 남의 나라의 시를 우리말로 바꾸되 살아서 독립할 수 있는 하나의 시를 어떻게 생성시키느냐 하는 데 있기 때문이다. 이 점에서 이 시집의 역자는 우선 좋은 바탕을 지니고 있다. 과작(寡作)에 속하는 편이지만 그는 우리 시단(詩壇)에 이따금씩 조촐한 창작시를 발표해 온 젊은 시인이기 때문에 시의 구성력과 모어(母語)의 구사에서는 역시가(譯詩家)로서 누구보다 유리한 힘을 하나 더 지니고 있다.

　우리 시단에는 일찍이 외국문학을 전공한 시인으로서 역시(譯詩)에 손을 댄 분이 몇 분 있으나 그분들의 번역 업적은 거개가 자기 창작시의 수준에 비견하기는커녕 멀리 떨어지는 정도에 그쳤다고 본다. 내가 보기에는 김종길(金宗吉) 형의 역시(譯詩)는 그의 창작시의 수준에 육박하고 있다. 이것은 혹은 시인으로서 그의 불행일지도 모른다. 그러나, 역시(譯詩)로 말미암아 자기의 시를 떨어뜨리지 않을 재주와 끈기를 그가 지니고 있음을 보는 것은 다행한 일이라 하겠다.

외국시의 번역이 그 나라 시단에 좋은 영양소를 줄 수 있다는 것은 또한 누구나 아는 사실이다. 안서(岸曙)의 역시집(譯詩集)《오뇌(懊惱)의 무도(舞蹈)》가 프랑스 상징파의 시를 번역함으로써 번역의 호부(好否)는 여하튼 이 땅의 초기시기에 준 영향이 실로 컸던 것은 그 호일례(好一例)다. 그 뒤에도 몇 사람의 좋은 역시(譯詩) 몇 편을 우리가 취할 수 있지만 원시(原詩) 또는 일역(日譯)의 수입은 이 땅의 역시(譯詩)를 저해하였고, 우리 역시(譯詩)의 미미한 힘은 이 때문에 실상 우리 시단에 하등의 영향력을 지녀 보지 못한 것이 사실이다.

이런 점을 돌아볼 때《20세기 영시선》은 전란중에 유폐된 우리의 정신적 울적을 다소라도 풀어 줌으로써 모색하고 방황하는 우리 현대시에 일말의 빛을 기여할 수 있다는 데 종래의 역시집(譯詩集)과 다른 의의가 있다. 취택(取擇)에 규모 있는 안식과 믿을 수 있는 노력은 손쉽게 구할 수 없는 텍스트—우리 귀에 익지 않은 새로운 시인과 작품에 접할 수 있게 한 점으로 더불어 더욱 그러하다.

역자(譯者)가 그 '후기'(後記)에서 말한 바와 같이 '현대'라는 말은 단순히 하나의 시기를 표시하는 말로서 '20세기'란 말과 동일하게 쓰여질 것이 아니다. 현대의 영시(英詩)를 수록하고 20세기 영시(英詩)라 이름지은 역자의 의도는 20세기 영시(英詩) 중에서도 비교적으로 '현대적인 것'을 그 전통 위에서 체계 세우려고 한 것이 명백하다. 영시(英詩)의 현대적 전통—이것이 이 책의 우리 시단에 기여할 수 있는 의의기도 하다.

영시(英詩)의 현대를 제시함에 예이츠의 후기시(後期詩)에서 메이스

피일드의 노장(老匠)에서 엘리엇, 로렌스로부터 몬로, 시트웰로부터 오든, 스펜더로부터 토마스, 개스코인의 새 세대에 이르기까지 20 시인의 30여 편이 짜내는 전통은 단순한 시간적 개념이 아닌 '새로운 현대'의 이념을 위하여 좋은 시사를 던지고 있다. 과거의 누적으로서 남아 있는 현대와 미래의 맹아(萌芽)로서 꿈틀거리는 현대를 동시에 파악하지 않고는 현대의 전통성을 이해할 수가 없기 때문이다. 이 점에서 이 책이 현대영시(現代英詩)를 역사적 현대와 정신적 현대에서 합쳐 보려는 데 다소의 무리와 난색이 있었다 해도 이것은 오히려 당연한 고민이었다.

낭만주의 화려하던 시절의 영시(英詩)에서 염증을 내고 떠났던 사람, 일차 대전 후 현감(眩感)하던 프랑스의 아방가르드 시와도 결별한 사람은 이 영시(英詩)들에서 새로운 맛을 들일 수 있을 것이다. 특히 제1부를 차지한 엘리엇의 시편(詩篇)과 제3부와 4부에 수록한 전쟁 시편(戰爭詩篇)들은 오늘 우리의 시에 좋은 반성을 줄 수 있을 것이다. 다만 역자 호상(好尙)의 취미와 번역의 쾌적에 연유하겠지만, 전편의 시가 비슷한 느낌을 주는 것과 그 때문에 역어(譯語)의 딕션(diction)이 또한 단조로운 감이 있으나, 이는 앞서 말한 바 역자(譯者)가 차정(措定)한 영시(英詩)의 현대적 성격에서 취사(取捨)되었을 것이요, 또 역시가(譯詩家)로서의 개성을 세우기 위하여 불가피의 일일 것이다. 완전한 우리말로 미끄럽게 흘러가는 율조(律調)는 근년에 출판된 차종(此種) 서중(書中)의 빛나는 노작(勞作)이요, 우리 문단에 시의(時宜)를 얻은 귀중한 수확이라 함에 인색할 수가 없다. 부록된 원시(原詩)와 주해(註解)도 좋은 참고를 준다. 반가운 마음에 병창(病窓)에서 몇 줄을 적어 동호(同好)의 일독(一讀)을 권하는 바다.

연극 수감 (隨感)

우리 현대예술의 역사적 생성 속에서도 가장 미숙한 영야(領野)가 연극일 것이다. 연극은 하나의 종합예술인만큼 그것을 구성하는 요소가 되는 복잡한 제예술(諸藝術)의 독자적 영야가 완성되어야 그의 통일로서 연극의 정상(正常)한 발전을 기대할 수 있는 것인데, 다른 예술이 모두가 아직 엄격한 의미의 장르의 완성을 보지 못한 이 땅에서 연극의 후진성의 비애(悲哀)는 하나의 운명일 수밖에 없다.

연극의 본질은 아무래도 연극을 형성하는 각부문의 완전한 통일에서 오는 인상(印象)의 직접성이라 할 것인데, 통일성의 결여가 직접성을 해소하고 직접성의 해소가 연극의 입지를 동요(動搖)시키고 있는 것은 어쩔 수 없는 사실이다.

연극의 각분야가 독립한 완전한 가치를 가지고 통일된 방향에로 조화되기까지에는 연극정신이란 제3의 창조정신을 필요로 한다. 못 한 개의 결여로써 기계가 그 직능을 수행할 수 없는 경우가 있음은 정묘(精妙)한 기계의 제작에는 세부에까지 미치는 치밀한 공작을 전제로 하기 때문이다. 조각난 예술의 파편을 하나의 통일된 방향으로 모아 거기에 물명(物命)을 부여하는 것이 연극정신의 구상(構想)이 아닐까.

연극은 하나의 집단예술이다. 집단예술은 합창(合唱)이고 군무(群

舞)고를 막론하고 개성의 완미(完美)한 발달의 주체를 위한 자유로운 희생 속에 개성을 발견하는 것이 아니면 안 된다. 여기에 연극은 연극을 구성하는 제요소의 발달이 없이 그 생성을 기대할 수 없으면서도 여하히 발달된 예술 제영야의 분산된 개성의 독립만으로도 이루어질 수 없다는 뜻이 포함됨을 알 수 있다. 다시 말하면 연극의 독자적 가치를 위하여 제예술의 개성적 협동을 가능하게 하는 데서 연극은 출발한다.

연극은 희곡의 무대화임에 불구하고 희곡이 곧 연극이 안 된다는 것은 무엇을 뜻함인가. 희곡은 연극을 위한 반영(反營)의 협동이기에 연극의 무대화는 차라리 희곡을 제외한 여타 요소의 운동으로 연극을 위한 희곡의 문학적 본질의 라이프 기버가 되는 것이다.

우리는 아직 한 사람의 올바른 희곡작가도 가지지 못했다. 설사 있다손 치더라도 우리의 연극이 그것을 무대화의 완벽에까지 끌어올리리라고 믿어지지는 않지만 배우를 거치지 않은 표(表)로 무대를 무시하는 희곡을 쓰고 따분함을 피해서 관중에 영합하기 위해서 혹은 외래의 추종을 일삼는 점에서 희곡문학 전통수립이 요원함을 느끼게 하는 것은 일말의 애수(哀愁)를 자아낸다. 중견 극작가가 30 내외의 소장파들인 이 땅에서 지나친 요구도 불가하겠지만 소포클레스도 셰익스피어도 몰리에르도 배우였던 것을 생각하면 고도의 교선(敎善)을 쌓아 가는 지성인이 연극연구에 합력(合力)해서 마땅한 것이다.

오늘의 이 땅 배우(俳優)는 시정신(詩精神)이 모자란다. 만만한 패기도 교양과 품위를 마련하기 전엔 무지한 부랑자와 가릴 바 없게 된다. 시의 정신이 없이 연기(演技)에 아름다운 정서의 리듬이 흐르기 어려운 것이요, 교양과 인정은 언제나 풍요한 연기의 원천이기 때문이다. 제 손발 하나 처리하지 못하는 로봇은 무용의 첫걸음으로 환원해서 무방하다.

연극이 무대 위에서 늘 연기 같아서 탈이나 어떠한 예술이든 아무리

리얼리즘 정신이라고 해도 있는 그대로의 모사(模寫)만으로는 감동을 주지 못한다. 도리어 특수한 심안(心眼)으로 파악되어 재구성된 가감(假感)이 진실성을 불러일으키는 데 예술의 묘미가 있기 때문이다. 연극이 무대 위에 구성된 생명의 진실이 못되고 일반적 통념으로 불려지는 "연극 같다 …", 곧 진실 아닌 가공으로만 보인다는 것은 연극이 아직 소재에서 방황한다는 말이 아닐 수 없다.

연극에서는 동작과 언어는 합하여 언어도 되고 동작도 된다고 볼 것이니, 무대 위에서 동작이 언어 노릇을 하고 언어가 동작을 의미하고 예기(豫期)하고 그대로 자체 안에 지니고 있어야 하지 않을까. 무대 위의 지속되는 호흡의 긴박성(緊迫性)에는 적의(適宜)한 침묵이 또한 언어 이상의 언어, 동작 이상의 동작을 가진다. 백낙천(白樂天)의 가을 밤 선상(船上)에서 옥비파(玉琵琶) 타는 기녀(妓女)의 묘사에 "此時無聲勝有聲"(차시무성승유성)이라 한 것은 바로 이 연극 동작이 낳은 정적(靜寂)이 자아내는 극적(劇的) 분위기의 묘사가 아니겠는가.

지금의 무대미술은 토월회(土月會) 당시에 비해 몇 걸음이나 나아왔는지? 한없이 화려하고 빈약하고 한 등 왕왕히 무대가 연극을 떠나는가 하면 무대가 배우의 장애물(障碍物)이 되기도 한다. 외국 무대장치의 사진의거(寫眞依據)도 깊이 고려할 문제다.

조명(照明)이 가지는 광선의 요술(妖術), 효과가 가지는 물리적 음향(音響)이 심리에 미치는 영향 등 전문적 연구가 소홀해서 될 것이랴. 무대감독을 아무나 이리저리 굴려 쓰는 것도 이해 못할 일이다.

모름지기 연극을 배우는 사람은 누구나 먼저 제 자신을 연출할 예술해석(藝術解釋)의 바른 공부에서 시작해야 할 것이다. 여기에서만 연극을 하나의 생명 있는 유기체화할 길이 열릴 것이기 때문이다.

— 己丑 9. 20 走草

소포클레스 극(劇)에 대하어

―그 연출을 위한 각서

비극의 본질은 디오니소스적인 데 있다.

소포클레스의 성격과 세계관은 아폴론적이다. 소포클레스의 비극은 디오니소스적인 것과 아폴론적인 것의 균형조화에서 출발한 것이다.

운명과 사건과 성격의 삼일치(三一致)에 소포클레스 비극의 세계가 있다. ―― 형식적

신의(神意)의 가정(假定)과 의지의 갈등과 순정의 희생에 소포클레스 비극의 주제가 있다. ―― 내용적

사건의 전개는 운명의 번롱(飜弄)에서, 사건의 해결은 성격의 응보(應報)에서 이 일관하는 운명의 비극 앞에 순종함으로써 인간이상을 율법화(律法化)하는 힘을 보라.

신(神)의 선의(善意)가 내리는 외현적(外現的) 징벌(懲罰), 인간성이 갈등하는 내재악(內在惡)의 분열(分裂) ― 이 연속하는 위험의 붕괴 뒤에 그를 통일하는 순정과 양심의 피아니시모를 들으라.

오이디푸스 왕, 코르노스의 오이디푸스, 안티고네는 각기 독립된 작품이요 3부작이 아니다. 그러나, 스토리의 연관성은 삼부작으로 합칠 수 있다.

이 경우에서 주인공은 오이디푸스요 부주인공은 안티고네이지만 오

이디푸스를 주인공으로 삼으면 3부의 종결(終結)에 오이디푸스가 등장하지 않게 된 것이 난색(難色)이요 안티고네를 앞에 내세우면 고전비극으로서의 운명비극이 희박해질 뿐만 아니라 역시 1막에서 어린 안티고네가 무언(無言)으로 등장하는 것이 난점이 된다.

오이디푸스 왕, 코르노스의 오이디푸스, 안티고네는 결국 개별의 작품으로 무대화하여 각작품이 지닌바 특색을 강조하면서 스토리의 연속을 명확화함으로써 테베의 형벌(刑罰)이 지니는 운명관으로 일관시켜야 한다. 이것이 이 세 작품을 작품화하는 유일의 길이 된다.

오이디푸스 왕은 사건비극이다. 그러나, 그 사건은 피할 수 없는 운명으로 규정되는 데서 운명비극이요, 다음으로 그 운명을 피하려 하면서도 도리어 그 운명(신화)을 실현함에 이르는 성격비극이다. 그러므로, 여기서는 사건이 앞에 나서고 성격이 뒤따른다. 그 사건과 성격으로 인간운명의 진실이 폭로되는 운명비극이다. 주인공 오이디푸스와 부주인공 이오카스티의 운명적 희생은 코르노스의 오이디푸스와 안티고네의 운명적 성격의 혈통을 부조(浮彫)하여 종막(終幕)에 이르는 길을 열어야 한다. 그러므로, 이 작품의 연출은 원작에 충실함으로써 희랍적(希臘的) 종교신앙과 국가 관념을 최대한으로 표현해야 한다. 코르노스의 오이디푸스는 성격비극적이다. 그러나, 그 성격은 피할 수 없는 운명을 체관(諦觀)하고 국가의 율법에 순종하는 오이디푸스의 양심과 천성(天性)의 자위(自爲)에서 오는 운명비극이요, 그러한 성격과 운명이 빚어내는 사건비극이다.

주인공 오이디푸스의 성격과 죽음을 구출(構出)함으로써 테세우스와 크레옹의 대조, 포르네이케스와 등장하지 않는 이 테오클레스의 대조로 인간성에 내재(內在)하는 선악의 이원(二元)과 선에 대한 의지의 강약을 종막(終幕)의 안티고네와 이즈메네의 성격에 연결시켜야 한다. 이 작품의 연출은 성격과 사건의 비극을 절충하여 선(善)에 대한 의지의 강자(强者)로서 오이디푸스의 죽음을 강조하여 종막(終幕) 안티고네의 사랑의 행동성에 도입하여야 한다. 안티고네는 성격비극이다. 그러므로, 그만큼 근대비극에 통한다. 그러나, 주인공의 성격으로 말미암아 과장되어 벌어지는 사건의 비극은 신의(神意)로 예정된 운명비극적 색조(色調)를 띤다. 일시적 국가의 법률보다는 인정(人情)의 불문율(不文律)을 중히 함으로써 생사를 걸고 일어선다는 기본적 모티프는 예정된 운명의 희생이 됨으로써 운명을 회피하지 않고 감투(敢鬪)하는 인간정신이 구극(究極) 운명의 크기만 하다는 뜻이 된다.

　주인공 안티고네의 죽음과 부주인공 크레옹의 참회(懺悔)는 안티고네와 크레옹의 갈등과 하이몽의 충돌, 요루디케의 자살로써 부조(浮彫)되어 운명을 초극하기 위하여 운명에 순종한 안티고네의 감투(敢鬪)의 영광을 표출하여야 한다.

詩論・詩話

한국의 시는 이렇게 자라 왔다

한국의 시(詩)는 한국의 풍토 안에서 한국의 역사 속에서 자란 한국 민족이 지은 시이다. 이제 그 역사적 발달과 변천의 모습을 살펴보기로 하자.

어느 민족에게든지 시는 노래로부터 시작되고 노래가 변하여 시가 되었다. 노래는 언어의 발생과 함께 비롯되는 것이고 그 민족의 언어적 특질의 영향을 받기 때문에 한국의 시도 한국의 노래와 한국의 언어와 한국적 느낌을 바탕으로 해서 발달된 것은 더 말할 나위도 없다.

아득한 옛날부터 우리 조상들은 꽃피는 아침이나 달 밝은 저녁에 생활의 기쁨과 슬픔을 노래로 불렀고, 농사 짓고 길쌈하고 신에게 제사 지내고 이웃나라와 전쟁을 하면서도 노래를 불렀다. 이러한 노래들은 지은이가 누구인지도 모르고 또 글자가 없기 때문에 기록해 둘 수도 없어서 입에서 입으로 귀에서 귀로 전해 왔고 그 때문에 이러한 노래들은 나고 변하고 죽고 하여 오늘에 이른 것이다. 이러한 노래를 우리는 '구송 문학'(口誦文學)이라 한다. 우리의 시는 이 구송문학 곧 민요와 무당노래가 그 근원이 된다. 오늘에 남아 있는 민요는 불교와 유교가 들어온 뒤 그 영향을 받은 것이 많지만, 자세히 살펴보면 아직도 아득한 옛날의 고유한 느낌과 생각과 가락이 그대로 남아 있는 것을 엿볼 수가 있다.

이렇게 입에서 입으로 전하는 구송문학인 민요와 무당노래는 우리 민족이 문자를 사용할 줄 알게 되면서부터 글로써 기록되기 시작했다. 이와 같이 문자로 기록된 문학을 '기재문학'(記載文學) 곧 씌어진 문학이라 한다. 우리 민족이 처음으로 사용한 문자는 한문자(漢文字)였다. 한문을 배워서 중국 글을 읽고 쓰는 한편 한자의 음과 뜻을 빌려서 우리말을 표기하는 법을 만들었다. 이를 '이두문자'(吏讀文字)라 한다. 이두문자는 겉으로 보기에는 한문 같지만 한문식으로 읽어서는 뜻이 통하지 않는다. 쓴 말이 우리말이요 읽는 법이 우리말 식으로 읽어야 할 것이기 때문이다. 이 이두문자가 사용된 것은 대략 6세기에서 7세기 사이의 일로서 이 무렵부터 참의미의 문학이 기록되고 지어지기 시작했다. 신라 때 노래로 오늘 남아 있는 이른바 '향가' 또는 '사뇌가'라고 일컬어지는 25편의 노래 속에는 분명히 그 이전의 고대민요를 이두로 기록해 놓은 것이 보인다. 〈서동요〉, 〈풍요〉, 〈처용가〉, 〈헌화가〉는 민요를 기록한 것이다. 이제 〈서동요〉를 예로 들어 이두문자로 기록된 고대민요의 모습을 엿보기로 하자.

> 선화 공주님은 남그으기(몰래) 얼어두고(정을 통해)
> 맛둥이 방을 밤에 몰(가만히) 안고 간다.

이 노래는 6세기 말 것으로 백제 왕자 맛둥이가 신라의 공주 선화에게 반하여 장가들려 해도 안 되니까 마[薯]를 캐어서 아이들에게 나누어 주고 이 노래를 부르라 하여 헛소문을 퍼뜨려서 마침내 선화에게 장가들었다는 전설이 있다.

구송문학은 이두문자로만 기록되지 않고 한문으로 번역되어 전하기도 한다. 고구려 노래인 〈공후인〉(箜篌引)이라든가 〈황조가〉 같은 것이 그렇다.

펄펄 나는 꾀꼬리는 암수 서로 즐기건만
외로워라 이내 몸은 눌과 함께 돌아갈꼬

이 〈황조가〉는 고구려의 둘째 임금 유리왕이 지었다는 것으로 처음은 한문으로 전하고 있지만 그 당시에 이런 본격적인 한문으로 노래가 지어졌을 수는 없었을 것이므로 이것은 후세에 한문으로 번역한 것이 분명하다.

우리 고려 시가의 두 갈래 흐름인 민요와 무당노래는 각기 발달되어 한국 시가의 두 가지 원천이 되었다. 민요는 신라의 '향가', 고려의 '가요', 조선의 '시조', 근대의 '신시'로 발전되었고 무당노래는 고려의 서사시와 신화, 전설, 불교노래, 고려 시대의 경기체가, 조선 시대의 가사, 판소리와 근대의 개화가사에 영향되었다.

구송문학인 무당노래와 민요, 신화의 전설은 이두와 한문과 한글로 기록되어 남은 것도 있으며 고대소설의 근원설화로 현대시가의 운율 형식으로 스며들기도 하였다.

문자의 사용이 시작되면서부터 구송문학이 기재문학과 병행하여 '창작 시가'가 발생하였다.

죽고 사는 길 예 있는 게 무서워
나는 간다는 말도 못 다 하고 가는가
어느 가을 이른 바람에
여기 저기로 떠가는 나뭇잎같이
같은 가지에 나서 가는 곳을 모르다니
아으 극락(極樂)에나 가서 만나리라
도닦아 기다리마

이 노래는 신라 경덕왕(742~765) 때 사람 월명사의 '죽은 누이를 제

지내는 노래'이다.

> 가시나이까 가시나이까 버리고 가시나이까
> 날더러는 어찌 살라 하고 버리고 가시나이까
> 굳이 잡으려면 못 잡을 것도 아니지만
> 마음에 서어하여 안 오실까 두려워라
> 고운 님 보내옵노니 가시는 듯 돌아오소

이 노래는 〈가시리〉라는 고려 가요, 여기는 현대말로 고쳐 썼기 때문에 원작의 맛이 많이 줄어들었지만 이별의 노래로는 명시의 하나이다.

> 백설이 자자진 골에 구름이 머흐레라(험하여라)
> 반가온(운) 매화는 어느 골에 피었는고
> 석양에 홀로 서 있어 갈 곳 몰라 하노라

이 노래는 '시조'이다. 고려 말의 충신 목은 이색의 작품이다. 시조는 고려 말에서 조선 초에 걸쳐서 생긴 새로운 시 형식으로서 이 시조는 작자 이색이 조선이 성립된 뒤에 자기의 슬픈 심정을 읊은 시이다. 이 시조 형식은 근대 조선 시가의 대표적 형식으로 각계 각층의 많은 시조 시인이 참가하여 수많은 작품을 남겼고 현대에도 새로운 시조 운동으로 계승되고 있다. 그 기본 형식은 한 편이 45자(字)요, 석 줄—삼장(三章)—로 되어 있는데 한 줄은 열 다섯 자(3·4·4·4의 두 줄과 3·5·4·3의 한 줄)이다.

> 행장을 다 떨치고 석경에 막대 짚어
> 백천동(百川洞) 곁에 두고 만폭동 들어가니
> 은 같은 무지개 옥 같은 용의 초리(꼬리)

섯돌며 뿜는 소리 십 리에 잦았으니
들을 제는 우뢰러니 보니는 눈이로다.

이 시가는 송강 정철이 지은 〈관동별곡〉의 일절, 금강산 들어가는 대목이다. 이러한 시가 형식을 '가사'(歌辭)라고 한다. 이 가사의 기본 형식은 4·4조(調)로서 한 줄 2구(句)씩을 얼마든지 거듭할 수 있는 장시 형식이다.

근대 ─ 19세기 말이 되면서부터 이 가사라는 옛 형식에 개화사상이라는 새로운 사상을 담은 노래가 나타났다. 이를 개화가사라고 부른다. 개화사상은 계몽사상, 독립사상과 같은 뜻이었다.

잠을 깨세 잠을 깨세
사천 년이 꿈속이라
만국이 회동(會同)하여
사해(四海)가 일가(一家)로다

이 노래는 1896년 5월 26일 《독립신문》에 독자가 투고한 〈동심가〉라는 개화가사이다.

1894년의 갑오경장(甲午更張)을 계기로 우리 시가에도 일대 변혁이 왔다. 이 시기는 정치·경제·문화의 모든 면에서 새로운 시대 사조 곧 근대화 서구문명 수입의 시기였다.

이러한 시기에 최초로 신시라는, 옛날 시가와는 아주 다른 시를 쓰기 시작한 사람은 육당 최남선이다. 그는 '기미 독립 선언서'를 지은 사람이다.

우리는 아무것도 가진 것 없오
칼이나 육혈포나
그러나 무서움 없네

철장(鐵杖) 같는 형세(形勢) 라도
우리는 으(어)찌 못하네
우리는 옳은 것 짐을 지고
큰길을 걸어가는 자ㅣㅁ일세 (자이기 때문)

이 시는 최남선이 1910년 4월 《소년》이라는 잡지에 실렸던 〈구작삼
편〉(舊作三篇) 중의 첫째 편이다. 그의 말에 의하면 이 〈구작삼편〉은
1907년 그의 18세 때 지은 것이라니까 지금 우리가 알 수 있는 한에서
는 이 시가 최초의 신시이다.

이 최남선에 의하여 처음 개척된 신시는 1919년의 3·1 운동을 경과
함으로써 서구의 문예사조를 받아들여 비로소 조선 시대의 세계를 얻
었던 것이다.

1920년대에 이르면 최초의 서구시 번역 시집 《오뇌의 무도》(1921)
가 나오고 최초의 시 잡지 《장미촌》(1920) 이 나오고 많은 창작 시집이
나오게 된다.

나는 당신을 안으면 깊으나 얕으나
급한 여울이나 건너갑니다

만일 당신이 아니 오시면 나는 바람을 쐬고 눈비를 맞으며 밤에서
낮까지 당신을 기다리고 있읍니다.
당신은 물만 건너면 나를 돌아보지도 않고 가십니다그려.
그러나 당신이 언제든지 오실 줄만 알아요
나는 당신을 기다리면서 날마다 낡아 갑니다.

나는 나룻배
당신은 행인.

이 시는 1926년에 나온 한용운의 시집《님의 침묵》에 실린 작품이다. 여기 나오는 '당신'은 그의 '임'인 조국이다. 한용운은 3·1 운동 당시 33인의 한 사람으로 '독립 선언서'의 기초(起草)를 자청할 정도로 당시 신문장 운동의 쌍벽이라 할 수 있다. 강한 지조(志操)로 많은 일화를 남기고 해방 전 해에 작고하였다. 최초의 신시를 지은 최남선의 작품은 최초로 썼다는 그 공적이 클 뿐 예술적으로는 미숙한 데 비해서 한용운의 작품은 오늘에도 그다지 낡지 않은 놀라움을 주고 있다.

한국 현대시사의 관점
― 한국시 50년의 반성

1950년대의 한국 현대시를 말하기 위해서 우리는 먼저 한국의 시가 성장 발전하고 계승 변모해 온 자취를 통관(通觀)함으로써 그 연대의 특징적 양상을 파악할 수 있을 것이다.

한국의 근대시는 1900년대 곧 20세기 초두에 비롯되었다. 그러므로 1950년은 20세기의 후반기에의 분수령적인 의의와 함께 한국 근대시 50년의 결산기적 의의를 동시에 지니게 된 것이다.

1900년대는 한국 근대시의 여명기였다. 이 시기를 대표하는 시인은 최남선이다. 그가 1908년 10월 《소년》지에 발표한 〈해(海)에게서 소년(少年)에게〉는 한국 최초의 신체시(新體詩)로 알려져 있다. 그러나 그 다음해인 1909년 4월에 발표한 〈구작삼편〉(舊作三篇)의 작자의 후기(後記)에 의하여 1907년 작으로 밝혀졌으므로 우리가 지금 알 수 있는 한에서는 이것이 최초의 신체시다. 그 형식이 아직 창가(唱歌)의 정형을 벗어나지 못한 점에서 〈해에게서 소년에게〉보다 낡은 형식임을 알 수 있다. 이 무렵의 시는 고시가(古詩歌)의 형식을 깨뜨리고 신체시라는 자유시를 시험했다는 중대한 역사적 의의를 지녔으나 아직 예술적 정서의 맹동(萌動)을 못 가져서 팽배한 개화사상의 계몽주의만이 머리를 들고 있었다.

1910년대는 개척의 시기였다. 이 시기를 대표하는 시인은 최남선(公六 · 六堂)과 이광수(孤舟 · 春園), 김여제(金輿濟), 황석우(黃錫禹), 주요한(朱耀翰)이다. 육당 · 춘원의 계몽주의와 이상주의는 최초의 시다운 시 〈만파식적〉(萬波息笛)을 쓴 김여제라는 교량을 건너 주요한 · 황석우의 두 개척자를 발견하였다. 이 두 시인에 의하여 우리의 신체시는 비로소 근대시의 관문을 돌파하였다. 그들은 초기 상징주의의 영향을 받아 약간의 예술적 심화를 얻고 낭만주의, 자연주의, 이상주의, 사회주의적 요소를 혼융(渾融)하여 두 가지 면을 개척하였다. 그 하나는 주요한의 이상주의, 사회주의적 서정주의라는 민요풍 수립의 방향이요, 다른 하나는 황석우의 자연주의, 허무주의적 상징주의라는 서구풍 수입(輸入)의 방향이었다. 이 두 가지 수용(受容)과 환원(還元)의 태도는 그 뒤의 우리 시의 양대 방법으로 계승되었다.

1910년대의 수확은 1919년의 《창조》라는 최초의 문예지 창간이었다. 이 해는 우리 신문화의 가장 큰 전환기를 이룬 3 · 1 운동이 터진 해였으니 참뜻의 우리 근대시는 이로부터 비롯된다. 1910년대는 육당 · 춘원이 틔운 싹이 1916년의 《청춘》지 발간으로부터 새로운 문학 기운을 일으켜 《창조》파의 전환을 성취시킨 것이다. 그리고, 《창조》보다 한 해 먼저인 1918년 9월에 창간된 장두철(張斗徹) 주간의 주간잡지 《태서문예신보》(泰西文藝新報)는 외국 문학의 소개 번역으로 우리 시에 새로운 기풍을 불어넣은 공이 크다는 것을 잊을 수 없다. 이 방면에 주로 활동한 시인은 김억(金億), 그는 《창조》 후기 동인이다. 프랑스 19세기 말 시인의 작품을 많이 번역 소개하였고 그것들을 모은 것이 1921년에 《오뇌의 무도》란 이름으로 한국 최초의 신시집(新詩集)으로 출판되었다.

20년대는 수확의 시대였다. 이 연대에는 전게(前揭)의 《창조》를 비롯하여 황석우가 주재(主宰)한 최초의 시지 《장미촌》(1920)과 《폐허》(1920), 《백조》(1922) 《금성》(1923) 등의 시 중심 문예지가 발간되어 우리 시의 여러 가지 모색의 바탕이 되었을 뿐 아니라 그동안 뿌려진 씨가 개화 결실한 시기였다. 이 연대에 시단에 등장한 시인으로 지금도 자취가 남아 있는 유수한 시인은 20을 넘게 손꼽게 된다. 특히 중요한 초기 시집은 대개 이 20년대에 들어서 출판되었다. 박종화(朴鍾和)의 《흑방비곡》(黑房秘曲), 변영로(卞榮魯)의 《조선의 마음》, 주요한의 《아름다운 새벽》은 1924년 같은 해에 나왔고 김소월의 《진달래꽃》, 김동환(金東煥)의 《국경(國境)의 밤》은 1925년, 한용운의 《님의 침묵》은 1926년에 간행되었다.

1900년에서 10년대까지의 주류(主流)를 계몽주의라 한다면 20년대의 주조(主潮)는 서정주의였다. ① 주요한·김억의 부드럽고 애련한 민요시풍, ② 변영로·이장희(李章熙)의 날카롭고 참신한 감각, ③ 이상화(李相和)·김동환의 화려하고 격월(激越)한 의욕, ④ 한용운·홍로작(洪露雀)의 한 많은 서정시, 이들은 20년대를 대표하는 시인이거니와 그 바탕은 한결같이 서정 시인이었다. 이 서정시의 네 가지 방향은 그 흐름을 뒷사람에게 계승시킨 바 있으니 김소월은 ①의 경향을, 정지용(鄭芝溶)은 ②를, 임화(林和)는 ③을, 신석정(辛夕汀)은 ④의 경향을 각기 영향받은 시인들이다. 이 연대의 좀 색다른 시인으로 우리는 황석우, 오상순(吳相淳)을 들 수 있다. 이 정신적 계보는 다음 연대의 이상(李箱), 서정주(徐廷柱)에 통하는 바 있다.

20년 시의 또 하나 다른 특질로 시의 사회 의식의 자각을 들어야 겠다. 《백조》가 폐간되기 전후해서 일어난 사회주의적 경향의 제 시인, 이를테면 이상화(李相和), 김기진(金基鎭), 김형원(金炯元) 등을 선구로 하는 한 갈래의 흐름은 프롤레타리아 문학 전성기의 파도를 타고 20년대 후반을 흔들었다. 이러한 경향의 성과로 《카프 시인집》(1931)이란 소책자가 뒤에 출판되었으나 임화의 몇 편 시, 그것도 감상주의적인 것이 남았을 뿐, 시인의 사회의식의 각성에 대한 자극을 준 것밖에 아무것도 더 남긴 것이 없다.

　30년대는 침잠(沈潛)의 시기, 우리의 근대시는 이 연대에 이르러 비로소 현대시로 들게 된다. 이 연대의 특징은 먼저 시가 그 본연의 자세를 돌이킨 것이다. 30년대 초에 프로시(詩)가 퇴조하고 그 대신 문단에는 순문학 운동이 일어나고 있었다. 그러한 운동이 일어날 추세는 앞서 민족문학과 프로문학의 논쟁에서 발단되었고, 프로문학의 무잡(蕪雜)과 공소(空疎), 그 정치주의와 기계주의에 대한 반발이 시인들에게 일어나고 있었기 때문이다. 일제 탄압이 더욱 심해져서 문학이 뚜렷한 민족의식을 내세울 수가 없을 때 소극적인 저항의 자세를 시인들은 이 순문학 운동 속에서 찾았다. 이 때부터 30년대는 문학적인 침잠을 줘서 시의 심화와 세련을 이 시기에 얻었다. 30년대는 우리 시가 현대시의 관두에 올라선 전환의 시대요, 그 전대까지의 한국시를 집대성하여 새로운 전통을 세운 시대다. 현대시의 고전 시대란 말을 쓸 수 있다면 30년대가 바로 이 시대에 해당한다.

　신문학 초기부터 또는 김억의 《오뇌의 무도》 시대 이래 번역시는 꾸준히 시험되었으나 그것은 시인의 여기(餘技)나 부업으로서 미숙한 것이 많았는데 1926년 동경에 유학하는 외국문학 전공 학생들에 의해서 결성된 '해외문학 연구회'가 비로소 본격적인 번역문학 운동을 일으켰다. 1927년 1월에 그들은 기관지 《해외문학》을 창간하고 집단적 문학을 전개하였으니 이들은 문학 운동, 극 운동에 신기운을 촉진하여 프로 문학파에 대체하여 30년대의 주조(主潮)를 잡았던 것이다. 박용철(朴龍喆 : 英), 이하윤(異河潤 : 英), 정인섭(鄭寅燮 : 英), 손우성(孫宇聲 : 佛), 이헌구(李軒求 : 佛), 조희순(曹喜淳 : 獨), 서항석(徐恒錫 : 獨), 장기제(張起悌 : 獨), 함대훈(咸大勳 : 露) 등은 이 무렵의 해외시 번역운동에 공이 있는 사람들이다.

　30년대는 말하자면 서구시 수입으로 비롯된 우리의 신시가 본격적인 현대시를 탐구하는 시대였다. 이 기운에 호응하지 않은 시인은 물러서거나 사라지기 시작했고 유능한 시인은 서구 현대시의 동향에 대한 관심과 이해와 섭취와 영향을 지니지 않을 수 없게 되었다. 그리하여, 30년대의 시는 서구시를 섭취하여 전통에 환원하려는 일군의 시인과, 직접 서구의 방법을 도습하여 우리 시를 혁신하려는 일군의 시인들로 나뉘어지게 되었다. 우리 시단에 모더니즘이란 일파가 대두한 것이 이 30년대다. 이미지즘, 쉬르 리얼리즘, 다다이즘, 포멀리즘, 주로 이러한 흐름이 착종(錯綜)된 것으로, 기성 시단에 대한 반항의 공동 기치로서 독특한 한국적 개념의 모더니즘이란 이름이 나타난 것도 이 시기다.

어쨌든, 30년대는 우리 시에 어쩔 수 없는 전반적 혁신을 가져오고 말았다. 전세대(前世代)의 시인으로 이 연대에 완전히 시를 이탈하지 않고 간혹 작품을 발표할 수 있었던 시인은 변영로, 박종화, 김동명(金東鳴), 김동환(金東煥) 네 분 정도였다.

1930년대의 첫머리를 대표하는 시인은 정지용과 김영랑, 신석정이다. 이들은 이 때 창간된 《시문학》지의 동인들로서 시어(詩語)의 조탁(彫琢), 각도의 참신, 형식의 세련 등 종래의 시를 일변시켰다는 것은 중론이 일치하는 바다. 특히 지용과 영랑은 육당·춘원과 요한·수주와 소월·만해의 시대를 거쳐 네 번째 중대 전환을 가져온 시인들이다. 이들에 의하여 우리의 현대시는 한국의 시심(詩心)을 위한 현대적 기법을 체득하였다. 정지용은 변영로·이장희의 감각을 계승 일변하여 모더니즘의 단서를 아울러 열었고, 김영랑은 또한 소월의 선(線)을 받아 세련시킴으로써 전통파의 단초(端初)를 현대시에 정립하였다.

30년대의 또 하나 다른 경향은 모더니즘이라 불리는 경향이다. 이 경향을 대표하는 시인은 김기림(金起林)과 김광균(金光均)과 이상(李箱)이다. 김기림은 위트, 풍자, 문명비평, 이런 방향으로 쏠린 지적인 면을 개척한 점에서, 김광균은 회화성(繪畫性)과 도시풍경, 소시민의 시대적 감각을 치중한 서정시로서, 이상은 쉬르, 다다, 포멀의 기법을 이용하여 현대 정신의 깊이를 찌른 점에서 각기 일방의 웅(雄)이요,

또 그만큼 공도 있으나 대체로 성공한 실험은 아니었다. 성공한 것, 뒤에 남을 작품은 역시 온전한 것, 앞 세대 또는 전통과 약간의 타협이 있는 작품들이었다. 이런 의미에서 가장 많이 남을 작품은 김광균의 것일 듯하다.

30년대의 또 하나 대표적 경향은 세칭 인생파(人生派)라고 불리는 일군이다. 다분히 윤리와 의지를 서정(抒情)하는 시인들 — 직접적으론 모더니즘의 감각성, 부박성(浮薄性), 그 말단의 기교주의에 반기를 들고 일어선 시인으로 이 경향을 대표한 시인은 유치환(柳致環), 서정주(徐廷柱), 오장환(吳章煥)이다. 유치환의 준열한 논고, 서정주의 반항의 몸부림, 오장환의 통곡은 그 당시의 시대적 배경이 그러했고 현대 정신의 심연에 직면하여 또는 시단의 경박한 풍조에 반항하여 어쩔 수 없는 자세로 나타나게 된 것이다. 여기에 이 일군(一群) 시인들의 시사적(詩史的) 의의가 있다. 유치환의 이 자세는 아직도 변함이 없으나 서정주는 긍정의 세계로, 신비주의로 달리고, 오장환은 월북(越北)하여 당에의 복무를 노래하여 이 일군의 경향은 색조가 많이 달라지게 되었다.

이밖에도 30년대의 시사(詩史)에 빼놓을 수 없는 몇 사람의 시인이 있다. 장만영(張萬榮), 노천명(盧天命), 백석(白石)은 《시문학》파와 모더니스트들의 중간에 위치하는 당대의 참신한 서정 시인들이었고 김광섭(金珖燮), 이육사(李陸史), 신석초(申石艸)는 모더니스트와 인생파들 사이에 위치하는 시인들이었다. 30년대에 나온 다섯 가지 중요한 시지(詩誌)는 당대의 흐름을 상징하고 있다. 《시문학》(1930)과 《삼사문학》(三四文學, 1934)과 《시인부락》(1936)의 세 동인지는 ① 전통파, ② 현대파, ③ 인생파를 대표하는 내용이었고, 《시원》(詩苑, 1935)과 《시학》(詩學, 1939)의 두 범시단지(汎詩壇誌)는 전자가 ①과 ②의 대가 중견을, 후자가 ②와 ③의 중견과 신예를 망라한 점에서 넓은 의미의 동인지였다. 오일도(吳一島), 김상용(金尙鎔), 모윤숙(毛允淑)은 전자의, 윤곤강(尹崑崗), 장서언(張瑞彦), 이용악(李庸岳)은 후자의 중견이었다.

1930년대 말은 일제 말의 강압정책에 의하여 우리의 문화가 말살되기 직전, 이미 조종(弔鐘)은 울고 있었다. 이 시기 — 1939년에 창간된 《문장》(文章)지 추천을 통하여 등장한 시인 김종한(金鍾漢), 이한직(李漢稷), 박남수(朴南秀), 박두진(朴斗鎭), 조지훈(趙芝薰), 박목월(朴木月)은 우리 시단의 유복자(遺腹子)였다. 이들은 전대에서 계승할 모든 것을 체득하고 모더니즘에 반립(反立)하고 인생파의 전철을 회피하고 현대의 심연을 우회하여 새로운 긍정과 의지(依支)를 찾아 출발하였다. 소박(素朴)·표일(飄逸)·온난(溫暖)·엄숙(嚴肅)·전아(典雅)·애수(哀愁)를 바탕으로 절망하지 않고 신념하는 그들의 시업(詩業)이 바야흐로 시작될 때 1940년대의 벽두부터 암흑의 장막은 내리기 시작하였다.

1940년대 그것은 암흑과 혼란의 세대였다. 1939년 말에 미·일 전쟁이 터지고, 1941년에는 《동아》·《조선》 양대 신문의 폐간에 뒤이어 《문장》이 폐간되었다. 당시의 양대 문예지였던 《인문평론》은 《국민문학》(國民文學 : 日文)으로 개제되고, 《국민시가》(國民詩歌 : 日文)가 나오고 일제의 국책에 순응하는 문학이 우리 역사에 치욕의 몇 페이지를 남기게 되었다. 이에 이르러 우리 시는 그 모어(母語)와 함께 아주 말살될 운명에 봉착하였다.

1945년의 민족해방은 40년대 후반을 혼란의 와중에 몰아넣었다. 이 시기를 대표하는 시인은 박목월, 조지훈, 박두진이다. 그들이 해방 전의 암흑기에 쓴 미발표작을 한 데 모아 《청록집》(靑鹿集, 1946)이란 이름으로 간행하자 그들은 해방 전후의 시에 다리를 놓는 존재로 대우되었다. 38선의 분단에 의한 민주·공산 양대 세력의 상쟁이 시단에도 들어와 영향할 때 그들의 해방 전 시를 모은 《청록집》은 현실 일탈과 은둔이란 이름으로 혹 화조풍월(花鳥風月)이란 이름으로 질시되기도 하였으나, 정치주의·기계주의 선전시(宣傳詩)에서 시의 정도를 탈환하는 데는 그들의 태도가 지지를 받은 것이 사실이다. 이런 의미에서 이들은 해방 후 시에 전통의 집대성적 영향을 준 점에서 우리 시사(詩史) 이래 일곱 번째 중대 전환을 가져온 것이라 하겠다.

이와 반대되는 유파(流派)로 좌익적 경향의 '사회파'·'전위파'의 일단이 있었다. 30년대의 유능한 시인이었던 이용악과 오장환이 전자에 가담하고, 유진오(俞鎭午)·김상훈(金尙勳) 등의 신인이 후자에 속하였다. 이·오는 30년대에서 이름을 남긴 사람이므로 그 솜씨 덕에 무난한 몇 편을 남겼으나, 그 나머지는 다 카프 시대의 그 생경한 시들과 별로 가릴 바가 없었다.

40년 후반의 3대 경향의 또 다른 하나는 '도시파'(都市派)다. 이들은 30년대 김기림, 김광균 등이 세워 놓은 그 모더니즘의 동호자, 추종자의 그룹이다. 이 그룹을 대표하는 시인은 김경린(金璟麟), 김수영(金洙暎), 박인환(朴寅煥)이다. 《새로운 도시와 시민들의 합창》이라는 앤솔로지, 또는 50년대의 '후반기'(後半紀) 동인은 이 그룹이다. 김경린은 《맥》(貘) 동인으로 해방 직전부터 활동한 이 그룹의 고참이나 작품 활동이 너무 적고, 김수영은 50년대 들어 이 그룹을 떠났으며, 박인환은 죽었다. 조향(趙鄕)이 고성(孤城)을 지키고 있고 기타는 변하고 흩어져서 이 집단의 현재의 양상은 많이 달라졌다.

1950년대는 실험의 연대였다. 더구나 1950년은 한국동란이 터진 해여서 진탕(震盪)을 계기로 지난날을 정리하고 새로운 전망을 의도한 것이 이 시기 예술계의 일반적 동향이었다. 모든 것은 재검토되고 재비판되는 반성과 회의의 선상에 오르게 되었다. 그리하여, 50년대의 시인들이 찾은 시의 방향은 대략 다음의 다섯 갈래로 나뉘어진다.

첫째는 전통파의 율격(律格)을 참신한 현대적 감각으로 세련한 일군의 시인, 이원섭(李元燮)·이동주(李東柱)·이형기(李炯基)로 대표된다. 세 사람은 다 40년대 말에 나온 시인으로, 그 중 이원섭은 초기시

162

의 노장적(老莊的) 세계에서 50년대 초에 기독교적인 데로 작품 세계를 바꾸었기 때문에 이 경향을 한때 떠났던 사람이나, 본바탕은 이 계열의 시인이다. 이동주는 품위 있는 풍속의 세계를 맵짠 기교로 아로새겨 자기 세계를 확립하였다. 이형기는 다한(多恨)과 음영의 현대적 영탄이 조촐하였으나 50년대 후반에 들어 작품 활동이 미약해졌다.

둘째 경향은 현대 서구시의 방법을 온건히 취택하여 새로운 서정의 세계를 연 일군의 시인들이다. 이 경향을 대표하는 시인은 김춘수(金春洙)·김윤성(金潤成)·김수영(金洙暎)이다. 이 세 사람은 다 전통파에 비하여 관념적 요소를 치중한 시인이요, 그만큼 지적인 특색을 지닌 이다. 김춘수는 초기 시에서 감각적이면서 사유의 기틀을 지닌 시를 보여 주더니 이내 그가 도달한 세계는 관념의 음악이었다. 관념의 베일을 벗기는 지혜의 형상, 그것이 그의 특징이었다. 50년대에 활동한 시인으로 후배들에게 가장 많은 영향을 준 이는 김춘수라는 것이 정평이다. 그러나, 야무지면서도 좁은 시세계라는 혐(嫌)이 그에게 있다. 김윤성은 평범하고 미세한 것에서 멀쩡하게 시를 잡아내는 시인, 너무 평범적이면서도 흠 없는 의젓한 시를 이루는 데 특징이 있다. 그의 시는 편편을 떼어 놓으면 두드러지지 않으면서도 한데 모아 놓으면 어느 것이나 다 째어져 있다. 김수영은 모더니즘에서 출발하여 문명 비평 또는 생활의 시로서 엄숙성의 격조를 지녔으나 그의 시에는 정련(精鍊)되지 않은 돌이 많이 섞여서 거칠다는 흠이 있다. 그러나 이 세 시인은 우리의 현대시에 관념의 깊이를 주입한 공으로 또 시에 대한 태도의 근엄으로 50년대의 주류를 형성한 감이 있다.

셋째 경향은 현대적 감각으로 문명과 도시와 사회적 모럴의 파토스를 담으려 한 일파다. 박인환(朴寅煥), 조병화(趙炳華), 김규동(金奎東)이 이 경향을 대표한다. 박인환은 김수영과 마찬가지로 모더니즘에서 출발한 시인으로 요절하기 직전에 '선시집'(選詩集)에서 많은 진경(進境)을 보여 주었고, 조병화는 시집《버리고 싶은 유산》을 들고 시단에 등장하여 젊고 앳된 현대의 풍속을 노래하여 한때 호평을 받았으나 시집 《인간고도》(人間孤島)를 절정으로 하여 지나친 이지고잉(*easygoing*)의 내리막길을 내리고 있다. 김규동도 50년대 모더니스트의 집단인 '후반기'의 동인으로 출발한 시인인데 박인환과 조병화나 마찬가지로 일상 회화의 언어를 시에 사용함으로써 현대의 감상을 부조(浮彫)하고 있다. 이 경향을 대변하는 시평(詩評)도 자주 들었으나 그의 시는 미숙한 것이 많은 채로 퇴색해 가고 있다.

넷째 경향은 좀더 지적이면서 그것이 현실에 대한 역설과 저항과 야유로 문명 비평적이면서 지성의 음악이랄까, 그런 서정의 밑바탕을 저류하는 일군의 시인들이다. 전봉건(全鳳健), 송욱(宋稶), 김구용(金丘庸)이 이 경향을 대표한다. 전봉건은 장미꽃의 가시로 비유되는 지적인 서정 시인이다. 동란 후 군대를 거쳐 나온 그에게는 모더니즘의 한국적 전개에 대한 자각이 엿보였다. 시의 분절법(分節法)에 단어를 분해하여 줄을 바꾸는 형식은 그가 자극한 기법이다. 송욱은 문명 비평의 알맹이에 전통적 가락, 한자음(漢字音)의 마술성에 빈정거림조(調) 그런 것으로 매력이 있는 시인이다. 한국시의 질식될 일면에 공기창을 뚫고 탈출하려는 자세다. 김구용은 초기시에선 깊이 있는 서정시를 보여 주다가 50년대 후반에 이르러 돌연히 시의 완전 해체, 장시(長詩)에의 기도, 이야기의 전개를 실험하였다. 충분히 지적이고 고답적이면서 그의 혁신은 동조자를 발견하도록 승화가 되지 못하였다.

다섯째 경향은 이른바 협의의 모더니즘 정통파의 일단이다. 조향(趙鄕), 김종문(金宗文), 김차영(金次榮), 이활(李活)이 50년대의 이 경향을 대표한다. 조향은 30년대 쉬르 리얼리즘의 고지자(固持者) 김종문과 김차영, 이활과 함께 1차 대전 전후 아방가르드의 여러 흐름을 받아 출발했으나 뚜렷한 배후는 없다. 부산 피난중에 모였다가 환도 후 4개월만에 발전적 해소를 한 모더니스트의 집단 '후반기'의 동인은 조향, 김경린, 박인환, 이봉래, 김차영, 김규동이었다. 이들은 스스로 발전적 해소를 하지 않을 수 없도록 달라지게 되었던 것이다.

이상으로서 우리는 50년대 현대시를 5대 분파에 대분하여 보았다. 이 다섯 계열의 공통된 바탕은 실험과 자각의 자세요, 그 기법에 지적인 요소가 대폭으로 들어와 넓은 의미의 모더니즘으로서 전대의 시에 반립(反立)하는 경향이다. 이런 의미에서 50년대의 광의의 모더니즘이 주류를 형성하였다고 할 수 있다.

이밖에 다른 경향으로는 '사회파'(社會派)라 불릴 수 있는 김용호(金容浩), 구상(具常), 설창수(薛昌洙), 이영순(李永純), 이인석(李仁石) 등이 있고, 이와 비슷한 세계에 입각하면서 모더니즘의 세련을 받은 일단, 고원(高遠), 장호(章湖), 김요섭(金耀燮) 등이 있다. 온난한 생활과 정성스러운 사랑의 꿈을 노래하는 유정(柳呈), 정한모(鄭漢模), 김남조(金南祚)와, 이들보다 더 많이 서구적인 관념과 지성에 젖은 신동집(申瞳集), 박양균(朴暘均), 한성기(韓性祺)가 또한 50년대에 활약한 시인들이다.

초기 시인으로 오랜 침묵을 깨뜨리고 50년대에 완성한 작품을 발표한 분은 오상순(吳相淳), 황석우(黃錫禹)였다. 황석우는 59년에 세상을 떠났고 오상순은 지금 병석에 누워 있다. 30년대의 시인으로 침묵하다가 50년대에 다시 시단에 컴백한 이는 신석초(申石艸), 김현승(金顯承), 장서언(張瑞彦), 박재윤(朴載崙)이다. 모두들 시가 후퇴하지 않고 재기의 자신을 보여 주었다. 같은 30년대 시인으로 쉬지 않고 시작을 발표하여 후배에게 많은 영향을 끼친 시인에 유치환, 서정주, 박두진, 박목월, 김상옥 등이 있다. 특히 서정주는 신비적 경향으로, 박목월은 서술적 경향으로 50년대에 자신의 위치를 타개한 것은 주목할 만하다. 동란 이후 월남한 박남수(朴南秀)는 새로운 시인들과 같이 보조를 맞추고 있고 양명문(楊明文), 장수철(張壽哲), 함윤수(咸允洙)도 꾸준히 활동하였다.

50년대 후반에 시단에 등장한 젊은 시단의 일단이 있으니 ①《현대문학》의 추천 시인 구자운(具滋雲), 김관식(金冠植), 박재삼(朴在森) 등과 ②《문학예술》 추천 시인 박희진(朴喜璡), 박성룡(朴成龍), 민재식(閔在植) 등과 ③ 시집(詩集) 또는 앤솔로지로 등장한 김광림(金光林), 김종삼(金宗三), 신동문(辛東門) 등 3군의 시인들은 50년대의 촉망받은 시인들이다. 이 세 가지 흐름은 곧 '전통파'(傳統派), '신서정파'(新抒情派), '모더니즘'의 변환적 계승으로 60년대에 시의 주맥(主脈)을 이어갈 것으로 전망된다.

이상으로 우리 시사(詩史)의 특징적인 것을 요약하여 우리는 한국의 현대시가 세 파로 대분되어 각기 세 가지 계열을 내포하고 있어 9대 지맥(支脈)을 이루고 있음을 간득할 수 있을 것이다. 그것을 도시(圖示)하면 다음과 같다. 60년대의 한국시의 조감도(鳥瞰圖)가 이것일 것이다.

전통파 (新倫理派) = 인생파 → 자연파 → 생명파
절충파 (新抒情派) = 순수파 → 관념파 → 문명파
모더니즘 (新感覺派) = 주지파(主知派) → 도시파 → 생활파

— 1960. 4, 《한국시》(韓國詩) 제 1 집

한국 현대시사의 반성

1.

오늘 우리가 쓰고 있고 또 읽고 있는 우리의 현대시는 대체로 60년의 역사를 손꼽게 되었다. 1908년 10월 《소년》지에 발표된 최남선의 〈해(海)에게서 소년에게〉가 한국 최초의 신체시(新體詩)로 알려져 있다. 이로써 기산(起算)하면 55년이지만 그 다음 해인 1909년 4월에 발표된 〈구작삼편〉(舊作三篇)이 작자의 후기에 의하여 1907년작으로 밝혀졌으므로 우리가 지금 알 수 있는 한도 안에서 발표된 시를 중심으로 기산한다면 56년을 넘을 수 없지만, 그러한 신체시의 태동과 준비기로 2·3년을 고려에 넣는다면 현대시 60년은 지나친 과장은 아닐 것이다.

현대시 60년이라 해도 그것은 오늘의 시를 중심으로 그 원류를 거슬러 올라가 막다른 분수령에서부터 그 전개된 역사적 과정을 통산한 것이지, 엄밀한 의미의 현대시는 그 절반인 30년의 역사가 좀 넘을 정도이다. 다시 말하면, 우리의 현대시 60년사를 분석하면 다음의 4단계에 나누어 보는 것이 정당하다는 말이다.

제 1 기 (1905~1920)

육당, 춘원으로 대표되는 이른바 신체시 시대. 나는 이것을 근대시 전기(前期)라 이름 짓는다. 계몽문학시대인 육당의 〈구작삼편〉(1907)에서부터 순문학(純文學) 운동을 표방한 《창조》지 창간(1919)까지를 이 시기에 넣는다.

제 2 기 (1920~1930)

한국 최초의 시지(詩誌) 《장미촌》(薔薇村, 1920), 《폐허》(廢墟, 1920), 《백조》(白潮, 1922), 《금성》(金星, 1923)지 등으로 구현된 낭만주의시대로부터 김소월의 시집 《진달래꽃》(1925), 김동환(金東煥)의 시집《국경의 밤》(1925), 한용운(韓龍雲)의 《님의 침묵》(1926)을 거쳐 카프 (KAPF, 1925)의 대두와 그 퇴조기까지를 이 시기에 넣는다. 나는 이 시기를 근대시 후기(後期)라 부른다.

제 3 기 (1930~1945)

《시문학》(詩文學, 1930), 《삼사문학》(三四文學, 1934), 《시원》(詩苑, 1935), 《시인부락》(詩人部落, 1936), 《시학》(詩學, 1939)지와 《문장》 (文章, 1939), 《인문평론》(人文評論, 1939) 시대와 해방 직전까지의 암흑기를 이 시기에 넣는다. 나는 이것을 현대시 1기로 부른다.

제 4 기 (1945~1960)

8 · 15 해방(1945)에서 6 · 25 동란(1950)을 거쳐 4 · 19 혁명(1960)까지를 이 시기에 넣는다. 이것을 현대시 2기라 부른다.

이상으로서 우리는 우리의 시사(詩史)가 1900년대에 비롯되어 10, 20, 30, 40, 50, 60년대에 이르기까지 10년을 주기로 전환기가 왔음을 알 수 있다. 이 대략 10년을 주기로 하는 것은 우리의 근대사 각 부분에 공통된 특색이다.

우리의 근대시 곧 신시(新詩) 60년사에 어느 시대를 현대시의 분수

168

령으로 잡느냐에 대해서는 이론(異論)이 있다. 임화(林和)나 백철(白鐵) 같은 이는 경향문학(傾向文學) 대두기를 현대문학에의 전환기로 보지만 카프문학은 우리 문학의 민중적 경향을 계승 확대하여 사회의식에 눈을 돌리게 한 자극적 요소가 된 것은 틀림없으나 문학적으로 전세대(前世代)에 구별된 기법적 전환은 전연 없었다. 유형적으로 말하면 그것은 사상적 관점이 다르다 뿐이지 육당의 계몽주의와 궤(軌)를 같이 하는 것이요, 문학적 형상의 퇴화를 재래(齎來)할 따름이었다.

이런 의미에서 한국 현대시의 분수령은 경향시(傾向詩)의 공식성과 천박성, 황무성(荒蕪性)에 반립(反立)하는 데 대두한 순수문학 운동의 심화침잠(深化沈潛)의 시기에서 찾지 않을 수 없다. 이 점이 1930년대 '시문학파'를 중심으로 한 시운동, 곧 정지용으로 대표되는 시기로서 현대시의 발단을 잡는 까닭이 된다. 그의 언어와 시의 기법에 대한 대담한 혁신은 고가사(古歌辭)에 대한 육당의 신체시의 파천황(破天荒)에 필적한다 할 수 있다. 그는 전통파의 현대적 세련자인 동시에 모더니즘의 개창자(開創者) 내지 전통적 환원자(還元者)이기도 하다.

2.

우리의 신시(新詩)는 그 출발이 고대시의 고루성(固陋性)과 공소성(空疎性)에 반항하여 일본을 통하여 받아들인 서구시의 수입에서 시작되었으므로 전통이 단절되었다고 말한다. 이러한 관점에서 본다면 우리도 현대시는 그 60년의 역사 위에 새로운 전통을 이루어 나가고 있다고밖에 말할 수 없다. 그러나 우리의 근대문화의 소산이라면 갑오경장을 계기로 하는 우리의 근대문화를 분석하여 단순한 외래사조만이 아닌 우리 민족사 내부에서 자각적으로 또는 자발적으로 성장한 근대의식을 간과할 수는 없는 것이다. 홍경래란(洪景來亂)을 비롯한 삼정소요(三政騷擾), 동학란(東學亂)이 표방한 민중의 요구는 이것을 외래의 영향으로 볼 성질의 것이 아니다. 실학사상이라든가 갑신정변 같은 사회사상가의 운동은 간접적으로나 직접적으로나 외래의 영향을 받았지만 갑오경장의 근대적 시정(施政) 요목(要目)은 분명히 내부적인 것과 외래적인 것의 합성이었다.

이러한 사관(史觀)을 우리 시사(詩史)에 적용한다면 육당이 비록 외래풍의 시형식을 도입했다고 하더라도 그러한 것이 세워질 모든 기운이 내부에 성숙되어 있었다고 보지 않을 수 없거니와 더구나 우리의 언어, 우리의 사고방식 내지 기존의 고유 시가형식은 새 시가형식에 엄연히 제약하고 있었다. 육당의 최초의 신시(新詩) 〈해에게서 소년에게〉만 하더라도 그것은 외형상 대단한 자유율로 되어 있는 것 같지만 분석해 보면 가사(歌辭), 창가(唱歌), 7·5조, 비정형(非定型)이 혼용돼 있다. 이와 같은 사실은 곧 우리 신체시 운동의 준비기반 또는 그 전구(前驅)로서 개화가사(開化歌辭 ; 4·4조 형성의 개화사상가), 창가(4·4조, 7·5조) 형식의 병용 또는 통과를 필요로 했다는 증거가 된다.

이런 관점에서 본다면 우리 현대시는 단절된 전통 위에 선 것이 아니라 고유시와 외국시의 두 가지 전통을 접을 붙여 우리 풍토와 시대에 맞는 새 전통을 세운 것이라고 해야 할 것이다. 옛 시의 그루를 끊고 신래(新來)의 이국종(異國種) 과목(果木)을 접을 붙인 것이 1910년대요, 그 접(椄)이 아물어 가지를 뻗고 잎이 핀 것이 1920년대요, 그 가지에 꽃이 피고 열매를 맺기 시작한 것이 1930년대란 말이다. 그렇기 때문에 접이 아물기 전 1910년대는 아직 시가 거칠었고, 가지를 뻗고 잎이 핀 1920년대는 무성하고 싱싱했으나 꽃은 아직 피지 않았다. 그러나 토양의 양분을 충분히 빨아올려 하나의 살아 있는 나무로 자립한 것은 이 시기였다. 전지(剪枝)하고 시비(施肥)로 이 과수(果樹)를 가꾸는 법을 체득한 1930년대 이후가 이런 역사 위에서 개화 결실의 시기가 된 것은 자못 당연하다.

실제로 시사(詩史)에 비추어 보면 신시운동(新詩運動)의 초창기는 서북인사(西北人士)가 중심이 되었다. 전통문화의 중심에서 제외되고 기독교를 먼저 받아들여 신문화운동에 앞장섰던 이들이 전통에 반립(反立)하는 새 운동의 선구자가 되었던 것이다. 그 다음이 기호시인(畿湖詩人) 중심으로, 또 그 다음이 영남, 호남 시인으로 이렇게 중심점이 이행되었고, 그 다음은 골고루 혼류(混流)되었다. 이와 같은 사실은 곧 접을 붙인 사람, 접이 붙은 뒤에 나온 사람, 성장한 뒤에 나온 사람, 이 3 단계가 바로 우리 현대시의 외래적 전통이 고유적 전통으로 변성 환원된 과정을 말해준다. 현대시의 전통은 외래종(外來種) 과수(果樹)이기 때문에 그 꽃과 열매가 서구적이지만 그 바탕나무는 우리의 풍토에서 자란 것이라 전통적인 것이다. 다시 말하면, 접이 붙었다는 것은 전통의 계승을 뜻하는 것이고 접이 붙은 뒤에 비로소 현대시의 하나의 전통이 수립되었다고 봐야 한다.

3.

현대시 20년사를 돌아보면 그 사조(思潮)의 간만(干滿), 교체, 반복에 기본 형식이 있는 것을 간파할 수 있다.

우리의 신시는 의욕적인 바탕에서 출발하였다. 그 의욕이 거칠어 순화되지 못했을 때 정서적인 운동이 일어나고 그 정서적인 것이 진부해질 때 청신한 감각적인 조류가 밀려 왔었다. 이 세 가지 기본유형의 교체가 우리 현대시 사조의 양상이다. 이제 그것을 더듬어 본다면 다음 도표와 같다.

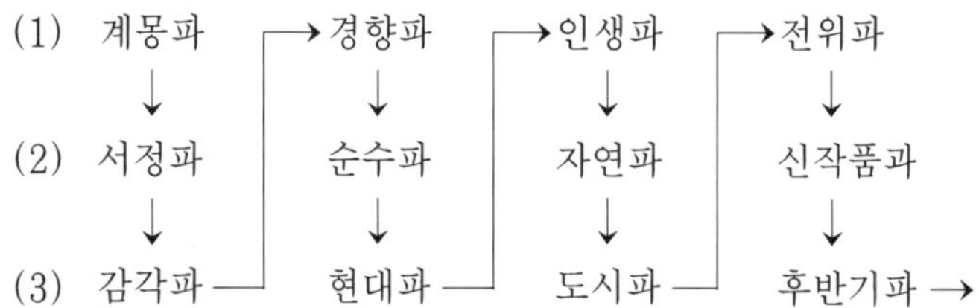

최남선·이광수의 계몽주의는 주요한·김억·김소월의 민요풍적 방향의 서정으로, 변영로·이장희의 감각으로, 권환(權煥)·임화(林和)·박세영(朴世永)의 경향파와 정지용·김영랑·박용철의 순수시로, 김기림·이상·김광균 등의 현대파로, 유치환·서정주·오장환의 인생파로, 조지훈·박두진·박목월의 자연파로, 김경린(金璟麟)·박인환(朴寅煥)·김수영(金洙暎)의 도시파로, 이병철(李秉哲)·유진오(兪鎭五)·김상훈(金尙勳) 등 전위파로, 김춘수·김윤성의 신작품파로, 조향(趙鄕)·이봉래(李奉來)·김규동(金奎東) 등의 후반기파(後半期派)로 이렇게 주조(主潮)가 교대되었다.

우리는 앞의 도표를 종(縱)으로 일관하면 ⑴의 계몽파 — 경향파 — 인생파 — 전위파의 의욕적 유형과, ⑵의 서정파 — 순수파 — 자연파 — 신작품파의 서정적 유형과, ⑶의 감각파 — 현대파 — 도시파 — 후반기파의 감각적 유형이 각기 공분모(公分母)를 가진 하나의 계통이 서 있음을 알 수 있을 것이다.

현대시의 문제

1. 현대에 대하여

우리는 현대란 말의 뜻을 명확히 알지 못한다. 또 시에 대한 생각도 반드시 한결같지는 않다. 그러면서도 현대시를 쓴다는 것은 자못 우스운 일 같기도 하다. 하나 실상은 현대란 말의 뜻을 모른다는 것과 현대를 모른다는 말은 애초에 다른 것이요, 시에 대한 생각이 다르다는 것과 시를 창작한다는 것도 아무런 관계가 없는 일이다.

우리는 시대란 말이 하나의 시대개념임을 안다. 따라서, 그것은 시간개념이라는 것도 안다. 시간개념이기 때문에 그만큼 자기 한정(限定)과 자기 인식이 명료하지 못하다. 설사, 우리가 현대란 시대의 전칭적(全稱的) 개념을 안다고 하더라도, 그 현대의 시대정신에 대한 특칭적(特稱的) 의미에 대해서는 아무도 논단(論斷)할 수는 없는 것이다. 이러한 현대의 개념으로써 자기 한정되는 현대시의 제문제는 현대, 그 자체의 난제를 그대로 자기 안에 받아들이지 않을 수가 없는 것이다.

도대체 현대는 시간개념으로 얼마나한 길이를 가지는 것일까. 그 상한(上限)과 하한은 어디쯤 될 것인가. 우리는 다만 역사가 끊임없는 현대의 연속이란 것밖에 더 잘 알 수는 없는 것이다. 시간개념으로서의 현대는 현재를 포함하고 그를 기점으로 하여 소급한 최근의 얼마 동안이라는 어감을 우리에게 줄 따름이다. 이런 뜻에서 현대는 현재의 과거적 의미에 불외(不外)한다. 그러나, 시대정신으로서의 현대는 항상 현재를 포함한, 현재를 기점으로 해서 전망하는 미래라는 생각을 우리에게 주고 있다. 이런 뜻에서 현대는 또 현재의 미래적 의미에 불외(不外)한다고 할 수 있다.

이와 같이, 현대의 양의(兩義)를 종합하는 계기로서의 '현재'는 현대가 고대나 근대와 같이 역사적 시대에 대한 개념임에 비해서 이는 과거나 미래에 대한 시간의 한 양상(樣相)이다. 그러나, '현재'가 얼마만한 시간의 양을 지니는지 우리는 모른다. 원자과학(原子科學)의 발달은 일초의 억분지일(億分之一)(?)을 헤아릴 수 있으리라는 신문기사를 본 것 같으나 이와 같은 시간의 계량으로도 현재는 영원히 측정될 수 없는 정신의 한 양상인 것이다.

현재가 과거를 포함하고 미래를 잉태한 것임은 라이프니츠라든가 베르그송 같은 많은 철학자가 그 중요한 의미를 인정한 바 있지만, 우리는 이러한 현대를 다시 특수한 의미로 파악하여 '찰나'(Ksana)라는 말을 생각할 수도 있다. '찰나'(刹那)는 불교 경전에서 시간의 양을 헤아리는 단위로 파리불교(巴梨佛敎)와 북방소전(北方所傳)에 이설(異說)이 있지만 보통으로는 '극단시'(極短時) 곧 '순간'의 뜻으로 쓰이는 말이다. 키에르케고르에 의하면 '순간'은 본래 시간의 원자(原子)가 아니고 영원의 원자라고 하다. 이와 같은 의미의 현재 곧 '찰나'로서의 현재는 단순한 현재가 아니라 영원인 것이다. 현재, 그것은 '영원의 지금'인 것이다. 그러므로, 모든 시간은 이 '영원의 지금'의 자기 한정에 불외(不外)한다고 할 것이다. 과거와 미래가 현재에 동시존재적인 현재 — 이 '영원의 지금'은 시에다 철학적 의미를 주는 것이다.

시에는 현대라는 게 따로 없다. 오직 '영원의 지금'이 있을 따름이다.

우리가 일상에 쓰는 '현대'라는 통념에는 두 가지 뜻이 있다. 어느 일정한 시대인(時代人) 당자의 입지에서 본 '당대의 뜻으로서의 현대'와 일정한 정신사의 체계 위에서 보는 '근대의 계기자(繼起者)로서의 현대'가 그것이다. 단군이 웅녀(熊女)에게서 탄생되었다는 것이 그 시대의 과학이듯이 호머의 시대는 그들의 현대요, 실존주의가 사르트르의 철학이듯이 한국동란의 시대는 우리의 현대인 것이다. 그러면, 과학정신으로 일컬어지는 이른바 '근대'의 다음에 온 '현대'는 무엇인가. 근대정신의 몰락은 누구나 선고할 수 있으나 현대정신의 생탄(生誕)은 아무도 말할 사람이 없다. 현대는 아직 정립된 내용이 없는 혼돈한 1950년대의 단순한 현대일 따름이다. 시대정신이 없고 커다란 사조(思潮)가 없는 것은 현대의 성격은 될지언정 현대의 정신은 아닌 것이다.

그러면 생탄(生誕)할 현대, 생탄해야 할 현대는 이상(理想)내용으로 어떠한 특징을 가질 것인가. 중세의 종교정신, 근대의 과학정신의 지양(止揚)으로서 혹은 예술정신이라 할 수도 있다. 또는 신학과 문학과 과학을 3대 기간(基幹)으로 하는 새로운 철학이 이에 대치될 수 있다고 할 수도 있다. 우리는 현대가 다만 휴머니즘의 고조기(高調期)라는 것밖에 더 세언(細言)할 수가 없는 것이다. 새로운 시대정신은 언제나 휴머니즘의 새로운 변환의 각도를 거점으로 하기 때문이다. 중세의 '신'이나 근세의 '과학'이 모두 그 출발의 구심(求心)에서 벗어나 교회와 기계에로 원심(遠心)의 경향을 띠었을 때 그 다음에 오는 시대정신은 근세나 현대가 다 같이 인간에의 환원이라는 구심력을 그 첫 내용으로 삼지 않을 수 없었던 것이다.

시대정신이라는 '시계추'의 운동은 신본주의(神本主義)와 물본주의(物本主義)라는 진폭의 좌우 극한 사이를 오고가는 인본주의(人本主義)의 역학(力學)이기 때문이다. 중세말의 교권(敎權)이라는 경향에서 인간중심에로 끌어 온 휴머니즘은 그 힘을 과학정신에서 빌려 왔기 때문에 그 힘의 타성은 인간주의의 중심에서 다시 유물사관 또는 메커니즘으로 표현되는 물본주의(物本主義)의 극한에 이르지 않았던가. 니체의 신의 사망선언과 마르크스의 유물사관은 이부동복(異父同復)의 유복아(遺腹兒)로 근대일가(近代一家)의 몰락을 예고하였고, 이의 귀추는 근대정신의 골육상잔으로서 독소전(獨蘇戰)이라는 사상전(思想戰)으로 단락되었다.

인간주의의 부활로서의 민주주의의 승리 속에 편승한 계급독재주의의 잔명(殘命)은 원자과학(原子科學)의 진전으로 더불어 현대의 여명(黎明) 직전 ― '근대'의 마지막 심야(深夜)에 와 있는 것은 아닐까. 불안과 위험의 철학, 부조리와 실존의 윤리는 바로 이러한 시대현실이 낳은 성격일 뿐 새로운 현대를 영도(領導)할 수 있는 현대는 아니란 말이다. 새로운 현대는 그 '휴머니즘'에의 구심(求心)의 동력을 '윤리'(倫理)에 두지 않을 수 없을 것이다.

'휴머니즘'은 '현재'와 마찬가지로 과거와 미래를 포함한다. '영원의 지금'과 같이 신성(神性)과 물성(物性)의 종합의 계기자(契機者)이다.

1차대전 전후(戰後)의 현대 ― 현대라는 이름으로 집착되어 풍화(風化)하는 현대는 현대가 아니다. 현대는 과거에 있는 게 아니라 항상 미래로부터 상승(上昇)하기 때문이다.

2. 현대시에 대하여

'현대시'라는 말에는 두 가지 뜻이 포함되어 있다. 현대시라는 개념은 '현대의 시'라는 뜻과 '현대적 시'란 뜻이 어울려서 이루어진 것이란 말이다.

'현대시'를 '현대의 시'라고 보는 것은 시를 현대적 의의의 측면에서 파악한 말이니 과거의 시에 대비되는 개념으로서 의의를 지닌다. 그러므로, 현대의 시는 과거의 시에서 계기(繼起)되어 미래의 시에로 변성(變成)하는 것이요, 과거의 시에서 미래의 시에로 변성한다는 것은 현대의 시가 과거의 시로 번성되어 미래의 시에로 계기되는 것이라는 말이 된다. 이렇게 생각하면 현대시는 과거의 시에 대비되는 개념이 아니라 도리어 과거의 시의 계기자로서 현대에 있는 시 일반의 통칭개념이 되지 않을 수 없다.

'현대시'를 '현대적 시'라고 보는 것은 시를 유형적 의의의 측면에서 파악한 말이니 '고전적 시'에 대비되는 개념으로서 의의를 지닌다. 고대의 시라 하여 다 고전적 시가 아닌 것과 마찬가지로 현대의 시라 해서 다 현대적 시라 부를 수는 없다. 왜 그러냐 하면, 고전적 시는 고대의 시이면서 영구히 전범(典範)이 될 수 있는 시요, 현대적 시는 현대의 시 속에서도 성격적으로 현대적이라 이름지어 부를 수 있는 제요소를 특성으로 하는 시이기 때문이다. 그러나, 고대는 시간적으로 오랜 동안을 연속하는 사이 그 고전적 성격의 발전을 인지할 수 있으므로 고전적 시란 말의 의미도 비교적 명료히 규정할 수 있으나, 현대는 시간적으로 짧을 뿐 아니라 그 짧은 시간이 각각으로 미래를 향하여 변전(變轉)되고 있기 때문에 현대적 성격의 파악은 보는 사람에 따라 달라서 현대적 시란 의미는 현대를 특성적으로 표현한 시라는 정도의 추상적 규정을 더 넘을 수가 없는 것이다.

이런 의미에서, 고전적 시가 장구한 시간의 경과 속에 그 보편적 전형성(典型性)의 규범을 이루는 데 비하여 현대시는 급격한 환경의 착란(錯亂) 속에 그 시대적 유형성(類型性)을 부조(浮彫)하는 것이라 할 수 있다.

현대라는 개념은 단순히 한 시대의 특수한 유형을 표하는 개념만이 아니기 때문에 현대시 속에는 현대적 시뿐 아니라 과거의 시의 유산이 동시 공존하고 있어서 무엇이 현대적이요 현실적이냐 하는 문제는 귀일(歸一) 될 수 없는 것이다. 더구나, 고전(古典)은 영구히 새로운 생명을 지니는 것이며 현대의 시는 그 전체가 현대의 소산이므로 현대 안에 생존하는 이상 어느 것 하나 현대적인 세련을 거치지 않을 수 없기 때문에 현대에 살고자 하는 이상 현대적 적응은 불가피한 것일 수밖에 없다. 그러나, 현대의 시라 해서 전부가 현대의 시세(時勢)에만 적응하려는 시가 아니기 때문에 현대의 시는 고전적 성격도 지니려고 한다. 그러므로, 현대적 시는 넓게는 현대에 존재하는 시의 성격적 통칭개념이기도 하고 좁게는 현대의 시 속에 있는 한 유파로서 현대주의(現代主義) 시(詩) 곧 모더니즘 시와 동의어로 볼 수 있다. 그러나 현대적 시는 어감으로 봐서 후자 곧 '모더니즘' 시에 더 많이 통한다 할 수 있다.

현대시는 고대시를 계승하여 고대시를 부정하는 '현대의 시'이며 고전시에 항거하면서 새로운 고전을 형성하려는 '현대적 시'여야 한다. 그러므로, 현대시는 어느 것이나 현대성 ― 모더니티를 존중해야 한다. 그러나, 현대성의 지말(枝末)의 일면을 고집하는 '모더니즘'을 경계해야 한다. '모더니티'의 과도한 존중 곧 편중(偏重)이 모더니즘에의 전락(轉落)의 첩경이요, 모더니즘은 고전이 될 수가 없다. 모더니티의 과도한 경계 곧 증오가 매너리즘의 함정이요, 매너리즘도 고전이 되지는 못한다. 시(詩)는 '시'(時)! 되풀이하면서 항상 새로운 천도(天道)의 순환이 바로 시(詩)의 법(法)이다. 모더니티! 그것은 영원한 자의 자기 표현의 시대적 모습이다.

3. 현대주의에 대하여

'현대주의'(現代主義), 이른바 모더니즘은 공동의 기치는 있어도 특정의 내용은 없다. 단순한 시대적인 것이요, 신흥유파적인 예술운동의 총칭이다. 1차대전 전후 프랑스를 중심무대로 한 전위예술과 그 아류 및 영국, 독일, 이탈리아의 새로운 시파운동(詩派運動)을 통틀어 모더니즘이라 부르지만 모더니즘의 내용은 현란한 분파를 각종 이즘을 그 안에 지니고 있다. 그러므로, 모더니즘은 기성권위에 대한 반항의식의 공동전선에 붙인 이름이라고 보는 것이 오히려 타당하다. 18세기의 고전문학 정통파에 대한 새로운 반동(反動)으로서 낭만주의적 문예가 '근대파'란 이름으로 모더니즘이었으며, 로마 교회내의 교회종의(敎會宗義)와 교권(敎權)에 관한 사상을 현대사상계에 적응해석하려는 경향을 총칭하여 '현대주의'라 한 것은 1907년 9월 8일 발포(發布)의 법왕회상(法王回狀)에서 비롯되었다 한다. 이렇게 보면 모더니즘은 어느 때 어느 곳에서나 볼 수 있는 '전통파'와 '시대파'(時代派)의 길항(拮抗)에서 '시대파'를 지칭하는 말이 되는 것이다. 그러므로, 모더니즘은 예술의 진보를 위하여 반드시 있어야 할 것이지만 모더니즘 그 자체는 자신을 정립(定立)할 수 없다. 정립하자면 전통파가 되는 경우에만 가능하다. 모더니즘은 전통파에 모더니티의 세련과 자극을 주는 데 가치가 있을 뿐 그 자체는 변화는 있어도 진보는 없는 법이다.

모더니즘은 새롭다는 것이 그 생명이다. 만일 모더니즘이 혁명적 의욕을 상실했다 하자. 그것은 모더니즘도 아무것도 아닌 낡은 권력으로 타락할 수밖에 없는 것이다. 소화하지 못하더라도 새로우려는 움직임이 쉬어서는 안 되고 쉬지 않고 새롭기 위한 움직임만 지속하는 동안은 완성에 이르기는 어려운, 이것이 모더니즘이 지닌 근본적 약점이다.

그러면, 모더니즘이 표방하는 바 새롭다는 것은 무엇일까. 첫째, 기성 생활형식이나 사고형식의 타성에 반발하여 새로운 생활형식, 사고형식에 부응하는 것이 안목이겠는데 이렇게 되면 새로운 생활형식과 사고형식의 변화를 어떤 쪽으로 이끌어야 하는가에 따라서 새로움의 내용은 절로 달라지게 된다. 그러므로, 현재 있는, 또 있으려 하는 생활형식에 부응한다는 것도 일종의 기성형식의 타성에 추수(追隨)한다는 결과에 도달하는 것이다. '새로움'은 시간의 형식 위에 그것을 기저로 하는 관념이기 때문에 '낡은 것'의 대어(對語)로써 시간적 경과 속에서 남먼저 낡아 가는 자이기 때문이다. 이 말은 모더니즘이 영원히 새롭기 위해서는 전통을 기저(基底)로 하는, 전통과 합작의 방향으로 나아가야만 새로운 전통이 될 뿐 아니라, 낡으면서도 항상 새로울 수 있는 생명을 지닌다는 말이다. 그러나 이렇게 되면 모더니즘은 그 본래의 의의를 상실하게 된다. 모더니티만이 전통의 형식에 세련을 줄 따름이다.

새롭다는 것이 모더니즘이라면 육당이 최초에 쓴 신시(新詩)는 그 당시 충분히 모더니즘이었다. 그러나 육당의 시는 우리의 현대시의 길을 열었을 뿐 우리 시의 고전은 이루지 못했다. 이상(李箱)의 몇 편 시가 또 충분히 모더니즘이었다. 그러나 이상의 시도 우리의 현대시에 하나의 자극을 주었을 뿐 고전이 될 수 없는 시들이다. 고전이 못 되어도 그들의 업적을 찬양해서 마땅하다. 다만 그들 시가 문학사(文學史)의 자료로서만 의의가 있다는 데 서글픔이 있는 것이요, 그 이유가 모두 그들이 시작(詩作)을 오래 계속하지 않은 탓이지만, 그보다 더 중요한 것은 전통의 수립이라든가 전통에의 환원의 노력이 그들에게 없었던 탓이다.

육당이 최초의 신시를 발표한 1909년 11월은 마리네티가 '미래파 선언'을 발표한 9개월 뒤였다. 이 우스운 비교는 모더니즘의 풍토 곧 전통의 바탕에 대한 시사(示唆)를 주고 있다. 만일 우리의 모더니스트들이 이러한 우리 시의 낙후성을 지적하여 자신의 진부성을 옹호하는 방패를 삼는다면 이는 모더니즘의 배리(背理)로서 보수주의에 떨어질 것이다. 왜 그러냐 하면, 오늘의 우리 시는 육당 당시의 정신사적 후진성에 자각한 내부혁명이 아니고 세계시의 선구선상(先驅線上)에 병진할 것을 깨달아야 할 국제적 참가의 시기이기 때문이다. 구미(歐美)의 50년 전 모더니즘을 우리 나라에 없는 것이라 해서 새롭다고 자처한다면 차라리 모더니즘을 스스로 포기하여 마땅할 것이다. 이상(李箱)의 〈오감도〉(鳥瞰圖)도 이런 의미에서는 결코 새로운 것이 아니었으나 오늘의 모더니스트보다는 나은 데가 있었다.

바로 말하면, 오늘 이 땅의 모더니즘은 기성권위에 반항하는 문학적 정열이 약하고 그 공동전선이 너무 단조(單調)하다. 의욕이 강열하기는커녕 너무 안이해서 이른바 전통파에 주는 자극과 기여가 전연 없다. 부질없는 변명과 비루한 공격 이전에 자가반성(自家反省)이 먼저 있어 마땅하다. 우리는 실상 모더니즘을 고의로 폄(貶)하려는 자가 아니라 도리어 그 흥륭(興隆)을 커다란 관심으로 주시하고 기대하는 자이기 때문이다.

낭만주의자들은 한때 중세를 모더니즘으로 삼으려 하였다. 지나간 날의 어느 것이라도 우리는 현대에 이끌어다 충분히 모더니즘으로 삼을 수가 있다. 그러므로, 민족적 전통이라는 이 요소 하나만으로도 우리의 이때까지의 현대시가 세계의 시에 충분히 모더니즘으로 대두할 수 있다는 말이다. 이 점에 있어 오늘의 이 땅 모더니즘의 대체경향(大體傾向)은 이를 만일 번역하여 해외에 소개하는 경우가 있다면 우리 모더니즘이 얼마나 온실적 낙후적 존재인가를 인식하게 할 것이다.

모더니즘은 영원한 야당(野黨)으로 혁명가의 의욕을 지녀야 한다. 서구의 모더니즘이 아직도 공산주의를 탈출하는 공동선언서 하나를 다시 발표하지 않은 것은 서글픈 일이다. 그들의 정신사적 낙후의 증거가 아니겠는가. 우리의 모더니즘이 30년래의 일본을 통해서 들어온 서구적 아류의 모더니즘을 준순(逡巡)하여 현대주의의 진수를 궁행(躬行)하는 노력은 보이지 않고 현대파주의(現代派主義)에로만 떨어져 가는 것은 맹성(猛省)해야 할 일이 아닐 수 없다.

—1955년, 《시연구》(詩研究) 제 1 집

현대시의 회의(懷疑)

　우리의 시가 존재의 내부에 귀를 기울이기 시작한 것은 그다지 오랜 얘기가 아니다. 바깥엣것을 보고 들음으로써 스스로 느끼는 방법과 속으로 느끼고 생각하는 것을 겉으로 자아내는 방법이 우리 시가 이때까지 관용(慣用)해 온 두 가지 큰길이었기 때문이다. 이런 입지에서 본다면 '내부의 소리'에 귀를 기울이는 자세는 우리의 시로서는 충분히 새로운 방법이라고 할 수 있다.

　시인 김춘수는 우리의 시로 하여금 이러한 내부의 소리에 귀를 기울이는 자세를 정립하게 한 점에서 누구보다도 빛나는 공을 쌓은 사람이다. 내부의 소리에 귀를 기울이는 자세는 존재의 내부에 우리의 견문각지(見聞覺知)를 집중하는 자세임을 알 수 있거니와 김춘수의 시는 모두 다 이러한 자세에서 이루어진 것이다. 그러나 그의 시는 그러한 내부의 소리에 귀를 기울이는 자세만을 보여 주었을 뿐 그가 들은 소리의 내용은 아직도 명료(明瞭)하지는 않다.

　신이든, 인간이든, 그 이외의 어떠한 혼이든지 시가 혈육화(血肉化)된 사상을 지니지 않는 한 내부의 소리에 귀를 기울이는 자세는 자세만으로 끝나기 쉽다. 성찰의 방법만이 있을 뿐 경이(驚異)의 내용은 끝내 보이지 않고 마는 수도 있다. 김춘수의 〈무제〉(無題, 《현대문학》)를 읽고 나서 이런 것을 생각해 보았다. 시인 김춘수는 벌써 노후(老

朽)의 자세를 보이기 시작했다고 ―. 시가 항상 새로울 수 있는 것은 그 시인의 기백의 말미암음인데 그의 시는 벌써 이 기백을 잃고 있는 듯하다. 그의 과작(寡作)은 안타까운 바 있다. 요즘 유능한 신세대의 시인들을 보면 그의 에피코넨이 상당히 많다. 이는 그가 적용한 시의 방법이 정당하고 새로운 점에서 해방시단(解放詩壇)의 정통을 확호(確乎)히 잡고 일어선 까닭이리라. 그러나, 그의 젊은 후계자들은 그가 시범(示範)한 자세로써 이미 그를 초극하고 있음을 본다. 그러나 우리는 시인 김춘수가 해방 후 등장한 시인 중에서는 가장 확실한 위치를 차지한 시인임에 틀림없다는 것을 알고 있다. 이것은 그의 끊임없는 정진(精進)의 결과라 하려니와, 그러나 우리가 그에게 일층(一層) 발분(發奮)을 바라는 것은 내부의 소리에 귀를 기울이는 방법은 방법으로서 아직도 새롭지만 다만 무엇을 듣는가 하는 그 무엇이 문제이기 때문이다.

우리의 시가 '존재의 양상(樣相)'에 눈을 돌리기 시작한 것도 그렇게 오랜 애기는 아니다. '내부의 형자(形姿)'에 눈을 돌린다는 것은 '내부의 소리'에 귀를 기울이는 것과 표리일체(表裏一體)를 이루는 방법이니 어느 것이나 다 존재의 내부에 우리의 견문각지(見聞覺知)를 집중함으로써 그 진면목을 파득(把得)하는 길이기 때문이다.

안엣 소리를 듣는 것과 안엣 모습을 보는 것은 한걸음 물러앉아 보면 구경의 같음을 알 수 있지만, 그 시정신(詩精神) 출발점의 근본 모티프를 보면 '내부의 소리'에 귀를 기울이는 것이 더 많이 철학적 종교적 의미에서 비롯됨에 비하여 후자 곧 '내부의 형자'에 눈을 돌리는 태도는 보다 더 사회적 윤리적인 의의에서 비롯되는 방법임을 알 것이다. 그러므로 '내부의 소리'를 파악하여 언어로 형상하는 시가 계시(啓示)랄까 그런 오달(悟達)의 기연(機緣)을 지니듯이 내부의 형자를 파악하여 형상하는 시는 고행이랄까 그런 체념의 그림자가 따르고 있다. 김수영의 〈병풍〉(屛風, 《현대문학》)을 읽으면서 이런 것을 생각하게 되는 것은 나의 우연한 논리벽(論理癖)의 소치(所致)만이 아닌 것 같다.

시 〈병풍〉(屏風)은 2월의 수작(秀作)일 뿐 아니라 충분히 모더니즘으로서의 위치도 확보한 작품이었다. 그가 환도(還都) 후 시험하는 방법은 몇 편의 가작(佳作)을 보여 주었거니와 이러한 방법은 바야흐로 그 자신도 힘을 얻고 있지만 족히 현대시의 한 때의 방법으로 동호자(同好者)의 지지도 받을 만하다.

무엇보다도 먼저 끊어야 할 것이 설움이라고 하면서
屏風은 虛無의 놓이보다도 더 높은 곳에
飛瀑을 놓고 幽島를 점지한다.
가장 어려운 곳에 놓여 있는 屏風은
내 앞에 서서 죽음을 막고 있다.

이 다섯 줄은 가위(可謂) 절창(絶唱)이다. 그의 이미지가 아직 메마르지 않은 증거를 보여 준다. 다만 '67翁 海士의 印章'의 구(句)는 마땅히 '인장'(印章)을 '낙관'(落款)으로 고쳐야 그 품격이 살아날 것이다. 진실한 의미의 모더니즘은 아직도 처녀지(處女地)다. 다만 한국의 모더니즘은 한국적인 내지 동양적인 것에서부터 출발해야 한다는 것을 말할 수 있을 따름이다.

우리의 시가 변조(變調)의 미(美)를 시험한 것은 이미 작금(昨今)의 일은 아니다. 초기에 다다이스트 또는 쉬르 리얼리스트 혹은 포멀리스트들이 조금씩은 다 시험해 본 것이 이 변조의 미였다. 변조미(變調美)는 일언이폐지하면 초조와 파괴와 반항과 허무의 정신적 양상이요, 그 외현이다. 초조와 파괴와 반항과 허무가 나쁘다거나 시가 될 수 없다는 것이 아니다. 그러한 것이 형상의 방편으로 변조미에 탐혹(耽惑)할 때 그 시는 마침내 아무 소득도 없이 끝막기가 일쑤기 때문에 우리는 이러한 방법을 하나의 자극제로 삼을지언정 편애(偏愛)하는 것을 경계해야 한다고 보는 것이다. 김구용(金丘庸)의 〈관조〉(觀照, 《문학예술》)를 읽고 그의 시가 자꾸 이러한 단애(斷崖)의 적신호(赤信號)에 개의(介意)함이 없이 전락하지 않는가 하는 의구(疑懼)가 앞서는 것은 어쩔 수 없는 일이었다. 그가 모색하는 철학은 있다. 그러면서도 그가 내세우는 시의 주제는 그의 철학의 방법이 아닌 다른 방법―연상(聯想)의 파편(破片)과 불합리의 암약(暗躍)과 문장의 난삽과 문법의 착란까지를 거침없이 사용한다. 이것이 모두 이 시의 주제를 살리기 위한 비논리의 논리 또는 음영(陰影)의 미학(美學)에서 연유한다 할지라도 시인 김구용의 미적(美的) 설계는 너무 방종하고 그것은 인생에 대한 일말의 초조라고밖에 볼 수 없는 것이었다. 그가 이런 류의 방법을 처음으로 시험할 때 우리는 이해와 지지를 보낸 적도 있으나 유능한 그가 어째서 자신의 방법과 더불어 현대시를 이런 막다른 길로 끌고 가는지를 알 수 없다. 우려의 느낌을 말하지 않을 수 없는 소이연(所以然)이 여기에 있다. 불안과 착란이 우리가 살고 있는 현대의 성격임에는 틀림없지만 생탄(生誕)할 현대정신은 불신과 변조를 그 성격으로 삼아서는 안 되고 삼지도 않을 것이라는 점만은 나는 믿어도 좋다고 보기 때문이다.

우리의 시가 '자조(自嘲)의 정신'을 노래한 것도 오래 된 일의 하나이다. 전세기말 문학사조를 잡탕으로 받아들여 우리의 현대시가 출발했기 때문에 민족적 애수(哀愁)와 세계고(世界苦), 이런 류는 우리 시 전체를 일관하는 정신의 하나로서 지금까지의 시인 80% 이상이 자조(自嘲)정신의 흐름이라고 말할 수 있을 지경이다. 1차 대전 이후의 문학이 아프레게르 문학이기보다는 오히려 아방가르드 문학으로 불려지는 것은 그 전후(戰後)의 신흥의욕이 맹렬한 힘을 가졌던 때문이다.

거기에 비하면 오늘의 실존주의문학을 전형(典型)으로 하는 2차 대전후의 문학은 사상적으로는 더 심화되어 있으면서도 실상은 아프레게르 문학의 범주에 들 성질의 것이다. 어쩔 수 없는 퇴폐는 양차 대전후 공통된 철학이라고 할 수도 있겠으나 문학운동으로서의 행동성이 윤리적으로 건실하기는 1차 대전 후 문학이 더 뛰어나다고 보지 않을 수 없는 것은 무엇 때문인가. 새로운 것이 나오지 않는 이상, 20세기 말은 19세기 말의 고민의 악소(惡素)가 가중되어 있어서 더욱 비참한 까닭이다. 무슨 빛을 찾아야 된다는 것이 우리의 염원이면서도 자조(自嘲)가 빛을 찾는 방법이 되기에는 너무나 힘이 모자라는 것을 우리는 아직 모르고 있다. 신동집(申瞳集)의 〈샌드위치〉(《문학예술》)를 읽으며 그의 샌드위치 사관(史觀)은 정당하게 보면서도 그 처리 방법과 기조(基調)가 자조(自嘲)에서 맴돌고 있음을 보았다. '아프레'와 '아방' 사이에 있는 '나', '아방'과 '나' 사이에 있는 '아프레', '나'와 '아프레' 사이에 있는 '아방'과 ― '전쟁'과 '어머니' 사이의 '아들', '어머니'와 '아들' 사이에 있는 '전쟁', '아들'과 '전쟁' 사이에 있는 '어머니'! 이 일련의 역사는 과연 "몇 년 전에 먹은 '샌드위치'의 추억이 너무나 오늘 신선하다." 시 〈샌드위치〉는 신동집의 근작으로는 좋은 편이었으나 서정(抒情)의 유형(流刑)은 아직 끝나지 않은 모양이다. 왜 그러냐 하면, 그가 임의로 서정을 유형시킨 것은 실상 없어져 가는 서정을 조금씩 향수(鄕愁)하기 위한 방편인 듯하다. 시인 신동집에게 주고 싶은 말은 우리의 현대시가 제 고장이 싫어서 타관(他關)으로 돌아다니며 장터에서 깡깡이로 유행가나 켜 가며 약(藥)을 팔던 것은 이미 옛날의 애기란 것이다.

현대시의 몇 가지 방법에 대한 회의(懷疑)를 애기함으로써 이 고(稿)는 끝막기로 한다. 무슨 일말의 시사를 위하여 지나친 논란도 있었으나, 김춘수의 〈무제〉, 김수영의 〈병풍〉, 김구용의 〈관조〉(觀照), 신동집의 〈샌드위치〉는 오늘의 시를 말함에 중요한 유형의 좋은 대표가 되어 주었음을 기뻐한다. 정한모(鄭漢模)의 〈설원〉(雪原)에 대해서도 애기하고 싶은 바가 있으나, 이상 네 분 몫으로 분설(分說) 했기에 중언(重言)을 피한다.

내가 우리의 현대시에 주고 싶은 말은 다음의 한마디다.

　─우리의 새로운 현대─그 고향으로 돌아오라! 나일론은 벌써 촌
색시의 목에도 걸려 있다. 나일론옷을 입고 금의환향(錦衣還鄕) 하려는
시인들이여!

─1956년, 《현대문학》 3월호

《창조》지의 시사적(詩史的) 위치

《창조》(創造)지의 성격 및 문학사적 위치를 고구(考究)하려면 우리는 먼저 그것이 창간된 시기에 착안해야 된다. 《창조》가 창간된 1918년 12월은 우리 나라 최초의 월간지인 《소년》이 최남선에 의하여 창간된 1908년으로부터 만 10년 되는 해요, 《창조》2호가 나온 1919년 2월은 3·1 운동의 직전, 곧 동경 유학생들이 독립선언을 발포한 2·8 운동과 같은 무렵이다.

우리의 신문화사는 3대 전환기를 가졌다. '갑오경장'(1894)과 '3·1 운동'(1919)과 '민족 해방'(1945)이 그것이다. 1894년에서 1908년에 이르는 15년 사이에 신교육, 신생활, 국어연구, 신문발간 등을 바탕으로 하여 개화가사(開化歌辭), 창가(唱歌), 신소설, 번역소설 등이 시험되었고, 이러한 신문학 태동의 기운은 마침내 1908년이라는 작은 전환기를 마련하였으니, 이 해는 신체시(新體詩)의 대표작인 최남선의 〈해에게서 소년에게〉와 신소설의 대표작인 이인직(李仁稙)의 〈귀(鬼)의 성(聲)〉, 〈치악산〉(稚岳山)이 함께 발표된 해였다. 1908년에서 1919년에 이르는 10년간은 이른바 육당(六堂)·춘원(春園) 2인 문단기(文壇期)로서 1914년의 《청춘》지 창간을 계기로 하여 신문학 운동이 앞의 시기보다 한층 세련되고 심화되고 확대되었지만, 그것은 아직도 계몽문학의 껍질을 완전히 벗지를 못했던 것이다.

《창조》지는 우리의 신문학운동을 순문학운동(純文學運動)에로 전환시키려는 첫 봉화(烽火)였다는 데 그 문학사적 의의가 있다. 갑오경장 이래 사반세기(四半世紀)간의 신민족운동이 이민족에게서의 독립이라는 3·1 운동으로 터졌다면 그 25년간의 신문화 운동의 계몽사상적 넓은 테두리로부터 문학을 독립시키려는 운동으로 일어난 것이 《창조》지의 문학운동이라고 할 수 있다.

《창조》가 우리 나라 최초의 문예지라는 것과 그것이 최초의 동인지로서 집단적 문학운동의 효시(嚆矢)였다는 데 중대한 의의와 깊은 시사(示唆)가 있는 것이다. 《창조》는 곧 육당·춘원에 이르기까지의 누적을 계승 집성(集成)하고 한걸음 나아가 그 문학에 반발(反撥)함으로써 초기 신문학의 설교조(說敎調)를 정감(情感)으로 바꾸고, 고대소설적 잔재를 근대소설의 사실적 수법으로 세련(洗練)하였으며, 불완전 구어체문장(口語體文章)을 완전 구어체로 바꾸고 창가조(唱歌調)를 자유율(自由律)로 수립하였다는 데 그들의 업적이 있는 것이다.

창조파가 받아들인 문학사조는 주로 이상주의, 인도주의와 자유주의, 상징주의의 네 가닥 두 갈래 흐름이 교차되었으니, 앞의 두 가지는 육당·춘원에게서도 볼 수 있지만 뒤의 두 가지는 외국에서 새로 받은 풍조였다. 자연주의와 상징주의의 섭취는 그들의 이상주의와 인도주의에서 육당·춘원류의 계몽주의·민족주의의 설교조(說敎調)를 버리게 하였고, 그들의 이상주의와 인도주의는 그들의 자연주의와 상징주의를 탐미주의(耽美主義)와 낭만주의적 색조로 물들게 하였다.

우리는 '창조파'를 대표하는 동인으로 소설에 김동인(金東仁)·전영택(田榮澤), 시에 주요한(朱耀翰)·김억(金億)을 들 수 있다. 김동인은 자연주의에 탐미적·예술지상주의적 경향을 띠었고, 전영택은 이상주의에 종교적 경향, 주요한은 이상주의에 민중적 경향, 김억은 자연주의에 낭만적·상징주의적 경향을 띠었다고 하겠다. 이러고 보면 '창조파' 문학사상의 양대조류는 김동인·김억과 주요한·전영택의 콤비로서 시인 소설가가 교류된 것을 알 수 있다.

창조파의 시사적(詩史的) 위치는 이렇게 되면 결국 주요한, 김억의 시사적 위치로서 해명될 수 있다. 주요한은 시다운 자유시를 최초에 쓴 사람으로, 그 초기시는 당시 일본 시단을 휩쓴 상징시의 영향을 받았으나 오늘의 눈으로 보면 상징주의랄 것도 없는 것으로 본시부터 이상주의적 민족주의적인, 그리고 사회주의적인 바탕을 지닌 서정시인이었다. 시어(詩語)와 기법의 세련, 정서(情緒)와 율조(律調)의 밝고 조촐함으로써 육당 이래의 신시를 비로소 본격적인 자유시로 전회(轉廻)시킨 공이 있다. 김억은 시다운 번역시를 최초에 쓴 사람으로, 그 초기시는 그가 처음 번역한 프랑스 상징파의 영향을 받았으나 그보다는 민요시인 김소월의 사우(師友)로서 우리 시에 민요풍을 불어 놓은 공이 더 크다. 뒤에 정형시 운동을 제창하여 주목을 끌었으나 그 시작(試作)들이 소재나 율조(律調)가 너무 일률적이어서 차츰 그 빛이 흐려지고 말았다. 오히려 초기의 소곡(小曲)에 볼 만한 것이 많다. 그의 역시집(譯詩集) 《오뇌의 무도》는 우리 나라에서 최초에 출판된 시집으로 번역시사(飜譯詩史)에 초석이 되었다.

주요한은 《창조》의 초기를, 김억은 그 후기를 대표하는 시인으로 두 분 다 그 작품 전체의 인상으로 봐서는 민족정서를 노래한 민요적 서정시인으로 보아서 마땅하다. 이 두 분 시인의 업적으로써 우리는 '창조파'의 시사적(詩史的) 위치가 앞서간 《소년》, 《청춘》의 계승발전과 뒤에 올 《폐허》, 《백조》의 선구가 되었다는 그 분수령적 의의에 있음을 지적할 수 있다.

두 개의 방법
─ 해석학적 방법과 의미론적 방법

　최근의 우리 시의 방법론을 가만히 들여다보면 해석학적 방법이 그 주류를 이루고 있음을 알 수 있다. 해석학은 일반적으로는 이해(理解)의 학문적 방법이라고 불리어진다. 이를테면, 외부에 있는 대상이 감성적으로 주는 바 표현으로부터 그 내부를 파악하는 과정이다. 이 해석학이 딜타이 이후 '현실적 존재의 해석'이라는 의미를 지니게 되고, 또 이러한 사상이 하이데커 등에 의하여 계승 발전됨으로써 철학 일반의 방법이 된 것은 주지(周知)의 사실이다.

　우리의 현대시가 자연발생적인 것에서 목적의식성에로, 주관적인 것에서 객관적인 것으로, 또는 정서적(情緖的)인 것에서 지성적인 것에로 옮기려던 수다한 노력을 현대적 세련이란 이름으로 결론지을 수 있다면 우리의 현대시가 안착한 지점이 해석학적 방법이었다는 것은 자못 타당한 바가 있다고 하겠다. 왜 그러냐 하면, 이때까지의 우리 시의 거개가 샘물에서 물을 자아내듯이, 누에가 실을 토하듯이 주관적 정서를 뽑아 낸 시들이었기 때문이다. 이러한 시사(詩史)는 충분히 그 시대적인 또는 시인 각자의 개성적인 입지와 장점이 있는 사실이지만, 해방을 하나의 분수령으로 한 새로운 세대에게는 이러한 전세대(前世代)의 순수한 정서가 체득되지는 않았고 그리고 싶은 의욕도 느끼지 않게 되었던 것도 사실이다. 처음부터 이러했던 새로운 세대의 입지는 그 앞 세대가 도달한 지점에서 다시 스스로의 향방을 찾지 않을 수 없을 것이다. 이러한 상식적인 거점에서 그들은 누구나 한번은 생각할 수 있는 상식적인 방법을 한번씩은 섭렵하였고, 따라서 수많은 방법이 시단(詩壇)에 제기되기도 하였다.

전통파의 율조(律調)를 참신한 현대적 감각으로 세련한 이동주(李東柱)와 이형기(李炯基), 모더니즘의 감각에 사회적 모럴의 페이소스를 담으려 한 박인환(朴寅煥)과 조병화(趙炳華)를 한 쪽에 몰아 놓고, 노장(老壯)에서 기독(基督)의 세계에로 옮긴 이원섭(李元燮)과 서구적인 지성에 한국 율조라는 미학(美學)을 지닌 송욱(宋稶)이나 새로운 시를 위한 자기반동 내지 희생으로 십자가에 올라서 보는 전봉건(全鳳建)과 김구용(金丘庸)을 다른 한 쪽에 몰아 놓을 수가 있는 것이다. 이러고 보면 김춘수(金春洙)와 김윤성(金潤成)과 김수영(金洙暎)은 이 두 유형의 중간에 들어앉을 수밖에 없다. 이 다섯 짝의 3대 유형으로써 해방후 지금에 이르는 우리 시의 중요한 유파를 개관할 수 있다면 작품의 안정된 모습으로 맨 앞의 유형을 들 수 있고, 새로운 탐구의 의욕을 그 둘째 유형에서 찾을 수 있으며, 작품과 의욕의 균형을 성취한 전형으로 그 셋째 유형을 들 수 있다. 그리고 이 각 유형의 개개인의 특질을 사상(捨象)하고 새로운 세대로서의 공통된 특성을 형성하는 공분모(公分母)는 해석학적 방법이라 이름지을 수 있다고 본다. 이들의 방법론이 딜타이나 하이데커류의 철학에 의식적으로 근거한 것은 아님이 분명하다 해도 그들이 전세대(前世代) 시인과 구별되는 통성(通性)은 대상의 내적 파악에 대한 해석학적 방법임은 그들의 작품을 관찰함으로써 알 수 있을 것이다.

이러한 방법이 우리의 시에 지적 세련 또는 시대적 감각, 철학적 의취(意趣)를 기여할 것은 부인할 수 없는 사실이지만, 그것은 그대로 하나의 포화상태에 든 감이 있음도 양탈할 수 없는 사실이 되었다. 첫째, 이러한 해석학적 방법은 철학적 입지가 주로 인식론에 통함으로써 현대의 중요한 주제요 모럴인 실천성 내지 행동의 입지에 대립하는 것이요, 객관적 방법을 좇아 어느 새 주관의 지나친 함정에 떨어졌다는 것이다.

만근(輓近) 우리 시의 방법이 내포한 이러한 난점은 우리의 시가 이 해석학적 방법에 일단의 회의(懷疑)를 제기할 계기가 도래하였음을 시사하는 것이 아닐까. 우리 시가 새로운 방법의 하나로서 마땅히 착안할 방향으로 의미론(semantics)의 방법이 있다고 본다. 주지하는 바와 같이 semantics는 어의학(語義學) 또는 의의학(意義學)이라고도 불리어지는 일반언어학의 일부분이지만 현대철학 특히 미국에서 대두되고 있는 철학의 한 분과이니 의미의 변화추이를 연구하는 학문이다. 어의의 변화 또는 분화는 역사적 사회적 조건에 따라서 그것을 반영하기 때문에 일반문화사적, 사회학적 고찰의 일환이 된다고 자처한다. 그러므로, 이 연구에 의해서 언어는 그 살아 있는 움직임을 그 구체적인 양자(樣姿)에서 파악할 수 있고, 한 개의 언어가 지닌 바 여러 가지 의의 또는 그 상호간의 관련이 밝혀짐으로써 함축이 풍부해지는 것이다.

의의(意義)의 변화와 분화의 중요한 요인으로서 사회구조의 변화, 사회적 사물의 변천, 사회상태의 추이, 사회의 계급적, 직업적, 지역적 분화가 열거되거니와 이것의 연구야말로 새로운 시의 기초가 될 것이요, 통념의 제약을 받은 언어로써 자기의 독특한 관념을 형상하는 시인에게는 불가결의 것이 아닐 수 없다. 주제와 사고, 구성과 문장, 관념과 어의(語義)의 통일은 우리의 현대시에 대한 지금까지의 노력을 완성된 미(美)로써 통일화하여 줄 것이다. 의미론적 방향의 제시는 먼저 우리 시를 갓 쓰고 자전거 타는 개화사상적 희화(戱畵)에서 구출할 것이다.

― 1956, 《문학예술》(文學藝術) 6월호

봉황의 시름
─ 청량산인의 무망(誣罔)을 밝힘

《문학》(文學) 제7호에서 청량산인(淸凉山人)의 "민족문학론"을 읽었다. 그 논급(論及)한 범위가 광대산만(廣大散漫)하여 나의 천식(淺識)으로써는 장황한 시간과 지면을 허비할 겨를이 없을 뿐만 아니라 해문(該文)을 읽고 난 감상이래야 민주주의 민족문학이란 해방신어(解放新語)에 또 인민이란 두 자를 얹은 그 부제밖에 별다른 새 전개도 없었으므로 새삼스레 논의할 흥미조차 상실하였다. 문학에서, 민족에서, 민주주의에서 한결같은 특칭전제(特稱前提)로 전칭(全稱) 결론을 내리려는 이 공식사관(公式史觀)이 스스로 정치적 의의를 위하여서는 혼동 받기 쉬운 이들 언어개념을 밝히기 위해서 도리어 정치적으로 자가(自家)에 불리한 한계선을 그어 가고 있는 것은 우스운 일이 아닐 수 없다. 조선의 봉건사회 시가(詩歌)에도 인민이란 어휘가 나오니 오늘 독특히 쓰려는 인민이란 개념을 밝히기 위해서는 부득이 무산계급(無産階級)이란 넉 자를 더 얹어야 할 것이요, 무산계급에도 제 민족 또는 국가의 자주복리를 위하여 투쟁하는 많은 인민이 세기적으로 대두하고 있는 이상 이 인민민주주의 민족문학은 기실 발표할 수 없는 소연방주의(蘇聯邦主義) 무산계급 인민민주주의 민족문학이란 장구(長句)의 단일표제를 해명하기 전엔 아무래도 도루아미타불인 것이다.

실상 내가 이 일문(一文)을 초(草)하는 본뜻은 이 "민족문학론"이 제시하는 문학정책의 반박에 있는 것이 아니요 근거 없는 인신공격과 왜곡된 작품해석으로 무고(誣告)를 일삼는 타락한 비평가의 맹성(猛省)을 촉구하고자 함에 있다.

청량산인(淸凉山人)은 이 "민족문학론"에서 무슨 때문인지 모르나 졸연(猝然)히 졸시(拙詩) 〈봉황수〉(鳳凰愁)의 일절을 인용하고 독단적 비평을 마음대로 하였다. 누구도 언급하지 않은 이 시의 한 개 어휘에까지 세심한 주의를 베푼 것은 씨의 이 시에 대한 관심이 옅지 않았음을 감사하거니와 소홀한 현학벽(衒學癖)이 독자 앞에 시인의 무식을 폭로하겠다는 내심(內心)은 문학에 대한 편달(鞭撻)보다는 아무래도 당파의식에서 나온 적대감 때문이란 것을 생각하면 서글프기까지 하다.

함에도 불구하고 씨의 논단(論斷)이 도리어 오류를 범했다면 어쩔 것인가. 씨는 말한다. "이 시는 덕수궁(德壽宮)에서 쓴 것이리라. 그리고 봉황새는 중화전(中和殿) 천장에 있는 악작(鸑鷟)이라는 새를 봉황으로 잘못 알았을 것이라고". 물론 시의 감상에 이와 같은 추측은 허용된다. 그러나, 그 시의 오류를 지적하기 전에 한 시인을 이해하려는 노력은 먼저 그 시에 대한 가능한 범위의 정확한 지식을 얻기 전에는 논단할 수 없는 것이다.

이 시에 품석(品石)이 나오고 거미줄 친 옥좌(玉座)가 나온다면 이는 임금이 조회(朝會) 받던 곳이다. 덕수궁의 조회받던 곳은 씨의 말대로 중화전(中和殿)이다. 그러나, 중화전 천장에 있는 악작이란 새는 씨가 직접 보고 하는 말인가. 누구나가 볼 수 있는 이 건물을 보지도 않고 말로만 듣고 얘기함인가. 중화전 천장 위에 악작이란 새가 있다는 것은 초문(初聞)이다. 왜? 그 옥좌 위에는 당당히 금으로 새긴 쌍룡(雙龍)이 틀어 올려 있기 때문이다. 중국의 속국이었던 시절의 옥좌의 하나인 창경궁(昌慶宮) 명정전(明政殿)에는 아직도 악작이 남아 있음에 비하여 이른바 청(淸)에의 복속을 벗어난 대한제국(大韓帝國) 시종(始

終)의 궁궐 중화전에는 쌍룡을 틀어 올렸다는 사실 앞에 아무 의의(疑義)도 가질 수 없는 것이어늘 봉황새가 없는 중화전을 두고 "두 마리 봉황새를 틀어올렸다"는 시가 지어졌으리라는 논단은 어디서 오는 것일까.

또 악작이란 새를 봉황으로 잘못 알았다는 이 잘못이란 말은 무슨 말인가. 씨는 악작이란 새에 대한 분운(紛紜)한 제설(諸說)을 섭렵하였으며 이와 같은 상상적 의미의 동물에까지 과학적 분류의 체계를 가질 수 있는가. 악작에 대해선 여러 가지 설이 있으나 적어도 그것이 고전적 의미에서는 봉황과 같이 쓰여졌다면 어떻게 되는가. 허신(許愼)의 설문(說文)에 "악작 봉황야(鳳凰也)"라 있고, 장화(張華)의 금경주(禽經註)에 "봉지소자왈(鳳之小者曰) 악작"이라 했으며, '주어'(周語)에 있는 "주지흥야(周之興也) 악작명우기산(鸑鷟鳴于岐山)"이라는 전고(典故)는 《시경》(詩經) '대아'(大雅)에서는 "봉황명의우피고강(鳳凰鳴矣于彼高岡) 오동생의(梧桐生矣) 우피조양(于彼朝陽)"이라 했으며, 우리의 고가(古歌) 〈새타령〉에도 "문왕(文王)이 나계시니 기산조양(岐山朝陽)에 봉황(鳳凰)새"라고 뚜렷이 있거늘 악작을 봉황(鳳凰)으로 안 것이 무엇이 잘못이란 말인가.

문학에서 고전주의는 적어도 이지(理智)의 전범(典範)과 규격의 균형에서 출발한다. 이 일련(一聯)의 몇 편(篇) 시(詩)는 내가 스무 살 어린 나이에 쓴 것이므로 장담은 하지 않겠으나 아무 근거 없이 쓴 것이 지적된다면 책(責)을 지겠지만 시를 쓴 사람보다 평가(評家)가 그것을 범하였다면 허물이 누구에게 있는가.

봉황은 용이나 맥(貘)과 같이 상상상(想像上)의 동물이다. 홍전린후(鴻前麟後) 연함(燕頷) 계훼(鷄喙) 사두(蛇頭) 어미(魚尾)…라는 형상을 지닌 봉황은 조류(鳥類)의 장(長)으로 어떤 때는 붕(鵬)과도 상통된다. 이어(鯉魚)나 배암이 몇 천년을 묵고 비늘과 길이가 얼마 되면 용(龍)이 된다는 전설이 있듯이 무슨 새든 상서(祥瑞)의 이조(異鳥)면 봉황으로 간주될 수도 있는 것이다. 그러므로, 사원(辭源)에 "악작(鸑鷟) 주옥상여압이대(璹瑪狀如鴨而大) … 색자감(色紫紺) … 고이위서조(古以爲瑞鳥)"라든가, 《본초강목》(本草綱目)의 "채형운(蔡衡云) 상봉유사적다자봉(象鳳有四赤多者鳳) … 자다자악작(紫多者鸑鷟)"으로써 악작을 봉황으로 보는 것이 아무 오류도 없는 것임을 알 것이다.

또 씨가 인용한 바 "정일품(正一品) 종구품(從九品) 어느 줄에도 나의 몸둘 곳은 바이 없었다"라는 구(句)가 사환욕(仕宦慾)의 표현이라고 왜곡되어도 좋다. 시가 씌어진 시대와 시인의 세계관 내지 인간성에 대한 천착(穿鑿)이 없이 함부로 논단(論斷)을 내린다면 민족의 슬픔이 하나의 건물에 호소(呼訴)되는 것, 봉건의 유물이 민족의식의 탐구에 상징되는 것을 관료의 자리 없음을 한(恨)하는 속물로 보든말든 나의 아랑곳은 아니다. 마치 한 군주를 위하여 목숨을 바친 정포은(鄭圃隱)을 천치속물(天痴俗物)로 보는 사람은 군주에 바친 단충(丹忠)으로 상징된 그 진기(盡己)의 인간성이 불멸의 광망(光芒) 됨을 모르기 때문인 것과 마찬가지다.

사대(事大)의 입국(立國)과 각축(角逐)의 한말(韓末)을 생각하며 이제는 누구나 마음대로 설 수 있는 품석(品石) 앞에 몸둘 곳 없음을 노래함을 비웃는 이는 문화유산에서 찾는 시인의 민족의식과 국말군주(國末君主)에게 바친 충신의 인간성을 논난할 자가(自家)의 춘추(春秋)를 가졌음이리라. 이러한 춘추는 적용되는 시공이 무척 제한되어 일종의 장신법(藏身法)에 통한다. 만일 이 논법에 따른다면 봉건의 잔재로 망국의 원인이 된 씨족관념(氏族觀念)을 버리기 위해서는 창씨제도(創氏制度)에 협력하는 것이 옳았을 것이다. 그러나, 타력(他力)의 본의(本意)가 건실한 생성(生成)의 조장에 있지 않고 민족의식의 뿌리를 빼는 데 착목(著目)된다면 창씨혁명(創氏革命)이고 공산혁명이고 간에 어제나 오늘이나 마찬가지다. 그러므로, 나는 아직 낡은 것, 벌레 먹은 것까지라도 우리 민족의 주체정신을 자극하는 것이라면 무엇이나 노래해야 할 것이라고 믿는다.

　성인(聖人)이 나면 봉황이 운다더니, 민족성 인간성을 구원할 성스러운 사상은 나오지 않고 오늘도 봉황은 시름에 잠겨 있다. 바라건대 청량산인(淸凉山人)은 이런 무망(誣罔)의 정신을 버리고 마땅히 민족과 문학을 위하여 언어의 유기적 구상(具象)인 시를 전체에서 파악하는 양심 있는 논필(論筆)을 들어주지 않겠는가. 나는 이 미지(未知)의 논가(論家)에 대한 한 줄기 기대를 잊지 않는다. 왜냐 하면, 병든 민족을 스스로 뿌리뽑지 않고 제 힘으로 병든 가지를 자르고 알맞은 약을 치려는 나의 연연(戀戀)한 집념에 대해서 이른바 민족초월(民族超越)의 진보적 안경을 쓰고 나를 민시(憫視)하는 청량산인(淸凉山人)의 마음속에도 민족을 이해할 수 있는 단서(端緖)가 싹터 있음을 알기 때문이다.

— 1948년, 《신세기》(新世紀)

나의 역정(歷程)
─ 시주(詩酒) 반생(半生) 자서(自敍)

'나의 문학 역정(歷程)'이란 제목을 받았으나 도무지 탐탁하지 않는 제목이다. 나는 옛날에 이러했노라는 투의 얘기란 거개가 어른이 아이들에게 대수롭지 않은 자기 과거를 과시하기 위한 퇴세(頹勢)이기가 일쑤인데 나는 아직 이런 얘기를 해야 할 정도로까지 늙지는 않았기 때문이다.

그보다도 시공(時空)의 거리감이란 미감을 한결 돋구기로 마련이어서 과거의 초라한 자취를 무슨 황홀한 꿈처럼 반추(反芻)한다는 것은 현재의 내 정신의 정체된 모습을 노출하는 것 같아서 까닭 모를 혐오까지 느끼게 한다.

나의 문학역정(文學歷程)은 그대로 나의 인생역정일 따름이다. 한때 '생활이 없는 시(詩)'라는 폄(貶)을 받은 나의 시가 나 자신에 있어서는 둘도 없는 생활의 기록임을 어찌하는가. 반생역정(半生歷程)이 흐르는 물 차운 산에 있었기 때문에 읊은 노래가 한결같이 서러운 가락이었다는 한 마디로 나의 문학역정은 요약되는 것이 사실이다. 민족수난의 절정 ─ 또는 그 격류(激流) 속에서 부딪쳐 부서진 포말(泡沫), 아니면 싹트다가 그대로 서리맞은 풀잎 ─ 이것이 시를 찾아 20년을 방황해 온 한 사나이가 문득 스스로를 돌아보고 느끼는 초라한 제 모습이기에 말이다.

내가 신문잡지를 처음 읽을 줄 알던 시절은 이른바 저항문학이 대두하기 시작할 무렵이었다. 글이랍시고 쓰기 시작한 것은 아홉 살 때 동요를 지어 본 것이 처음인데, 이 동요란 것이 그 무렵엔 성(盛)하던 프로 문학의 영향을 받은 것이었음을 기억한다. 그때 풍속대로 어린 피오닐이 되어 덩달아 지어 보던 프로 동요(童謠)는 까닭없이 살벌하던 그 정신에 회의(懷疑)를 느껴 짓기는 지으면서도 투고(投稿) 한번 해 보지 않고 찢어버리곤 하였다. 열 세살 무렵에 처음으로 메테를링크의 〈파랑새〉, 배리의 〈피터팬〉, 와일드의 〈행복한 왕자〉 같은 동화를 읽고 가슴이 흐뭇해져서 문학이란 이런 것이다 라고 속짐작을 시작한 것이 그 무렵의 나의 생리(生理)였다. 문학적으로는 이와 같이 프로 문학에 대한 혐오와 회의를 진작부터 깨달았으면서도 어쩐 일인지 나는 그 무렵의 소년회(少年會) 활동에는 상당한 열성으로 참가하고 있었고 어려운 사회과학 서적을 주워 읽기에 게으르지 않았다. 최후의 '어린이날'을 산중에서 비밀히 거행한 것이 발각되어 소년회가 수색과 구류(拘留) 끝에 해산을 당하던 날 어린 소년들이 한자리에 모여 몹시 울었던 일은 아직도 그 날의 기억으로 역력히 남아 있다.

당시의 소년회를 영도하였고 우리의 문학의 싹을 길러준 사람은 나보다 세 살 위의 조숙한 소년 — 뒤에 스물 한 살을 일기로 요절한 망형(亡兄) 세림(世林)이었다. 열 여섯 살 짜리와 열 세 살짜리 어린 형제가 외가에를 다니러 가도 경찰의 내방(來訪)을 받던 웃지 못할 감시의 세월은 그때부터 나의 가슴에 일말의 어두운 그림자를 던지고 있었다. 그때의 우리 집 뒷방에는 무기징역수 박열(朴烈) 씨가 옥중투쟁 때 입었다는 사모관대(紗帽冠帶) 한 벌이 있었다. — 아버지가 동경유학생 학우회장(學友會長) 시절에 옥중에 차입(差入) 하였던 것이라고 했다. 어두운 방 시렁 위에서 좀먹어 가고 있던 그 사모관대를 몰래 열어 보고 이상한 감격에 잠기곤 하였다.

생래의 허약한 몸으로는 주체할 수 없던 정신의 격정은 삼십을 넘은 오늘까지도 나를 흔들고 있거니와 이러한 어린 날의 감격이 절로 자라나고 있던 민족의식의 모습인 줄은 훨씬 뒷날 철이 들고 나서였다. 애린(哀隣)의 생리와 격렬(激烈)의 감정이 모순된 성격 그대로의 표현은 '한'(恨)이란 것이었다. 어딘가 슬픔이 깃들여 있어야 좋은 시인 줄 아는 나의 버릇은 이런 생리에서 연유(緣由)하는 것임에 틀림없다.

내가 시를 처음 습작(習作)한 것은 열 여섯 살 때의 일이다. 나의 슬픔은 사춘기의 생리(生理)로 하여 더욱 짙어졌을 것은 물론이었다. 난독(亂讀)과 남작(濫作)의 방황도 이때부터 시작되었다. 복자(覆字) 투성이의 팜플렛을 탐독(耽讀)한 것은 그 흥분과 항쟁(抗爭)의 몽상(夢想)이 좋아서였지만 그러한 의식을 노래한 '카프' 혹은 '나프'의 시는 차라리 팜플렛의 감격만도 못 하였다. 바이런도 휘트먼도 하이네의 혁명시도 어쩐지 시로서는 마음에 차지가 않았다.

열 일곱 살 때 처음 상경하여 나는 동향의 선배시인 오일도(吳一島) 사백(詞伯)의 '시원사'(詩苑社)에서 머무르고 있었다. 이때는 《시원》 (詩苑)과 《시인부락》(詩人部落), 《삼사문학》(三四文學)이 발간된 직후였는데 거개가 휴간으로 자연 폐간이 될 때였다. 그 전해 봄에 상경했다가 실의의 청년이 되어 귀향한 세림(世林)이 지니고 온 일변(一變)한 사편(詞篇)이 센티멘털한 시였듯이 상경한 후의 나의 습작시도 그러한 방향으로 흐르고 있었다. 우리 시사(詩史)의 중흥시대인 '시문학'(詩文學)파의 영향을 이 무렵에 받은 것도 자연한 추세였을 것이다. 윤곤강(尹崑岡)은 그 첫 시집 《대지》(大地)의 교정을 볼 때였고, 오장환(吳章煥)의 《성벽》(城壁)은 아직 원고 뭉치로 있을 때였다. 이 무렵의 나는 한 편의 투고도 시험하지 않았다. 조선어학회에 드나들기 시작한 것도 이때였고, 사회과학서 대신에 민족문화에 대한 학술서를 읽는 데 열중하기 시작한 것이 이 무렵의 일이었다.

상경 후 내가 처음 탐독한 시인은 보들레르와 와일드였다. 사실주의 이후 주조(主潮) 잃은 문예사조를 알아본다고 보들레르와 도스토에프스키, 플로베르를 읽고 나서 보들레르의 상징주의가 정통이라고 믿은 것도, 와일드의 탐미주의에 혹(惑)하여 《살로메》를 번역하여 본 것도 이 무렵의 일이었다. 나는 이내 그 당시의 모든 문학청년이 그랬던 것과 마찬가지로 일차 대전 이후의 이른바 아방가르드 문학에 열중하기도 하였다. 쉬르니 다다니 포오멀이니 하던 그날의 나의 습작은 보잘것없는 것이었으나 이 한 때의 섭렵(涉獵)은 나의 시 공부에 결코 무익한 것은 아니었다. 이때에 섭렵해 두었던 그러한 시론은 동란(動亂) 직전까지도 나의 서랍 속에 고운 색실로 꿰매어 있었다. 그러나 어쩐 일인지 이러한 첨단문학(尖端文學)은 나의 구미에 잘 당겨지지를 않았다.

《문장》지 추천시 모집에 응모하여 그 제 1 회로 〈고풍의상〉(古風衣裳)이 당선된 것은 1939년 봄 열 아홉 살 때 일이다. 〈고풍의상〉은 서구시를 모방하던 그때까지의 나의 습작을 탈각(脫却)하고 자신의 시를 정립(定立)하려고 한 첫 작품이었으나 실상은 강의시간에 낙서 삼아 쓴 것을 그대로 우체통에 넣은 것이 뽑힌 것이었다. 그러나 이는 민족문화에 대한 나의 애착(愛着), 그 중에도 민속학(民俗學) 공부에 대한 나의 관심이 감성(感性) 안에서 절로 돌아나온 작품이었음을 알 수 있다. 이 계열의 작품은 그때까지 이 〈고풍의상〉 한 편밖에 없었기 때문에 3회 추천을 필요로 하는 나의 추천 통과는 자연히 지연되지 않을 수 없었다. 그해 11월에 〈승무〉(僧舞), 그 이듬해 2월에 〈봉황수〉(鳳凰愁)가 추천되기 까지에는 열 한 달이나 경과되었었다.

그때의 시선(詩選)을 맡아보던 지용사백(芝容詞伯)이 추천사에서 과찬해 주어서 무척 즐거운 한편 두려운 마음이 뒤를 따르고 있었다. 나와 함께 제 1 회 추천에 뽑혔던 김종한(金鍾漢)과 제 2 회부터 등장한 이한직(李漢稷)이 먼저 추천을 마쳤고, 그 뒤로 박두진(朴斗鎭)과 박남수(朴南洙)가 통과한 뒤를 이어 세 번째로 내가 나온 뒤에 박목월(朴木月)이 나왔으니, 《문장》지 추천 시인은 이 여섯 사람으로 막을 닫았다. 이들 시우(詩友) 중 김종한만이 해방 전에 요절했을 뿐, 박남수도 동란 후에 월남하게 되어 한 자리에 앉아 그때의 감회를 얘기하며 웃을 수 있는 것은 난세(亂世)의 적지 않은 복이라고 하겠다.

《문장》지 추천을 쉬고 있던 기간에 나는 《백지》(白紙)라는 동인지를 발간하였다. 이 동인지에 실린 나의 작품들은 상경 이후 〈고풍의 상〉 직전까지의 습작들이었는데, 그 1집에 실린 〈계산표〉(計算表)와 〈귀곡지〉(鬼哭誌)를 유진오(兪鎭午) 선생이 혜민(慧敏)한 지성을 산다고 평을 써 줘서 은근히 기뻐하던 기억이 있다. 《백지》는 서울에 있는 문학 공부하는 학생 14명과 일본 예술과(藝術科) 학생 4명에 기타 2명으로 구성되었는데, 시·소설·희곡을 다 실린 창작지였으나 3집으로 끝나고 말았다. 그동안 고인(故人)이 된 사람이 김종한을 비롯하여 세 사람, 해방 전후에 뿔뿔이 흩어지고 지금 소식을 아는 사람은 셋밖에 없는데다가 거개가 문학을 떠난 듯 간혹이라도 작품을 발표하고 있는 사람은 나 하나뿐이어서 적막하기 짝이 없다.

성북동 심우장(尋牛莊)으로 한용운(韓龍雲) 선생을 찾아뵈온 것과 자하문(紫霞門) 밖 셋방으로 홍로작(洪露雀) 선생을 찾아뵈온 것도 이 무렵이었으니 두 분 다 잊히지 않는 분으로 몇 가지 추억을 남겨 주셨다. 나는 이 시기에 니체와 셰스토프와 메레즈코프스키를 읽고 좋아하기도 하였다. 평원선(平原線) 철로가 놓이기 전에 원산서 평양까지를 걸어서 여행한 것도 이 시기의 일이었다. 또 '극예술연구회'(劇藝術研究會)와 '중앙무대'(中央舞臺)와 '낭만좌'(浪漫座)를 드나든 것도 이 1939년 전후의 일이었으며 서정주(徐廷柱), 김달진(金達鎭) 두 선배를 만난 것도 이때의 일이었다.

스물 두 살 되던 해 봄에 나는 학교를 마치자 곧 오대산 월정사로 가게 되었다. 경성제대(京城帝大) 종교사회학(宗敎社會學) 연구실의 적송(赤松), 추엽(秋葉) 양 교수의 호의로 '만몽민속품참고관'(滿蒙民俗品參考館)에 일자리가 났으나, 나의 어지러운 머리를 가누기 위해서는 이 심산(深山)의 고찰이 더 필요하였던 것이다. 불교강원의 외전강사란 이름으로 스물 두 살 짜리 백면 서생은 주지(住持)와 조실(祖室)의 다음 자리에 앉아 가승(假僧) 노릇으로 일년을 보냈다. 자기침잠(自己沈潛)의 공부에 들었던 그 일년은 나의 시에 한 시기를 그은 것이 사실이요 그만큼 나의 생애에 중요한 도정(道程)이기도 하였다.

나의 시가 지닌 바 기교주의(技巧主義)는 선(禪)으로부터 오는 무기교주의로서 지양(止揚)되었고 주지(主知)의 미학은 자연과의 교감으로 바뀌어지기 시작하였다. '금강경오가해'(金剛經五家解)와 '화엄경'(華嚴經)에 경도(傾倒)하고 '전등록'(傳燈錄)과 '염송'(拈訟)을 탐독하고 절의 서고에 있는 노장(老莊)과 스피노자와 헤겔, 베르그송을 조금 읽은 것도 이 무렵의 일이다. 〈마을〉, 〈달밤〉, 〈고사〉(古寺), 〈산방〉(山房) 계열이 절에서 지은 작품들이니, 주로 서경(敍景)의 자연시 — 슬프지 않은 시 몇 편은 이때에 이루어진 것들이다. 발레리, 릴케, 헤세를 집어치우고 다시 당시(唐詩)를 읽고 한산시(寒山詩)를 비롯한 선가어록(禪家語錄)과 창송(倡頌)을 좋아한 것이 그때의 나의 생활이었다.

그러나 가을로 접어들면서 나의 유유자적(悠悠自適)은 파탄에 직면하게 되었다. 《문장》지 폐간호를 받고 신선(神仙)골 노파집에서 술이 취하여 방성통곡을 하는가 하면, 진주만 폭격이 있고 나서는 내 서실(書室)의 수색이 있었고, 싱가포르 함락의 보(報)가 전해지던 날은 주재소(駐在所) 수석이 와서 축하행렬을 명령하고 갔다는 것이다. 주지(住持)에게서 백지 몇 권을 받아 학인(學人)들에게 아무거나 만들라고 시켜 놓고 나서 나는 아랫골 주막에 누워 종일을 혼자서 통음(痛飮)하였던 것이다. 황혼에 올라와서 학인들이 만들어 놓은 것을 이것저것 쳐다보다가 나는 그대로 졸도하고 말았던 것이다. 며칠 뒤 나는 전보를 받고 내려오신 아버지를 따라 서울로 돌아오고 말았다. 〈암혈(岩穴)의 노래〉, 〈비혈기〉(鼻血記) 같은 것이 이 무렵의 작품이었다.

이듬해 봄부터 조선어학회 《큰 사전》 편찬을 돕자 그해 가을에 조선어학회 전원이 검거되었고 시골로 달아났다가 다시 상경하였을 때는 징용(徵用) 바람에 서울 거리에는 젊은 문우(文友)들이 드물었다. 누구는 무슨 정회서기(町會書記)로, 누구는 광산에 현원징용(現員徵用)으로 끌려가고, 모두 그런 슬픈 소식이었다. 내가 조선어학회에 있을 무렵부터 《국민문학》(國民文學)이라는 잡지가 나왔다. 이른바 황도문학(皇道文學)이 문단을 전천(專擅)하고 있었으니 문단의 유복자격인 우리는 절로 붓을 꺾을 수밖에 없었다. 그때의 '조선문인보국회'(朝鮮文人報國會)는 입회를 강요하기도 하였으나 대부분의 문인은 제바람에 놀아나고 있는 형편이었다. 나는 추천시 몇 편 발표한 것이 무슨 시인이겠느냐는 말을 방패삼아 문인보국회 입회를 피할 수 있을 정도로 문단의 애송이었던 것이 다행한 일이었지만, 그 당시 문인보국회를 움직이던 사람들에 대한 나의 증오는 좀처럼 사라지는 것이 아니었다. 이럴 때에 나는 성지순례와도 같은 심경으로 경주를 다녀왔다. 〈파초우〉(芭蕉雨), 〈완화삼〉(玩花衫) 계열의 방랑적 서정을 노래한 시편(詩篇)이 이 무렵의 소산이었다. 박목월을 처음 만난 것도 이때의 일이었다.

1943년 스물 네 살 되던 해 가을에 나는 아주 낙향하고 말았다. 그 이듬해 여름에 상경하여 비어홀 앞에 늘어선 행렬 속에서 옛 친구들을 만나 회포를 풀고 나서 대학병원에 내왕(來往)하며 '폐침윤'(肺浸潤)에 '신경성 위(胃) 아토니'란 야릇한 병명의 진단서를 받아 가지고 고향으로 돌아와 누워 있었던 것이다. 징용번호(徵用番號)가 나오고 광산에 취업을 부탁하는 사이에 징용에 걸려 신체검사를 치르고 장발을 깎고 노무감내불능(勞務堪耐不能)이란 딱지가 붙어 방면(放免)된 것은 1945년 3월 해방되기 5개월 전의 일이었다. 〈낙화〉(落花), 〈낙엽〉(落葉), 〈고목〉(枯木), 〈바램의 노래〉 등이 이 무렵의 작품이다.

해방되던 해 9월 초에 내가 상경하여 일을 도운 것은 '조선어학회'의 《중등 국어 교본》, '진단학회(震壇學會)'의 《국사교본》 편찬이었고 '학술원'과 '문화건설 중앙협의회'와 '중앙문화협회' 일도 돕고 있었으니 이른바 좌우중간의 문화단체를 다 도운 셈이다. 이듬해 2월에 경기고녀(京畿高女)의 교단으로 물러나고 말았다가 다시 나와서 창립동지(創立同志)로 참가한 것이 '청년문학가협회'요, '전국 문화단체 총연합회'요, '한국문학가협회'였다. 이때부터 순수문학 대 경향문학, 민족문학 대 계급문학의 논쟁에 참가하고 강연을 하고, 시낭독을 하고, 테러를 맞고, 욕을 먹고, 홍수처럼 밀려오는 시류 속에서 갑자기 당한 속세의 누(累)는 지금 생각하면 우습기도 하나 그때는 아주 진지하고 엄숙하고 또 열중하였던 것이 사실이다. 오래 눌리어 있던 감정의 폭발은 누구나가 체험한 것과 마찬가지로 통쾌하기도 하였다. 유치환(柳致環), 김동리(金東里), 이한직(李漢稷), 박두진(朴斗鎭), 최태응(崔泰應), 곽종원(郭鍾元) 제씨는 이때 만난 동지들이다. 고군분투(孤軍奮鬪)의 멋이라 할까 98 퍼센트를 공산주의에게 점령당한 문화 면에서 소수의 동지와 함께 버티고 지키는 의지에 대한 매력이 상당히 컸던 것도 사실이지만 민족의 향방에 대한 나의 작은 신념의 소산에 틀림이 없었다.

그러나 10년 전 그때의 나의 나이는 스물 여섯 살이었다는 사실을 염원(念願)에 두지 않고서는 이 치기는 이해되지 않을 것이다. 이 무렵의 작품으로 〈산상(山上)의 노래〉란 해방기념시를 위시해서 〈십자가의 노래〉, 〈불타는 밤거리에〉 등 수편이 있으나 역시 시로서는 나의 마음에 대수롭지 않은 것이 사실이다. 나의 이러한 홍분은 정부가 서면서부터 가라앉기 시작하였다. 그리하여, 나는 1947년 가을 다시 모든 일에서 손을 떼고 고려대학교의 강단으로 옮겨왔던 것이다.

1950년 6·25 동란이 터지자 27일 아침 가족을 결별하고 튀어나와서 거리에 밤늦도록 있다가 서정주, 이한직, 박목월과 함께 원효로(元曉路) 아는 집에서 자는 동안에 인도교(人道橋)가 끊어졌고 적군(赤軍) 탱크가 한강연안에 이른 뒤에 헤엄도 못 치면서 절벽에서 투신하여 뱃전에 매어달려 도강했으며, 대전에서 '문총구국대'(文總救國隊)를 만들고 전주, 이리, 광주, 목포로 다시 대구에서 부산으로 다시 대구로—

분주(奔走)하는 동안에 인천상륙이 결행(決行)되자 중서부 전선(戰線)에 종군(從軍)하여 10월 3일에 입경하였던 것이다. 10월 말에 평양이 점령되자 해주를 거쳐 평양으로, 그리하여 50일 만에 중공군이 평양을 다시 점령하기 3일 전에 서울에 돌아왔던 것이다. 이 무렵에 쓴 작품도 〈다부원(多富院)에서〉, 〈도리원(挑李院)에서〉, 〈너는 삼팔선을 넘고 있다〉 등 수십 편이 있으나 발표한 것은 4, 5편에 불과하다.

나는 이번 난리통에 어머니를 여의고, 아버지의 소식을 모르게 되었다. 조부(祖父)가 자결(自決)하시고, 아우가 죽고, 하나뿐인 매부(妹夫)마저 잃어서 천애의 고아가 되었다. 내가 이 충격에서 깨어나기까지에는 시가 쉽사리 귀가(歸家)하지 않을 것을 내 스스로가 잘 알고 있었다.

'문장천고사(文章千古事) 득실촌심지(得失寸心知)'는 노두(老杜)의 명구이지만, 하잔한 두어 줄 글에 청춘을 송두리째 바친 것은 과연 나의 '실'(失)이 아닐 수 없다. 그러나 없으면 못 견딜 지기(知己)로서 시를 지니고 있다는 것만은 내가 길이 뉘우치지 않을 '득'(得)인 것도 나는 알고 있다. 시를 쓴답시고 붓을 든 지가 벌써 20년 — 그동안 쓴 시가 120 편쯤 된다. 120편이라면 적지 않은 양이지만 20년에 120편이면 두 달에 한 편 꼴밖에 안 된다. 그동안 내가 마신 술은 몇 섬이나 될는지? 술은 이미 사라지고 시만 남아 있다. 그 시마저 언제 사라질지 모르니 사나이 반생경제(半生經濟)가 무엇이 남을 것인가. 다만 시주(詩酒)에서 얻은 그 덕(德)으로 남은 반생을 온(慍)하지 않고 살아갈 따름이다.

— 1955. 12. 5, 《고대문화》 제 1 집

내 시의 고향

― 나의 시작(詩作) 노트

《청록집》(靑鹿集)이 우리 세 사람 공동의 첫 시집이라는 것과 거기 수록된 작품들이 모두가 해방 직전 ― 주로 발표의 길이 막혔던 암흑기에 씌어진 것들임은 이미 주지하는 사실이다.

우리 세사람은 같은 시기에 시를 쓰기 시작했고, 또 같은 무렵에《문장》이라는 같은 문예지의 추천시인으로 시단에 등장한 사람들이다. 발표할 수 없던 시를 발표하게 된 해방의 감격, 혼란한 정치조류 속에서 시의 바른 길을 제시하려는 의욕, 우리 시의 새로운 전개를 위한 교량으로서의 전통의 집성, 이런 것이 어울려서《청록집》을 엮게 한 객관적인 기연(機緣)이 되었지만, 이러한 의욕이 어째서 하필이면 우리 세 사람을 한데 엮음으로써 시도된 것일까. 우리 세 사람은 해방 전 시단의 최후의 사람들이요, 문단전체가 좌경했던 당시에 그 사상의 격류 속에 반립(反立)하여 시의 고독을 같이 지키고자 했고 작품경향이 다 같이 민족애(民族愛)를 기조로 한 전통적 율격이 짙었기 때문인지도 모른다. 그러나 그보다도 더 근본적인 인연은 이 세 사람이 같은 잡지의 추천동인이었다는 정의(情義)라 할 수 있다. 같이 시단에 등장한 김종한(金鍾漢)은 요절했고, 이한직(李漢稷)은 학병에서 안 돌아왔으며 박남수(朴南秀)는 아직 북한에 있을 때여서 당시에 만난 사람이 이 세 사람인데다가 이들은 본래 시세계에 많은 공통점을 지니고 있었다.

우리 세 사람의 시에서 공통점을 요약한다면 민족과 자연, 모어(母語)에 대한 애정과 기다림의 정서라고나 할까. 향토에 대한 애착과 슬픔의 목가(牧歌), 자연에 대한 관조(觀照)와 사라져 가는 것에 대한 아쉬움의 정한(情恨), 자연 속에 마음의 빛을 찾는 생리와 신념의 기도, 이것들은 모두 다 그 공통된 에스프리의 다른 표현이었던 것이다. 우리는 민족적 현실의 초극을 위한 저항을 노래하진 못하였으나 붓을 꺾고 숨어서 시를 씀으로써 치욕의 페이지에 이름을 얹지는 않았고, 쫓긴 이의 슬픔 속에 잠겨서 시를 썼으나 퇴폐에 몸을 맡기지 않아 희구(希求)하는 슬픔으로 빛을 삼았던 것만은 확언할 수 있다.

우리들의 이러한 시세계가 한국시에 무엇을 남기고 어떻게 기여했는지를 우리는 모른다. 다만 이와 같은 《청록집》이 씌어진 세월을 살피지 않는 평가들이 《청록집》 간행 당시부터 지금까지 좌익이나 모더니스트들이나 또는 신세대가 한결같이 이 시기의 작품들을 마치 현재에 씌어진 작품 동양(同樣)으로 다루어 걸핏하면 생활이 없느니 화조풍월(花鳥風月)을 노래하는 음영(吟詠)이니 현실도피니 하는 따위의 격언의 표본을 삼는 것을 미소할 따름이다.

《청록집》 이후 우리들의 시는 25년의 세월을 보내는 동안 적지 않게 달라졌다는 것은 조금만 유의하는 이는 알 수가 있을 것이다. 사실 《청록집》에 수록된 시와 같은 세계를 나 자신은 아직 두 번 다시 노래한 적이 없다. 돌아가고 싶어도 돌아가 지지도 않고, 또 아직은 돌아가고 싶지도 않은 것이 나의 내정(內情)이다. 그동안 나는 애정의 세계와 종군시편(從軍詩篇), 시사(時事)에 대한 격정, 저항시편, 에피그램, 고담(枯淡)한 시세계 등 방황에 가까운 편력을 거쳐 이제 귀로에 오르고 있다.

이런 뜻에서 오늘의 나의 시의 한 전형으로서 〈혼자서 가는 길〉을 골라 보았다. 4·19 후의 〈귀로〉(《사상계》 1960년 8월호), 5·16 후의

〈혼자서 가는 길〉(《서울신문》, 1962년 9월), 금년 초의 〈설조〉(雪朝, 《신세계》 1963년 1월호) 등 이러한 계열에서 오늘의 나를 발견해 보는 것이다. 분명히 귀로에 든 느낌이다. 그러나 옛날엔 한 마리 청록(靑鹿)이던 나는 늙었다. 설령 옛날의 시심(詩心)에로 돌아간다 해도 나의 시가 화려하고 풍성한 젊음의 피를 다시 회복하기를 바랄 수는 없다. 앙상한 뼈에 다만 꿈의 깊이나 더했으면 한다. 하나, 누가 이를 보장할 수 있을까 보냐.

셋이서 가던 길을 오늘에는 나만 혼자 떨어져서 가는 것 같다. 그러나 시를 통하여 듣는 서로의 소식 속에는 아직도 두 벗의 체온과 향기가 남아 있고, 새로 마련된 공통의 세계를 발견하고 놀라기까지 한다. 늙을수록 깊어지는 시의 우정은 어린 날의 꿈과 같고나.

《청록집》이 우리 세 사람의 시의 고향이라는 것은 모두들 안다. 그러나 《청록집》 간행을 을유문화사로부터 요청 받고 이를 연락한 이는 두진(斗鎭)이요, 청록집 원고를 서로 뽑아 주던 것은 어느 눈오던 밤의 성북동 지훈(芝薰)의 집에서의 일이요(나는 아직 이 집에 살고 있다), '청록집'이란 이름을 붙인 것은 목월(木月)이라는 것을 아는 이는 우리 세 사람뿐이다.　　　　　　　　　　　　　　　　1963. 4. 19 밤

　　　　　　　　　　　　　　　　— 1963. 6, 《세대》 창간호

해방 전후의 추억

— 시의 배경을 위한 자서(自敍)

민족해방의 달 8월에 대해서 무어든지 써 달라는 편집자의 청(請)을 받고 문득 생각해 보니 해방을 맞은 것이 어느덧 19년이 되었다. 그러나 그동안 우리가 겪은 참담한 역사적 현실은 그 날의 감격과 부푼 소망도 아랑곳없이 이젠 해방의 달 8월이 돌아와도 아무런 감격도 못 느끼게 만들고 말았다.

지난날의 추억이란 대개가 즐거웠던 기억은 이내 잊어버리게 되고 고생스러웠던 기억만이 오랫동안 남아 있기로 마련이다. 여행의 추억이 아름다운 것도 그것이 무슨 괴로운 파란(波瀾)이 있었을 때가 더 소중한 것, 흘러간 괴로움을 물러앉아 반추(反芻)함으로써 아름다운 추억을 삼는 것이 모든 사람의 상정(常情)인 것이다.

태평양 전쟁의 발발 — 일제가 대미(對美) 선전(宣戰)을 포고한 소식을 나는 절간에서 들었다. 그 해 이른봄에 학교를 갓 나온 나는 스물두 살 짜리 애송이로 사찰 경영의 불교전문강원(佛敎專門講院)의 외전강사(外典講師)란 자리를 얻어 소란한 세상을 등지고 숨어 버리고 말았기 때문이다. 그러나 그 무렵은 《동아일보》, 《조선일보》, 《문장》(文章) 등 우리말 신문잡지가 모조리 강제 폐간되고 일어 상용(常用), 창씨개명, 학병(學兵), 징병 등 이른바 황민화정책(皇民化政策)이 노골화되어 우리 민족과 문화가 송두리째 말살되려던 때여서 이 심산의 절간이라고 편한 피난처가 될 수는 없었다. 감시와 박해 속에 실의낙백(失意落魄)한 청춘 — 상시(常時)의 나의 초췌(憔悴)한 모습은 장발백의(長髮白衣)의 가승(假僧)이란 표현을 상상하면 짐작이 갈 것이다.

벗이라곤 술밖에 없는 이 산중의 일년간을 그래도 나는 연약한 정신의 자세를 가누려고 애썼다. 나의 선(禪)은 삶과 죽음만을 생각하는 선. 시(詩)도 초월의 세계에 안주할 수가 없었다.

그 무렵에 쓴 이십여 편의 시는 거개(擧皆)가 시로서 그 날의 나의 생활과 인정이 나타나 있다. 그 중에서 두 편을 뽑아 본다.

　　　암혈(岩穴)의 노래

　야위면 야윌수록
　살찌는 魂

　별과 달이 부서진
　샘물을 마신다.

　젊음이 내게 준
　서릿발 칼을 맞고

　創痍를 어루만지며
　내 홀로 쫓겨 왔으나

　세상에 남은 보람이
　오히려 크기에

　풀을 뜯으며
　나는 우노라.

　꿈이여 오늘도
　曠野를 달리거라

깊은 산골에
잎이 진다.

　바램의 노래

궂은비 나리는 밤은 깊어서
내 이제 꿈결 속에 외로이 부닥치는 바위와 같다.

두터운 벽에 귀 대이면
그래도 강물은 흐르는 것이고
거센 물결 우에 저 멀리
푸른 하늘이 보이는 것을 ―

바램에 목마른 젊은 혼은 주검도 향기롭게 그려보노니
사랑하라 세월이여
쓸쓸한 마음의 黃土 기슭에
복사꽃은 언제나 피고 웃는가.

캄캄한 어둠 속에 창을 열고
누구에게 불리운듯 홀로 나서면

거칠은 바람 속에 꺼지지 않는 등불
아 작은 호롱불이

어둠 속에 오는가
나를 찾아 오는가.

　나물만 먹고사는 절간의 식생활에 독주를 과음한 탓으로 나의 건강
은 말이 못 되게 쇠약해 가고 있었다. 싱가포르 함락의 보(報)가 전해
지자 왜경(倭警)은 이 심산에도 축하행렬을 하라고 주지에게 명령했
고, 그 날 나는 종일 주막 뒷방에서 혼자 술을 마시다가 황혼에 절간
으로 돌아와 졸도하고 말았다. 이리하여 나는 전보를 받고 내려오신

아버지를 따라 서울로 돌아오게 되었던 것이다.

두어 달 휴양 끝에 몸이 회복되자 조선어학회의 《큰 사전》 편찬을 돕게 되었다. 그러나 그 해 10월 이른바 총독부시정기념일(總督府始政記念日)을 기하여 함흥경찰서는 조선어학회를 급습하여 여기에 조선어학회 사건의 검거선풍(檢擧旋風)이 일어났고 나는 또 산중으로 달아나지 않으면 안 되었다. 조선어학회사건은 함흥 영생여고(永生女高)에서 고 정태진(丁泰眞) 씨에게 배운 어느 여학생의 일기가 발단이 된 것으로 그해 여름 방학에 함흥에 갔던 정태진 씨를 구속함으로써 탄압의 계기를 삼은 것이다.

내가 어학회의 일을 거들기로 작정한 것은 정태진 씨는 모르고 갔었기에 나는 그 명단에 들지 않은 것을 알았으나 나는 조만간 끌려갈 것을 각오하지 않을 수 없었으니 그 초조와 체념의 시간은 지금 생각해도 아찔하기만 하다. 그때의 나의 건강은 끌려가기만 하면 살아 나올 가망이 없었기 때문이다.

그 뒤로 나는 해방까지 쫓긴 이의 발걸음을 산암(山菴) 해정(海亭)의 사이에서 방황하고 있었다. 마침내 경찰의 지시로 북해도행(北海島行) 노무(勞務) 징발(徵發)에 걸리어 신체검사를 받은 끝에 지병인 폐침윤(肺浸潤) 덕분으로 노무감내불능(勞務堪耐不能)이란 딱지를 달고 장발을 깎이운 채 놓여 나온 것이 해방되던 해 3월달의 일이었다.

내가 해방의 소식을 들은 것은 8월 16일 황혼이었다. 고향집을 다니러 가는 길에 병사계 서기를 만나 징병일기생(徵兵一期生) 후배들의 안부를 물었더니 해방이 된 것을 여태 모르느냐고 큰 소리로 웃는 것이었다. 지금 서류를 모두 불태우고 한잔하고 오는 길이라고 하였다. 나는 집으로 향하던 발길을 바로 읍내로 달려갔다.

나와 같은 흥분(興奮)으로 달려온 여러 청년운동하던 선배동지들과 어울러 군민대회(郡民大會)를 열고 친일파를 성토(聲討) 추방하고 26년간 고등계(高等係) 형사질 한 자를 문초(問招)하여 스파이를 적발하는 등 바쁜 나날이 시작되었다. 지금 생각해도 심쾌(心快)한 것은 다음 세 가지 일이다.

첫째, 남한(南韓) 초유(初有)의 경찰서 접수(接收)다. 서장을 사택으로 물러나게 하고 무장을 해제하여 민간경찰로 바꾸었다가 대구에서 급파된 이백 명의 군대와 버티어 놓은 기관총의 위협 아래 담판한 끝에 경찰서를 반분(半分)하여 공동집무(共同執務)하면서도 끝내 무장을 돌려주지 않고 우리가 가진 채 치안을 확보한 일이다.

둘째, 하곡공출(夏穀供出)을 계속하여 군내배급을 실시한 일과 촌민(村民)의 자연발생적인 보복 파괴행동을 방지하는 데 치안대로 하여금 술값을 가지고 가게 해서 몽둥이 든 촌민들과 함께 춤을 추면서 읍으로 모이게 한 일이다. 관공서의 '가미다나'(神棚)을 부수게 하고 전매청 창고를 털어 담배를 한 무더기씩 나누어 줘서 돌아가게 할 때 우리는 모두 만세를 불렀다. 퇴거(退去)할 일인(日人)들은 전매청 창고에 합숙시키고 보초를 세워 놓았었는데 군중들이 몰려오니 일인들이 뛰어나와서 같이 만세를 부르며 어쩔 줄 몰라 쩔쩔매던 것은 정말 웃음 없이 볼 수 없었다. 이리하여 파괴와 살상은 하나도 없었다. 나를 징용에 몰아넣었던 주재소(駐在所) 수석(首席) 녀석도 군대소집을 갔다가 종전 덕분에 되돌아와서 무사한 처자를 보고 진심의 감사를 하고 간 것은 물론이다.

셋째, 국민학교를 다시 열고 교재(敎材)를 쓰고 등사판(謄寫版)을 밀고 아동들을 읍내로 모아 그들 손으로 신사(神社)를 불태우던 일이다. 군정시대 국어 교본 제1과에 실렸던 〈무궁화〉란 글이 바로 내가 고향에서 아이들을 가르치기 위해서 처음 쓴 글인데, 이것이 그 뒤 《주간소학생》이라는 잡지에 실리게 되어 교과서에 오른 것이다.

나는 조선어학회 여러 선배님들이 출옥했다는 소문을 듣고 그해 9월에 서울로 뛰어왔다. 조선어 학회의 《국어교본》, 진단학회(震壇學會)의 《국사교본》 편찬을 돕고 나서 그 이듬해부터 교단에 서서 지금까지

나의 직업은 훈장 노릇밖에는 다른 종목이 하나도 없다. 오래 막혔던 젊은 열정은 해방을 맞아 거의 열광적으로 되었던 것은 지금 스스로 돌아보아도 미소로운 일이다. 반탁운동(反託運動)을 비롯하여 모든 민중운동, 문화문동에 거의 다 일조의 성의를 바쳐 보았다. 다만 내가 아직 한번도 관여하지 않은 것은 정당과 관직뿐이다.

해방 후 지금까지의 나의 이러한 생활과 처신은 나를 줄곧 격정과 홍분 속에 몰아넣었으니 이제 겨우 일선에서 물러나 회고와 반성에 들 마음의 여유를 얻게 된 것이다. 부질없이 바빴던 해방 19년! 결국 나 자신의 학문과 건강에는 무위(無爲) 결손(缺損)의 세월이었음을 생각하면 웃음밖에 나올 것이 없다. 그저 좋은 인생체험을 했고 내 정신의 자세에 상처를 입음이 없었다는 것으로 자위(自慰)를 삼을 따름이다. 이제 해방 직후의 시 두 편을 붙여 그때의 역사를 헤아려 보기로 한다.

비가 나린다

비가 나린다
목마른 땅 우에
오뇌하는 生靈의 가슴 우에
촉촉히 젖어들도록 비가 나린다.

거룩한 祭壇 우 타오르는 햇불 아래
피로 물들인 잔을 들어
값진 희생으로 사라진 이와
팍팍한 黃土 우에 엎드려 울던 사람들

아 백성의 마음은 하늘이니라 나리는 비는
얼마나 달고 아름다운가
사슴과 비둘기 포기포기 푸나무도
조용히 목을 추기자

우리 다 함께 바라거니
어린 무리를 이끌어
이 귀한 물을 홀로 탐하는 이 누군가.

우리 다 함께 바라거니
지나간 날의 공을 자랑하여
이 맑은 샘을 흐리는 이 있는가.

이리와 배암도 悔悟의 잔을 들어
마지막 목을 추기라
병든 겨레의 피를 빨던 입술에

아 백성의 마음은 하늘이어니
이 샘은 얼마나 달고도 두려운 것인가.

비가 나린다
물소리 예런듯 새론 하늘이 트이고
풀 향기 솟치는 언덕 위에
칠색 무지개를 놓으려
여기 포근히 비가 나린다.

　　불타는 밤거리에

太初의 하늘에서 얻은 불길에
여기 낡은 知慧의 저자가 탄다.

허물어져 가는 城壁 위로
오늘도 헛되이 白日은 기울어

바람에 쓸리는 구름 속에는
무수한 별빛이 부서진다.

쫓겨난 生靈의 울부짖음마저

이제는 고요히 잠들었는데
여기 들리느니 푸른 기왓장과
붉은 벽돌 조각이 터지는 소리.

어두운 城門을 쪼개고
흩어진 사람들은 날이 새이면

또다시 이웃 마을의
낡은 材木을 싣고 오리라

몇번이나 지나간 劫火 속에도
오히려 타고 남은 병든 歷史가 있어

서러울수록 고요한 이 길을

아득히 아득히 먼 곳에서
잔잔히 흘러오는 강물 소리……

— 1963. 8. 1, 《공군》 제 77 호

해방시단의 일별(一瞥)

시단(詩壇)에도 호열자(虎列刺)가 유행한 듯싶다. 유능한 시인들이 자기생명의 저신타개(抵身打開)에 당황한 나머지 영혼의 불섭생(不攝生)으로 고식(姑息)된 관념추수(觀念追隨)의 악역(惡疫)에 걸려 시인의 자랑인 창조적 개성을 상실하고 격리병사(隔離病舍)의 공동생활 속에서 자꾸 소멸되어 간다. 해방 후 우리의 시단은 시의 본질에 대한 결론에 어두운 자, 방황하는 자, 하찮은 시고(詩稿)의 발표를 위하여 추세에 초심(焦心)하는 자, 지난날의 과오의 은닉에 초심하는 자가 뒤섞여 정치부랑자의 이산(離散)에 못하지 않게 갈팡질팡하는 판이니 이러고서야 어찌 고매한 시인으로 설 수 있을 것인가. 언어(시)의 해방은 지금으로 봐서는 시정신의 해이(解弛) 밖에 없다 할 것이니 시의 대중화가 바로 아무렇게 써도 좋다는 엄청난 자유를 획득했다면 모르거니와 구경(究竟)에 오늘의 저회(低徊)는 시인 스스로 가질 수 있는 생명의 추구에 대한 노력의 부족에서 오는 것밖에 아무것도 아니다.

해방이 가뭄을 풀어 주는 치렁치렁 내리는 비가 아니고 폭우래서 그런지 시단(詩壇)에도 홍수가 났다. 아무리 준비가 없이 맞은들 이다지 혼란하고 무턱대고 덤벼 싸울 수만 있는가. 흙탕물에 떠내려가는 것은 쇠똥이요 지푸라기요 걸레요 독사(毒蛇) 따위다. 이때의 시인네 누가 정치에 대한 관심이 없겠는가만 다만 정치의 격류가 베어 먹고 자갈을

덮은 황폐한 시의 논밭에 재빨리 나타나는 시인들은 괭이나 부삽 대신에 나팔과 이상한 음식을 들고 왔다.

언제나 앞장을 서는 모뽀 기림(起林)은 빌로드 양복에 훈장을 달고 실크햇을 쓴 채로 어린 공화국(共和國)을 노래한다. 새롭다는 것이 진부(陳腐)에 통하는 것은 쇼 옹(翁)의 풍자도 공식(公式)이 서면 하품만 나는 것과 어떻게 다르겠는가.

하나씩의 별을 찾아 온 용악(庸岳)은 그의 5월의 거울 앞에 비친 비수를 참인 듯 빼어 들었으나 암만 봐도 그는 아직도 빨간 비웃이 타는 개울 건너 또 개울 건너 뒷골목 선술집으로 몰래 히히 웃으면서 걸어가는 것만 같다.

공청(共靑)으로 가자. 무엇을 주저하는가. 눈에 핏줄을 세우며 부르짖는 장환(章煥)의 선동적 영탄(詠嘆) 앞에 귀기울이는 이 적어 가는 것을 보면 주저하는 것은 아직도 장환(章煥)인가 보다. 시는 흥분한 대중보다 침착한 대중에게 먼저 어필하는 법이다.

시인은 언제나 독자를 속이기보다 제 자신을 속이기가 더욱 어려운 것이니 들어가서 싸워야 하고 새로 만들어야 한다는 시인도 알고 보면 별 수가 없는 것이다. 한 해가 지나는 동안 시의 탁류(濁流)도 맑기 시작하고 여기 간간이 꽃잎이 떠가는가 하면 새 터를 닦는 생기로운 노래도 들려온다.

민족시(民族詩)의 거대한 과제 앞에 혼신의 정열과 일여(一如)한 의지로 괭이를 높이 든 시인은 유치환(柳致環)이다. 비록 그의 세련되지 못한 언어와 기술이 약간 거리끼지 않는 바 아니지만 충분히 건실하고 순진한 이 시인의 모습이야말로 민족시 개척의 첫 일꾼이 되기에 족할 것이다 [〈식목제〉(植木祭) 〈울릉도〉 〈진실〉].

이 터전에 거름을 뿌리는 이는 두진(斗鎭)이다. 바로 자연의 신비에 거래(去來)하는 건강한 아침의 시인, 한 오리 풀잎에까지 가슴을 대어 보는 생의 절대긍정자로서 이에게 민족시의 배양(培養)을 믿어도 좋을

220

것이다. 그는 세계적 시사(詩史)의 선견(先見)을 자각하여 너무 진실
한 나머지 허망해지는 태양이 되지 않아야 할 것이며 멈추려는 관념에
서 부단히 소생해야 할 것이다〔〈해〉〈청산도〉(青山道)〈해수〉(海愁)〕.
　패기 가득한 《화사집》(花蛇集)의 방탕(放蕩)에서 고원(故園)에 돌아
와 소견(消遣)하며 평범한 속에 시의 도경(道境)을 찾는 정주(廷柱)는
태연한 자세로 우주를 보고 있다. 그러나 아직 그것은 이중부정의 형
식논리에 뿌리를 두었으니 묘법(妙法)의 입문(入門)에서 지해(知解)의
번뇌를 어떻게 해탈하려는가. 정주는 고고의 시인 석초(石艸), 달진
(達鎭)과 함께 순수로써 민족시의 본집을 지키는 시인이라 할 것이다
(〈골목〉〈목화〉〈관세음(觀世音)의 노래〉).
　아름다운 목동 같은 순수시인 목월(木月)이 받들고 있는 민족시의
푸른 하늘은 높다. 그러나 목월은 구름만 바라보고 우는 소녀는 아니
다. 영혼에 주린 겨레에게 오손도손 자란 나물을 뜯어다 맛나는 죽을
쑤기도 한다. 시의 시대적 현실을 이런 곳에서 찾지 못하는 이는 없는
가. 다만 목월에게 바라는 것은 이런 자연발생에 치우친 시인은 창조
적 생명이 짧은 것이 두렵다는 말이다(〈임〉〈윤사월〉〈나그네〉). 날
뛰고 덤비는 사람보다 이들처럼 제 개성의 용로(熔爐) 속에 침잠(沈潛)
하는 것이 얼마나 새로운가.
　민족시 수립의 침착한 일꾼으로 겸하여 병철(炳哲), 곤강(崑崗)을
들고 싶다. 그리고 부질없는 고민, 요령부득의 시론(詩論)보다는 그의
작품의 내성적(內省的) 태도를 사는 점에서 광균(光均), 석초(石艸)를
사랑하는 바이다. 과학을 회의(懷疑)에서 출발한다고 데카르트가 말하
더니 과학은 또 회의에로 돌아가고 마는 것이다. 시(詩)에서 출발하여
시에로 돌아가는 순수시만이 오늘의 민족시의 과제 앞에 충실한 일꾼
이 될 것이다.

해방시단의 과제

1. 저회(低徊)하는 시정신

문학뿐 아니라 예술의 모든 분야에서 형식으로나 내용으로나 가장 많은 제약을 받는 것이 시(詩)라고 하겠습니다. 시란 것은 쉽게 말하자면 우리의 무한한 사념(思念 ; 팡세)을 좁은 형식에 담고 그것을 불타는 시정신(詩精神)으로 충분히 연소시킨 다음 거기서 짜 내고 뽑아 낸 향기로운 에센스이기 때문에 시인의 괴로움이란 항시 어떻게 하면 이 좁은 형식을 극복하고 보다 더 진실하게 효과적으로 할 수 있을까 하는 기술 문제에 있는 것입니다. 시의 소재가 되고 내용이 되는 시정(詩情)이란 것은 누구나 느낄 수 있는 것이지만 이를 다시 연소, 압착(壓搾)하는 정도의 조절에 대한 창조의 기술을 체득하기 전엔 한 사람의 시인으로서 설 수 없는 것입니다.

우리 시단(詩壇)은 해방 전까지는 일제의 검열 때문에 사상의 자유가 크게 제약되었습니다. 그러나 시에서는 그러한 제약이 도리어 사상의 표현이라든지 언어구사의 기술을 절로 심화하게 한 일면이 있었던 것도 사실입니다. 우리가 기다리던 민족의 해방은 시단에도 자유의 열락을 가져왔으나 그와 함께 한 우려할 현상도 가져오게 된 것입니다. 그것은 곧 시의 본질에 대한 아무런 비판과 내성(內省)과 연구 없이도 정치적 해방을 그대로 시의 해방과 혼동하여 아무렇게 써도 시가 된다는 엄청난 자유를 획득한 것입니다.

원래 시는 영원히 해방된 것으로 새삼스레 해방이 있는 것은 아닙니다. 오직 시가 되었는가 안 되었는가 하는 엄정한 자율의 밸런스 위에서 규정될 것이므로 참혹한 검열의 질곡(桎梏)도 우리의 시정신만은 구속하지 못했던 것입니다. 다만 우리의 선배와 벗들이 황민문학(皇民文學)이란 허망한 논리를 부르짖을 때 타협할 수 없어 비장한 퇴각을 결의했을 뿐 어제나 오늘이나 절대로 순수하고 자유로운 시정신을 굽히지 않은 것입니다.

어떠한 사상도 이 시의 기술적 표현을 거치지 않고는 시의 소재의 나열은 될지언정 형상(形象)되고 창조된 시가 못 된다는 것은 누구나 다 아는 사실입니다. 이런 의미에서 해방 후에 나타난 시의 대다수가 소재의 나열, 다시 말하면 사상이 완전히 혈액화(血液化)되고 생활화되지 못하고 미감(美感)과 사상(思想)이 물에 기름 탄 것처럼 유리되고 있었다는 것을 말하지 않을 수 없습니다. 뼈다귀만 앙상한 개념적 사상에 격에 맞지 않는 서툰 옷을 입히고 혹은 케케묵은 감탄사를 연발하여 공감 이전에 비웃음을 사고 혹은 일편의 정서도 없는 얇은 지성(知性)을 가장한 이들 시는 한결같이 시(詩) 이전의 시였습니다.

따라서, 해방 후 시단은 사이비 시의 범람기(氾濫期)라고 부르지 않을 수 없는 것입니다. 민족적 감격이야 누가 막을 수 없겠지만 오로지 감격의 안이한 배설(排泄)이 시가 아니란 정도의 제약은 어느 때 어떠한 사람에게도 제시할 수 있는 것이며 또한 하지 않으면 안 될 문제인 줄 압니다. 오늘의 시인은 마땅히 추잡한 뮤즈에게 포옹(抱擁)되어 값헐한 감정을 배설하는 특권을 버리고 스스로 뮤즈를 창조하는 새로운 권리를 획득하여야 할 것입니다.

2. 순수의 재비판

이와 같은 혼돈한 사조 속에서 시인의 긍지를 옹호해 주는 것은 오직 순수하려는 노력이 있을 뿐이라고 믿습니다.

모든 불순한 야심과 음모를 버리고 진정한 시정신을 옹호하는 것이 언제나 다름없는 시의 순수성이지만, 이때까지 우리가 가져온 '순수'의 개념은 자칫하면 무사상성(無思想性), 무정치성(無政治性)이란 이름에로 떨어질 위험성이 다분히 내포되어 있었던 것입니다. 해방 전에는 우리 시인들 시에서 사상을 나타낸다는 것은 거의 불가능에 가까울 뿐 아니라 어떤 의미에서는 사상을 가진다는 것은 곧 일제에 매수되고 영합한다는 슬픈 결과가 되었기 때문에 일견(一見)해서 화조풍월(花鳥風月)을 노래하는 무사상성이 우리들의 민족적 양심과 시인적 양심을 아울러 지키는 방편이 되었던 것입니다. 이제 우리 손으로 새로운 문화를 이룩하고 새로운 생활을 설계할 자유를 얻은 만큼 시에서의 사상성 문제도 정당히 재논의되어야 하겠습니다만은 우리가 가지고 있는 '사상'이란 말에 대해서도 반성이 있어야 할 것입니다.

예술에 나타난 사상이란 대개가 어떤 주의(主義)를 표방함을 가리킨 적이 많았으나 시에서의 사상이란 이런 좁은 곳에 국한시킬 것이 아니라 인간성의 기미(機微)를 건드리는 것이라면 우리는 작은 서경시(敍景詩)에서도 능히 사상성을 파악할 수 있을 줄 압니다. 그러므로, 시의 사상성은 어떤 주의(主義)의 편당성(便黨性)에보다도 전인간적(全人間的) 공감성에 그 뿌리를 두어야 할 것입니다. 결국 어떠한 사상이라도 시 속에 포섭될 때 시가 되는 것이므로 주체는 시에 있는 것이요, 사상은 시를 구성하는 요소에 지나지 않는 것이기 때문입니다. 시가 가진 사상이란 그 예술성을 무시하고는 사상으로서의 가치를 상실하는 것이므로 기운생동이라는 동양의 미학은 바로 이 사상성의 예술화를 가리킨 것이라고 믿습니다.

　　그러므로, 결국 시의 사상이란 시 속에서 절로 섭취되는 영양소여야 하는 것입니다. 그것이 민족을 사랑하든 정치를 선전하든 그 말하고자 하는 사상이 완전히 혈액화(血液化)되어 시 속에서 따로 유리하지 않을 때 비로소 우리는 그 사상을 예술로서 받아들일 수 있는 것입니다. 계몽문학이란 원래 순수한 문학정신의 소산은 아닙니다. 오늘 같은 혁명의 단계에서 계몽적 문학이 요청되니 순수문학이 설 수 있느냐 하겠지만, 앞서 말한 바같이 어떠한 사상이라도 그것이 순화(純化)될 때는 시대성, 선전성, 계몽성도 절로 부수되는 것이므로 우리는 이와 같은 뜻을 작품을 통하여 실천함으로써 진정한 문학으로서의 시의 순수성도 계몽하지 않으면 안 될 것입니다. 이는 오직 우리의 애국적 정열과 작가적 성실 여하에 달린 문제라 하지 않을 수 없습니다.

　　그러므로, 다만 우리가 순수라는 개념을 고쳐가져야 할 것은 순수는 무사상(無思想)의 것이 아니라 시를 예속시키는 사상이 아니고 순화(純化)된 사상이면 다 순수시가 될 수 있다는 점입니다.

3. 민족시와 세계시

　　우리의 시단(詩壇)이란 애초에 그 출발점이 세계시(世界詩)의 공명(共鳴)에 있었던 것은 사실입니다. 언문일치 문장운동으로 시작된 신문학 30년의 역사 속에서 우리의 시가 시조(時調)라든가 가사(歌辭)의 세계를 벗어나 자유시를 찾게 된 것은 그때의 풍조에 순응한 문학운동이었으며, 그것이 모두 구미문학(歐美文學)의 수입에서 비롯된 세계시운동에의 가담이었습니다. 그러나, 세계시란 그 내용에서나 형식에서나 완전히 민족시로서 전통을 이룬 다음 세계시의 일원으로 등장할 수 있는 것이지 아직 자기의 전통을 바르게 파악하지 못한 모색기의 우리 시단에서는 세계시란 흔히 미숙한 모방을 일삼는 사대주의에 떨어지고 있다는 것을 충분히 경계하지 않으면 안 되겠습니다. 개성이 없는 시인이라면 시단에는 한 사람의 시인으로 족할 수 있는 것과 같이 민족적 개성이 없는 민족시(民族詩)라면 세계시도 어떠한 몇몇 민족만으로도 족할 수 있는 것입니다.

우리 민족시의 세계시에 공헌할 역사적 사명을 완수하기 위하여서는 먼저 우리의 전통을 바르게 이해하지 않으면 안 될 것입니다. 전통을 바르게 파악하지 못한 곳에는 어떠한 극복도 창조도 있을 수 없는 것입니다. 전통의 파악이란 물론 지난날의 모방, 재현에만 있는 것은 아닙니다. 그러나 불구의 자식을 낳는 것을 창조라 부르고 조상과 같은 완전한 자식을 낳는 것을 모방이라 한다면 우리는 단연코 후자를 취함으로써 참된 창조의 자랑을 가질 것입니다. 우리의 문화에 대하여 너무도 무지한 우리의 현대 시인들은 민족시의 수립이라는 거대한 명제 앞에 심각한 반성과 새로운 결의가 있어야 할 것입니다.

— 1946. 4. 4, '청년문학가협회' 창립대회

순수시의 지향
― 민족시를 위하여

숨이 칵칵 막히는 어둠 속에 말라 가는 제 피로 입술을 축이며 목숨을 이어 오던 시의 불사조(不死鳥)들은 해방이 오자 일제히 날개를 털고 일어났다. 노시인(老詩人)에서부터 신인에 이르기까지 백명 넘는 시인이 등장한 푸진 모임이었으나 이 혼란과 미망 속에서 시인들은 어떠한 길을 찾았는가. 민족시(民族詩) 수립이란 기치 아래 민족과 심지어 시에 대한 신념마저 틀리는 두 산맥, 두 조류, 두 지점이 있다는 것을 그들은 발견하였던 것이다. 시인 각자가 제 개성 속에서 우러나오는 확고한 세계를 파악하여 새로운 인간성의 탐구에로 그의 문학적 생명의 모든 정열을 표출하기만 한다면 길은 천(千) 갈래라도 좋을 것이니 오히려 그렇게 함으로써 민족문학의 한 줄기 강물을 곤곤(滾滾)할 수 있는 것이다.

그러나 시인은 민족시를 말하기 전에 그냥 시 자체를 알지 않으면 안 된다. 먼저 시가 된 다음 그것이 민족시도 되고 세계시도 될 수 있는 것이므로 시의 전통이 확립되지 못한 이 땅의 시가 민족시로서 세계시에 가담하기 위하여서 먼저 일어날 것은 순수시 운동이 아닐 수 없다. 순수시의 운동은 곧 시의 본질적 계몽운동인 동시에 그의 발전이 그대로 민족시의 수립이기 때문이다. 시(詩)가 시로서 가진바 그 본질의 가치와 사명을 몰각하고 시의 일부인자(一部因子)요, 오히려 그 부수성인 공리성을 추출 확대함으로써 시의 전체를 삼고 자신의 문학적 창조와 개성의 무력(無力)을 엄폐(掩蔽)하고 정치에의 예속, 정당과의 야합의 당위를 부르짖는 수다한 시인은 기실 시인이 아니므로 민족문학의 한 지류(支流)는커녕 정치의 부동노력(浮動努力) 밑으로 추방될 성질의 것이다. 시는 시로서 저 자신과 민족과 인류에 기여할 것이니 시는 모든 사회현상의 가치로 더불어 홀로 설 수 있는 개성을 고수할 것이므로 정치건 무엇이건 시의 개성을 굴복시키려는 유파(流派)가 있을 때만은 진실한 시는 언제나 순수시로써 그 정통을 유지하는 것이다.

그러므로, 나는 정치적 두 조류로써 곧 민족문학의 두 조류로 삼는 것은 부인한다. 순수한 시정신을 지키는 이만이 시(詩)로써 설 것이요, 진실한 민족정신을 지키는 이만이 민족시를 이룰 것이니 시를 정치에 파는 경향시(傾向詩)와 민족의 해체를 목표로 하는 양두구육(羊頭狗肉)의 민족시(民族詩)인 계급시(階級詩)의 결탁은 도리어 시(詩) 및 민족시의 한 이단이 아닐 수 없다. 시류의 격동 속에 흔들리지 않는, 변하는 가운데 변하지 않는 영원히 새로운 것이 시 본래의 정신이며 이른바 자본주의와 함께 일어나고 그와 함께 사라지는 것이 아니고, 언제나 새로운 의의를 가질 수 있는 것이 민족정신이다. ― 백보(百步)를 양(讓)하여 그들의 논법을 따라도 우리 문화의 현단계는 민족을 통일체로서 사유(思惟)하고 고조(高調)할 때다. ― 이 두 가지 정신의 합치에서만 우리 민족 문학의 대하(大河)는 이루어지는 것이니 본질적으로 순수한 시인만이 개성의 자유를 옹호하고 인간성의 해방을 전취(戰取)하는 혁명시인이며, 진실한 민족시인만이 운명과 역사의 공동체로서의 민족을 자각하고 정치적 해방을 절규하는 애국시인일 수 있는 것이다. 그러므로, 이른바 양대조류(兩大潮流)의 하나는 비시적(非詩的)이요, 비민족적인 점에서 정치, 편당의식(便黨意識)이 시를

228

잠시 가장하고 있는 것이므로 미구(未久)에 도태될 운명을 자체내에 모순으로 내포하고 있는 것이다.

함에도 불구하고 요즈음 시단(詩壇)에는 이 이른바 두 조류의 특색을 잡아 위험의 적신호를 보이는 이가 있다. 김기림(金起林)은 '감상(感傷)의 함정'과 '개념의 사막(砂漠)', 김광균(金光均)은 '시대정신의 등한(等閑)'과 '예술정신의 저조(低調)', 김용호(金容浩) 씨는 '사상성의 몰각'과 '예술성의 맹목'이란 뜻으로 각기 지적한 듯싶다. 딴은 이 양면의 지양(止揚)은 시의 구극의 난관이요, 이상이긴 하나 요는 그 출발점에 있다고 볼 것이니 출발점은 언제나 귀착점을 예언 또는 제약하기 때문이다. 그러므로, 나는 이를 차라리 '시에서 출발하여 시로 돌아가는가', '정치에서 출발하여 정치로 돌아가는가'라는 두 길이 있을 뿐이라고 믿는다. 예술성 속에 용화된 사상, 반영된 현실, 함축된 시대성은 비록 시의 혈육(血肉)이 못 된 개념의 고형(固型)이 얼핏 보이지 않으므로 정치적 선전효용은 약한지 모르나 시로서는 설 수 있지만, 시의 의도가 지나친 실용개념에 방편의 옷을 입히려 하는 동안 정치는 얻을지 모르나, 미적(美的) 승화의 부족 때문에 시는 항시 불구의 유산(流産)이 되는 것은 시를 짓는 이는 누구나 느낄 수 있다. 세 분이 말한 사상, 현실, 시대는 무엇인가. 재삼 완미(玩味)해도 깡그리 정치적 관념범주에서 얻은 어휘들이다. 시의 사상이 반드시 어떤 주의의 편당성(偏黨性)에 있으며 현실성은 기성공식의 시류에 뇌동(雷同)함에 있단 말인가. 이것은 상식이하이다. 고차의 시는 차라리 전인간(全人間)의 공감성에 있으며 애미구명(愛美求命)의 영혼성찰(靈魂省察)에 있으며 영원한 시공의 관조(觀照)에 있다 할 것이다.

그리고, 아직 나오지도 않은 것을 시의 제2당이란 기이한 이름을 지어 미리 벽신문식(壁新聞式) 공격을 퍼뜨리는 김동석(金東錫)의 논법은 매우 정확한 듯하면서도 실상 고소(苦笑)를 불금(不禁)케 하는 비유였다. 누가 개구리고 올챙인 것은 나도 모르니 두고 보겠거니와 걸핏하면 할퀴기가 일쑤인 이 분의 투지의 베일 뒤에 숨은 도금(鍍金)한 교양이 벗어지는 듯해서 매우 안타깝다. 임화(林和), 이용악(李庸岳)을 시인이 아니라 폄(貶)하더니 오늘은 그들을 변호하기에 급급하니 시의 정파적(政派的) 의식을 그에게 볼 수 있으며 현실의 물결에 뛰어만 들면 순수를 잃는다는 이가 오늘의 단계에는 탁류(濁流)의 음악이 시라 하니 시를 인간성의 음악이라는 씨(氏)의 설에 의하면 인간성은 탁류와 같이 요란한 것인가. 순수는 혼탁해야 하는가. 사실은 그와 정히 반대이다. 높은 시는 이런 때일수록 더욱 맑은 것이니 그 탁류의 밑바닥에 흐르는 한 줄기 맑은 강물이 시기 때문이다. 이 탁류 속 저류(低流)가 표면에 떠오를 때 시의 새로운 저류가 다시 그 밑에 스며서 흐르는 것이다. 일여(一如)한 시인은 먼저 자신의 이원(二元)을 초극해야 할 것이요, 자기 모순의 구제에 착수해야 할 것이다.

 이상의 나의 말을 종합하면 결론은 간단하다. 순수시는 경향시에 대한 정통시요, 순수시의 영역은 정치·종교·사회 어디에도 갈 수 있는 무제한이나 다만 시가 되고 예술이 되는 것을 전제로 하는 무제한이며, 시의 가능성은 그 출발점이 시에 있을 때뿐이라는 것이다. 순수시를 사상이 없고 정치가 없고 현실 내지 시대가 없다고 보는 이들은 시는 주로 정치적 사회적 사상을 뼈다귀로 하고 거기에 약간 미사(美辭)의 옷을 입히는 것쯤인 줄 알기 때문에 사상과 시가 물에 기름 탄 것처럼 뜨는 것을 고민한다. 그러나 순수한 시는 어디까지든지 주정치(主政治), 주사상적(主思想的)이 아니며 먼저 시로서 입명(立命)하려 하는 것이다. 그러므로, 참의 순수시 속에 절로 혈액이 된 '사상과 자각', '시대정신의 파악', '현실의 추구'가 시를 무슨 고정공식 관념의 효용서(效用書)로 오해하는 맹목한 사람에게 한해서는 일곱 번 환생을 해도 믿어지지 않을 것이다. 민족시를 국수주의(國粹主義), 봉건주의라 보는 이는 민족의 주체확립주의와 국수주의, 전통탐구의 현대적 의의와 봉건적 잔재(殘滓)의 한계에 대하여 심사(深思)한 다음 얘기하

자. 모름지기 시의 정통과 순수를 표방하는 자는 숨어서 큰소리 할 것이 아니라 작품을 가지고 명확한 기치를 달아야 할 것이니 요는 어떤 길이 시의 바른 길인가 하는 것뿐이다.

—1947, 《白民》

영남(嶺南) 시단의 단면
— 진주의 '등불'에 대하여

영남 사람을 모두들 '학자기질'(學者氣質)이라 한다.

이 말을 한갓 고래로 영남에 훌륭한 학자가 많이 났다 해서 생긴 말이라고 쉽게 넘겨 버릴 것이 아니라 한번 생각해 볼 만한 일이다. 왜 학자가 많이 나는가. 학자 정신의 본령이 무엇인가. 산림(山林)에 숨어서는 학문에 침잠(沈潛)한 나머지 경국제세(經國濟世)의 영재를 기르고 조정(朝廷)에 나아가서는 사정(邪正)을 헤아림으로써 직언(直言) 충간(忠諫)으로 귀양살이를 밥먹듯 하던 이 학자기질의 유풍(遺風)이란 실상 알고 보면 '아름다운 우직(愚直)'이란 일언에 돌아가는 것이다. 이 어리석은 것이 보람이 되어 영남 사람으로 하여금 태산교옥(泰山喬獄)이니 운천고학(雲天高鶴)이니 하는 이름을 얻었다면 사람이란 어리석고도 볼 일이다. 그러나 스스로 얻은 공부의 깊이에서 우러난 신념에 일관하는 순정이 없고서야 항시 불우한 영남 사람의 우직이 운천(雲天)에 표표(飄飄)한 고학(高鶴)이 될 것인가. 이 우직으로 어찌 사악(邪惡)에 넘치는 사회에 영달(榮達)이 쉬울 것이며, 이 우직으로 어찌 또 넘치는 사악을 그냥 두고 볼 것인가.

여기에 영남의 학자기질이 시인기질에 통하는 길이 트는 것이니 시인이란 영원한 구도자요 혁명가이기 때문이다. 그러나 영남의 학자기질은 세련되지 못하며 구질하기까지 하다. 그러므로, 실상 학자로는 이름을 날린 이 많으나 시인으로선 이름 떨친 이가 적은 편이다. 허심탄회(虛心坦懷) 뇌락불기(磊落不羈)야말로 성심정의(誠心正意) 치기안민(治己安民)의 윤리를 빛낼 것이니 영남 시인이 시를 위하여 초속탈궁(超俗脫窮)할 때가 이 때일 것이다. 현대정신의 자기혈육화(自己血肉化)에서 전통을 살리라.

오늘의 영남 사람은 분명히 시인기질(詩人氣質)이다. 추풍령, 조령, 죽령을 넘어 마을마다 시를 사랑하고 시를 쓰는 사람이 산다. 가히 알 것이 벼슬자리에 뜻을 얻지 못한 나머지 서권(書卷) 속에 낙(樂)을 구하던 옛사람의 자손들이 어쩌다가 또 서권 속에 낙을 구한 나머지 서로 인(因)하여 괴로워하게 되었는가를…. 시란 진실로 크나큰 사랑을 위하여 외로이 부르는 순정(純情)의 노래인가 보다.

정해(丁亥) 이른봄에 나는 대구, 마산을 거쳐 진주(晋州)에 들른 일이 있다. 다방 화랑에서 젊은 시우(詩友)를 만났고, 밤에는 이 벗들과 함께 술잔을 기울이며 즐긴 기억이 있다. 다만 하루밤에 묵지 못한 총총한 걸음이요, 건강이 아주 좋지 못한 것을 무릅쓰고 떠났을 때라, 나의 진주길은 평양에서 성천(成川)에서 경주에서 다 그러하였듯이 매양 미진함이 많았던 것이 한스럽다. 이제 진주 시지(詩誌) 《등불》 한 돌 기념특집에 초청해 준바 문채(文債)를 갚기 위하여 나는 《등불》에 대한 거리낌없는 몇 마디 얘기로써 나는 시우(詩友)에 대한 지킬 바 예의를 삼으려는 것이다.

나는 《등불》을 통하여 진주 시인의 생활의 노래와 문화 운동의 걸음에 대한 두 가지 반가운 점과 두 가지 서운한 점을 느낀다. 자아(自我)의 문학탐구가 성실한 순정(純情)에 뿌리박았다는 것과, 그에 의한 문화운동이 시대정신의 자각에서 바른 길을 잡았다는 것은 반가운 점이요, 자기세계의 확립이 문학의 처음이요 마지막 과제라면 《등불》이란 제호(題號)가 현하 문화운동의 바른 노선인 중앙집중의 폐(弊)를 양기

(揚棄)하는 향토문학 건설의 의욕이 약하다는 것과, 비록 향토문학지나 중앙에 내어놓아도 손색이 없어야 할 것이니, 그 체재와 편집이 공식적인 고루한 면이 있어 참신하지 못하고 시골티가 날 우려가 있다는 것이 서운한 점이다. 성실한 순정이 시도(詩道)의 신조가 되는 것은 틀림없으나, 이것이 노력 속에 낙(樂)을 찾는 천부(天賦)의 열중성을 기르지 못하면 한 사람의 시인으로서 시의 하늘에 솟아오를 수 없는 것이니, 《등불》동인이 끝까지 시를 버리고는 살 수 없는 사람인가는 두고 보아야 알 일이거니와, 지금에 보는 바 열의와 지향은 믿음직한 바 있다 할 것이다.

 동인지(同人誌) 이름이 항시 범하기 쉬운 꽃 이름 보석 이름이나 얕은 뜻을 지닌 물명(物名)보다는 아무 맛없는 듯한 평범한 제호(題號)가 깊고 높을 수 있으니, 향토문학의 바른 기치를 위하여, 저속을 피하기 위하여 '진주시인', '진주문학' 또는 '영남문학'이 오히려 좋지 않을까. 표지의 제자(題字)는 대가의 휘호(揮毫)가 아니면, 졸(拙)한 글씨보다 차라리 활자 또는 도안체 연판이 품(品)이 있는 것이요 비화(扉畵) 램프도 속되고 시작품 여백의 광고도 눈에 거슬리며 인쇄소 비치의 낡은 컷도 취할 것이 못 된다 할 것이다. 표지, 제자, 컷은 그 전문가의 작품을 빌 것이요 활자호수의 배치, 작품배열 등도 시인의 끊임없이 진보하는 감식안(鑑識眼)과 보조를 맞추어야 되는 것이기 때문이다.

 이상이 나에게 온 《등불》 3호, 4호를 읽고 난 소감의 대략이거니와 끝으로 몇몇 시인의 작품에 대한 느낌도 말해 보기로 하자.

 설창수(薛昌洙) 씨, 진주서 두 차례 가장 많이 얘기했고 피차 한 번씩 편지 거래가 있은 밖에 나는 파성(巴城)을 더 아는 바이 없으나, 그 건실한 자세와 풍성한 작품생산에 대한 인상이 강한 바 있다. 나는 시에서는 크면 큰 대로 작으면 작은 대로 시세(時勢)와 불우에 흔들리지 않고 시의 정도를 걷기를 원하는 자이므로 파성(巴城)의 여러 류 작품에서 우선 〈낙타〉〈옥수수원(園)〉(3집)과 〈사찰행〉(寺刹行, 4집)을 취한다. 〈낙타〉는 불타는 마음이 싸느란 현실에 부딪쳐 체념의 구슬로 낱낱이 결정(結晶)되고 그 구슬을 끼는 굳건한 의지를 표상(表象)하는 글이다. 그러나 시의 언어는 언어 사이의 연락은 비약적이면서도 명확한 정제(整除)를 요청한다. 〈낙타〉의 첫 연 4행과 둘째 연 4행 사이의 연락(連絡)은 이에 비추어 어떠한가. 〈옥수수원〉은 자연에서 찾은바 그 시인과의 밀접한 인연관계를 노래한, 순정(醇正)한 글이다. 파성(巴城)은 옥수수에서 파초(芭蕉)와 대나무의 격을 환상(幻想)하는 원정(園丁)이 되어 있다. 그러나 전편(全篇)에 생략의 미가 부족하고, 더구나 여섯째 연의 '사나이의 자랑과 …' 구(句)는 시의 수사(修辭)에 등한(等閑)했다. 〈사찰행〉은 좋은 시재(詩材)였다. '참꽃뿌리 물들인 장삼빛이 낡았다'든가 '단풍 타는 부엌에 저녁술이 더웠다'가 풍기는 선미(禪味)는 절창(絶唱)이요, '다'자(字) 운(韻)은 하나의 새로운 한글 풍월을 시도하였으나 전편(全篇)으로 봐서 아깝게도 완벽을 이루지 못했다 않을 수 없다. 한시(漢詩)에서 환골(換骨)한 정형률과 승방송경(僧房誦經)의 여운을 잡은 것은 좋았으나 글자 수와 한시적 어구의 배열이 꿰맨 자취가 심해서 정형률 일단변법(一段變法)의 묘(妙)에서 오는 자연한 기교를 이루지 못했기 때문이다. 그러나 시심(詩心)에 있어서 앞의 두 작품에 뛰어남을 알 것이다.

백상현(白相鉉) 씨, 진주서 한 번 서울서 한 번 꿈같이 만났을 뿐 편지로 정든 호심(湖心)이다. 단아한 모습과 사도(斯道)의 꾸준한 정진이 미덥다. 호심의 시는 형식에서 하나의 길을 잡았고 언어의 건축에도 세밀한 바 있으나 때때로 파성(巴城)과 마찬가지로 기이한 수사에 팔리고 시의 전체에 혈액화(血液化)되지 않은 생경한 어휘를 보인다. 시의 형식은 내용에서 오는 것이다. 모색하는 현대감각이 그 서정에의 이념을 바로잡을 때 호심의 연약한 시혼(詩魂)은 불타오를 것이다. 큰

소리가 반드시 시혼의 강렬을 뜻하는 것은 아니지만 ….

용진포(龍津浦) 30리 옛 이야기에서 잔물결처럼 밀려오는 고요한 슬픔을 바라보는 〈소년〉(3집)은 〈화로(火爐) 노래〉(4집)에서도 동심을 잃지 않는다. 〈황혼초〉(黃昏抄, 3집)의 허무한 정숙 속에 고요히 끓어오르는 피의 분류(奔流)와 이와는 반대로 〈운명의 언덕〉(3집)의 격동하는 생활의 원주(圓周) 위에 돌다가 부닥친 괴로운 자기침잠은 호심의 천성을 엿보기에 족하다. 그러나 시혼(詩魂)의 치열이란 가늘면 가는 대로 부드러우면 부드러운 대로 심금을 흔드는 진동의 심도에서 운위될 것이니, 호심 같고자 하는 호심의 심혼(心魂)은 더욱 영롱투명(玲瓏透明)해야 할 것이다. 모두들 사투리에도 조심성스러우라.

노영란(盧映蘭) 씨, 여성이 남성과 어깨겨눔을 하여 정신문화에서 제일 유망한 종목이 먼저 서정시인가 한다. 노영란 씨는 여류시인이 마땅히 타고난 생리로 섬세한 감성을 지녔다. "일렁이는 해조(海藻)에 꿈을 엮어 볼꺼나 산듯한 바람결에 머리칼을 날린다"는 〈황혼〉(黃昏, 3집)의 향기, "할 수 없는 조수(潮水) 외다 또 마음 속에서 밀려오는 연정(戀情)"의 〈조수〉(潮水, 3집), "귀또리 울음만 처량한 이 밤에 너 나와 벗지어 적막 속에 잠긴다"는 〈나라꽃〉(4집)과의 대화 ! 온아한 슬픔이 사늘한 감각에 부딪쳐 이슬처럼 영롱한가 하면 그 이슬을 받아 달밤의 작은 꽃이 된다. 그러나 서정시와 유행가의 경계선은 한 장 종이의 안팎이라, 인품과 교양에서 시는 구원됨을 잊지 말고 단순과 부연(敷衍)의 미적(美的) 설계에 좀더 노력하면 청초(淸楚)한 시로 더불어 살기에 족할 것이다.

김보성(金寶成) 씨, 여류시인하고는 매우 중후한 사념(思念)을 지녔다. 시가 인생의 한 유희가 아닌 바에는 시인은 마땅히 정신에 경도(傾倒)함으로써 철학적 사고에 등한할 수 없으니 "육합(六合)의 안 모두 어둠에 숨쉬고 별도 없다 등불도 있지 않은" 곳에 소리도 없이 눈물도 없이 울고 있는 데서 〈광명(光明) 돌아오다〉(3집)의 계시는 들리고, 그 마음 있기 때문에 "이 큰 땅덩어리 우에 믿을 힘이 없고 저 넓은 하늘에 한낱 별 아니 반짝여도" 날개를 펼치고 비상을 〈기망〉(企望, 4집) 할 수 있는 것이다. 그러나 철학적 사고도 민족적 윤리도 시에서는 미질(美質)의 산화(散火)이다. 써 불사조(不死鳥)의 상한 날개를 아름다운 노래로 쓰다듬을 수는 없을까.

최계락(崔啓洛) 씨, 아직 중학생인 모양이나 시의 유망한 싹을 지녔다. 〈추야애상〉(秋夜哀傷, 3집) 도 비록 울음의 절제(節制) 가 모자라나 앳된 맛이 그 느낌을 잡을 수 있고 〈야행열차〉(夜行列車, 4집) 는 이 점에서 훨씬 진보가 있었다. 아직 운율(韻律)의 파탄(破綻)을 바로잡지 못하고 시공부하는 사람이면 누구나 한번 시험하는 상(想)과 기법을 벗어나지 못했다. 훌륭한 시공부를 위해서는 학교 공부와 높은 교양의 축적에 게을러서 안 될 것인데, 서정시는 아무래도 스물 안팎에 그 문단의 수준과 자기 일생의 정점을 돌파하지 못하면 가망이 없으니 어쩔 것인가. 감연(敢然) 분발하라.

이미 소정의 매수(枚數)가 넘었으므로 정종택(鄭鍾澤) 씨의 상념(想念), 김동열(金棟列) 씨의 의욕과 정엽 씨의 시조(時調)를 비롯한 다른 여러 시인에 언급할 겨를이 없음을 한하며 이만 각필(擱筆) 한다.

— 무자(戊子) 2일(日)

민족시의 밤 개회사

우리는 해방 후 두 번째 여러분 앞에 시의 밤을 가지게 되었습니다. 뭇 정당이 그 정파의식으로 우국의 정열을 노호(怒號)하던 이 자리에서 오늘 우리들은 아무 사(邪)된 이욕(利欲)과 권력에 아첨함이 없는 민족의 정열을 노래하려는 것입니다.

시인은 자기의 재주를 자랑하거나 인민(人民)의 박수를 위하여 시를 쓰는 것은 아닙니다. 시 아니면 하지 못할 말이 있고 시 아니면 살 수 없는 생활을 가졌기 때문에 시를 쓸 따름인 것입니다. 먼저 제 자신의 생명을 구원하고 제 민족 제 인류를 위하려는 생명의 밑바닥에서 울려오는 진실한 양심의 노래는 언제나 진실한 생을 사랑하는 이들의 가슴에 공감을 일으키는 것이니까 오늘 민족적 다난(多難)한 현실 앞에 그 민족의 한 사람으로서 이들 시인이 느낀 피의 노래의 개성적인 표현은 곧 그대로 여러분의 가슴 속에 스며들어 여러분의 하고 싶은 말을 들려 줄 줄 믿습니다. 정치의 탁류 속에 부동(浮動)하여 섣부른 과장으로 가식된 오늘의 시를 듣던 여러분에게 배우(俳優)와 같이 박수를 탐하는 무리가 아닌 이들의 참된 노래는 여러분의 저주와 조소(嘲笑)를 받을지도 모르나 한 사람의 시인이 되는 데는 먼저 천 사람의 조소와 만 사람의 환호는 그다지 큰 문제가 아니요, 먼저 시가 되었는가 안 되었는가, 민족적 현실이 예술적 승화를 이루었는가 안 이루었는가를

238

생각해 주시기 바랍니다.

오늘 같은 혼탁한 물결 속에서 맑은 한 줄기 저류를 이루고 있는 우리의 시는 민족문화의 찬란한 개화기 앞에 침착하게 터를 닦고 주추를 놓기에 여념이 없습니다. 하나에서 열, 열에서 천만 가지로 생각해 봐도 민족을 하나로 파악하지 않으면 안 될 오늘 우리들 민족시인은 대다수의 근로계급을 망각한 것이 아니라 약소민족으로서의 피압박의 굴레를 벗는 전민족적으로 무산계급인 우리의 혁명을 위하여서는 조급한 계급의식의 고조로 민족통일전선을 교란하고 싶지는 않습니다. 더욱이 계급시(階級詩)로서 한 정당에 예속하여 양두구육(羊頭狗肉)의 민족시를 들고 시의 순수를 파괴하고 싶지는 않습니다. 압제에 대한 영원한 혁명가, 권력에 대한 영원한 반역자인 시인이 결코 정치와 현실에 맹목(盲目)한 것은 아닙니다. 다만 오늘의 우리 시인의 지상 명제는 순수한 민족정신과 순수한 시정신(詩精神)의 합일에만 있다는 것을 알기 때문입니다.

다시 말하면, 정당(政黨)을 위한 시가 아니오, 민족을 위한 모든 현실을 시로서의 파악과 시로서의 기여함만이 다른 부문에 구별되는 시인의 의무인 것입니다. 그리고, 민족혁명을 계급혁명보다 먼저 또는 그것을 통한 그대로의 민족혁명 곧 그대로 계급혁명이기를 염두하는 것이 전민족적 양심이란 것을 잘 알고 있기 때문입니다. 혹은 정치가는 영도권(領導權)의 장악을 위하여 신탁통치(信託統治)를 지지하는 꾀가 있을지 모르나 시인은 정치가의 권모술수를 배우는 자가 아닙니다. 양심의 지상명령(至上命令)의 항시 최초의 발성(發聲)으로 진실한 노래만을 부르는 것이 시인이기 때문에 자유를 갈구하는 우리의 노래는 지난날의 모든 순국열사(殉國烈士)와 전민족의 이름으로서 반탁운동(反託運動)의 일선에서 희생된 젊은 동지들의 영령(英靈) 앞에 바치는 헌사(獻詞)가 될 수도 있습니다.

그러므로, 저는 수다한 말씀 드리지 않기로 하고 민족시의 한 귀퉁

이를, 아니 한 덩어리인 우리 민족의 공동집단의식의 앙양(昻揚)을 위하는 뜻에서 우리 민족사(民族史)를 주제로 한 시 한편을 낭독함으로써 개회(開會) 말씀에 대신하려 합니다.

모색의 도정 (道程)

— 학생작품 일년간 인상기

지난 2월 대구에서 제15호부터 속간된 《고대신문》(高大新聞)은 이번 송년호로써 24호, 금년들어 10호를 낸 셈이 된다. 그 10호 동안에 발표된 학생의 글에 대한 총평을 써 달라는 요청을 받고, 제한된 지면에 총평(總評)이란 어려운 일이므로 간단한 일년간의 인상기(印象記)를 쓰기로 하였다.

첫째, 늘 하는 말이지만 《고대신문》에는 학생 글이 너무 적은 편이다. 투고되는 것은 대개 대학생의 글이라기에는 싣는 사람이 더 창피할 정도요 쓸 수 있는 사람이라 해서 맡겨 보면 주저와 겸손으로 일관할 뿐 영 쓰질 않는다. 그리고 보니 《고대신문》에 실리는 학생의 글은 이 양자(兩者)의 중간을 걷는 것으로, 투고된 중에서는 우수한 편이지만 이것이 곧 문필고대(文筆高大)의 역량을 대표하는 것이라고 속단할 수도 없는 자이다. 안고수비(眼高手卑)란 어떤 훌륭한 문인학자에게도 있는 것이요, 아무리 학식이 많다 해도 문장 공부란 하루아침에 통달되는 것이 아니므로 나는 지난날을 회고하는 이 글의 서두를 다음과 같이 새해의 요청으로 대신하고자 한다.

"안고수비(眼高手卑)의 차를 최대한으로 축소하기 위하여 학문의 깊이를 문장 공부를 통하여 닦아 나가자." 《고대신문》은 그 좋은 반려

(伴侶) 가 될 것이란 말이다.

　먼저, 《고대신문》에 발표된 학생작품의 총량(總量)을 분류해 보자. 보관지중(保管紙中) 제 16 호가 낙질(落帙) 되어 비상(未詳) 하고 그 나머지만으로 봐서 시가 아홉 편, 수필이 다섯 편, 평론이 다섯 편, 연구논문이 두 편 이것이 그 전부다.

　《고대신문》에서 가장 빈약한 것이 창작방면이다. 서울에서 14호를 내는 동안에는 그래도 단편소설과 콩트 몇 편이 실렸었는데 속간(續刊) 이후로는 이렇다 이름지을 수 있는 글은 한 편도 없었다. 시에서는 창간 직후에서 지금까지 그 수준이 별다른 향상이 없을 뿐 아니라 기성문단에 육박하는 패기는 아직 조금도 보이질 않는다.

　〈달팽이처럼〉 — 정봉화(鄭鳳和). 전선(戰線)을 옮겨 다니는 청춘에서 느끼는 가벼운 유머와 서글픈 자조(自嘲), 의지와 관능(官能)의 교착이 무던히 정리되었다. 말에도 무리와 빈 구석이 적었으나 전체의 긴속력(緊束力)이 없어서 허전하다.

　〈헐벗은 밤바다에서〉 — 김경옥(金京鈺). 작자 자신으로선 종래에 비해서 새로운 길을 잡은 것은 뚜렷하지만 이 시는 시의 진실에 대한 절실감이 언어구사의 이색(異色)에만 치우쳐 희박해지고 말았다. 언어의 멋 때문에 도리어 평범해지고 말았다는 것이다.

　〈풍경(風景) 각시〉 — 민재식(閔在植). 두 편이 모두 그 참신한 감각과 구수하면서도 너절하지 않은 속어(俗語) 로써 빛을 얻었다. 시각과 심안(心眼) 의 사생화(寫生畵) 들이 '코댁 취미'를 떠나서 곧 영혼의 깊이 속으로 침잠해야 하겠다.

　〈기〉(旗) ·〈장화〉(葬火) ·〈샘〉 — 이동린(李東麟). 사물을 보는 자기 자신의 각도와 거기에 맞는 언어를 대체로 체득하고 있다는 것은 반가우나 약간 시의 문법에 파탄(破綻) 이 있다. 그보다도 미숙한 대로 좋으니 좀더 건실하고 웅장한 의욕을 지향해야 하겠다.

〈파랑새〉 — 조기섭(曺己燮). 아담한 생각과 조촐한 언어, 생각의 절단(切斷)과 말의 생략은 좋았으나 종연(終聯)의 '기다려야 하는가'의 반문은 그 위의 율조로 봐서 부당하다. '종내 기다려야 한다'는 단정이라야 할 것이다. '파랑새'란 제목은 메테를링크처럼 행복의 상징으로 사용했는지 이런 제목은 피해서 저속(低俗)의 오해를 마련하지 말 것.

〈백야〉(白夜) — 이종헌(李種憲). 같은 작자의 다른 작품에 비해서 손색이 있다. 사실인 듯 상징인 듯 여기 씌어진 사실이 대체 어쨌단 말인가. 시는 부분에서 전체를 보는 것이다. 이 군의 시는 이 단면의 전체성에 대한 결구(結構)가 모자란다.

〈소대장의 혈전수기(血戰手記)〉 — 최창봉(崔彰鳳). 르포문학으로서는 동란 후에 발표된 모든 것에 겨누어서 손색없는 우수한 것이다. 전선의 현실과 작자의 성격이 어울려서 새로운 실감을 자아낸다.

〈다시 동굴(洞窟)과 광장(廣場)과의 중간지점에서〉 — 박상환(朴尙煥). 세기(世紀)에 대한 젊은 올챙이 인텔리의 창백한 고민은 잘 나타났으나 문장 공부에 대한 첫 함정인 과장적 수식에 빠져 있다는 것을 자각해야 할 것이다.

〈생활단상〉(生活斷想) — 이양기(李洋基). 나는 이런 단상이 더 많이 쏟아져 나오기를 기다리는 자이다. 자신에게서나 독자에게나 더 절실한 생각의 에센스이기 때문에 ——. 이 작품에는 자신의 말과 인용어의 방증이 혼선을 일으키고 있다. 괄호의 사용은 이 경우 인용구에만 타당시켜야 할 것이다.

〈자치생활〉(自治生活) — 이성우(李性雨). 자신의 생활체험에서 직접적인 느낌을 표현한 것은 좋았으나 문장의 짜임새로서는 허실이 많았다. 감정을 표현하더라도 글이라는 것은 엄격히 배열 요리된 논리인 것이다. 그 논리가 표면에 나오지 않고 복선으로 잠재함으로써 비로소 문장의 통일이 구현되고 생각이 보다 더 효과적으로 어필하는 것이다.

〈제 3의 관계〉— 백벽성(白闢星). 문명비평에 대한 자신의 관견(管見)이라는 점에서 그 의욕은 좋았으나 그 거창한 제목에 비해서 결론의 몇 줄만으로는 너무나 무력하다. 왜? 이 글의 4분의 3을 차지한 절박한 파멸의 순간은 오늘에 처음 있는 것이 아니요 이성을 가진 인간정신사의 과제로 수차 되풀이함으로써 지속해 온 자이기 때문이다. 제 3의 개벽을 위한 오늘의 제 2문명의 파멸을 초극하는 데 대해서는 아무 말이 없다. 니체의 가치전도(價値轉倒)에서 배울 것은 없지 않으나 이도 결국 파멸될 근대정신의 구극적(究極的) 면의 대표자이기 때문에 ──. 이런 무골자(無骨子)는 만문(漫文)의 자리에로 전락하는 법이다.

"한국동란과 한국시(韓國詩)"— 노희엽(盧熙燁). 전쟁과 시의 관계는 무난하게 구명(究明)한 편이나 '전쟁시의 새로운 윤리확립을 위하여'라는 그 부제에 상응한 논지는 모호하다. 전쟁중에는 좋은 전쟁문학이 나올 수 없다 하더라도 한국전란을 통하여 한국시가 세계사적 전환을 가져올 유형무형의 준비를 갖추고 있다고 믿는다는 결론만으로는 이 평론은 격화소양(隔靴搔痒)의 감이 있다.

"민족지도 이념의 확립"— 신일철(申一澈). 민족이념 수립에 대한 요청을 재강조한 점은 좋았다. 일민주의(一民主義)를 비롯한 미약한 사상을 우선 조금이라도 타쇄(打碎)한 것도 좋았다. 또 거기에 우리 민족사상(民族史上) 획기적 민족정신을 기반으로 할 것을 요청한 것도 좋았다. 그러나 그 결론을 약소민족의 사상상(思想上) 고민을 주체로 해야 한다는 것만으로는 부족하다. 그 점에서 일민주의(一民主義)를 예로 들더라도 오히려 더 민족주체적이요, 국수주의적이요, 정당주의적 통화주의적(通化主義的)이다. 이렇게 신 군이 요청하는 것이 갖추어져 있으면서도 그것이 도리어 그렇지 못한 것은 무슨 때문인가. 이것을 척결해야 마땅할 것이다.

“문단론”(文壇論) ─ 유영열(柳泳烈). 문단에 대한 그 의미의 애매성 내지 풍속의 불순성을 지적한 점에서 정곡을 얻을 뿐 아니라 통쾌하기까지 하다. 논리도 파탄(破綻)이 적었으나 전반적 색조가 신인의 불평이 감정적으로 과장되고 호소되었을 따름이다. 나도 유 군의 견해에 원칙적으로는 동감하는 바이지만 문단 재건에 대한 혁명적 방법의 결여는 유 군이 아직 형성되지 않은 한국문단에 대한 과신에서 필봉(筆鋒)을 출발시켰다고 지적해 둔다. 재건이 아니라 창건(創建)! 성숙하지 못한 제도에는 혁명이 타당한 것이 아니요 지향의 의욕(意慾)만이 필요하기 때문이다.

“한국적 데카당스”─김영철(金永澈). 동양정신의 소극성에 통하는 민족성의 한국적 데카당스라 이름짓고 그 미온적(微溫的) 성격 때문에 파괴의욕에 반비례하는 건설의욕의 결여를 지적한 것은 정곡을 얻었다. 또 마땅히 추구해야 할 논제인 점에서 반갑다. 그러나 김 군이 본 한국적 데카당스는 왜곡된 동양정신의 순응적인 실리주의요, 이상주의 또는 동양적 인간주의나 그 허무주의까지도 본질적으로 결코 무력한 것이 아니요, 도리어 오늘 같은 행동 마니아적(的) 실태에 빠진 파멸적 서구정신의 배리(背理)로서 더 강력적이요 건설적인 면도 있는 것이다. 그 본질의 베일 뒤에 은둔하는 기회주의적 결벽이 암(癌)이 되어 있을 따름인 것이다. 인간성에의 구심성(求心性) ─ 그것이 개방된 근대정신을 수렴(收斂)하는 계기로서 한국적 데카당스에 대한 재고가 발표되기를 바란다. 서구의 세기말은 근대정신의 종언(終焉)과 꿈틀거리는 현대가 함께 깃들인 심연(深淵)이듯이 오늘의 한국적 데카당스는 동양적 전통의 비판 섭취(攝取)를 통한 한국적 현대의 온상은 아닐까.

“민족음악 소고(小考)”─김귀달(金貴達). 민족음악 소사(小史)일 뿐 민족음악에 대한 하등의 해명도 비판도 없는 그저 강의 노트의 한 대목 같은 글이다. 등한하기 쉬운 민족예술사에 대한 사학도(史學徒)로서 성의를 볼 수 있으나 연구논문으로서는 너무나 상식적이다.

"모더니즘 소론(小論)"—김보죽(金寶竹). 앞의 김 군의 것과 마찬가지로 약간의 소개, 그도 초기 모더니즘—주지주의운동에 대한 편모(片貌)를 그린 데 불과하다. 최재서(崔載瑞) 씨의 평론 "문학과 지성"의 견해를 답습했을 뿐 자가견(自家見)이 보이지를 않는다.

"프래그마티즘 소고(小考)"—이양기(李洋基). 아직 끝나지 않았으므로 약평(略評)이나마 후일로 미룬다.

이상으로써 일년간의 학생작품 개평(槪評)을 대신하며 간단한 인상기를 시험하였다. 그 총괄적 인상으로 나는 모색의 도정(道程)이란 표제를 붙이기로 하였다. 앞에서 개개의 작품에서 받은 인상은 창작에서 연구에 이르기까지 한결같이 절실한 감흥과 구체적 방법이 결여되어 있고 소재의 문제를 제기했다는 데 그치고 만 것 같다. 이러한 이미 발표한 논제에 대한 재고찰(再考察)을 심화하여 발표해 줬으면 좋겠다. 끝으로 한마디 더 부언할 것은 새해에는 학생문단이 《고대신문》을 영도(領導)하여 그 일년간 총평이 나 같은 한 사람에 지워지지 않고 전공 학과의 여러 선생에게 맡겨서 심중(深重)히 검토되게 하기를 바란다.

방황하는 시정신
― 시단의 혼미에 대한 반성

　시가 쇠약해졌다는 사실은 현대에서 세계적인 현상이라고 하겠으나 우리 시가 이렇게 침체와 혼미 속에 방황하게 되기까지에는 몇 가지 특수한 조건이 그 일반성 속에 내재한 듯하다. 이 땅에 근대정신이 형성됨으로써 비롯된 신문학(新文學)의 역사 위에 문학적 가치 발양(發揚)의 의미에서 커다란 기여를 했기 때문에 주도적인 친위를 지녔던 시단이 이렇게 저회(低徊)하게 된 원인은 무엇일까. 근대문학―서구적인 의미의 문학이 이 땅에서 발아될 때 소설 같은 부면에서는 《춘향전》, 《심청전》 정도의 문학유산과 소설전통에는 의거할 수 없어서 그 발달이 절로 완만했던 데 비하여 시는 자유율이란 형식의 섭취 하나만으로 민요, 향가, 시조 내지는 한시(漢詩)의 전통까지 짧은 시일에 용화할 수 있었기 때문에 시가 소설보다 한걸음 앞설 수 있었던 것이다.
　다시 말하면, 시문학(詩文學)이 가지는 본질로서 초월성과 문학인으로 시인의 선구성(先驅性)이 자연주의적인 역사의 조류와 합세되어 몇 사람의 우수한 시인의 호흡만으로도 용이히 이루어진 것이 우리 시단(詩壇)이었다―물론 그들 유공(有功)한 시인의 고심(苦心)을 용이한 것이라고 볼 수는 없으나 우리 시사(詩史)를 전체적으로 반성할 때는 이러한 자연발생이 눈에 띈다는 것이다. 그러므로, 시가 소설에 앞서 발달되었다는 것은 앞에서 말한 바와 같은 유리한 조건에 있었고 또 그러한 조건이 하나의 타성(惰性)을 낳음으로써 이 땅의 소설정신의 발전을 어느 면에서 저해(沮害)하고 있었던 것도 사실이다.

현대에서 시가 세계적으로 쇠약했다는 것은 근대사회 이래 지금까지 눈부신 발전으로써 현대인의 정신을 지배하고 있는 과학정신과 그에 의거하는 산문정신의 주도성(主導性)이 현저한 그 전천적(專擅的)인 성격을 발휘함으로써 대세가 도리어 시를 귀족적인 상아탑에로 몰아넣기 때문이다. 시가 다시 상아탑 속으로 들어갈 수도 없고 현대의 시인이 또 그 길을 택하여 안주할 수도 없는 데 불구하고 시의 가장 순수한 형태는 역시 서정시요, 서정시의 구경은 역시 소설의 번영에 대항하여 일어난 상징시라는 데 현대시의 모순과 고뇌가 비롯되는 것이다.

시가 아무리 지성으로써 현대인의 생리에 부딪치려고 해도 그것만으로는 현대정신의 아직까지의 주류인 과학과 산문의 우위성에 육박할 수 없을 뿐 아니라 도리어 거기에 굴복하는 결과에 이르지 않을 수 없는 것이니 시를 아무리 시대성과 사회성 내지 대중성에로만 지향시켜 본댔자 현대정신의 정통은 그러한 시를 소설에서처럼 쉽사리 승인하려 들지 않는 보수적 견해를 지니고 있다.

대중과 격리되는 시의 난해와 현기벽(衒奇癖)을 거부하고 대중에 영합하는 선전성(宣傳性)과 시류광(時流狂)을 타기(唾棄)하는 이 두 가지 비평태도는 동출일원(同出一源)으로 현대 - 산문의 세기(世紀)가 산문을 우위에 두면서도 시의 독자성을 부인할 수 없는 지성의 자기당착의 소론(所論)에서 유래함을 알 수 있다. 마치 시인을 자기의 이상국(理想國)에서 추방한 플라톤이 뒷날 시적 사상의 기반이 되고, 시의 입지에 독자적 근거를 준 아리스토텔레스가 시를 고민에 빠뜨린 근대적 학문의 선구(先驅)가 되듯이 ──.

우리 시의 침체와 혼미(混迷)의 원인으로서 나는 두 가지를 들고 싶다. 다시 말하면, 그 하나는 우리 시단이 너무나 자연발생적인 흐름

위에 피어오른 한 송이 야화(野花)와도 같은 존재로서 시사적(詩史的) 선견(先見)의 결여와 가열한 현대의 윤리에 길항(拮抗)하는 지성의 빈곤으로 인하여 어떤 계절적 순환의 위치에서 일단 조락(凋落)의 운명 앞에 놓여 있다는 징조요, 어느 때나 한번은 봉착해야 할 단계를 오늘에사 이른 것이라고 하고 싶다. 그 다른 원인의 하나는 불안에 휩싸여 고민하는 현대의 양식이 지주(支柱)를 잃고 자조(自嘲)와 자학으로 시의 주체를 포기하고 시의 험준한 길을 행동 마니아적(的) 실태 속에서 전락하는 바람에 황지(荒地) 같은 스산한 바람만이 세기(世紀)를 휩쓸고 있다는 점이다. 우리 시의 침체를 양성(釀成)한 이 두 가지 조건은 완전 결부된 자로서 그 해결의 방향이란 결국 전자를 후자의 자각에서 구원하거나 후자를 전자의 자각에서 해탈하는 길이 있을 따름이라고 할 것이다.

다시 말하면, 우리가 시사적(詩史的) 선견(先見)의 전망과 현대적 윤리의 체득을 위해서는 우리가 처해 있는 이 현대의 정신사적 위치를 자각해야 할 것이요, 현대의 정신사적 위치의 발견을 위해서는 우리 민족시의 지향을 설정해야 할 것이란 말이다. 우리 시단(詩壇)은 외국의 힘있는 문예사조를 이때까지 한번도 제대로 저작(咀嚼)해 본 일이 없고 그러한 문학사조의 여파로서 오늘까지 기복(起伏)하고 있는 문예사상을 제때에 한번 손잡아 보지 못했다. 이의 중요한 원인은 우리의 작가가 정신문화사에 대한 공부에 게을렀고 이를 소개, 논의, 제시한 학자·평론가가 없었다는 점이다. 있대야 개론적이요 상식적인 것, 진실로 자신의 관점에서 치밀히 논의된 것은 거의 없고 작가의 이 방면 교양은 무에 가까운 형편이다. 추수(追隨)도 제대로 안 되는데 선견을 어떻게 할 것인가─이 어려운 문제를 해결하는 데에만 우리 시단의 오늘의 혼돈이 비로소 의의가 있는 것이다.

또, 우리가 현대의 불안을 초극하기 위해서는 먼저 자신의 의거할 작은 지주(支柱) 하나를 마련해야 할 터인데, 이러한 정신적 지주는 제 자신 안에서나마 쉽사리 이루어지지 않는 곳에 현대의 불안의 심도가 있다 하더라도, 고독한 시인의 길을 취함으로써 결연한 태도를 가지는지 혼탁한 시류 속에 몸부림쳐서 살아가든지 어떤 길을 취하든 현대의 절망적으로 치밀해진 지성의 고민과 일체되어 사유(思惟)하는 데 그러한 자신의 지주가 절로 이루어지지 않는 것이 아닐 것이다. 무정견(無定見), 무행동(無行動), 무사유(無思惟) 이러한 혼미(混迷) 속에 수수방관하는 오늘의 시인은 나부터 문학적 비판자로서의 시인의 임무를 버린 사람이라고 할 수밖에 없다.

현대시가 상실한 문학적 지주를 회복하기까지에는 오직 서정정신과 비평정신의 고도한 융합이 있을 뿐이라고 생각한다. 시대성과 사회성을 비평성이란 이름으로, 예술성과 주체성을 서정성이란 이름으로 대치시킬 때 우리는 현대가 요청하는 '고절성(孤絶性)의 지양(止揚)'과 '통속성의 탈출'을 기도할 수 있으며, 이는 현대인의 어쩔 수 없는 양식의 지향이요, 안이한 절충론적 견해로 버림받을 성질의 것이 아니다. 산문의 세기(世紀)에서 광대한 산문예술에 압도되는 시를 소생시키기 위해서는 산문예술에 압도되는 부분의 배리(背理)를 구명(究明)해야 할 것이니, 그것이 바로 시의 핵심이 되는 '서정성'의 세계이다. 또 압도적인 산문예술을 초극하고 시가 자신의 권위를 회복하기 위해서는 산문예술의 우수한 부분을 섭취함으로써 그것을 독자적으로 방법화해야 할 것이니, 이것이 바로 근대정신의 결정(結晶)이 되는 '비평성'(批評性)인 것이다.

현대시가 이 서정정신을 몰각한 데서 시의 몰락이 기인하였고 비평정신을 무시한 곳에서 시의 무능이 양성되었기 때문이다. 여타의 형식 내지 모든 방법론 문제는 하나의 지말적(枝末的) 문제일 따름이다.

그리고 내가 여기서 말해 온 현대는 기실 근대정신의 연속이요, 진실로 현대정신이라 부를 수 있는 현대는 아직 생탄(生誕)되지 않았다. 이런 의미에서 현대적 여명(黎明) 전야(前夜)로서의 근대에 불과하다는 말이다. 이 새로운 현대가 시에서 싹트고 또 싹터야 한다는 신념이 오늘 쇠약한 세계시의 공통된 지주가 된다고 믿고 싶다.

문화란 어느 분야를 막론하고 유기적 관련을 지니고 성쇠(盛衰) 하는 것으로 어느 것 하나만이 두드러지게 성(盛) 할 수 없는 것이지만, 전통이 서지 않은 곳에서는 특수한 기이현상이 있으니, 우리의 초창기 문단이 시의 전성(全盛) 때문에 산문정신의 발달이 지연되듯이 오늘에 와서는 소설의 전성(全盛) 때문에 시가 약간의 피해를 받고 있다.

왜 그러냐 하면, 문단에는 시평(詩評)이란 게 없고 소설월평(小說月評)으로 평론가의 면목을 유지하는 사람조차 극소수인데, 시에 이르면 시인으로 보아서는 쓸쓸할 정도로 무반향(無反響), 무론(無論)인 셈이다. 이것이 시의 발흥(勃興)을 위해서나 후진 및 독자의 관심에 수응(酬應)해 가는 길인데도 불구하고 시를 도외시하는 문단이나, 시를 몰라도 행세할 수 있는 평론가들이 저열(低劣)한 통속소설에 비해서는 그래도 더 얘깃거리가 되는 시를 일언반구도 없이 매몰함으로써 독자까지도 오늘에는 문학 즉 소설이요, 시는 아무나 그저 좀 쓰다가 그만두거나 문학 공부를 하는 데 처음 시작하는 습작정도로 알게끔 하는 기이한 풍속을 낳게 한 원인이 되는 것이다. 시를 위한 문단의 반성이 여기에 있어야 할 것이다.

— 1962. 10. 20, 《고대신보》(高大新報)

1954년의 기억

1954년의 한국시단(詩壇)에 기억될 수 있는 이름을 남긴 시인은 몇이나 있는가. 이른바 대가, 중견, 신예라는 희미한 한계를 털어놓고 보아도 지난 한 해 동안 실수 없는 시인은 유치환(柳致環)과 서정주(徐廷柱)였다. 언제나 수준 이하의 시는 쓰지 않는 그들의 강점은 오랜 수련에서 체득한 힘과 그 창조력의 지속적 긴장상태 속에 그들이 생활하고 있음을 말한다. 시정신의 적극성에서 한때 쌍벽으로 불리던 두 사람도 나이탓인지 패기가 줄었다. 그러나 시가 원숙한 면으로는 오히려 진경(進境)을 열어 왔다. 참신하고 예리한 시를 그들에게 기대하여 실망하리라 해서 그들의 시를 낡았다고 하기에는 늙어서까지 틀림없는 시를 쓸 그 노후(老朽)의 자세가 더 새롭다.

젊은 세대로서 작금(昨今) 양년(兩年)에 부쩍 좋아진 시인은 김구용(金丘庸)과 전봉건(全鳳建)이다. 김구용은 왕년에 다른 필명으로 발표한 여러 작품의 세계를 발판으로 하고 근년의 산문조(散文調)로 된 특이한 형식의 세계를 잘 지양(止揚)하여 자가(自家)의 경지 하나를 열고 있다. 건실하고 의젓한 사색과 충분히 새로운 폼을 보여 주고 있으나 기묘한 한자수사(漢字修辭)의 회삽취미(晦澁趣味)는 경계해서 마땅하지 않을까. 개성적 언어가 자리잡혀 가는 때에 이런 취미는 시의 지나친 산문의욕으로 더불어 무의미한 모험이기 때문이다. 서정시 정신과 에세이 정신, 이 두 가지의 지양된 지점에 자리잡은 최근의 그의 시 몇 편은 당분간 그가 안연(晏然)히 위치해도 좋을 자리라고 본다.

전봉건은 이른바 근래 훤소(喧騷)한 모더니즘의 막연한 공동강령(共同綱領)과 무내용의 구호 속에 진실한 기치를 달고 자기의 위치를 정립하기 시작한 단 하나의 시인이다. 모더니즘은 좀더 세분되어 각자의 기치를 선명히 해야 한다. 모더니즘이란 말은 본래 특정한 내용이 없는 말인데다가 기성권위에 항거하는 자기명제가 불명한 오늘의 이 모더니즘은 문학적 전위의식이 막연한 공동전선에 붙이는 명칭이요, 그것이 1920년대 테제와 오십보 백보고 보면 곤란하지 않는가. 전봉건의 시는 전쟁을 계기로 해서 잡은 한국적 모더니즘의 일거점이다. 서구의 모더니즘 문학을 전연 얻어 볼 수 없어도 충분히 새로운 수가 있으려면 한국시의 내오(內奧)에서 파악된 모더니티가 아니면 안 된다. 반세기 동안 한국의 시는 항상 모더니즘이었다. 새로운 것이 없으면서 새롭다고 자처하는 한국의 특칭 모더니즘에 반성의 시기가 온 것은 아닐까. 전봉건의 위치가 이 때문에 새롭다는 것이다.

시집으로서는 조병화(趙炳華)의 제4 시집《인간고도》(人間孤島)와 《김춘수 제1 시집》이 있다. 《인간고도》는 이 시인이 아직 성장하고 있음을 보여 준 것으로 현대의 고독과 현대인의 멋이 건강한 슬픔으로 아로새겨져 있다. 외로운 사람들끼리 외로움을 향락하는 시간 나중엔 멋진 대화만이 남는다. 《김춘수 제1 시집》은 실상 이 시인의 첫 시집과 둘째 시집을 뽑아서 합친 것으로 네 번째 나온 시집이다. 시인 스스로가 정리하는 자기의 초기시란 점에 우리의 관심이 있으나 그보다도 우리는 그의 앞날의 시를 주시한다. 〈린인〉(隣人)은 그의 새로운 시의 출발점으로 설정된 모양이나 거기 담긴 철학은 새로움이 없다. 철학이란 원래 새로워야만 한다는 법은 없지만 그러한 관점이 시로서 승화되어 있지 않다. 그가 후기(後記)에서 말한바 그 이념에 견딜 수 있는 정서를 기다린다는 것은 원래 정서로서 체득된 이념이었어야 하지 않을까. 그러나 시나 에세이에 있어 무엇을 항상 천착하는 그의 구심의 정성은 우리 시단에 귀한 존재다.

다음으로 주시해도 좋은 시집으로 신동집(申瞳集)의 《서정(抒情)의 유형(流刑)》과 김요섭(金耀燮)의 《체중》(體重)이 같은 날짜에 대구에서 발간되었다. 동집의 《서정의 유형》은 스스로 처형당한 몸부림이다. 행동에는 허무가 따르고 관조에는 겨를이 없는 심정, 메카니즘과 휴머니즘의 대결 속에 고민하는 한국시의 상징이기도 하다. 그러나 그의 기본자세는 현대의 자각을 동반한 휴머니즘이 명백하기 때문에 이 유형의 길에는 아직도 충만한 생산적 고독이 있다. 요섭의 《체중》도 현대시의 같은 고민을 하고 있으나 그의 표정에는 무언가 기댈 곳을 찾는 아늑한 슬픔이 깃들어 있다. 시와 동화(童話)의 한계를 허물어뜨린 데 그 독자(獨自)의 위치가 있다. 생각의 깊이와 환상, 세련된 서정과 음영(陰影)은 새로운 시취(詩趣)를 자아낸다.

영문학을 전공하는 두 시인의 업적으로 송욱(宋稶)의 창작시집 《유혹》(誘惑)과 김종길(金宗吉)의 역시집(譯詩集) 《20세기 영시선》이 있다. 《유혹》은 서구의 시상(詩想)을 한국의 시어(詩語)로 표현하려는 이 시인의 시세계는 사상의 지나친 서구성과 언어의 지나친 한국취(韓國趣)라는 이질(異質)의 괴리 때문에 몹시 흔들리고 있다. 《20세기 영시선》은 딴 곳에서 이미 약평(略評)했으므로 좋은 영양(營養)으로서의 이해의 수확(收穫)이라고 말해 둔다.

고석규(高錫珪) · 김재섭(金載燮) 공저(共著)의 《초극》(超劇)은 시와 비평정신의 동위적(同位的) 천공(天空)을 보이는 좋은 작품 몇 편을 지녔으며 김용호(金容浩) · 이설주(李雪舟) 공편(共編)의 《연간시집》(年刊詩集)과 《현대시인선집》(現代詩人選集)은 지나친 나열의 혐(嫌)이 있으나 그대로 시단적 의의가 크다는 것을 말하지 않을 수 없다.

동인지로 마산(馬山) 《청포도》는 모색하는 현대의 지성과 의욕이 있어 좋고, 강릉의 《청포도》는 정관(靜觀)하는 정서와 온건한 바탕이 좋으나 양자가 다 그것만으로는 무언가 미흡하다. 전자의 구신성(求新性)과 후자의 환원성(還元性)은 자신에 반립(反立)하는 명제를 발판으로 해야 할 것이다. 사화집 형식으로 나왔으나《동국시집》(東國詩集)은 일종의 동인지로 얕지 않는 작품수준이 다수의 동인을 품은 점에서 당대 수일(隨一)의 집단이라 하겠다.《시정신》(詩精神)도 유일의 기성 시인 중심의 동인지로서 호화로운 장정(裝幀)으로 연간(年刊)이나마 그 특색과 의의를 지켜 가고 있는 것이 반갑다.

1955년의 구상

1955년을 맞이하는 시정신(詩精神)의 새로운 구상을 말하라는 것이다. 새해를 맞을 때마다 세우는 계획이 그 한 해를 지나고 나서 부질없는 꿈이었다고 탄식하는 것은 누구나 체험하는 슬픔이지만 시정신은 그 자체가 미(美)로서 위대한 꿈이기 때문에 현실 위에 일정한 논리로 계획을 설정하기에는 너무나 비정률적(非定律的)인 것이요, 따라서 그 체험하는바 이념이 현실과의 괴리에서 오는 슬픔은 세속의 계획 어느 것에서 오는 파탄보다도 크다. 모든 사람이 그 자신의 '사랑'과 '운명'을 지니듯이 모든 시인은 각기 그 고유의 시정신을 내부에 지니고 있으나 이 시정신은 사랑이나 운명과 마찬가지로 배워서 알 수 없고 지향만으로 성취될 수 없는 오직 자연의 자유로운 호의(好意)에 의해서만 체득되는 고유의 생리기 때문이다. 그러므로, 1955년의 시정신은 1955년을 당해 봐야 비로소 그 속에서 체득되고 전개될 성질의 것이다.

1955년이란 시대적 의미는 시정신의 어느 각도를 한정하여 판단할 수는 있으나 시정신의 전반적 변용(變容)을 의미할 수는 없다. 왜 그러냐 하면, 우리가 시정신의 끊임없는 변화를 요청함에도 불구하고 시정신은 그 자체에서 영원히 변하지 않는 자이다. 변하는 것은 시(詩)요, 변하게 하는 힘은 구상력이요, 변하게 하는 수단은 시의 기술일 따름이다. 시정신은 모든 시형식을 불가사의한 다양성으로 현출(現出)하는 영원한 바탕이다. 그 바탕에 하나의 형식을 부여하는 것이 기술이요, 이 바탕과 형식을 매개하고 결합시키는 것이 구상력이란 말이니 시에서 구상력은 곧 형상력(形象力)이란 뜻이 된다. 이런 의미에서 시정신의 변천이란 기실 시의 시대적 변용이요, 구상력의 시대적 변환이며, 기술의 시대적 변천에 지나지 않는 것이다.

그러면 1955년이란 시대적 의미는 우리의 시정신에 어떠한 의의를 한정할 것인가. 이러한 시대적 의미는 하필 시정신에 국한 될 것이 아니요, 우리의 문화 전반에 공통된 과제이므로 온갖 문제가 제기될 수 있다. 그러나 우리의 모든 관심은 각 분야에 요청하는 그 한계를 스스로 알지 않으면 안 된다. 정치적 경제적 현실이 이처럼 참혹하다고 해서 시의 방향을 그 곳으로만 돌릴 수도 없는 일이요, 철학적 종교적 명상(暝想)이 이같이 빈곤하다 해서 시를 그 곳으로만 지향시킬 수도 없는 것이다. 왜 그러냐 하면, 시의 가치는 항상 자연(自然) 물질가치와 이상(理想) 정신가치 그 어느 하나만에 매이지 않는 바로 인간생활 가치 그대로이기 때문이다. 더구나 오늘 우리가 짊어진 과제는 유독 우리 것만이 될 수 없는 세계의 공통된 과제요, 우리의 시도 세계의 현대시가 지닌 고민을 고민으로 하고 있다. 이미 이와 같은 부분이면서 전체인 문제, 보편이면서 특수의 사명을 진 1955년의 한국시는 어떻게 밀고 나가야 하는가.

첫째, 질식(窒息)하는 시정신을 탈환(奪還) 해야 한다.

둘째, 방황하는 시정신을 질서화(秩序化) 해야 한다.

1955년의 한국 시단은 오래 잊었던 밤하늘을 찾아야 하겠다. 태양의 생리와 아폴론적인 것에 대한 막연한 동경(憧憬)으로 시정(市井)의 경박아(輕薄兒)가 된 시심(詩心)을 불러들여서 밤 하늘의 별의 의미를 생각하게 해야겠다. 잡답(雜踏) 속의 허탈한 고독에서 생산적 고독의 즐거움 속에로 귀환시켜야 하겠다. 1955년의 한국 시단은 오랜 동안의 부질없는 공방전을 쉬고 서실(書室)로 돌아와야겠다. 문화비평과 사회 사상사의 재음미로 공허한 두뇌를 채워야 하겠다. 진실한 풍자의 야유도 나왔으면 좋겠다. 어떻게 생성되고 어떻게 살아야 하는가 하는 더 큰 문제로 돌아와야 하겠다. 1955년의 시단에는 한 권의 시지(詩誌)는커녕 제대로 나온 문학잡지 하나 없었다. 새해에는 누구의 도움을 청해서라도 작으나마 권위 있는 시지 하나를 마련해야겠다. 방이나 하나 있으면 시인의 사랑방 하나도 모았으면 한다. 새해에는 시단이 좀더 전진을 위한 친화력으로, 당동벌이(黨同伐異)하지 말고 이해와 편달(鞭撻)로써 새로운 동도위붕(同道爲朋)의 선명하고 점잖은 유파운동(流派運動)을 했으면 좋겠다. 동인지를 중심하는 각파가 선언서를 발표하고 토의하는 시인회의(詩人會議)도 있었으면 좋겠다.

그리고, 한 편에 1,500환(圜) 고료(稿料) 받고 시를 쓰지 않겠다는 권익옹호투쟁도 필요하다. 이 정도의 고료면 술 몇 병과 시를 바꾸는 것이 차라리 낫겠다. 이러고도 한국은 시인 많고 시독자 많고 게다가 시애호가(詩愛護家)까지 많기로 세계 제일이라니 가소롭지 않은가.

이루어질 가망도 없는 새해의 구상은 그만 쓰겠다. 실상은 시인 각자가 한 편의 창작을 위한 구상에 노력하는 것이 더 견실(堅實)한 성과와 시단적(詩壇的) 이익을 초래할 것이기 때문이다.

— 1955. 1. 1, 《동아일보》

고대문학(高大文學)의 회고와 전망
— 모색에서 구현에로의 '메타모르포즈'

새해를 맞이하면서 문단 각부문에 고대(高大)의 면모가 뚜렷이 떠오르게 된 것은 흔쾌한 일이요 자타가 함께 경하할 일이다. 이 해가 고대문학 10년 자복(雌伏)의 역사를 웅비의 1년으로 감연(敢然)히 전회(轉回)시키는 해가 되기를 심축(心祝)하면서 내가 보아 온 고대문학을 회고함으로써 보다 더 활발한 창작전통의 수립을 위한 시사를 삼을까 한다.

주지(周知)하는 바와 같이 고대(高大)의 50년 역사 중 5분의 4를 차지하는 보성전문(普成專門)의 50년 역사는 법과(法科)와 상과(商科)의 역사이기 때문에 그만큼 문학적 전통이 서기에는 그 기반이 너무나 미약하였다.

그러므로, 보성전문(普成專門)이 문단에 배출한 작가로는 소설에 이근영(李根榮), 시에 조허림(趙虛林), 평론에 한흑구(韓黑鷗), 연극에 주영섭(朱永涉), 이 네 사람 정도에 지나지 않고 그분들이 아마 전부가 아닌가 한다. 우선 수적으로 이렇게 열세인데다가 지금 간혹이라도 문필(文筆)을 잡고 있는 이는 한흑구 씨뿐이고, 나머지 셋은 어떻게 되었는지 소식조차 없다. 미안한 말이지만, 상기의 작가들은 문단에서의 비중도 그다지 뚜렷하지 못하다는 점이다. 우리가 여기서 깨달을 수 있는 것은 학원에서의 문학적 전통이란 먼저 문학하는 분위기의 형성에 있고, 그러한 분위기는 먼저 창작에 뜻을 둔 사람이 양적으로 많아야 한다는 점이요, 그들이 하나둘 문단에 진출함으로써 좋은 자극을 주고 좋은 모범이 되어야 한다는 것이다. 일찍이 이러한 분위기를 양성(釀成)하지 못한 보전(普傳)의 역사는 그 선구자들이 고충만 컸을 뿐 문학을 위하여서는 아무런 전통도 세우지 못했다는 것을 알 수 있다. 그 뒤 1940년대에 서울과 일본 동경에 있는, 문학하는 학생이 모여 동인지(白紙)를 발간할 때 보전(普傳)에서 이에 참가한 사람은 시의 윤계현·손석태(孫錫泰)·박근식(朴根植)·오응호(吳膺壕) 네 사람이었는데, 이분들도 그 뒤 문학을 버렸고 윤계현 씨만이 다른 사람과의 공저로 《청과집》(靑果集)이라는 시집을 남긴 뒤로는 윤백(尹伯)이란 이름으로 다른 저서를 내고 있을 정도다.

해방과 함께 대학으로 승격됨으로써 그 안에 문과대학이 생기고, 이것이 바탕이 되어 오늘까지 만 10년 동안 고대문학(高大文學)의 전통은 서서히 이루어져 왔다. 여기에 잊어버릴 수 없는 것은 《고대신문》의 창간과 그것이 고대(高大)의 문화적 전통에 공헌한 공적이다. 고대의 문화운동은 먼저 연극부인 '고대극회'(高大劇會)가 선구가 되었는데, 이 운동의 뒷받침은 《고대신문》이 표리일체가 되어 난관을 타개했다는 점이 먼저 특필(特筆)할 일이요, 오늘에 보는 바와 같은 각 학회의 기관지의 성황(盛況)도 어느 의미에서는 《고대신문》이 그것을 자극하고 또 육성한 것임을 아무도 부인하지는 못할 것이다.

《고대신문》을 기반으로 하여 고대문학의 전통수립에 기여한 사람들은 아래와 같다. 소설에 정한숙(鄭漢淑)은 1947년 당시 발행되던 《예술조선》에 소설이 입선한 후 10년을 숨어서 공부하여 작년 《한국일보》의 신춘문예에 〈전황당인보기〉(田黃堂印譜記)가 입선되고 이어서 동지에 〈황진이〉(黃眞伊)를 연재한 이후 맹활약중에 있어 신인으로 확호(確乎)한 자리에 지닐 뿐 아니라 평단에 호평을 얻고 있으며, 윤주

영(尹胄榮)이 윤상서(尹常曙)란 필명으로 《서울신문》에 입선된 일이 있다. 최과(崔果)가 《흑과 백》을 번역하고 재학중에 지은 〈S부인과 궁둥이〉 외에 근작으로 〈투계〉(鬪鷄)를 최근 발표하였다. 김경옥(金京鈺)이 피난중 부산에서 신문 현상모집에 희곡이 입선되었으며 그 뒤 연출과 희곡 극평(劇評)과 무용에 응분의 노력을 경주하고 있음을 특기해야 할 것이다. 시에서는 김종길(金宗吉)이 고대 입학 전에 이미 《경향신문》 신춘문예에 당선되었고 그의 근저 《현대 영시선》(現代英詩選)은 사계(斯界)의 호평을 받았었다. 김성림(金聖林)이 《문예》 추천시인으로 등장되어 좋은 시편(詩篇)을 보여 주었으나 동란중 행방불명이 된 것은 애석한 일이다. 동란 전의 고대시단(高大詩壇)을 장식한 사람은 이들 외에도 김경옥(金京鈺), 한승권(韓昇權), 백경모(白璟模)가 있고 수필과 평론에는 이순종(李順種), 신범식(申範植), 이독형(李督馨) 등이 있다. 그리고 재학중 요절(夭折)한 김건식(金建植)이 고대신문에 여러 편의 소설을 보내준 바 있음을 부기(附記)하지 않을 수 없다.

고대문학이 집단적으로 그 면모의 일반(一斑)을 처음 보여 준 것은 대구에서 피난개교(避難開校) 중 창간한 '석탑문학'(石塔文學)의 의욕으로서 였다. 석탑문학은 1호로 휴간(休刊)되었으나, 그 의욕은 환도 후 조직된 '고대문학회'(高大文學會)에 계승되어 하나의 힘을 이루게 되었다. 석탑문학의 동인으로 졸업하고 '고대문화'(高大文化)에 참가하지 않은 사람은 시에 조기섭(曹己燮), 이종헌(李種憲)이 있을 뿐 나머지 사람들은 지금도 현역으로 고대문학의 좋은 역군이 되었다.

고대문학은 이제 움직일 수 없는 힘으로 문단주시(文壇注視)의 적(的)이 되어 있다. 그 계기를 만든 것은 작년 말에 창간된 '고대문화'(高大文化)의 공적이요, '고대문화'는 단순한 창작지가 아니고 우리 나라 새로운 문학운동의 일익으로 인문과학 특히 철학과 사학은 물론 사회과학 면에서의 호응을 얻어 새로운 사상에 대한 모색을 시작했다는 것이 세평(世評)의 호의와 주목을 끄는 요점임을 지적해 둔다. 이와 같은 동향은 비평과 사색의 빈곤에 허덕이는 우리 문단의 후속부대로서 믿음직한 느낌을 주는 바이니 한층 분발과 자중자면(自重自勉)이 있기를 바란다. 학교 당국으로서도 이러한 좋은 성과를 격려하고 조장하는 뜻에서 그 계속 간행에 대한 편의의 원조가 있어야 하겠고 아울러 해지(該誌)의 반포(頒布)에 가능한 아량을 보여 줘야겠다는 것을 부언해 둔다.

지난 가을 박재삼(朴在森)이 시와 시조로써 《현대문학》지 추천을 통과하여 특히 시조는 젊은 세대의 새로운 계승자로 독보의 위치를 다진 바 있거니와 새해 벽두에 박희진(朴喜璡)이 《문학예술》 추천시의 관문을 남보다 먼저 완전 통과하였고 민재식(閔在植), 인태성(印泰星), 이황(李榥)이 그 뒤를 따르고 있으며, 박영수(朴永洙)가 《동아일보》 신춘문예에 입선되어 기염을 토하고 있다. 특히 그 선발평(選拔評)을 보면 끝까지 당선 후보자로서 선자간(選者間)에 양보가 없었다는 점이다. '고대문화'(高大文化)에 실린 계병한(桂柄漢)의 〈동란백서〉(動亂白書)는 가작(佳作)이었고, 현재훈(玄在勳)은 〈배회로초〉(徘徊路抄)로써 꾸준히 공부하는 자취를 보여 주었다.

평론에는 임종국(林種國)이 "이상론"(李箱論) 〔高大文化〕으로써 그 논조와 성력(誠力)이 높이 평가되고 있으며 철학·사학·정치·경제학도들이 각자 전공분야에서의 협조도 믿음직한 바가 있다.

이밖에 시에 이광주(李光周), 김동진(金東振) 등이 유능하고 소설에는 이동린(李東麟), 이선숙(李善淑)도 소질이 보이니 앞으로 정진(精進)이 있을 줄 안다. 이밖에도 각부문에 발표하고 있는 사람, 발표는 없어도 숨어서 공부하는 사람으로 소질도 있고 미더운 사람이 얼핏 생각나는 대로도 열 손을 넘어 꼽을 수 있으나 너무 번거로우므로 여기서는 할애(割愛)한다. 작금(昨今)의 세평(世評)을 들으면 고대(高大)에는 문학이 없는 줄 알았더니 전연 인식착오였다는 말이 그 요점이었다. 이 말로써 우리는 고대문학이 과시되고 있다는 것을 믿어도 좋다고 본다. 10년을 옆에서 보아 온 필자의 마음도 흔쾌하기 비할 데 없다. 끝으로 부언하는 것은 고대(高大)의 문학도 제군(諸君)은 현문학전체(現文學全體)의 동향으로 봐서 진취적이요 어느 다른 대학의 문학활동에 비하여 손색이 없을 뿐 아니라 오히려 그 앞장을 서고 있다는 사실이다. 우리의 이러한 기대를 저버림이 없도록 제군의 가일층 정진이 있기를 빌어 마지않는다. 이로써 신년벽두(新年劈頭) 고대신보(高大新報)가 나에게 지워 준 문채(問債)을 갚고자 한다.

실험실의 창

1.

〈산중문답〉(山中問答) 을 읽고 서정주(徐廷柱) 의 시에 대한 근래의 지향(志向) 이 생성(生成) 의 문제, 이를테면 형이상학이나 그런 방향으로 현저히 쏠리고 있음을 느꼈다. 생활신념을 상실하고 기성의 윤리에 반역하여 현대의 심연(深淵) 앞에 몸부림치던 이 시인도 오늘의 이러한 경향을 이미 〈부활〉(復活) 〈귀촉도〉(歸蜀道) 〈밀어〉(密語) 〈국화 옆에서〉의 순서로 그 일반(一斑) 을 보여 왔지만, 달을 보고까지도 허덕일 정도이던 그 《화사집》(花蛇集) 의 숨가쁜 호흡이 이렇게까지 자애로운 태양을 조용히 우러를 수 있게 되었다는 것은 반드시 연령의 탓만은 아니라고 본다. 그 치우친 인사(人事) 중심의 시에 거의 윤리의 상실에까지 도달한 오늘의 시는 그가 윤리를 상실함이 아니라 차라리 윤리의 원형으로서의 자연 새로운 윤리까지도 율(律) 할 수 있는 동양적 '천'(天) 이나 '무'(無) 의 진실 속으로 몰입하려는 의욕이라고 생각한다. 〈산중문답〉이나 〈상리과원〉(上里果園) 은 비록 구고(舊稿) 라는 부기(附記) 가 붙었으나 작자가 그 발표를 승인한 이상 근작과 동시의 책임을 회피할 수 없을 뿐 아니라, 소박한 채로 그것은 별반의 취(趣) 를 자아내는 점에서 그의 솜씨를 조금도 손상하지는 않았다. 차라리 우리를 의구(疑懼) 하게 하는 것은 그의 안정된 시심(詩心) 인 것이다.

〈대공사격연습〉(對空射擊演習)을 보고 유치환(柳致環)의 젊은 날의 허무의식, 고독과 회의(懷疑) — 또는 그 바탕에서 연유하는 가책과 저주가 쇠(衰)하고 있음을 느꼈다. 《청마시초》(靑馬詩抄)나 《생명의 서(書)》를 일관하던 이 정신도 《울릉도》《보병과 더불어》에 이르면 그 기조의 일치에도 불구하고 현저한 변성(變成)을 보여 준다. 〈대공사격연습〉은 이런 의미에서 그 초기시의 풍모를 지니고 있으나 〈일월〉(日月)이라든가 〈내 너를 내세우노니〉에서 느낄 수 있는 가열성(苛烈性)이 모자란다. 의욕의 한 타성 같은 것이 느껴진다는 말이다. 청마(靑馬)는 지난 겨울 막내 따님을 시집보냄으로써 이제 인세(人世)에 계루(繫累)를 덜고 학(鶴)처럼 표표(飄飄)할 수가 있다고 말했다. 그러나 영원히 벗어던질 수 없는 회의와 고적(孤寂)과 암울 때문에 그는 안여(晏如)할 수가 없다. 허무한 자로 더불어 끝없이 길항(拮抗)하는 그의 치열한 대결정신도 마침내 그 대결하는 자 앞에 굴복하고 말 것이다. 철학을 못 가진 철학자, 우수와 고뇌에 아편같이 중독하여 벗어나지 못하는 초연의 시인 청마는 언제나 인사(人事)로써 자연을 척도(尺度)하는 휴머니스트다. 이른바 인생파의 효장(驍將)으로서의 그 부동의 자세는 비장미(悲壯美)의 한 전형이기도 하다. 그의 시정신은 이미 어쩔 수 없는 니힐의 우주 위에 세워졌고, 또 그가 그것을 끝까지 회피하지 않을 것을 알기 때문이다. 어느 의미에선 하나의 건강한 릴리스트다. 그가 싫어하는 이 칭호도 그는 거부할 수가 없을 것이다.

〈옹호자의 노래〉를 읽고서 시인 김현승(金顯承)의 시에 대한 올바른 태도와 청신(淸新)하면서도 경박하지 않은 언어, 온난하면서 투명한 생각이 은근히 좋아졌다. 비록 시의 구성이 좀 평탄하다고 할지라도 충분히 정확한 사관(史觀)과 안온(安穩)한 서정을 지닌 점에서 지난달의 가작(佳作)의 하나였다.

〈사과〉는 김용호(金容浩)의 다른 작품에 비해서도 범작(凡作)이었다. 이봉구(李鳳九)의 수필 〈밤의 허행(虛行)〉에 인용된 시가 훨씬 감명적이었다. 이 시인의 시는 늘 생활과 현실과 의욕과 관념 등의 자기 함정에 집착하는 바람에 시를 주체하지 못하는 혐(嫌)이 있다. 작품수준의 고저(高低)가 자기 내부에서 현격하다. 〈사과〉는 씌어진 사과 그대로 덜 익은 풋사과였다. 시상(詩想)이 평면적인데다가 언어까지 산만해서 비약과 연결이 괴리되고 말았다. 그의 허방(虛放)하고 소박한 인간의 맛이 시에서는 좀 반동(反動)으로 맵짜졌으면 좋겠다.

〈입상〉(立象)을 보고 스스로의 입지를 찾아 방황하는 박남수(朴南秀)의 모습이 보였다. 해방 전후 10여 년을 그가 체험한 시의 공백은 그렇게 쉽사리 채워지지는 않을 것이다. 그러나 그의 초기시를 아는 사람은 오늘의 대담한 그의 변모와 빠른 수습에 놀랄 것이다. 〈입상〉은 월남(越南) 이후 그가 타개한 바 그의 위치이다. 그의 가슴 안에 깃들고 있는 현대 ― 그것은 이 시인 자신은 물론 타자가 의욕하고 기대했던 것과도 아주 다른 각도로 나타나고 있는 것 같다. 그러나 〈입상〉은 시인 박남수의 재기(再起)를 충분히 미덥게 해 주는 작품으로 불건강한 소재가 긴박력(緊迫力)을 잃지 않아서 좋았다.

〈난〉(蘭)을 읽고 박목월(朴木月)의 시가 자기 변모에 초려(焦慮)하는 모습과 또 그 초려를 허심(虛心)히 씻어 버리고 본래의 시심(詩心)으로 그대로 환원하려는 나직한 목소리를 들을 수 있었다. 〈난〉은《청록집》에 실린 그의 시에 비해서 변했다면 엄청나게 변했고 변하지 않았다면 너무나 변하지 않은 것을 보여주는 작품이지만 작품으로서는 좀 떨어진다. 그의 시가 새로운 변모의 의욕에 불구하고 실상 별다른 변화가 없는 것은 그가 민요적 서정시를 시작할 때부터 그 바탕으로 합치시켜 놓았던 회화적(繪畫的) 감각으로서의 설핏한 그림자가 하나의 현대적 감각으로 고정관념이 되어 그의 시세계를 결박하는 탓이 아닐까 한다. 낡은 것과 새 것의 합일 또는 지양은 우리 세대의 공통된 미학(美學)으로 처음부터 디디고 나섰다. 더 새로와지려고 노력하는 것보다는 지나치게 한정된 시어(詩語)와 한정된 시상(詩想)을 확장하는 것이 더 필요할 것이다. 〈양〉(羊)은 쉽게 쓴 흔적이 보이고 고담 (枯淡)한 맛으로는 〈난〉보다 〈동정〉(冬庭)을 사고 싶다.

'조선', '한국' 양신문의 신춘현상문예에 당선된 시편(詩篇)들은 우리가 과대한 기대를 가졌던 탓인지 너무 무난할 정도여서 섭섭하였다. 신춘문예든 추천시든 시집이든 간에 시단(詩壇)에 등장할 때는 그 시단의 평상수준에 도달하는 것만으로 만족할 것이 아니라 적어도 그 시단의 평상수준을 돌파하는 한두 편은 들고 나와야 하지 않을까. 시험으로 치면 이것은 입학시험이나 자격시험이 아니요, 졸업시험이나 임용시험(任用試驗)이기 때문이다. 또 이 시기가 각자의 시적 수련의 최고 절정이기 때문이다.

— 1956년, 《현대문학》 2월호

2.

2월의 시는 모두 다 시단의 평상수준을 지키는 것으로 현저한 오르내림이 없는 작품들이어서 어디서 어디에 비평의 메스를 대어야 할지 망설이게 하였다. 이제 몇 시편들을 대상으로 하여 성실한 독자의 한 사람으로서 충고를 보낸다면 다음과 같을 수밖에 없다.

신석초(申石艸) 씨의 〈바라춤〉은 침묵을 지키던 시인의 작품이어서 반가웠다. 어쩌다가 대하는 그의 수년래의 시가 늘 김이 빠진 듯해서 서운했는데, 〈바라춤〉은 그 자신의 옛 가락일 뿐 아니라 시어(詩語)의 구사와 짜임새에서도 옛 솜씨를 회복하였다. 몇 개 서투른 의고체(擬古體) 시어(詩語)가 도리어 이 시에 어울리는 것은 침정(沈靜)하면서도 화려한 그 운율 까닭이다. 그가 한때 심취했던 서구적 지성의 시안(詩眼)은 구작(舊作) 〈바라춤〉에서와 마찬가지로 여기서도 기조가 되어 있으나 '육(肉)의 고뇌'가 몸부림하는 힘은 전작(前作)에 비해 감소되었다. 동양적 제재(題材)를 다루는 한 각도의 방법이 그에게 확립된 것이 좋다.

김동명(金東鳴) 씨의 〈창의문(彰義門) 밖〉은 꾸준히 자신의 시세계를 변모시키면서도 하등의 무리가 없는 그의 시가 또 하나 노경(老境)의 멋에 자적함을 보인다. 대수롭지 않은 시상과 시어로써 무난한 한 편을 이루었으나 아늑하고 맵짠 맛이야 옛 솜씨를 따를 수 없다. 더구나 제 5, 6, 7연은 안이한 속기(俗氣)를 척진(滌盡)하지 못했다.

장만영(張萬榮) 씨의 〈병실에서〉는 그의 시세계의 좋은 기점인 '소년적 순정(純情)'이 인생의 쓰고 단 맛을 겪고 어른다운 고담(枯淡)으로 바꾸인 듯하면서도 실상은 예대로 소년적 순정의 가벼운 애수(哀愁)에 싸여 있음이 보인다. 소년적 순정이 나쁘다거나 노년의 세계가 좋다거나 그런 문제가 아니라 절실한 시상(詩想)이 가벼워지는 것을 경계하지 않을 수 없다는 말이다. 종련(終聯) 2행이 특히 이 점에서 파탄(破綻)이었다. 시를 다루는 솜씨의 완벽성을 체득하기로는 일찍이 유수한 시인이던 그가 그의 오리지널리티인 '섬세의 적극성'을 상실하기 때문에 오늘의 위치에 앉은 것은 아닐까. 이 작품은 그의 옛 솜씨를 보인 것은 아니지만 또한 두드러진 흠이 있는 것도 아니다. 오래 쉬던 나머지에 그의 시작(詩作)이 다시 풍성해지기를 기다린다.

김상옥(金相沃) 씨의 〈목련〉(木蓮)은 여러 가지 형식으로 모색(摸索)하며 제작(制作)하던 그의 시가 이러한 방향으로 안정하려는 듯한 느낌을 준다. 그의 시법(詩法)의 기조이던 미묘한 곡절이 이렇게 순탄한 구성으로 정관(靜觀)하게 된 데 대하여 가부(可否)를 논단할 수는 없으나 다만 그러한 구성과 관점의 초점이 무엇인가가 문제이다. 〈목련〉에는 '목련'을 통하여 개현(開顯)된 생명의 진수(眞髓)가 파악되어 있지 않다. 아니 파악되지 않은 것이 아니라 파악된 생명이 감동으로서 우리에게 어필하지 않기 때문이다. 이 걷잡을 수 없는 유려취미(流麗趣味)는 치졸미(稚拙美)를 필요로 하는 것은 아닐까. 능숙한 기술이 영원한 위기에 서 있는 시를 안온(安穩)한 요람(搖籃) 속에 잠재우는 방편이 되어서는 안 될 것이란 말이다.

이동주(李東柱) 씨의 〈대불〉(大佛)은 맵시 있는 기법으로 깨끗한 1편을 형상화하였으나 그 시정신이 너무 아기자기한 조사(措辭)에 치우쳐 있으면서도 장구한 수련에서 오는 자연한 기법을 못 얻어서 스스로 결점을 노현(露顯)한다. 이 점은 이따금 보이는 그의 산문에서 우심(尤甚)한 바 있다. 각행과 각개의 언어는 따로 떼놓고는 편편주옥(片片珠玉)이지만 한 편에 꿰어 놓으면 틈이 번다. 1·2·3연의 끝을 연달아 명사로 끊어 놓고 4연의 '비좁나니' 5연의 '삭나이다'는 약한데다가 7연 8연의 또 명사종결 때문에 지나친 비약은 강열한 연락을 뒷받침하지 못해서 흐트러졌다. 또, 이러한 언어의 섬교(纖巧)와 구성의 파탄(破綻)은 주제 '대불'(大佛)의 정신적 넓이를 줄어뜨리고 말았다. 그러나 종련(終聯)의 재치는 놀라운 바 있다.

김구용(金丘庸) 씨의 〈위치〉(位置)는 그가 장차 시를 어떻게 할 작정인지 위구(危懼)의 감을 주고 있다. 이런 형식의 그의 시도 몇 편 보아 왔고 새로운 현대시의 운명적 한 형식을 그에게 볼 수 있어 반가웠으나 안일에 빠지기가 싫어서 자신을 해체하지 않을까 두렵다. 시의 낡은 성벽을 부찍 허물어뜨려 놓고 움직이는 위치에 나신(裸身)으로 누워 있는 그는 에세이 정신과 기이한 한자(漢字)로 자신의 의상을 미화(美化)해 본다. 그러나 에세이 정신만으로도 시는 성립되지 않고 한자의 범람도 서구어 남용과 가릴 바가 없는 것이니 좀더 이 〈위치〉의 세계를 순화(醇化)해 줬으면 한다. 시가 아닌 듯하면서도 시의 매력을 지닌 점이 이 시인이 지닌 불가사의한 시대적 매력이다. 〈위치〉는 읽을 맛이 나는 좋은 시론(詩論)으로 시인의 본질에 대한 일면을 시사하고 있다.

박훈산(朴薰山) 씨의 〈날이 갈수록〉(《동아일보》)은 이때까지의 그의 시가 모색과 방황 속에 허탈한 함성을 몰린 데 비해서 비로소 자신의 가라앉은 모습을 스스로 보았나 보다 하는 느낌을 주었다. 그러나 이 절실한 자기인식의 계기도 그 종련(終聯)의 안이한 수법으로 말미암아 희시(戱詩)의 가벼움에 떨어질 위기를 낳고 말았다. 3, 4연의 종결(終結)을 한결같이 명사로 끊은 다음이어서 종련(終聯)의 명사 끝맺음은 더욱 약해졌다.

이원섭(李元燮) 씨의 역시(譯詩) 〈고시갱음〉(古詩更吟)은 역시이기 때문에 논외에 두지만 갱음이란 표제(表題) 대로 일종의 창작취(創作趣)가 있다. 이에 대한 논의는 차치하고 우리가 알고 싶은 것은 이 역시와 그의 창작시 세계와 어떤 관계가 있느냐는 점이다.

― 1956년, 《현대문학》 3월호

3.

시평이란 평을 받는 편으로 봐서는 다소의 참고가 될는지 어쩐지는 모르겠으나 평을 쓰는 이로 봐서는 해는 있을지언정 일리(一利)도 없다. 이 말은 시창작의 의욕을 포기하지 않는 시인이 시평을 써야 하는 경우에 절실하게 타당한다. 젊어서 시인이 아니었던 비평가와 늙어서 비평가가 될 수 없는 시인은 함께 믿을 수 없는 존재이기 때문에 시인은 그 자신 속에 비평정신을 함양하고 있어야 하지만, 아무래도 시를 공부하는 마음에는 비평을 받고 싶은 생각이 앞서고 비평을 쓰고 싶다는 생각은 감추어지기로 마련이다. 문필(文筆)을 잡아 온 이는 누구나 안고수비(眼高手卑)의 탄(嘆)을 맛보게 되리라.

비평을 씀으로 해서 시작(詩作)에 붓을 대는 것이 자꾸 두려워 가는 것은 불행이 아닐 수 없다. 시에 대하여 너무 무관심하거나 무견해(無見解)한 평론가들은 시를 편달해야 할 자신의 의무를 자각함으로써 좀 더 시를 이해하여 시인의 불행을 위로하여야 하겠다. 남의 시나 내 시나 할 것 없이 감동을 잊어버린 것이 현대시의 비극이다. 우정과 독자에 대한 명성과 사상적 조류를 초월하여 시를 위한 애정이 시로써 감동되는 시대가 와야 하겠다.

이달에는 한미(寒微)한 우리 시조시(時調詩)에 두 편의 시조를 얻은 것이 흔쾌(欣快)하다. 이병기(李秉岐) 씨의 〈냉이꽃〉 3수, 이호우(爾豪愚) 씨의 〈바람벌〉 4수가 그것이다. 시조는 누천년의 역사에서 생성된 민족시가의 전통적 형식의 하나로 그만큼 민족의 정서생활에 광범한 침투력을 가진 것인데 어쩐 일인지 개화운동 뒤로 한 번 일제 말기에 한 번 울흥(鬱興)할 듯하다가 그대로 요료(寥寥)하고 말았다. 이 두 시기는 전자가 외래문화의 섭취기, 후자가 전통의 고수기(固守期)로 어느 것이나 민족문화가 반성과 탐구에 들었을 때이라, 그 정신적 기반이 용이히 이해된다. 이로써 시조의 오늘과 같은 적막은 이 나라 젊은 지성이 전통의 탐구에 무자각(無自覺)하고 냉담하다는 증좌(證左)로 볼 수 있거니와 오늘의 문화는 앞의 두 시기보다도 이 방면에 더 절실한 요청을 받고 있는 것은 아닐까. 청자(靑瓷)의 기법이 배우는 사람 없고 가르치는 종장(宗匠)이 죽어 감으로써 끊어지고 말듯이 시조마저 이래서는 탈이다. 나는 시조시(時調詩) 운동이 다시 일어나길 바라는 자다.

이에는 이 방면의 선배들이 자가업(自家業)을 바꾸기를 능사로 삼고 모든 기술을 당대로써 끝내고 마는 민족적 폐풍(弊風)을 광정(匡正)하여 후진의 계발에 힘써 주어야 할 줄 안다. 선배들의 활동과 업적만이 후배들의 지향을 북돋을 것이기 때문이다.

시조는 이름 그대로 시대적 조격(調格)이다. 전통적 형식에 시대적 조격, 이것만으로도 그 내용은 자재(自在)한 일관성이 있다.

3월의 두 편 시조에서도 이를 볼 수 있지 않는가. 〈냉이꽃〉은 가람의 전아취(典雅趣)가 태양·지구·수소탄·원자탄의 현대술어(現代術語)를 음영(陰影)으로 빌려서 '냉이꽃 한잎에겐들 그 목숨을 뉘 넣을까'라는 주제의 초점, 율조(律調)의 절정을 만들었다. 〈바람벌〉은 구고

(舊稿)라는 부기(附記)로 봐서 6·25동란중 작품인 듯 그 율조가 자못 격했고 단촉(短促)하다. 그의 초기작의 전통적 풍류취(風流趣)에 비하면 이는 현대시의 영역으로 비상(非常)히 접근한 셈이다.

이로써 보면 3월 두 편 시조는 비록 '온'(溫)과 '격'(激)의 차는 있어도 시조로서의 '현대적 호흡'이란 점에서는 상통되는 바 있다고 하겠는데, 이에 대한 우리의 관심은 그 현대적 세련의 한계문제에 있는 것이다. 다시 말하면, 민족시(民族詩)의 한 형식으로서의 현대시는 시조의 장구한 생성(生成)의 율조(律調)를 받아들여 그것을 일종 변형으로 새로운 형식을 만들 수 있는 데 반해서 시조는 현대시와의 한계를 무너뜨림에 제한이 있으니 시조의 너무 완전한 현대적 변형은 현대시의 영역이요, 시조로서의 의의는 상실된다는 점이다. 이런 의미에서 가람과 이호우(爾豪愚) 이 두 대가(大家)와 중견(中堅)의 이번 작품은 그 시어(詩語)와 조사(措辭)에서 한 시작(試作)이요 천의무봉(天衣無縫)의 어쩔 수 없는 석연(釋然)은 아니라는 것이다.

따뜻하고 온건한 시심(詩心)이 무난한 기교를 얻어 이루어진 두 편의 시가 있다. 신석정(辛夕汀) 씨의 〈망향(望鄕)의 노래〉와 최재형(崔載亨) 씨의 〈동면〉(冬眠)이 그것이다. 석정은 시를 만드는 데 실수 없는 시인! 여기 무슨 대단한 감동이 있는 것은 아니지만, 첫째, 파탄(破綻)이 없을 뿐 아니라 "시나부로 지는 지치도록 흰 복사꽃을"이라든가 "곤때 가신 지 오랜 아내랑"의 두 구만으로도 이 시인이 수련에서 오는 재치와 시어구사에 있어 젊은 시인들이 압도될 모어(母語)의 풍부성이 있다. 재형의 시도 무난하기는 하다. 그의 연치(年齒)가 석정처럼 무난의 위의(威儀)를 지니기에는 너무 젊다. 그의 초기시의 앳된 재치도 없고 오늘에 처한 어떤 힘의 의젓한 뒷받침도 없어서 허전하다. 그의 시심(詩心)이 일단의 위기를 조성해야 할 때가 바로 이때가 아닐까.

최인희(崔寅熙) 씨의 〈바위 아래서〉와 박양균(朴暘均) 씨의 〈발자욱〉은 이달의 가작(佳作)이었다. 인희 씨의 시는 이때까지 너무 안온하기 때문에 무력하였고 너무 안이하여 진부할 우려까지 있었다. 자신의 시의 타개를 위한 온건한 전신(轉身)의 계기를 마련한 것이 반갑다. 온아(溫雅)에서 전중(典重)으로 ─ 혹은 다시 온아하기 위해서도 한 번은 밟아야 할 세계다. 다만 제6연은 약간 파탄이 있었다. 언구(言句)의 불투명! 그것은 상징시에서도 거부되는 시의 함정이다. 의미를 여러 가지로 해석할 수 있다는 것과 주제를 흐리우는 미숙한 수사와는 자연히 다른 방법이다. "언제부터 익혀 온 습성으로 있는 것이나 또 형체가 없는 것이나" 구(句)가 바로 그것이다.

현대시의 위치에 대한 양균(暘均)의 해석과 태도는 타당한 데가 있다. 현대시라 해서 본디 무슨 특정적이거나 일률적인 요구가 있는 것은 아니지만 그의 시는 자신의 시대와 개성이 부합하는 탄탄한 바탕에서 시작되었기 때문이다. 치밀한 관찰력, 청신(淸新)한 감각은 평상의 사물을 시에로 승화시키는 온난한 사색(思索)으로 하여 한결 빛이 난다. 해체의 시대에 그가 자기시의 주체를 확호히 잡은 것은 좋으나 스스로의 시에 대한 아집을 형성하는 것은 위험하다. 아집 ─ 그것은 이지고잉의 합리화의 구실을 하기 때문에 ──. 송욱(宋稶) 씨의 〈어쩌면…〉(《한국일보》)은 분명히 우리의 현대시에 대한 혹종(或種)의 문제제기를 준비하고 있다. 특히, 시의 미학(美學)에서 그러하다. 서구시의 호흡을 거의 요적(謠的) 수사(修辭)에 가까운 순수한 우리말로써 표현하려는 의욕은 주제의 심각성을 언어의 경쾌성으로 조화 해소한다. 거기에 남은 그 시정신의 그림자는 '실존주의'도 아닌 '에피큐리언'도 아닌 현대적 니힐의 몽환(夢幻) ─ 어쩌면, 〈어쩌면…〉은 그의 최근시를 대표하는 것일지도 모른다. 좀더 욱(稶)의 시의 전개를 보고 나서 얘기하기로 한다.

─1955년, 《현대문학》 4월호

4.

　4월의 시단(詩壇)을 말함에는 《현대문학》 4월호만으로도 족하다. 열 여덟 사람의 현역 시인의 작품에 두 사람의 추천작품, 게다가 선배 두 사람의 역시(譯詩)를 얻어 도합 스물두 사람의 시인을 한자리에 모았으니 우리 시단에 드물게 보는 성사(盛事)인데다가 이 광범한 수재(收載)는 한 가지 잡지만으로 한 달의 시를 논해도 소홀(疏忽)과 편파(偏頗)의 혐(嫌)은 족히 벗을 수 없기 때문이다.

　그러나 시에서 양의 다과(多寡)는 질의 고하(高下)와 일치되지는 않는다. 이 드물게 보는 풍성한 모임을 보고 난 우리의 느낌은 어떤가. 한 말로 말하자면 현대시의 빈곤이 이다지도 참담한 것인가라는 느낌이라 하지 않을 수 없다. 시가 이렇게 안이(安易) 공소(空疎)한 타성에 지쳐 있다는 것은 독자나 평가나 시인이 함께 느낄 슬픔이다.

　서정주(徐廷柱) 씨의 〈전주우거〉(全州隅居)는 〈산중문답〉(山中問答)이나 〈상리과원〉(上里果園)과 일련의 세계! 평범하면서도 핍진(逼眞)하고 치밀하면서 의젓한 방법은 좋으나 그보다도 이 작품을 통하여 말하고 싶은 것은 '그밖엔 논어(論語)나 가끔 읽는 일일까'의 구(句)다. 정주(廷柱)의 구작(舊作) 〈살구꽃 필 때〉에도 '내가 포이엘 바하를 읽던 것보다는 수얼찮이 독서를 잘 하는구나 벌이여 벌이여 꿀벌들이여'라는 구절이 있거니와 포이엘 바하가 '논어'로 바뀐 것이 대경(對境)의 변환 또는 그 사고의 연치(年齒)에 있다기보다는 이러한 시상(詩想)과 표현은 정주의 강열한 체취로서 그의 마음의 향기에서 우러난 것이 아니라 역하기 쉬운 냄새라는 것이다.

　유치환(柳致環) 씨의 〈잠자리〉는 근작인 듯하나 조사(措辭)와 구성은 한결같이 옛 가락이다. 이런 뜻에선 지난번의 〈대공사격연습〉과 동조(同調)다. 허(虛)와 무(無)에 철(徹)하려는 그의 건장한 자세가 허장성세(虛張聲勢)의 기(譏)는 면할 수 있어도 그 시정신의 본질 속에 있는 저신타개(抵身打開)의 면이 몹시 쇠(衰)하고 있는 것이 안타깝다고 할 수는 없을까. "눈물 나는 겸양과 긍정의 온유로써만 그 냉혹한 정체를 질곡(桎梏)할 수 있음의 현시(顯示)를 여기에서 보았나니"의 구(句)만으로도 우리는 그 시어(詩語)가 옛날의 자가(自家) 특성에 돌아가면서도 새로운 생명의 힘을 넣지 못하고 타성의 흐리움으로 말미암아 생경(生硬)에 떨어졌음을 볼 것이다.

박두진(朴斗鎭) 씨의 〈아이를 재운다〉는 오랜 침묵을 지키던 나머지의 작품이라 반가웠다. 산의 시에서 바다의 시로 옮겨가던 그의 시가 마침내 인사(人事)의 시에로 돌아왔다. 따뜻한 사색, 맑은 심정, 그리고 미끄러운 운율이 두진의 시의 근본적인 세 가지 좋은 요소라면 이 작품에도 그것은 충분히 갖추어져 있다. 혹은 대위(對位)와 반복으로 치밀하고 끈기 있는 구성을 이루는 것이 그의 시의 자랑이라면 그 점도 여기에 충분히 나타나 있다. 그러나 우리가 이 아름답고 눈물겨운 생활의 시를 읽고 느끼는 것은 두진의 초기시에 부쳤던 우리의 기대와 우려의 상반된 감정이 '육체를 상실한 관념의 세계'였음을 회상할 때 그 뒤에 우리가 체득한 두진의 시는 실상 관념(觀念)의 시가 아니라 빈틈없는 기교의 시였다는 점이다. 아무런 구상성(具象性)도 지니지 않은 공막(空漠)한 원망(願望)은 우수한 테크니상적 역량으로 파탄을 초래하지 않았지만 그의 시에 관념의 여백과 기교의 소졸(疏拙)을 바란다면 망발이 될는지? 두진의 시에 대하여 많은 것을 공감하면서도 이러한 안정을 허물하는 것은 그의 시가 감춰 둔 고민이 무엇인가를 알고 싶은 마음에서 이다.

김춘수(金春洙) 씨의 〈바위〉는 그의 근작 〈꽃밭에 든 거북〉으로 더불어 내가 좋게 본 작품이다. 세심한 관찰과 형상화 — 이것은 춘수의 현대시에 대한 확실한 입지이다. 시의 대상을 거창한 둘레 안에 야욕

(野慾)으로 두지 않고 즉경(卽境)의 미세한 것에 경이(驚異)를 발견하는 것은 좋은 일이지만, 그 작은 것은 그대로 큰 것이 되어야 하겠는데 춘수의 시의 자기 한정은 너무 협소하다. 시가 또 이렇게 파고드는 것만으로 우리를 어떻게 견디게 하는가. 나는 타락사관(墮落史觀)을 믿는 사람은 아니지만 고대에서 현대로 내려오는 동안에 문화의 일반 추세로서의 단점은 '소규모'라는 성격이라고 믿어 의심하지 않는다. 현대시는 현대적 성격의 표현이지만 현대적 성격이라는 주어진 면을 극복하는 것도 현대적 모럴이 아닐 수 없기 때문이다.

이경순(李敬純) 씨의 〈위치의 단면〉은 시라고 부르기에는 대단히 위험하다. 그의 시는 노상 역설(逆說)과 황탄(荒誕), 혼란과 미숙으로 허덕인다. 역설과 황탄이 시가 안 되란 법도 없지만 경순(敬純)은 시의 주제와 형상에 항상 자신을 잃어버리고 있어 무엇 때문에 쓴 시인지 알 수가 없다는 말이다. 〈위치의 단면〉은 일견 언어로서는 파탄없이 성립되었다. 그러나, 말연(末聯)은 군더더기 ──. 표현도 유치하기 짝없다. 경순의 시는 먼저 자신의 사상의 응결과 세련에서 부터 출발해야 될 줄 안다.

김윤성(金潤成) 씨의 〈북한산〉은 지금까지의 그 작품에서 보는 유능한 위의(威儀)를 실추시키고 있다. 그의 평범하면서도 건실한 사고는 시의 표현이란 따로 있는 것이 아니라 순탄한 언어로도 가능하다는 듯이 너무 평면적이고 맺힌 데가 없는 것이 흠이었는데 대상을 파악하는 각도와 정리하는 깊이에 좋은 점이 있었다. 그러나 〈북한산〉은 시감동의 무력(無力)을 현시(顯示)하는 것, 종연(終聯)의 '자꾸만 그 굴곡선을 타다'의 구는 전편의 무력을 한층 노출하였고 언어도 진부하다.

김종길(金宗吉) 씨의 〈성탄제〉(聖誕祭)는 그의 구작(舊作)으로 작년 겨울에 초고(草稿)로 한번 읽은 기억이 있다. 서늘하고 따뜻하고 맑고 어두운 것이 대척적(對蹠的)인 것들이 교착되면서도 일관된 느낌을 잃지 않은 것은 바로 종길의 시정신 내부에 자리하고 있는 서구적인 것과 전통적인 것의 교착의 표현이다. 이 양면은 그에게 아직 완전히 융합되어 있지 않다. 눈은 서구적이요, 심흉(心胸)은 전통적인 것과 전자가 그의 교양의 면에 큰 자리를 차지하고 있다면 후자는 그의 창작시 속에 어쩔 수 없는 주인공이 되어 있다. 산중에 오는 눈과 성탄제의 눈, "아직도 내 혈액 속에 녹아 흐르는" 산수유 붉은 열매와 열로 상기한 병든 소년을! 이 서늘하고 흰 눈빛과 따뜻하고 붉은 열매 빛으로써 비추어 보는 어린 날의 추억은 그 정신의 상징적 표현과도 같다. 대수롭지 않은 느낌이 이만큼이라도 감정의 파문을 일으키는 것이 좋다.

조병화(趙炳華) 씨의 〈노래를 불러도 소리를 잃은 피리〉는 그의 작품으로서는 많이 떨어지는 작품이다. 가락은 그 가락이지만 제5연 이하의 구성이 매우 서투르다. 병화의 시를 읽으면 그 시와 생활과 인간이 너무도 꼭 같은 것을 생각하고 미소를 짓는다. 이 말은 그가 자기와 시대와 사회에 대해서 속일 수 없는 사람임을 증명하지만 그 반면에 그저 슬프로 외롭고 발산하고 부동(浮動)하는 천만 가지의 '적당주의'를 표방하는 그의 천박성(淺薄性)도 함께 표현한다. 현대의 시, 젊은이의 시, 소시민의 시로서 좋은 일면의 전형적인 시인을 들려면 아마도 병화가 첫손에 꼽힐 것에 틀림이 없다. 그의 건강한 슬픔의 생리는 젊은 시단에 특이한 시풍(詩風)을 세움으로써 한 세계를 지니고 있지만 건강하다는 것은 어떤 경우에는 불건강(不健康)한 것, 병적인 것보다도 더 불건강한 수가 있는 것이 시의 생리라는 것을 충언으로 보내고 싶다.

이철균(李轍均) 씨의 〈감꽃〉은 두드러지게 나무랄 곳이 없는 아담한 시다. 온난한 심서(心緒)도 좋으나 이런 세계는 서정시의 극히 좁은 일면이므로 시인의 능사가 되기에는 그 파동이 너무 허전하다. 추천작품 때보다 별다는 진경(進境)이 없다.

김용팔(金榕八) 씨의 〈달〉은 시를 쓰기 위한 시 같다. 아무 감동도 없이 만들었다는 말이다. 언어만 나열하고 기구(機具)만 차렸지 잡을 것을 못 잡고 말았다. 개성 있는 시어(詩語)와 감동 있는 착상을 위하여 수련의 노력이 있어야겠다.

김수돈(金洙敦) 씨의 〈유서〉(遺書)도 평범한 작품이다. 옛날의 그 애달픈 서정도 없고 날카로운 눈도 없다. 구질하진 않으나 공허하다.

박기원(朴琦遠) 씨의 〈첨탑〉(尖塔)은 표현도 지난날의 시의 무슨 공식처럼 낡은데다가 묘리(妙理) 없는 과장은 시어를 허장성세에 빠뜨리고 말았다. 실감 없는 관념의 공소성(空疎性) 때문에 좋은 소재를 시로서 구원(救援)하지 못했다.

김남조(金南祚) 씨의 〈낙일〉(落日)은 그의 첫 시집 《목숨》에 있는 몇 편에 비해서도 손색이 있다. 감정의 치밀성이 여류시인의 공통된 본질이요 장점이기 쉬운데, 생각의 깊이 속으로 침잠하려는 그 태도의 특이함을 인정할 수 있으나 그것이 반드시 득실에서 어떨는지 단언할 수 없다. 다만, 그는 구성의 적확(適確)과 언어의 투명에 좀더 유의해야 할 줄 안다.

이형기(李炯基) 씨의 〈종전차〉(終電車)는 시의 짜임새로 봐서는 4월의 시 중에서 일류에 속할 것이다. 이뿐 아니라 형기의 시는 조촐하고 깔끔한 점이라든가 가벼운 체념과 스쳐가는 한이 이미 작은 재치의 비늘을 번득인 바 있다. 젊음의 핏기도 있다마는 이처럼 연약한 시로 풍우(風雨)의 마멸(磨滅)에 견디어 낼 수 있을는지가 걱정이다. 좀더 유장(悠長)한 호흡, 풍요한 감성이 권하고 싶도록 형기의 시는 호흡이 너무 짧고 느낌이 너무 삭막하다. 이런 서글픔의 세계는 용이하게 앞길이 막히지는 않지만 그 고담(枯談)이 철학적 바탕을 못 지니는 한 대수롭지 않은 것이다.

설창수(薛昌洙) 씨의 〈향일규〉(向日葵)는 시가 여러 조각으로 흐트러지고 말았다. 좋은 표현과 그렇지 못한 것이 뒤섞여 있을 뿐 아니라 주제의 산만은 부질없는 과장으로 더불어 이 시의 치명상이 되고 말았다.

김규동(金奎東) 씨의 〈장송(葬送)의 노래〉는 구성과 수사가 함께 낡았다. 관용의 형식과 관용의 언구(言句)에 집착하는 한 새로운 시의 형상은 공염불에 지나지 않는다. 더구나, 시정신의 고정은 시의 새로움을 탐구함에 최초로 극복해야 할 문제임을 생각할 때 더욱 그러하다. 작자의 이름만 바꾸면 A의 시인지 B의 시인지 남성의 시인지 여성의시인지 구별할 수 없는 이른바 오늘의 모더니즘은 영원히 새로운 합창을 위해서 영원히 지켜야할 자기의 개성적 파트를 거점으로 하지 않아서는 안 될 것이다.

장수철(張壽哲) 씨의 〈춘야단장〉(春夜斷章)은 너무 안이한 불감의 시— 맥이 빠져 버린 시다. 1, 2가 좀 낫고 3, 4는 더 말이 아니다. 수철이 벌써 옛날의 시를 쓰던 때의 꿈과 그리움만으로 고난(苦難)이 없이 아무렇게나 시를 쓰도록 늙었다면 말이다.

신동집(申瞳集) 씨의 〈밤〉은 시로서는 너무나 부질없는 인과율(因果律)과 진화론과 상대성의 논리와도 같은 그 낡은 의상이 못마땅하다. 서정을 유형(流刑)시킨 다음 그 자리에 들어앉은 권력인 사색하는 몸짓의 페단틱 취미를 경계해야 할 것이다. 유형된 서정이 혹은 고도(孤島)에서 반기를 들고 상륙할지도 모른다. 〈밤〉은 범작(凡作)이다.

김달진(金達鎭) 씨의 〈고시신역〉(古詩新譯)과 양주동(梁柱東) 씨의 〈오지연습〉(五指演習) 외 2편을 읽고 역시(譯詩)의 어려움을 새삼스레 느꼈다. 김달진 씨의 한시역(漢詩譯)은 직역에만 충실한 탓인지 원시의 정감은 오지 않고 평범한 뜻만이 전달된 감이 없지 않았으며, 양주동 씨의 엘리엇 시 번역은 그 시들이 비록 엘리엇 시세계(詩世界)의 진면목을 보이는 작품은 아니라 하더라도 그 시편(詩篇)들을 읽고 나서 엘리엇을 느낄 수 없는 것은 양주동 씨가 그 시어(詩語)를 한 세대 전의 것으로써 하였다는 데 그 원인의 거의 전부가 있었다고 본다. 다만, 성부(成否)는 여하간 이러한 동서의 외국어가 꾸준히 번역 소개된다는 것만은 우리 창작시에 영양을 주는 뜻에서 좋은 의의가 있으므로 창작시를 겸행하는 시인의 번역시가 자주 실려지기를 바라는 바이다.
추천작품은 이달에도 언급을 피하기로 했다.

―1955년,《현대문학》5월호

5.

현대예술이 다시 '집단적인 것'에 대한 지향을 표명한 적이 있다. 이러한 관심은 오늘에서도 그 타당성을 잃은 것은 아니다. 종합예술로서의 연극과 영화의 여러 가지 발전은 두고라도 새로운 운동으로서 방대(尨大)한 합창과 군무(群舞) 또는 시극(詩劇)은 아직 모든 나라에 보편화된 것은 아니지만 그 근본정신 속에 이러한 '집단적인 것'에의 매력이 크게 자리를 차지하고 있지 않다고 할 수는 없다는 말이다. 이는 근대이후 자아신장(自我伸張)이 지나친 농성(籠城)의 편파성에 떨어진데 대한 반발로서 분화 이전의 원시예술에 대한 회귀(回歸)의 향수(鄕愁)이기도 하고 생활예술 또는 사회참가의 의욕의 표현이기도 하다. 그러나, 이러한 '집단적인 것'에의 지향도 '여러 가지 개성의 통일 있는 조화'라는 예술의 기저(基底)를 떠나서는 성립되는 것은 아니다. 이와 같이, 특수를 통한 보편이라는 예술 일반의 원리로서의 명제는 여하한 시대의 조건에 불구하고 영원히 우리에게 '개성의 고귀성'(高貴性)을 옹호하고 또 교시(敎示)하고 있는 것이다. 다만, 개성적인 것과 주관적인 것을 혼동해서는 안 된다. 개성적이란 말은 오히려 개성적 스타일이란 말과 더 통한다고 보면 좋다.

그런데, 작금의 우리 시단은 무슨 별다른 '집단적인 것'에의 지향이 있는 것도 아니면서, 개성적인 것에 대한 배격의 의욕이라든가 이론적인 추구도 없으면서 '개성의 쇠미(衰微)'라는 이상한 현상을 노정(露呈)하고 있다. 오늘의 시단이 혼미와 부진에 허덕이고 있는 중요한 이유의 하나가 분명히 이 '개성적 거점의 상실'이라고 할 수 있다. 새로 시단에 나오는 이가 선배의 모방을 일삼는 것도 달가롭지 않은데 이건 시단지명(詩壇知名)의 사람까지가 서로 닮아가고 있다는 말이다. 모색하는 시대정신의 최대공약수로서 하나의 공동한 운동은 있어 마땅하고 또 기대할 일이지만, 분명히 다른 개성이 까닭 없이 서로 닮아가고 있다는 것은 이들의 시가 서 있지 않다는 증거가 아닐 수 없다. 이런 의미에서 우리의 시는 바야흐로 개성침잠(個性沈潛)의 참말 순수시 지향의 시기에 들었다고 보아야 마땅하다.

전통이란 시의 주체요 객체가 아니다. 따 오려면 따 올 수도 있고 버리려면 버릴 수도 있는 말하기 쉬운 것이 아니다. 그보다도 전통에는 역사적 경과에 막연한 누습(陋習)과 창조적 전환의 계기로서 양질(良質)이 혼일(混一)되어 있다. 같은 것을 가지고 어떤 이는 전통을 세우고 어떤 이는 파괴한다. 건설하고 파괴한다는 것은 전통을 생활화하느냐 우상화(偶像化)하느냐의 차이에 지나지 않는다. 전통이란 실상 한 집단의 역사적 경과가 체득한 사물에 대한 공동한 마음바탕으로서의 이념이요 고정불변의 규격은 아니다. 그러므로, 공동 전통은 창조의 질료(質料)요 개성적 창조가 전통의 방법일 것이다.

우수한 몇 시인이 한 시대를 풍미한 일은 우리 시단에도 몇 차례 있었다. 그러나 선배의 쌓은 업적―그 전통을 발판으로 그들을 초극하는 움직임이 미약함이 오늘보다 더한 적도 일찍이 우리 시단에는 없은 듯하다. 이것이 바로 전통의 진의(眞議)를 모르기 때문에 전통을 우상화하는 표적이다. 항상 새로우면서 항상 같은 것은 천도(天道)의 원칙이다. 시의 상도(常道)다. 그러나 정체를 타개하기 위해서는 새로운 시험이 혈한(血汗) 속에서 이루어져야 한다. 이런 뜻에서 오늘 우리 시에 새로운 시험을 한 이는 몇이나 되는가. 비록 나 개인 구미(口味)에는 어긋나는 바 매우 많지만 마땅히 착안할 곳에 착수하여 제작을 시작해 보는 5, 6명의 시인을 손꼽을 수가 있다. 그러나 그들의 초조한 모습은 아직 신뢰감을 얻기에는 요원(遼遠)한 바 있다.

시인은 실상 미(美)의 사제(司祭)다. 그에게 문명비평의 '시로서의 구상(具象)'이라는 책무(責務)가 지워진 것은 아닐까. 시는 영원히 난이(難易)의 한계를 초월한다. 오늘의 시는 작더라도 정신의 자율(自律)을 요구한다. 쉽더라도 진실한 감동의 체득을 권고한다. 그것은 바로 새로운 형상의 성실한 공부에서 유래하는 것이 아니던가.

10월의 시에 대해서도 몇 마디 느낌을 적기로 한다.

이동주(李東柱)의 〈기우제〉(祈雨祭, 《현대문학》)는 시인의 재질로서는 당대에 손꼽히리라는 전일(前日) 견해를 스스로 깎지 않게 하였다. 민족정서의 은근한 향기와 민속발굴(民俗發掘)의 세련된 맵시에 이러한 생각의 무게를 더한 것도 그의 시로서는 처음 본 듯하다. 다만 그의 장점이나 단점인 언어구사의 지나친 아기자기의 습벽(習癖)이 여기서도 눈에 띄어 흠이다. 제1연의 완벽(完璧)은 5연까지 틀림없이 끌고 갔는데 제6연과 8연의 어감이 가벼워서 심중미(深重美)를 잃었다.

이형기(李炯基)의 〈불행〉(《현대문학》), 그의 시로 봐서는 손색 있는 시는 아니다. 노래조(調)에서 좀 멀어진 것이 오히려 새롭다고 할 수도 있다. 다만, 그의 시정신의 기저(基底)가 한결같이 해사한 소시민의 감상 속에 저회(低徊)하고 있다는 것이 거리낄 따름이다. 그의 감상을 혐오하는 것이 아니라 실태를 정화(淨化)란 이름으로 은폐하는 미온(微溫)의 기교가 그 반성의 거점이 되어야 한다는 것이다. '불행'의 참뜻을 자신의 이런 면에서 본 것은 옳다. 불행하려는 그 감상의 촉수를 좀더 넓힘에 일관된 무슨 가느다란 백금선(白金線) — 모진 힘이 있어야 하겠다.

이설주(李雪舟)의 〈수의〉(壽衣, 《문학예술》), 시가 너무 늙어서 노상 무색(無色)하던 그의 시에 이 한 편은 거의 완전하게 짜여 있다. 우리 풍속에 수의(壽衣)를 마르는 것은 윤(閏)달의 일이요, 어머니 장롱 밑바닥에는 시집올 때 지니고 온 홍록(紅綠)의 웃옷이 들어 있다. 당신

282

이 입고 가실 수의를 손수 만드시는 어머니 모습에서 얻은 애정과 체관(諦觀)이 정성스레 가다듬어졌다. 제2연 제3행의 '허전한 얼굴에 향수(鄕愁)를 부르고' 구(句)가 조금 안이할 따름이다.

최인희(崔寅熙)의 〈낙엽송〉(《문학예술》), 〈낙엽송〉이 〈음향〉(《현대문학》)보다는 낫다. 그의 시에는 처음부터 따끔한 데가 없다. 서정시의 아름다움도 아름다움으로써 찌르는 데가 있어야 하는데, 그의 시가 찔레꽃같이 소박함에는 틀림없으나 찔레가시 같은 따끔한 맛은 지니지 못함도 분명하다. 〈낙엽송〉은 그대로 서투르지 않은 짜임새로 의젓해서 좋으나 시 안에 들어가 있는 자신이 무력해서 푸근한 힘이 없다. 〈음향〉은 초점에의 통일성이 결여되었다. 시인의 제 속짐작만 있을 뿐 전달되지 않는 생각은 오늘 시가 지니는 대체의 통폐(通弊)인데 〈음향〉에도 그것이 있다.

비록 추천시이지만 민웅식(閔雄植)의 〈거울〉(《문학예술》)은 시단 전체로도 이달의 수작(秀作)! 선후소감(選後所感)에서 간단히 언급한 대로 다언(多言)을 붙이지 않는다. 그 외에는 문덕수(文德守)의 〈침묵〉(《현대문학》)과 임강빈(任剛彬)의 〈항아리〉(《현대문학》)가 좀 낫다고나 할까.

쓰는 이는 완전히 제 생각 제 언어인 줄 알고 자부하는지 몰라도 읽는 이가 보면 이건 누구의 언어, 누구의 시상(詩想)이라는 것이 분석되어서 탈이다. 언어도 공통된 우리 언어, 시상도 공통한 우리 인간의 것이고 보면 탓할 것이 없지만 누구의 언어, 누구의 생각이란 표딱지가 붙을 수 있는 것은 그것이 그 시인들이 발굴하고 형상(形象)한 것이기 때문이요, 그것이 그대로 눈에 거슬리는 것이 시가 나빠서 그런 게 아니라 그것을 자기화하지 못한 성력(誠力)이 안타깝다는 말이다.

— 1955년, 《현대문학》 11월호

시의 육종

1.

　투고(投稿)되는 시는 이달부터 부쩍 늘기 시작하였다. 시가 무엇인지 아직 속짐작도 서지 않는 소수의 잡문(雜文)을 두고는 거개가 첫 솜씨는 아니었다. 먼저 좀 나은 걸로 50편을 뽑아 놓고 보니 시를 매만지고 꾸미는 폼이 모두 다 어느 정도의 무난한 수준에는 올라 있는데 한 편도 선뜻 눈에 띄는 것이 없는 것은 무슨 때문일까. 오늘의 시가 감동의 핵심체를 스스로의 안에 지니지 못하고 있는 증거인가 한다. 따라서 손재주가 아무리 놀라워도 알맹이가 없는 시는 결국 시가 아니라는 말로 바뀌어지는 것인데 손재주도 아주 놀라운 것은 없었다. 시의 알맹이가 뭐냐? 거창한 사상이니 시대정신이니는 두고라도 자신의 안에서 무르익은 절실한 것이 없어서 남을 움직이는 힘이 없다는 말이다. 많이 읽고 많이 지어야 시가 된다지만 시의 혜안을 갖춘 이는 첫 솜씨로도 능히 빛나는 시를 지을 줄 안다. 이러고 보면 흠잡을 것도 없고 두드러질 것도 없는 무난한 시 몇 백편은 스스로 시가 아니라고 물러앉을 수도 있을 것이다.

　새로운 시는 새 사람이 타개해야 할 것인데, 신인들은 언필칭(言必稱) 선배가 문단(文壇)적으로 후배를 육성하지 않는다는 탓만 할 뿐 작품으로는 새로운 경지를 보여주려 하지 않으니 딱하다는 말이다. 좀 더 나은 시, 새로운 시를 기다리는 마음에 짜증이 나서 시를 보는 눈이 자꾸 가혹해질 우려가 있다. 참다운 시를 위해서는 그까짓 문단열명(文壇列名)의 허영쯤은 무기연기(無期延期)하는 것이 뜻 있는 이가 밟음 직한 길이다.

끝까지 선자(選者)들의 손에 남은 시는 아홉 편이었으나 이번 호에는 정열(鄭烈) 군의 〈산〉(山)과 민재식(閔在植) 군의 〈속죄양〉(贖罪羊)만을 뽑기로 하였다.

정 군의 작품은 여러 편이 모두 다 조금씩의 좋은 구석은 있었는데 한 편의 통일된 힘으로 완성시키질 못하고 풀어진 것이 통폐(通弊)였다. 그 중에서 〈산〉(山), 〈종심〉(鐘心), 〈해바라기〉를 고르고 거기서 이 〈산〉을 택한 것은 생각의 깊이와 감동의 격조가 그 중 나았기 때문이다. 다른 시편(詩篇)에서도 소질의 좋은 일면을 보이고 있으니 좀더 정진(精進)하기 바란다.

민재식(閔在植) 군의 〈속죄양〉은 좀 참신한 시의 경향을 보이는 여러 사람의 투고 중에서 한 편 고른 것이다. 이 시가 지니는 시사성(時事性)의 풍자는 편석촌(片石村)의 초기시에서 보는 것과 같은 경박한 재담에 떨어질 위험도 내포하고 있으나 그러한 위트를 안온(安穩)한 서정 속에 용화하여 맑고 따뜻한 무늬를 짜낸 점을 취한다. 그러나 좀 더 원시적 소박과 19세기말적 정열을 시의 발판으로 다져야 하겠다.

—1955년, 《문학예술》 9월호

2.

투고되는 시를 살펴보면 크게 노나서 두 가지 유형이 있다. 어떻게 쓰느냐 하는 솜씨는 있는 것 같은데 무엇을 쓰는 건지 알맹이가 없는 것이 그 하나요, 무엇을 쓸 것인가 찾고는 있는 것 같은데 어떻게 쓸 것인지 뒤범벅이 된 것이 그 다른 하나의 유형이다.

어떻게 쓰느냐의 문제가 시냐 시 아니냐의 경계선이라는 것은 이미 상식이다. 적게는 자가(自家)의 개성, 크게는 시의 전통, 더 크게는 시정신의 생성(生成)이 모두 여기서 비롯되는 것이 아닐까. 우리 시는 순수문학의 침잠기(沈潛期)인 해방 직전의 《문장》과 《인문평론》 시대까지에 이 '어떻게 쓰느냐'에 대해서는 완전히 과업(課業)을 끝마친 감이 있다. 그러므로, 해방 후 우리가 오늘까지 관심을 기울여 온 것은 어떻게 쓰느냐의 문제보다 '무엇을 쓸 것인가'의 문제 위에 놓여져 있었던 것이 사실이었으나, 이 말은 곧 우리 시가 해방을 계기로 해서 세계성으로의 전환점 위에 섰다는 말이 될 수도 있지만 그보다도 새로 나오는 시인의 선배의 조박(糟粕)만으로 아무런 자가생명(自家生命)의 연소가 없는 희미한 시를 능사로 해서는 안 된다는 말이 된다. 이런 유형에 속하는 이는 곧 문명비평의 공부에 착수해야 할 것이다.

이러한 경향의 반면에는 우리의 시사(詩史)에 대한 반성과 전통의 체득이 없을 뿐 아니라 올바른 시대의식에도 많은 착각을 지닌 채로 새로운 것을 쓴다는 편집(偏執)에만 사로잡힌 사람이 많다. 무엇을 쓸 것인가에만 초조한 나머지 우리말이 되지 않은 것을 시라고 거드럭거리는 사람이 있다. 더구나 그것이 유형적으로 볼 때는 아무런 새로움도 없는 30년 전의 낡은 것임을 볼 때 민망하기 짝이 없다. 조상과 모습이 아주 다른 기형아를 사산(死産)해 놓고 새로움을 자랑할 수가 있다면 이런 이는 먼저 평범의 진리와 원시의 박눌(朴訥)을 배워야 할 것이다. 전통의 격렬한 혼돈 속에서 솟구쳐 나와 그것을 발판으로 일어서는 혈한(血汗)이 더 필요하단 말이다.

이달에는 민웅식(閔雄植) 군의 〈거울〉과 윤일주(尹一柱) 군의 〈전야〉(前夜)를 추천한다. 두 편 다 근래의 수작(秀作)으로 앞에 말한바 어떻게 쓰느냐와 무엇을 쓰느냐의 합일도 엔간히 성취하였을 뿐 아니라 그만큼 새로운 균형도 잡은 작품들이다.

민 군의 〈거울〉은 어디 한구석을 나무랄 곳이 없는 거의 완벽의 시다. 솜씨만 깔끔하게 빼낸 것이 아니라 마음바탕에서 절로 돋아나온 느낌이다. 이러한 경향은 완전히 그의 개척(開拓)은 아니지만, 그러나 이 시는 완전한 그의 시다.

윤 군의 〈전야〉는 짜임새는 전작(前作) 〈설조〉(雪朝)에 비해 오히려 손색이 있는 편이지만 생각은 훨씬 나은 편이다. 부활과 해방의 '전야'는 그 육친(肉親)을 사모하는 숨은 정으로 하여 더욱 힘이 된다. 은유를 기간(基幹)으로 하는 현대시의 성격이 우리 시에 차츰 이마쥬를 플러스해 갈 것이 대견하다. 종연(終聯)이 좀 허전하다. 원고로 보면 작자도 이 점에 고심한 모양이지만…. 그러나 이 점은 극복되지 않았다.

— 1955년, 《문학예술》 10월호

3.

새해 벽두에 우리는 추천시인 한 사람을 맞아들이게 되었다. 소정의 관문을 맨 먼저 돌파한 사람은 박희진(朴喜璡) 군! 〈무제〉(無題)에서 〈허〉(虛)에로 다시 이달의 〈관세음상(觀世音象)에게〉에 이르기까지 반년간 우리가 보아 온 박 군의 시는 그 기술에서나 정신 면에서 모두 별다른 변화라든가 새로운 타개(打開)를 감행한 것은 아니지만, 그러면서도 그의 시가 짜내는 미묘한 변화와 청신(淸新)한 질서는 그의 저력을 엿보게 하였다. 박 군이 시를 다루는 솜씨는 매우 섬세하면서도 결코 미약하지 않고 도리어 의젓하다. 박 군의 시의 바탕은 투명하면서도 아늑하다. '에스프리 모레르느'의 세련은 그의 시를 투명하게 하였으나 경박한 가장은 조금도 없다. 이것이 바로 그가 우리에게 주는 바 시인으로서의 앞길이 믿음직한 느낌이라는 것이다. 그러나 〈무제〉와 〈허〉와 〈관세음상에게〉 세 작품은 연치(年齒)에 많은 간격이 있는 것 같다. 남작(濫作)과 마찬가지로 지나친 과작(寡作)도 경계해서 마땅하리라. 그러나 그가 시험하는바 행간의 분절법(分節法)은 영시(英詩)에서 받은 영향인 듯하나 아직 순화(純化)되지 못한 점이 있다는 것과 시에서 완벽성의 지향은 무엇보다 기본적인 것이면서도 실상은 유려취미(流麗趣味)와 소규모 취미 또는 공소성(空疎性)과 산만성에 떨어질 위험이 거기 항상 따르고 있다는 것을 명심하라고 지적해 둔다. 괴로운 시의 길에 청년 하나를 더 불러들이는 것이 좋은 일인지 혹은 그렇지 못한지를 우리는 모른다. 다만, 동행 하나를 더 얻은 기쁨에 축배를 들 따름이다.

성찬경(成贊慶) 군, 당신의 시에는 미묘한 향기가 서리어 있소. 무슨 이름 모를 악기(樂器)의 음향이 감기어 있소. '프리즘'을 통해 보는 그런 황홀한 빛깔이 스며 있소. 천생의 좋은 '이마주'를 당신이 지닌 모양이요. 그러나 당신의 시가 지닌 야릇한 매력은 한동안 당신을 감시해야 한다고 생각하게 합니다. 우선 〈미열〉(微熱) 한 편을 실어 보는 것이니 작품을 좀더 보내 주기 바라오. 시의 화학적 공장(工匠) 당신의 손에 연금술(鍊金術)이 부흥될지도 모르오. 그러나, 연금술에는 'Elixir'라는 영액(靈液)이 필요하답니다. 20세기의 시에 당신은 무슨 영액을 사용하렵니까.

인태성(印泰星) 군, 양적으로 수월찮은 작품을 보내면서도 항상 자기의 평상수준을 확보하고 있는 점에서는 인 군이 아마 우위를 점할 것이다. 그러나 늘 좀더 좀더 하고 몇 달을 미루어 온 것은 어디 하나 나무랄 곳이 없는 그 숙달성이 못마땅하였던 것이다. 숙달성이 못마땅하다는 것은 그의 시가 습작기를 벗어난 증좌이지만 거기서 벗어나서 그 자신의 길에 나서지 못하고 허공에 떠 있었기 때문이었다. 그런 점에서 이달에 실리는 인 군의 시는 솜씨는 오히려 이때까지의 것에서 떨어질지 모르나 스스로의 길을 잡을 듯한 기미가 보인 까닭에 택한 것이다. 여기서 말하는 당신은 '신'(神)인 줄 안다. 신에 대한 군(君)의 작은 항변 — 그것은 차라리 인종(忍從)이요, 또 신앙에 통하고 있

었다. 좀더 불타오르라, 날카로우라, 모질어라, 그리고 기구(祈求)하
라 이렇게 권하고 싶다. 생명의 연소(燃燒) 없는 곳에 시는 없기 때문
이다.

— 1956년, 《현대문학》 1월호

4.

이번엔 민재식(閔在植)의 〈속죄양〉(贖罪羊), 정현웅(鄭顯雄)의 〈바
위〉, 이복철(李福哲, 추천 初回時는 李林이라고 했음)의 〈꽃〉을 뽑기
로 하였다. 그 중 이림의 것만은 우리가 먼저 뽑았던 것보다는 목월
(木月)이 제주도 선물로 가지고 온 토산시편(土産詩篇)에 들어 있는
그 사람 작품이 더 나은 것이 많았으므로 그 취택(取擇)을 목월에게
일임하였다는 것을 밝혀 둔다. 따라서, 선평(選評)도 이 군에 대한 것
은 목월이 쓰게 되었으므로 나는 민·정 양군에 대해서만 몇 마디 쓰
기로 한다.

민재식 군은 이번으로 두 번째 추천에 들어간다. 그동안 보내온 시
편은 모두 〈속죄양〉(贖罪羊)이었다. 제1회 추천이 그 (1)이었는데 이
번에는 (4)를 뽑는다. (2)와 (3)도 비슷한 수준을 지키고 있었고 산뜻
하기로는 차라리 (4)보다 나은 점도 있었으나 비중은 (4)가 더 무거웠
다. (4)를 택한 보다 더 중대한 이유로는 민 군에게 주어진 마지막 관
문을 〈속죄양〉 아닌 다른 작품으로서 밀어 보라고 권하는 뜻에 있음을
알라. 민 군의 시는 그 기법에 약간의 이채(異彩)가 있다. 그것을 요
약한다면 첫째, 언어구사가 평이하면서 예리하다는 것, 둘째, 시적 영
상이 항상 사회현실이나 문명비평에 대한 관심에 바탕을 두었다는 것,
셋째, 시에 무슨 얘기를 담으려 한다는 것 등이다. 그러나 그 근본적
결점은 사설이 많다는 것이다. 호흡은 참신하고 단촉(短促)한 편이어
서 하나의 주제를 박력(迫力)의 해이(解弛) 없이 끌고 갈 장시(長詩)

의 시험에는 부적당하다는 점이다. 지방질이나 점착력(粘着力)을 늘이는 방향으로 바꾼다면 모르지만 지금의 민 군의 시가 이렇게 항상 길게 다루어지는 까닭은 아직 도용(陶鎔)이 덜 된 금속이기 때문이라고 하겠다. 한층 더 발분(發奮)해야겠다.

정현웅 군의 시는 두 편만이 왔었다. 〈바위〉는 온난하면서도 이지적이고 명상의 정서가 깃든 관조(觀照)가 좋아서 뽑았다. 이 한 편은 짜임새가 꽉 짜여서 가작(佳作)이지만 한 편만 가지고 딱히 믿을 수야 있는가. 정 군이 어떻게 뒷받침을 할 것인가를 주시하면서 몇 편 더 보고 자세한 말을 쓰기로 한다.

한 번 뽑아 놓은 시인들이 뒤가 대개 시원하지를 않다. 많이 지어서 각자의 기법(技法)이 몸에 밴 뒤에 자기 마음에 드는 좀 나은 것을 보내 줘야겠다.

원고는 선착순으로 심사하기 때문에 소정기일(所定期日) 안에 들어왔더라도 선(選)에는 들고 발표는 좀 늦어지는 수가 있다. 좋은 시는 그 번에 안 실렸다 해서 몰서(沒書)하는 것이 아님을 부언해 둔다.

— 1956년, 《문학예술》 2월호

5.

이달에는 민재식(閔在植) 군이 〈자화상〉으로써 마지막 관문을 돌파한다. 〈자화상〉은 그의 전작 〈속죄양〉 두 편에 비하면 생각은 오히려 가볍다고 할 수 있으나 그 밀도는 분명히 더 높은 바가 있다. 명암이 적확(適確)한 이 한 편을 전작과 아울러 보면 민 군의 이 계열작품은 자기의 위치 하나를 뚜렷이 설정하고 있음을 알 것이다. 두 차례의 선평(選評)으로써 자세히 말했기 때문에 내가 그에게 하고 싶은 말은 더 남은 것이 없을 듯하다. 다만 민 군이 앞으로 어떻게 타개하는가를 주시하면서 그의 즐거운 출항을 위하여 고동을 불어 줄 따름이다.

성찬경(成贊慶) 군, 당신은 천분(天分)으로 좋은 시의 바탕을 지니고 있으면서도 그 바탕을 탁마(琢磨)하는 성력(誠力)이 모자라는 것 같소. 시를 처음부터 너무 쉽사리 나오는 대로 깔긴다는 말이오. 그래서 당신의 시에는 긴속력(緊束力)이 해이(解弛)되는 것이오. 이건 당신의 시가 너무 자연발생적이라는 사실을 증시(證示)하는 것 같소. 시가 자연발생적인 경우 동양의 유형은 식물성인 것이 보통인데 당신의 경우는 분명히 광물성이오. 광물성이기 때문에 서구적이요, 또한 현대적이긴 하지만 자연발생적이기 때문에 현대시의 방법으로서는 뭔가 좀 모자라는 느낌이요, 여러 편 속에서 마침내 〈궁〉(宮)을 택한 것은 그 투명하면서 포근하고 다채(多彩)하면서도 현란하지 않은 영상을 아낀 까닭일 뿐이오. 허나 〈궁〉도 역시 딱히 꼬집을 수는 없으나 부족감을 주고 있소. 최종의 관문은 신작(新作)으로 밀기 바라오.

이종헌(李種憲) 군, 다섯 편이 모두 비슷한 수준을 지키고 있었으나 〈나무 그늘에서〉 한 편만을 취하기로 하였소. 언어의 구사는 미끄러우면서도 느낌이 가볍지 않은 것이 좋았소. 그러나 당신의 시법(詩法)은 아직 수다를 다 털지 못했소. 또 몽롱한 표현은 무슨 상징의 수법이 아니라 미숙과 불통(不通)의 혐(嫌)을 주고 있소. 좀더 응결(凝結)과 투명(透明)을 ——. 이 두 가지가 당신 시의 거점이 되어야 할 줄 아오. 이 〈나무 그늘에서〉는 당신 시의 그러한 결점을 가장 많이 벗어서 좋았소. 사실 여기도 조금 남아 있지만.

— 1956년, 《문학예술》 6월호

6.

이달에는 박성룡(朴成龍) 군이 마지막 관문을 돌파하였다. 이미 발표된 두 편도 그의 재질을 엿보이게 하는 바 있었지만 이번 작품 〈화병정경〉(花瓶情景)은 일단의 진경(進境)이 있었다. 여러 달 동안 시를 보내지 않던 박 군이 마감에 임박하여 두 편의 시를 우송한 것은 그가 출세에 조급하지 않고 자가(自家)의 거울을 닦아서 스스로의 비평기준을 세운 증좌(證左)라고 본다. 〈화병정경〉은 맑고 따뜻하고 의젓한데다가 일말의 페이소스를 곁들이고 있다. 소박한 이조백자(李朝白磁)를 대상으로 한 전통의 파악이 지성의 세련을 거쳐서 한결 깊이가 있고 모럴이 또한 건실하여 읽어서 온아한 즐거움을 주는 시이다. '좋다'는 찬평(讚評) 한마디를 붙여 준다. 골돌상(骨董商) 진열창에 있는 백자가 아니라 생활화된 백자, 박 군은 지금 하나의 방법을 체득하였다. 스스로를 열리지 않는 문 앞에 세워 놓고 서서히 저신타개(抵身打開)하기를 다른 사람에게도 권하지 않을 수 없다. 같이 보내온 다른 한 편도 좋았으나 이것을 택한 것은 이 작품이 더 수작(秀作)이라는 것이 자명했기 때문이다.

정열(鄭烈) 군의 〈묵도〉(默禱)를 두 번째 천(薦)에 넣기로 했다. 정 군의 시는 그동안 보낸 것이 모두 짜임새와 묘사가 거칠어서 여러 번 몰서(沒書)하였던 것인데, 이번에 온 작품들은 좀 진경(進境)이 있었으나 그러한 난점은 완전히 가시지는 못했었다. 〈묵도〉는 첫째 격한 그의 시상(詩想)이 안정된 것을 산다. 뜨거운 것을 안으로 감추고 겉으로 고요하고 서늘한 것이 더 격정을 알려 준다는 것은 희랍의 조각에만 타당하는 비평이 아니기 때문이다. 사족(蛇足)의 설명구(說明句) 3행은 선자(選者)가 삭제했음을 작자는 알 것이다. 마지막 추천에 도달하기까지는 좀더 분발이 있어야 할 것이다.

신기선(申基宣) 군의 작품을 처음으로 추천에 넣기로 한다. 신 군은 이번이 첫 투고인데 첫 당선이 된 것은 10여 편을 묶어서 보낸 그 작품들이 모두 비슷한 수준에 올라 있어 그의 공부와 재질을 한번에 보여 주었기 때문이다. 10여 편 중에서 먼저 〈꽃밭에서〉와 〈운작〉(雲雀)과 〈파편(破片)의 노래〉를 골라 놓고 다시 읽어 본 결과 〈파편의 노래〉는 상(想)이 흐트러져 있어서 버리고, 〈꽃밭에서〉는 짜임새가 차라리 〈운작〉보다 나은 데도 있으나 이만 한 소재이면 더 좀 따끔하고 찬란하게 만들 수 있을 것인데 단조로운 동시성(童詩性)을 탈각하지 못한 느낌이다. 단순미의 설계라 해서 단조해서는 안 된다. 단순과 단조는 같은 말이 아니기보다 시에서는 상반(相反)되는 것이라고 할 수도 있는 것이다. 다시 개작(改作)이 있기를 바란다. 〈운작〉은 대체로 성공한 작품이나 5연부터 튀어나온 '기'(旗)라는 어휘의 중첩은 갑자기 시상(詩想)을 분열시키는 것이다. '울지 않는, 나부끼는'의 연체형종지(連體形終止)를 다음에 오는 '그것을'의 구가 받을 수 있고 따라서 종연(終聯)의 '기'(旗)자(字)도 무리가 없게 되는 것이 아닌가. 작품을 더 보내기 바란다.

투고되는 시편(詩篇)들을 보면 그 주제와 구성과 수사까지가 서로 너무 닮아 간다. 그 중 낫다는 뜻에서 뽑히는 시들을 선자(選者)들의 취미와 호상(好尙)인 줄 알고 이에 영합하려는 태도를 버리고 새로운 시로서의 기치를 달고 싶은 이는 자신 있게 보내 두라. 성의 있게 보아 줄 것이다. 다만, 허장성세와 양두구육(羊頭狗肉)은 일견 간파된다는 것만을 명언(明言)해 둔다. 진실하고 온건한 방법으로 비약하고 타개하라. 참의 시는 유파(流派)를 초월하여 승인되고 지지될 것이다. 시를 뽑는 일이 낙사(樂事)가 못 되고 고통이 되어서는 탈이다. 그러나 선자들이 뽑는 시가 당대의 수준에서는 뛰어난 것들임에는 틀림없다. 자비(自卑)하지 말기 바란다. 그러나 공부는 자만이 타락의 계기가 된다. 진실로의 고만(高慢)은 겸허(謙虛)한 자이기 때문이다.

—1956년, 《문학예술》 7월호

7.

　성찬경(成賛慶) 군이 또 소정(所定)의 관문을 돌파한다. 성 군의 특이한 시풍(詩風)은 그 기법에 약간의 의혹이 없는 바 아니었으나 그 진가문제(眞假問題)에서는 처음부터 가짜가 아님을 확신하였다. 성 군의 제 3 작품 〈프리슴〉을 보면 그의 방법에 대한 우리의 의혹도 하나의 기우(杞憂)였음을 말할 수 있다. 이 〈프리슴〉은 심리학 위에 기초를 둔 시상(詩想)으로서 쉬르 리얼리즘의 꿈을 주지적(主知的) 의미의 상징주의의 방법으로서 엄밀하게 계량한 것임을 알 수 있다. 물리적으로 비유(非有)인 음향과 색체의 순수파동을 질적으로 불가사의하게 전환시키는 정신의 작용을 황홀한 은유로써 구성하고 분해하였다. 다섯 개의 창은 바로 오관(五官)! 그것이야말로 프리슴이 아니던가. 다섯 개의 창이 받아들인 것을 제대로 전환시키는 자는 무엇인가. 한자(漢字)와 한글의 고의적 대비(對比), 대비적 어휘의 교착(交錯), 없어진 ‘△’자의 부활 등 그의 시상을 위한 특별한 노력을 일단 승인하지 않을 수 없다. 색다른 시심(詩心)의 보고를 지니고 있다. 애써 발굴하고 또 정련(精鍊) 하라.

　조영서(曹永瑞) 군의 〈벽(壁)에는〉을 천(薦)에 넣는다. 조 군은 그동안 몇 편의 시를 이미 발표한 바 있을 뿐 아니라 본지의 전신 《주간문학예술》에 일차 추천을 받기도 하였다. 같이 보내온 다른 두 편도 그대로 깔끔한 편이었으나 〈석류〉(石榴)는 많이 들 다루고 있는 소재와 방법이었고 〈산령(山嶺)에서〉는 가벼운 감이 있다. 〈벽에는〉은 이 세 편 중에 테마의 무게로나 생각의 깊이로나 솜씨가 맵짠 맛이 뛰어났었기 때문에 이 한편으로도 조 군의 재질을 엿볼 수 있었다. 그러나 내가 본 바로는 시를 이러한 류의 방법으로 끌고 가는 이는 일찍 막히기가 일쑤였다.

신기선(申基宣) 군의 〈꽃의 작업〉을 두 번째 천에 넣기로 하였다. 이 작품은 먼저 것을 오히려 능가했으면 했지 떨어지지 않는다. 이것은 신 군의 부단한 정진을 말하는 것이 아닐 수 없다. 〈꽃의 작업〉은 꽃의 생태를 관찰하고 있던 작자가 제2연 말에 이르러 갑자기 꽃과 융합되어 버린다. 〈꽃의 작업〉은 그대로 시인의 작업! 여기 풍토(風土)와 우주(宇宙)와 인간의 슬픈 역사 속에 있는 꽃의 작업이 곧 신 군의 시론(詩論)이 되어 있음을 본다. 최종 코스로 돌진하라. 무한(無限)을 세우는 작업이다.

추천은 반드시 한 사람이 3회를 거쳐야 완료하게 되어 있다. 1회 3편, 2회 3편으로 끝내는 일을 없게 한 것은 이 추천을 통해 나오는 이들의 수련의 기간을 좀더 주자는 뜻이다. 이것을 귀찮게 생각하는 사람에겐 우리는 추천시 응모를 강권(强勸)하지 않을 것이다. 추천제도가 없어지기를 바라는 마음은 독자보다도 선자(選者)들 자신임을 말해 둔다. 시단(詩壇)의 올바른 권위는 추천제도가 없어지는 날 비로소 서게 될 것이기에 말이다.

— 1956년, 《문학예술》 8월호

8.

추천시 응모작품이 자못 저조(低調)이다. 여름철은 책이 안 읽히는 계절이라니 시도 안 씌어지는 계절일 수 있으려니 해서 한 달을 쉬어 봤더니 가을바람이 불어도 좋은 시는 들어오질 않는다. 그러나 투고된 양은 여름철이라 하여 결코 줄어든 것이 아니고 상승일로였는데 무슨 까닭으로 좋은 시가 보이지 않는가. 이는 아마 유능한 시도(詩徒)들이 써 놓은 시편(詩篇)은 모두 보내어서 실패하고 새로 쓰지는 못하고 해서 잠자코 있기 때문인가 한다. 좀더 분발하기 위한 절망을 일찍이들 찾아야겠다. 아무리 현대시가 지성(知性)을 거점으로 한다고 해도 아는 것만으로는 소용이 없다. 지성은 시의 바탕일 따름이다. 또 현대시가 아무리 정서를 다시 탈환하려 해도 정서만으로는 안 된다. 왜들 모두 선시적(先詩的)인 편견으로 시에 대한 부질없는 아집을 가지는 것일까. 무엇보다 필요한 것은 진실이요, 감각과 예지, 사색과 체험 그것이 통일된 생활이다. 안고수비(眼高手卑)의 탄(歎)이야 어느 시인에겐들 없으랴. 다만, 그 차가 너무 현격해지기 전에 손의 노력이 항상 눈을 따라가야 한다.

시인의 배출이란 것도 아마 그 시기가 따로 있는 모양이다. 《문학예술》지가 추천제도를 둔 지도 1년 반, 달수로 18개월이 되었다. 그동안 우리가 맞아들인 시인은 다섯 사람이거니와 이 다섯이란 수가 과연 너무 많은 것인지 너무 적은 것인지를 우리는 모른다. 우리가 말하고 싶은 것은 이 다섯 사람의 등장을 1기로 하고 새로 등장할 사람들과 사이에 약간의 시기적 공백이 느껴지는 점이다. 타개하기 어려운 현대시의 고민을 이해하고 남음이 있으면서도 선자(選者)들의 새로운 시에 대한 의욕은 가혹하였고, 그 때문에 앞서 나간 다섯 사람에게는 응분의 고언(苦言)을 주었어도 찬사(讚辭)에는 대단히 인색했던 것 같다. 이제 정성스레 읽어 보는 시편(詩篇)에서 염증을 일으키게 되고 보니 앞서 나간 다섯 사람이 역시 뭔가 나았기 때문에 먼저 나가게 되었구나 하는 생각이 드는 것을 어쩔 수가 없다. 시는 되었는데 어디가 모자라는 곳이 있어 번번이 함께 꺼내어 읽어 보고는 다시 보류해 둔 시편도 50편이 넘게 되었다. 이 일종의 낙선된 시편과 천(薦)에 든 시편 사이는 어느 의미에서 호리지차(毫厘之差)다. 그러나 호리지차야말로 천리현격(千里懸隔)의 계기라는 것을 알아야 한다. 이달에는 이미 한 번씩 천(薦)에 든 정현웅(鄭顯雄), 이종헌(李種憲) 양군과 처음 뽑히는 이철목(李哲木) 군을 천(薦)에 넣기로 한다.

정현웅(鄭顯雄) 군, 당신의 시를 보면 당신이 얼마나 초조하고 있는가를 역력히 알 수 있소. 당신의 시는 모두 처음 잡아 줄 때는 아주

296

시가 될 것을 골라잡는데 요긴한 곳에 이르러서는 미진하지 않으면 허탕을 치고 있소. 탱자나무 가시에 걸린 참새라든가 로댕의 생각하는 사람이 모두 그런 예요. 시를 품평(品評)하자면 읽고 난 뒷느낌이 '뭣? 그래?'가 상품이고, '참 그렇구나'가 중품이고, '음 그렇겠다'가 하품이요, '그럴듯하다', '그랬으니 어쨌단 말이야', '무슨 소리'는 등외일 수밖에 없지 않소. 최근에 온 군의 작품 전부를 보류하고 초기에 온 작품 〈과실소묘〉(果實素描)를 넣는 것은 군을 격려하는 뜻이오. 침착히 실히 열심히 이것을 타개하지 못하면 그 허물은 군 자신에게 돌아가지 않을 수 없을 것이오.

이종헌(李種憲) 군, 당신의 시를 보면 그 유려(流麗)한 영탄(詠歎)에 약간 곁들이는 회삽취미(晦澁趣味)가 어쩐지 시란 써도 그만 안 써도 그만이라는 그런 것, 좋게 말하자면 니힐의 풍미(風味), 나쁘게 말하면 한때의 심심풀이 이런 것이 느껴집니다. 그러나 몇 달 만에 처음 들어온 당신의 한 편 시 〈소라의 의미〉는 당신 시에 대한 나의 이러한 인상을 많이 고치게 하였소. 여기에 보이는 용어, 조사(措辭)의 불투명 난삽취미(難澁趣味) '·과·을'식의 참신한 멋 따위를 좀 정리하면 당신의 시의 깊이와 끈기가 붙을 것 같소. 대체로 과작(寡作)에 속하는 이들이 부진의 상태요, 벌써부터 그렇게 과작하면 나중에는 어쩔 작정이오. 이 군과 같은 과작파(寡作派)가 몇 분 더 있습니다. 낙선한 작품도 추천을 마치면 당당히 발표할 수 있으니 우선 많이 지어 보내야 명중이 빠르지 않겠소.

이철목(李哲木) 군, 어느 외인사무실(外人事務室)에서 썼는지 좋은 종이에 연필로 볼상없이 쓴 당신의 시 한 편, 이것은 아마 나의 피란짐 속에 끼여 온 줄로 아오. 나는 이 시를 누가 나에게 가져다준 지도 모르고 당신이 무얼 하는 누군지도 더군다나 모르오. 다만, 시를 많이 써 보지 않은 솜씨면서도 진실한 시심(詩心)을 볼 수 있는 것이 좋았소. 그 소박성과 진실미가 시에는 가장 귀중한 것이기 때문이오. 그러나, 이 시 〈잃어버린 어휘들〉은 감상에 떨어지고 말았소. 좀더 유머러스하게 시니컬하게 다루었던들 더 좋아질 수 있었을 것을…. 그동안 더 써 놓은 시가 있거든 보내시오.

— 1956년, 《문학예술》 10월호

9.

민웅식(閔雄植) 군의 두 번째 작품으로 〈붕괴〉(崩壞)를 택하였다. 군의 첫 작품 〈거울〉은 근래의 수작(秀作)으로 정평이 있었거니와, 그 다음에 온 두 차례 치는 그저 무난한 정도일 뿐 첫 작품에 비해서 너무 손색이 있었으므로 선외(選外)에 두었던 바 이래 몇 달 동안 군의 작품은 오질 았았었다. 오래간 만에 보내온 이번의 〈붕괴〉도 전작 〈거울〉에 비해서는 떨어지는 편이나 그 침착한 태도, 발상의 깊이, 정확하고 투명한 기법은 족히 시인으로서의 첫 작업이 이미 끝난 것을 보여 주는 바가 있다 하겠다.·〈거울〉과 〈붕괴〉 두 편을 통해서 본 민 군의 시적 역량은 믿음직한 데가 있으나 다만 군의 지나친 과작(寡作)이 남은 한 번의 간단한 관문을 어떻게 타쇄(打碎) 할는지가 자못 궁금하다. 또 얼마의 세월을 버려 둘는지 알 수 없다는 말이다. 시 〈붕괴〉로써 민 군은 붕괴의 본질을 정확히 파악하였다. 붕괴는 언제나 그 내부로부터 비롯되는 것이기 때문이다. 시는 참으로 아는 순간부터 붕괴하기 시작하는 것. 선자(選者)는 민 군의 시 〈붕괴〉가 그 자신의 시의 붕괴를 재촉하는 계기가 되지 않기를 빌 따름이다. 붕괴를 의식하는 것은 새로운 세계로의 길을 찾게 하는 수도 있기 때문이다. 그렇다 해서, 우리는 민 군의 시가 부질없는 돌연변이를 꾀하라고 권하는 것은 아니다. 지금까지의 그 바탕에 항상 새로운 저신타개(抵身打開)의 의욕을 더하라는 말이다.

— 1957년, 《문학예술》 3월호

10.

　신기선(申基宣) 군, 오래간 만에 신 군의 시 여러 편을 읽게 되었다. 선자(選者)가 그 중에서 골라잡은 것은 〈물방울〉과 〈꽃밭〉이었다. 두 편이 다 그 무게와 예기(銳氣)에 일장일단이 있어 우열을 가릴 수 없을 뿐 아니라 서로 다른 맛에 버리기 아까운 바도 있어 두 편 다 취하기로 하였다. 〈꽃밭〉은 신 군의 제 1 회 추천후기(後記)에 언급되었던 작품을 개작한 것으로 전작보다 훨씬 좋아졌으나 전작에서 보이던 것과는 아주 다른 각도의 것이 되었음을 자신이 알 것이다. 신 군의 시를 통틀어서 말하면 그가 출발 때부터 지닌 평상수준을 확보한 데는 틀림없으나 눈에 뜨이는 진경(進境)이 없었다는 것도 사실이라 할 수 있다. 무엇보다 신 군의 시가 스스로 경각해야 할 점은 증대하는 논리주의, 공식화되어 가는 내재적 포멀리즘의 경향이다. 이를 카버하고 있는 메타포의 기법이 사그러지는 날 시의 고해(枯骸)에 접할 위험을 미리 경계하란 말이다. 선자는 다만 신 군의 침착한 출항을 미소로써 보낼 따름이다.

　조영서(曹永瑞) 군, 조 군의 시 〈창〉(窓)을 마지막 추천에 넣는다. 조 군의 시도 실수는 없는 편이다. 응모하는 도수와 편수가 적은 것으로 그의 과작을 염려하는 것은 선자의 속단과 기우에 속할는지 모르나 작품을 통해 보는 그의 세계는 절로 조 군의 과작이 불가피의 것임을 보여 주고 있는 것도 사실이다. 냉철한 관조(觀照)와 온난한 모럴은 이미 자신의 입지를 세우고 있으나 그것은 강열하거나 여유 있는 세계는 아니었다. 추천을 마치자마자 이내 시작(詩作)에서 멀어 가는 사람을 이미 보아 오는 선자는 조 군의 출범이 무엇보다 풍어(豊漁)의 북소리가 되기를 바라고 싶다.

— 1957년, 《문학예술》 7월호

시감상 8편

〈산을 바라보며〉 ─ 박목월

목월(木月)의 시 하고는 희한히 긴 수사를 가진 이색적 작품이다. 목월이 시에서 반문하는 언어를 보는 것도 드물거니와 가냘프나마 무슨 신념 같은 것을 이 시에서 느낄 수 있는 것이 기쁘다.

> 아름다운 山을 고장을 못 잊힐 사람을
> 홀로 곱게 사모하였다가는
> 고스란히 고스란히 모조리 잊어버릴거 하고는

유구(悠久)히 제 모양 몇 세대를 변하지 않고 있을 산을 바라보며 내 육신의 마지막 날에 모든 것이 사라져 버리면 누가 자기처럼 이 연연한 애달픔과 눈물겨운 사모(思慕)를 이어나갈 것이냐고 하소한다. 무릇 조국애(祖國愛)의 뿌리가 저를 키워 준 산천과, 저와 핏줄이 통하는 벗을, 그리고 아끼는 마음밖에 또 무엇이 있을 성싶지 않거니와, 산을 바라보며 자신을 설워하는 이 시인은 실상 자신이 죽은 뒤에도 대대로 대대로 자기와 같이 산을 바라보는 시인이 있을 것만을 믿고 또 바라기 때문에 이 반복된 반문은 그 이면긍정(裡面肯定)의 표현에 그 구사의 묘(妙)를 얻었다 할 수 있다. 요즘 목월의 시에서 느끼는 체관(諦觀)은 자칫하면 범속(凡俗)에 떨어질 위험이 있었는데, 이와 같이, 읽으면 몰래 눈물겨워지는 정서의 흐름은 어떠한 현실을 주제삼은 시보다도 심서(心緖)를 흔듦이 크다 할 것이다. 노래하는 정신을 잃지 않고 울음을 존절하나, 다분히 감각적 정서에만 의지하기 때문에 시인의 작품생활의 단명(短命)을 염려하는 것은 나만의 기우(杞憂)는 아닐 것이다.

<바다로> — 박두진

두진(斗鎭)의 시는 무슨 식물성 시다. 우람한 거목(巨木)이 아니라 바다가 바라보이는 언덕에 서 있는 한 그루 보리수(菩提樹) 같다. 다사한 빛을 거느린 푸른 잎새 같은 두진의 시를 읽으면 혈관까지 청신(淸新)한 호흡이 스민다. 구름과 달을 노래하는 목월과 해와 나무를 노래하는 두진의 좋은 대조에 이 특이한 시를 틈틈이 내어 읽는 것도 세상살이의 한 재미가 아닐 수 없다. 두진은 <바다로>에서 한 그루의 나무가 되어 서 있다. 바다에서 자라나 바다가 그리운 나래 흰 새를 불러서 푸른 그늘 가지에 앉히고 나무는 밤새 자지 않은 채 새를 지키며 잎잎이 밟고 가는 별빛을 바라본다. 나무도 바다가 그립다. 한 밤을 새운 나무는 그 나래 흰 새에게 그의 바램과 꿈을 실어 바다로 보낼 것을 생각한다. 이미 새는 나무의 화신 아니 푸른잎의 수액(樹液)이 흐르는 나뭇잎과 같은 것이다. 이윽고 밤이 새며 나뭇가지에 고운 햇살이 함빡 젖으면 나무는 있는 손 다 들어 훨훨 나래치는 새를 이별해 주겠다는 것이다. 해 떠오는 아침 바다로 떠나간 흰 물새는 언제나 다시 화안한 하늘 아래 이 나무를 찾아오리라. 가지를 떠나 다시 되돌아오는 나뭇잎, 그는 바다에로 날아갔던 나무의 마음이었으리라. 두진의 시가 시각적 형태를 산문에 두면서도 엄밀한 전통적 운율(韻律)에 사는 것과 일찍이 참다운 빛을 시에서 예견한 것만으로도 이의 위치는 튼튼하다. 그러나 좀더 밝은 빛과 힘을 그의 시에 기대하고 싶다.

〈기다림〉 ― 임병철(林炳哲)

　짧은 시 속에서 무슨 스토리를 구성하는 것이 이 분이 찾은 시의 위치다. 새로운 시험이면서도 소설에 굴복하기 쉬운 것이라 아니할 수 없다. 시가 스토리를 압착(壓搾)할 때 구멍도 없는 곳에서 외계(外界)에 탈출하는 정도가 아니면 시가 이루어지기 어렵기 때문이다. 그러나 성(城)돌 속에 날개 떨고 일어나는 새같이 아무 피우는 재주도 없이 순탄하게 비약하는 이 시는 음미할 만하다. 민족의식이 모녀(母女)의 애정을 통하여 우러나는 것이 이 시다. 기다리던 딸을 보지 못하고 눈 뜬 채 가신 어머니의 무덤에 덮인 망각의 풀을 헤치고 어느 날 딸은 고리도 없는 무덤 문을 흔들며 어머니 젖가슴에 매달리듯이 흙 위에 머리 비비며 뉘우치나 말이 없다는 것이다. 깊은 밤 바람에 문이 흔들려도 귀기울여 기다리던 어머니는 가고, 묏전에 바람 나뭇잎을 흔드는 날 딸은 뉘우침에 울며 무덤에 귀기울이고 있다는 것이다. 소설이라면 모녀의 이별이 무슨 때문인지 알 길 없으나 시인 담에야 창조적 연상(聯想)은 누구나 그 비약적 연결을 긍정할 것이다.

〈이슥한 밤에〉 ― 김용호(金容浩)

　용호(容浩) 시로서는 몇 편 보던 중에 가장 믿지 못할 작품이라 할 것이다. 어디선가 땅하고 총소리 들린다라든지 아 국경(?)을 넘어선 사람이 나를 부르는 소리, 어디선가 또 한 방 땅 하는 총소리 들린다로 이 골자(骨子)를 이룬 이 시는 기실 골자가 없을 뿐 아니라 밑도 끝도 현실도 없다. 사실(寫實)도 상징도 아니다. 시의 사상과 현실이 이런 데 있지 않다는 것을 그는 잘 알 줄 믿기 때문에 이는 무슨 시작(試作)으로 보는 것을 용서할 줄 안다.

〈밀어〉(密語) ── 서정주(徐廷柱)

　시정신이 많이 전환된 뒤 정주(廷柱)는 그 강렬한 개성의 향기가 사라지고 있다. 그러나 밝은 햇살 아래 경건히 나선 정주의 응시하는 눈동자는 무슨 긍정의 법열(法悅) 비슷한 것이다. 굳이 잠긴 잿빛 문을 열고 나와서 하늘가에 머무른 꽃봉오릴 보아라 하고 그가 부른 순(順)이야 영(英)이야 또 돌아간 남(南)아는 없어도 좋을 자기 이름이었다. 하늘에 울리어 되돌아오는 영혼의 메아리를 들으며 한없는 누에실의 올과 날로 짜 늘인 차일을 두른 듯 아늑한 하늘가에 뺨을 비비며 열려 있는 꽃 봉오리, 가슴같이 따뜻한 3월 하늘가에 인제 바로 숨쉬는 꽃봉오리를 보라는 밀어(密語)는 실상 꽃봉오리의 밀어요 정주의 속삭임은 경이(敬異)의 절규 같지 아니한가. 눈으로 들은 밀어, 가슴으로 속삭이는 밀어, 언제 저렇게 꽃은 피었나.

〈비파〉(琵琶) ── 이협(李洽)

　그 의욕을 알 수 있음에도 불구하고 아무런 감흥도 느낄 수 없는 시(詩)였다. 오늘의 생명이 있고 내일의 생명이 없는 깨어진 비파(琵琶)를 타고 있는 전제(專制), 그는 제 스스로의 권력과 지배로 묘혈(墓穴)을 판다는 것 너무나 당연한 얘기기 때문에 그 힘없는 율조(律調)는 자가(自家)의 좀먹는 비파줄같이 들리기도 한다. 시가 무엇을 먼저 판단해야 하는가. 냉철한 이지(理智)는 불타는 정열과 떠날 수 없거니와 이 흐리멍텅한 판단은 항간의 신변소설(身邊小說) 같다 할 것이다.

〈호화스런 족속들〉 ── 유치환(柳致環)

　민족의 여명(黎明)을 서사(敍事)한 시다. 여기는 아시아에 굽이치던 알타이의 어두운 세기의 거맥(巨脈)이 푸른 태평양을 찾아나옴으로 시작된 제2연의 웅건(雄建)하고 곤곤(滾滾)한 율조(律調)는 그 건실한 인간성에서 오는 것일 것이다. "그 어느 애초때 슬픈 교망(翹望)의 배달 족속의 선구(先驅)가 이 아름다운 지역 어느 쪽 영(嶺)머리를 헤치고 햇빛같이 넘어서서 …"는 대가(大家)의 풍모가 있다 할 것이다. 그러나, 말연(末聯) 6행은 재심음미(再心吟味)해도 하자(瑕疵)였다. 몇 개 언어의 부당으로 전편(全篇)을 상하게 하는 사족(蛇足)이 되었다.

〈감각파〉(感覺派) ─ 허윤석(許允碩)

오래 잊었던 시인이었다. 그러나 10년을 시를 잃지 않고 지켜 온 것이라든지 이만큼 훌륭한 시를 간직한 것이라든지 놀라움과 감사의 뜻을 잊을 수 없다. 다만 이 시의 제(題)는 감각파이지만 벌써 감각파는 아니었다. 수묵(水墨)으로 오색(五色)이 영롱할 수 있는 남화(南畵)의 한폭 산수(山水)가 풍기는 무르익은 정서였다. 안개 덮인 골, 층층벼랑, 산 허리로 도는 바람, 노루가 울기에 푸른 목을 뽑는 나무도 좋거니와 '새 우는 산은 채 없이 우는 북이어라'는 기운생동한다. '녹음(綠陰)을 밟으며 바람이 간다. 구름 뒤로 청산이 간다'에서도 이 시인의 시정신과 기법을 엿볼 수 있다. 그러나 이 자연한 개성을 앞으로 어떻게 옮기는가 하는 곳에 다음 작(作)을 기다리게 하는 바 있다. 두진(斗鎭) · 정주(廷柱)와 일맥의 상통한 에스프리를 지닌 점에서 더욱 주목(注目)되는 점이 있다.

이 한 권 여덟 편의 시는 한 자리에 모아 놓은 여러 시편으로는 가장 질적으로 우수(優秀)한 모임이었다. 하지만, 이 민족시(民族詩) 속에 한결같이 찾을 수 있는 '꿈'과 '슬픔' 밖에 '힘'과 '멋'을 불어넣을 이는 없는가. 좀더 거칠더라도 장래(將來)할 민족시의 개화(開化)를 위하여 간절한 문제가 아닐 수 없다.

한용운 론

만해(萬海) 한용운(韓龍雲) 선생은 근대 한국이 낳은 고사(高士)였다. 선생은 애국지사요 불학(佛學)의 석덕(碩德)이며 문단의 거벽이었으니, 선생의 진면목은 이 세 가지 면을 아울러 보지 않고는 얻을 수 없는 것이다. 왜 그러냐 하면, 지사로서 선생의 강직한 기개, 고고한 절조(節操)는 불교의 온축(蘊蓄)과 문학작품으로써 빛과 향기를 더했고, 선교쌍수(禪敎雙修)의 종장(宗匠)으로서의 선생의 증득(證得)은 민족운동과 서정시로써 표현되었으며, 선생의 문학을 일관하는 정신이 또한 민족과 불(佛)을 일체화한 '님'에의 가없는 사모였기 때문이다. 그러므로 선생의 지조가 한갓 소극적인 은둔에 멈추지 않고 항시 적극적인 항쟁의 성격을 띠었던 것도 임제선(臨濟禪)의 종풍(宗風)을 방불케 하는 것이요, 선생의 불교가 또한 우원(迂遠)한 법문(法門)이 아니고 현실에 즉한 불교였던 것도 호국불교, 대중불교가 그 염원이었기 때문이다. 선생의 문학은 주로 비분강개와 기다리고 하소연하는 것과 자연관조(觀照)의 세 가지에 나눌 수 있는데, 비분강개는 지조에서, 자연관조는 선(禪)에서 온 것이라 한다면, 그 두 면을 조화시켜 놓은 사랑과 하소연의 정서에서 가장 높은 경지를 성취했던 것이다.

혁명가(革命家)와 선승(禪僧)과 시인의 일체화 — 이것이 한용운 선생의 진면목이요, 선생이 지닌바 이 세 가지 성격은 마치 정삼각형과 같아서 어느 것이나 다 다른 양자(兩者)를 저변(底邊)으로 한 정점을 이루었으니, 그것들은 각기 독립한 면에서도 후세의 전범(典範)이 되었던 것이다.

선생은 1879년 고종(高宗) 기묘(己卯)에 충남 홍성읍(洪城邑) 남문리(南門里)에서 나셨다. 천품의 패기는 약관에 이미 고을 원의 악정(惡政)을 규탄하고 고향을 탈출하게 하였고, 26세 때에는 거액의 관금(官金)을 빼내어 이를 군자금으로 휴대하고 동학(東學)에 투신하였으며 동학이 궤산(潰散) 후 심산(深山)에 피신하다가 마침내 불문(佛門)에 귀의하게 되었다 한다. 이로써 보면 선생의 승려(僧侶)로서 발심(發心)의 계기는 구국의 충심(衷心)을 인연으로 하였으니, 이것이 선생의 불교관(佛敎觀)에 졸연하지 않은 기둥이 되었을 것은 자명한 일이다.

청년 지사(志士) 한용운의 혁명가적 의욕은 산암(山菴)에 유폐될 수는 없었다. 이른바 합방(合邦)이 되자 선생은 북만(北滿) 남화(南華)로 탈주하여 몸소 독립운동에 구치(驅馳)하였던 것이다. 그러나 선생의 강직한 성격은 거기서도 명색 독립운동자의 불의를 규탄하지 않을 수 없었고, 또 어느 때는 총탄에 피습(被襲)된 바 있었다. 다행히 생명에는 무관하였으나 이 때문에 선생의 고개가 좀 비뚤어지고 요두증(搖頭症)을 가지게 된 것이라고 한다.

1919년 3·1운동 때는 선생이 33인의 하나로 참획(參畫)한 것은 주지의 사실이거니와, 독립선언서의 기초(起草)를 선생이 자천(自薦)한 것이라든가, 그 기초를 양보하는 대신에 자구(字句)의 수정과 공약삼장(公約三章)의 첨기(添記), 필두서명(筆頭署名)을 요구했다는 것도 유명한 이야기로서 선생의 기개(氣槪)와 자부(自負)를 상상하게 하는 바 있는 것이다. 그때의 거유(巨儒) 면우(俛宇) 곽종석(郭鍾錫) 선생을 33인에 참여케 하기 위해서 경남 거창(居昌)으로 밀행(密行) 했던 것과, 당초에 참가를 주저하던 모씨(某氏)를 한용운이 살아 있는 한

306

그냥 두지 않는다는 위협을 전언(傳言)하여 마침내 쾌락을 받았다는 것은 아는 이만이 아는 일화(逸話)이다. 피검(被檢) 투옥중에 이른바 소회(所懷)를 적으라 해서 왜제(倭帝)가 참회서(懺悔書) 혹은 굴복서(屈服書)를 요구할 때 오직 선생만이 끝내 그에 응하지 않았다는 얘기가 있거니와, 이것 하나만으로도 선생의 지조(志操)가 어떠했다는 것을 알 수 있을 것이다. 1927년 1월에 발기된 신간회(新幹會)의 민족(民族) 단일당(單一黨) 운동에도 선생은 발기인의 한 사람이었고, 그해 5월에 신간회의 경성지회(京城支會)가 설립되자 선생은 그 초대 회장으로 선임되었으니 이로써 선생에 대한 중망(衆望)을 짐작할 수 있을 것이다.

선생은 불교인으로서도 많은 업적을 남기셨다. 불교인으로서의 선생의 기본성격도 혁명적이었으니, 새로운 시대의 불교는 산간불교(山間佛敎)를 민간불교에로 끌어내야 한다는 것과, 대승불교를 다시 대중불교로 발전시켜야 한다는 선생의 포회(抱懷)는 저 원효(元曉) 불교의 현대적 계승의 이상이라 할 수 있다. 불교의 성습(成習)된 폐풍을 바로잡으려는 선생의 언론(言論)은 격렬하였다. 오늘은 비록 대처승(帶妻僧)의 부패가 비구승(比丘僧)에게 교권(敎權)을 빼앗긴 원인이 되었지만, 일부 불순한 비구승들이 승려의 대처(帶妻)는 친일불교(親日佛敎)에서 유래한다고 관변(官邊)에 참언(讒言)한 것은 철저한 배일가(排日家) 한용운 선생의 승려대처론(僧侶帶妻論)을 감출 도리가 없을 것이다. 선생은 불교에 관한 많은 저서를 남기셨다. 《불교유신론》(佛敎維新論) 《불교대전》(佛敎大典) 《십현담주해》(十玄談註解)가 그 주요한 것이고, 홍자성(洪自誠)의 《채근담》(菜根譚)을 청(淸)나라 승려 내림(來琳)의 증보본(增補本)에 의하여 초선주해(抄選註解)한 《채근담주해》(菜根譚註解)가 있으며, 이 밖에 미간(未刊)의 유고(遺稿)가 많이 있다. 특히 1913년대에 선생이 창간한 《불교》지는 수년을 계속하여 많은 성과를 거두었으니 선생은 불교의 현대화 운동에도 선구자이시었다.

　　문학가로서의 위치도 거대한 존재이다. 《불교》지를 간행하던 때는 육당(六堂) 최남선 선생이 《청춘》지를 발행하던 전후이거니와 독립선언서의 기초(起草)를 이 신문장운동(新文章運動)의 선구자에게 양보하지 않으려 하던 기백 뒤에는 선생이 당대 시문(時文)의 문장력을 갖추고 있었다는 것을 증명하고 있다. 3·1 운동 당시 옥중에서 선생이 기초한 "독립운동이유서"(獨立運動理由書)라는 장논문(長論文)은 육당의 독립선언서에 비하여 시문(時文)으로서 한걸음 나아간 것이요, 조리가 명백하고 기세가 웅건할 뿐만 아니라 정치 문제에 몇 가지 예언을 해서 적중한 명문이었다. 이것은 검사(檢事)의 심문에 대한 답변에 대신하기 위하여 기초한 것이었다고 한다. 민족을 '님'이란 대명사로 호칭한 것은 만해(萬海)가 먼저냐 육당(六堂)이 먼저냐 하는 것은 아직도 구명(究明)하지 못할 정도로 선생은 우리의 문학에서도 선구자였다. 그 '님'에 대한 절조(節操)에서만은 선생이 완명미절(完名美節)을 지켰다는 것은 세상이 다 아는 사실이다. 선생의 시는 《님의 침묵》 한 권만이 간행되었으나, 미간(未刊)된 것으로 시조집과 한시집(漢詩集) 외에 한 권의 선시집(禪詩集)이 있다. 《님의 침묵》 한 권만으로도 선생의 시는 현대시의 고전(古典)이 되었다. 그 사설체(辭說體) 문장, 신비한 트릭은 거기 내포된 사상(思想)으로 더불어 인도(印度) 시인 타고르와 길항(拮抗)한 것이다. 타고르의 영향을 받았으면서도 더 뛰어난 점이 있다. 선생의 시체(詩體)는 지금까지 현저한 영향력을 몇 시인을 통해서 지니고 있다. 그 세대, 그 연령의 시인으로 후세에 남을 작품을 얻은 이는 오직 선생이 있을 뿐이다. 선생은 소설에도 붓을 대어 《흑풍》(黑風), 《박명》(薄命) 등을 신문에 연재하였고 《삼국지》(三國志)가 연재 중단되었으며, 미발표의 단편도 몇 편 있다. 이 밖에 정치와 문예에 관한 평론집이 한 권, 수필·기행이 한 권, 한문으로 된 비명(碑銘), 서(序) 등 잡저(雜著) 한 권이 미간유고(未刊遺稿)로 남아 있다. 유저(遺著)의 양적인 섬부(贍富)에서도 선생은 일류로 손꼽힐 수밖에 없다.

한용운 선생의 인품을 평가하여 위당(爲堂) 정인보(鄭寅普) 선생은 풍란화(風蘭花) 매운 향내도 따르지 못한다 하였다. '매운 향내'! 이 넉자야말로 선생의 진면목을 도파(道破)하였다고 할 것이니, 고매한 인격과 식견은 본디 그윽한 향기를 지니는 법이지만, 그 향내의 짙음이 맵다는 표현에 이르지 않을 수 없는 것은 선생의 지조의 높이를 아는 사람만이 가능한 발언이기 때문이다. 심림(深林)에 숨어 있되 향기가 십리에 들린다는 난초—그 난초 중에도 풍란(風蘭)의 매운 향내를 능가하는 선생의 향기는 바로 학식과 예지와 정서가 무르녹은 더 근원적인 기품에서 우러난 것이기에 그 서리(犀利), 그 준열(峻烈), 그 애수(哀愁)가 지금도 문득 우리의 심두(心肚)를 울리고 있다.

선생의 평생의 '임'은 '민족'이었다. 석가(釋迦)의 임이 '중생'이듯이, 마치니의 임이 '이탈리아'이듯이, 선생의 임은 중생이요, 또 한국이기 때문에 한국의 중생 곧, 우리 민족이 그 임이었다. 장미가 봄비를 기다리듯이 또는 길 잃은 어린 양에게 길을 인도하는 것이 선생의 일생 염원이었다. 이는 선생의 심서(心緒)가 그대로 가장 잘 나타나 있는 시집 《님의 침묵》의 서시(序詩)로 실린 그 사상의 대강령(大綱領)이다. 그러므로 선생은 민족을 배반하는 자를 사갈(蛇蝎)과 같이 미워하셨고, 이 생각 때문에 선생의 후반생(後半生)은 불의에 대한 증오와 비타협의 고고한 투쟁이었다.

포악한 일제의 발굽 아래 비뚤어진 세상에 국내에서 끝까지 민족정신의 지조를 지킨 이는 그리 많지 않았다. 그 많지 않은 속에서도 진실로 매운 향내의 면에서 능히 선생과 어깨를 겨룰 수 있는 분은 없다. 해방을 위한 투쟁에 참가하신 분이 많지마는 일을 위해서 구구한 누가 물을 수도 있었고, 민족정기를 지킨 지사도 많았지마는 보신을 위하여 숨어서 활약할 수도 있었으나 적나라하여 한 점의 누를 용납하지 않고 삼연(森然)한 광망이 굽은 적 없는 분은 살신성인(殺身成仁)한 의열(義烈)의 사(士)를 두고는 선생으로써 그 첫손을 꼽을 수밖에 없을 것이다. 무위한 채로 민족정기의 지표가 되고 강개하여도 방광(放曠)에 떨어지지 않고 정신의 기둥이 될 수 있었다는 이 하나만으로 선생은 지사(志士)의 평생행약(平生行躍)에 일말의 의아(疑訝)를 허(許)하지 않고 초발심(初發心)의 정과(正果)를 증득(證得)한 것이다.

대저, 지조(志操)란 것은 신념을 위하여 인위(人爲)가 자연을 거세(去勢)하는 힘이니 고귀한 부자연(不自然)이다. 환과(鰥寡)가 재혼하고 빈한(貧寒)이 부귀에 연연하는 것이 본능의 자연한 욕구라면 육체적 쾌락과 불의한 부귀를 거부하는 곳에 절조(節操)의 고행이 없을 수 없는 것이다. 부자연이기 때문에 지조를 지키는 사람은 고집을 지니는 것이며 고귀한 이상을 궁행(躬行)하기 위해서 일체를 포기한 최악의 경우를 미리 체념해야 한다. 비타협의 정신은 고집과 기벽(奇癖)으로 또는 창광(猖狂)으로 오해받는 수가 많다.

한용운 선생은 그 지조 때문에 여러 가지 기벽(奇癖)이 있었다. 참으로 선생을 이해하고 보면 그 기벽(奇癖)은 기벽이 아니라 웃어 버릴 수 없는 눈물이 깃들이어 있는 확집(確執)일 뿐이다.

독립선언서에 같이 서명한 어느 인사가 뒤에 변절하고 나서 찾아왔을 때 선생은 옆에 사람을 시켜서 안 계시노라고 딴 뒤에 그 분이 돌아서려 할 때 방안에서 큰 소리로 에헴 하고 기침소리를 냈다는 얘기가 있다. 따 버린 사람이 가기 전에 들으라고 기침을 하는 것은 너를 일부러 만나지 않는다는 표적을 내기 위함이었다. 학생들이 수재동포(水災同胞) 의연금(義捐金)을 거두러 갔을 때 선생은 그 일을 극구 칭찬한 다음 수력(手力)에 지나치는 금액을 적고 나서 이 돈을 어떻게 쓰겠느냐고 물었다. 학생들의 대답이 약간 금액은 국방헌금〔國防獻金(日帝)〕하고 나서 직접 이재민(罹災民)에게 노나 주겠다고 했더니 선생은 노발대발 의연록(義捐錄)을 쥐어뜯고 축출하였다는 얘기도 있다. 아무리 좋은 목적이라도 나쁜 수단을 속죄할 수 없다는 것이다.

선생은 신념을 위해서는 천하에 두려운 것이 없는 분이었고 의리에 두터우신 분이었다. 일제 말기 창씨와 학병 문제로 신문사에서 선생에게 그에 대한 권유의 글을 청했을 때에 선생은 처음에는 몸이 아파서 못 쓰겠노라고 회피하였다. 그럼 서명만 해 주신다면 원고는 자기들이 써 오겠노라고 강청(强請)하자 선생은 말이 끝나기도 전에 대갈일성하여 축출하였다. 내가 몸만 아프지 않으면 창씨고 학병이고 간에 못하도록 강연을 할 작정인데 권유하는 글을 쓰라 하다니 죽일 놈들이라고 호령호령해서 쫓았다는 것이다. 일송(一松) 김동삼(金東三) 선생이 서대문 감옥에서 옥사하였을 때 시신을 돌볼 사람이 없어서 감옥구내(監獄構內)에 버려 둔 것을 선생이 지사 선배에 대한 의리와 선생의 망명 시절 일송 선생에게서 받은 권우(眷遇)를 못 잊어 결연히 일어나 성북동 꼭대기 심우장(尋牛莊)까지 관을 옮겨다 모셔 놓고 장사를 치르시던 일은 필자도 그때 장례에 참례했기 때문에 잘 아는 일이지마는, 일제의 말기라 때가 때인 만큼 20명 안팎의 회장자(會葬者) 속에 묵묵히 저립(佇立)하여 추연(愀然)하시던 선생의 모습! 필자에게는 그것이 선생을 뵈온 마지막 모습이기 때문에 감회가 한층 깊은 바 있다.

일대의 우국 지사 한용운 선생은 해방을 1년 남겨 놓고 1944년에 한 많은 눈을 감으시고 입적(入寂)하셨다.

선생의 한점 혈육인 영애(令愛)는 일제의 교육을 안 시키겠다는 선생의 뜻에 의하여 가정에서 직접 선생께 배워 지금 모(某) 대학 도서관에 근무하고 있다 한다. 선생이 우거(寓居)하시던 성북동 심우장(尋牛莊)은 지금도 옛 모습 그대로이고 선생의 유고는 잘 보관되어 선생을 따르던 인사의 손으로 근자에 전집편찬(全集編纂)이 착수되었다.

선생의 유풍(遺風)을 추앙함에 무슨 도움이 될까 하여 아무 자료도 없이 기억을 더듬어서 이 글을 쓴다. 내가 본 한용운 선생은 이렇다는 말이다.

— 1958년, 《사조》(思潮) 10호

김영랑 론

　영랑(永郎) 사백(詞伯)은 비단 이름이 사선(四仙)의 하나인 영랑(永郎)과 같아서 그런 게 아니라 그의 맑고 아름답고 또 슬프고 아픈 시를 읽으면 어쩐지 신선(神仙)의 노래를 듣는 듯하다. 맑고 아름다운 것은 본디 신선의 마음 바탕이로대 슬프고 아픈 것이 어째 신선의 노래가 될까보냐마는 시인이란 원래 티끌 세상에 귀양온 신선이고 보니 그 맑고 아름다운 영혼이 더럽고 거친 현실에 부딪칠 때 슬프고 아프고 하지 않을 수 없는 것이다. 그러므로, 영랑 선생의 시의 이러한 성격은 그의 선천적 시인의 생리이기도 하다.

　그러나 막상 인간 영랑을 만나고 보면 신선은커녕 어느 해변에서 몇 십년 그물을 잡고 있는 어부가 아니면, 서울 종로 포목점에 양단 마고자를 입고 앉아 비단을 자질하고 있는 사나이같이 보인다. 이 소박하고 은근한 풍모에 시인 영랑의 소탈한 인품이 깃들이어 있는 것이다. 시인이란 원래 더러운 것을 그냥 두고 보는 자가 아니라 이를 정화(淨化)하려는 자이며, 거친 것을 그냥 둘 수 있는 자가 아니라 이를 아름답게 창조하려는 자이기 때문에 남다른 슬픔과 아픔이 있는 것이려니와 마음 공부가 깊어서 슬픔과 아픔이 사무친 시인일 양이면 뭇사람과 어울리어 화(和)하되 그 더러움에 물들지 않으며, 짐짓 세속에 휩싸이되 명리에 온(慍)하지 않는 것이다. 영랑 선생이 해방 후 국회의원에

312

출마했다가 낙방을 한 것이라든가 지금 공보처(公報處) 출판국장이란 벼슬자리에 앉아서도 안여(晏如)할 수 있는 것은 인간 영랑의 시인으로서의 후천적 윤리이기도 하다.

이와 같이, 시인 김영랑과 관리 김윤식(金允植)의 일견 모순된 듯하면서도 뿌리가 같은 성격과 처신을 아울러 이해하고 나서 한 자리에 앉아 술잔을 나눠 보면 그 온화한 성품 헌앙(軒昂)한 기개(氣槪)가 사람으로 하여금 미소와 점두(點頭)를 가져오지 않고는 마지않게 한다. 옛말에는 소 탄 사람이 말 탄 사람보다 즐겁다는 말이 있지만 20세기 한 마루턱을 넘은 오늘의 민주주의 정치가 피리 부는 관리홀(官吏笏)을 든 시인으로 하여금 이상의 규범 안에서 조화와 질서의 미적 통일을 실천할 수 있게 한다면 얼마나 큰 즐거움이겠는가.

영랑은 어려서 장가들어 스물 안쪽에 사랑하는 부인을 잃었다 한다. 소년 영랑의 정신의 성모(聖母)이던 부인의 아름다운 모습과 영혼을 잃은 뒤에 받은 마음의 상처가 얼마나 컸던가는 그의 초기시 몇 구절로 헤아리고도 남음이 있다 할 것이다.

<blockquote>
쓸쓸한 뫼 앞에 후젓이 앉으면
마음은 가란즌 양금줄같이
무덤의 잔디에 얼굴을 부비면
넋이는 향맑은 구슬손같이
산골로 가노라 산골로 가노라
무덤이 그리워 산골로 가노라
</blockquote>

이렇게 애련한 그의 노래의 비롯이 한 요절한 여성을 통해서 체득한 슬픔이 있다는 것은 얼마나 우연하지 않은 인연인가. 이리하여 비롯된 그 인생의 슬픔은 한 권의 시집을 엮은 후 강진 고을 고향 집에 문을 닫고 꾀꼬리 사투리와 행견(杏鵑)의 울음을 벗하여 누워서 세월을 보내지 않을 수 없었던 것이다. 오늘 영랑 사백(詞伯)이 거문고 몇 가락

을 뜯고 시조 한 장을 꺾어 넘기게 된 것은 이러한 생활에서 유래한
것이 아닐까 보냐. 그의 시 〈연〉의 한 귀절,

> 태어난 뒤 처음 높이 띄운 보람 맛본 보람
> 안 끊어졌드면 그럴 수 없지 …
> 내 인생이란 그때버텀 벌써 시든 상싶어
> 철든 어른을 뽐내다가도 그 실날 같은 병의 실마리
> 마음 어느 한구석에 도사리고 있어 얼씬거리면
> 아이고 모르지 …
> 인생도 겨레도 다아 멀어지든구나

　이것만으로도 그의 애수(哀愁)의 연원(淵源)이 멀리 어린 날의 보람
에서 현실된 하나의 운명이었던 것을 알 수 있다.
　내가 서울을 처음 오던 해가 《영랑시집》(永郎詩集)이 나오던 이듬
해였기 때문에 어린 날 애송(愛誦)하던 시인 영랑을 뵈올 기회가 없었
던 것이다. 해방이 내게 준 선물 속에 영랑 선생과의 해후(邂逅)를 주
었던 것이다. 인민공화국(人民共和國)의 치안대가 장안을 설치고 있을
무렵 민족문화를 근심하는 몇 분 선배와 시우(詩友)가 당주동(唐珠洞)
어느 양복점 2층에 자주 모일 무렵에 거기 고동색 두루마기를 입고 온
영랑을 비로소 만나 뵙게 되었던 것이다.
　내가 영랑 선생을 그리워하고 믿고 존경하게 된 데에는 알고 보면
몇 가지 까닭이 있다. 영랑은 남보다 몸이 비대하고 나는 남보다 키가
큰데 시는 둘이 다 남보다 섬세한 것이 설명을 요하지 않는 정신적 혈
맥(血脈)의 상통(相通)을 느끼게 하는 것이 그 첫째요, 시로써 벗을
삼고 시를 위해 바쳐 온 영랑이나 나의 시관(詩觀)에는 반도 차지 않
는 시를 해방 후 슬픈 민족과 아름다운 인간성을 위해 아낌없이 희생
한 것이 미덥기 짝없다는 것이 그 둘째요, 술을 마시기 전엔 겸손한
사람이요 술을 마시면 그 정열이 방안 가득 차 온다는 것이 공통적 기

질이란 것이 셋째다. 이렇게 나의 비위에 맞는 짐 밖에 영랑에게는 내 모르는 장점 단점이 얼마나 더 있는지 나는 모르기 때문에 실상 나는 영랑 인물론을 쓸 자격이 없는지도 모른다. 그러나 내가 영랑을 좋아하는 것이 나의 생리의 척도에서 시종(始終)된다는 것은 어쩔 수 없는 것이리라. 그러므로, 지금의 내 눈에는 인간적으로나 예술적으로나 영랑 사백에게는 고귀한 평범성 속에 감추인 그 정금미옥(精金美玉)의 뜨거운 사랑의 정신이 엿보이는 것이다.

— 1949, 10, 《주간 서울》

홍노작 론

시인 홍노작(洪露雀) 씨 영면(永眠)이라는 슬픈 소식을 듣던 날 나는 청빈(淸貧)과 고절(孤節) 속에 일생을 마친 그의 높고 깨끗한 인격을 우러르고 다시 그에게서 받은 따뜻한 권애(眷愛)를 추앙하며 이 외로운 시인의 영(靈) 앞에 괴로운 마음을 어쩌지 못했다. 생각하면 내가 노작(露雀)을 처음 뵈온 것이 아홉 해 전 봄인 듯싶다. 학생극(學生劇) 때문에 여쭐 일이 있어 자하문(紫霞門) 밖 선생의 작은 초옥(草屋)에 나아가 연출의 허락과 희곡원고 한 편을 받아들고 물러나오던 그때부터 그 맑은 모습과 따뜻한 심서(心緖), 깊은 신념, 뜨거운 의지는 나의 가슴에 이미 아름다운 영상을 이루었으니 목마르고 괴로움 많던 청년에게 그는 포근한 피의 파동과 맑은 꿈의 보람을 베푼 이었다.

그 다음날부터 스무 날 동안 하루도 빠짐없이 자하문 밖에서 동소문(東小門) 안까지 먼 길을 내왕하신 보람없이 연극은 여러 가지 사정과 또는 해마다 4월이면 오는 선생의 무슨 개인적 불길한 회억(懷憶)도 연유되어 실패로 돌아갔거니와 울홧김에 여럿이 함께 술을 마시고, 그 밤만은 무슨 일이 있어도 밤늦게라도 꼭 댁으로 돌아가시던 선생마저 만취하여 친구집 담을 굴러 넘어 함께 자던 일이 생각난다. 그 뒤 간혹 거리에서 만나 쓸쓸히 헤어질 뿐 세월이 날로 시끄러워지자 나도 시골로 쫓겨다니는 바람에 다시 찾아 뵙지 못하고, 해방 후 상경하여 선 노상 선배와 동무와 함께 벼르기를 한 병 술을 지니고 병든 선생을 찾아 한때나마 즐기자고 하면서도 이루지 못하고 마침내 오늘에 이르고 만 것을 생각하면 진실로 말로 이르지 못할 바 있다.

마지막 그를 보내는 마당에 한 그루의 향불이나마 사르고자 공덕리(孔德里)에 이르렀을 때는 노작(露雀)은 이미 푸른 나무 그늘에 계신 것이 아니라 얇은 관 속에 누워 바람 치는 식장에 모셔져 있을 때였으니 '시인노작홍사용지구'(詩人露雀洪思容之柩) 라는 명정(銘旌) 만이 눈에 보일 뿐이었다. 오직 뜻있는 선비요 깨끗한 시인일 뿐 일모의 야욕도 없는 그에게 벼슬자리가 당치않으려니와 설혹 좋은 세상이 바친 훌륭한 직함(職啣) 이 있다기로소니 이제 그를 보내는 마당에 '시인 홍노작' 다섯 자를 두고 또 무슨 별달리 그를 알아주는 말이 있으랴 하고 눈감으면 몇 년을 하루같이 흰 모자에서부터 흰 신까지 신고 다니던 그 깨끗한 모습, 술은 마실수록 더욱 조용해지고 날샐 무렵까지 앉은 자리에서 벽에 한 번 기대지도 않던 그 단정한 모습이며 불기(不羈) 의 민족감정 때문에 글 쓸 자리를 고르다 못해 남먼저 붓을 꺾고 만 그 정신이 역력히 살아온다.

이 땅의 시인으로서 가난하고 한 많고 다정하고 예리함이 노작(露雀) 같은 이 몇 사람이 되랴만 가난해도 가난을 말하지 않으며, 괴로워도 괴로운 것 같지 않고, 술을 즐겨도 술 마시는 이 같지 않으며, 알아도 아는 것 없는 듯한 이가 바로 인간 노작(露雀) 이다.

그의 씻은 듯한 청빈(淸貧), 서릿발 같은 지조(志操) 는 언제나 옳은 선비의 거울이 되려니와 어둔 곳에서 모해(謀害) 하고 권세에 아첨하며 의(義) 앞에 머뭇거리는 세속의 못된 선비에게 그는 또한 뼈아픈 채찍이 될 것이다. 세검정(洗劍亭) 바윗가에서 뜨거운 향토애(鄕土愛) 를 하소연하던 고결한 시인 노작(露雀) 은 이제 심우장(尋牛莊) 속에서 민족정신을 봉갈(棒喝) 하던 고매한 선승(禪僧) 만해(萬海) 와 함께 나의 가슴속에 길이 사라지지 않을 하나의 초상(肖像) 이 되고 말았다.

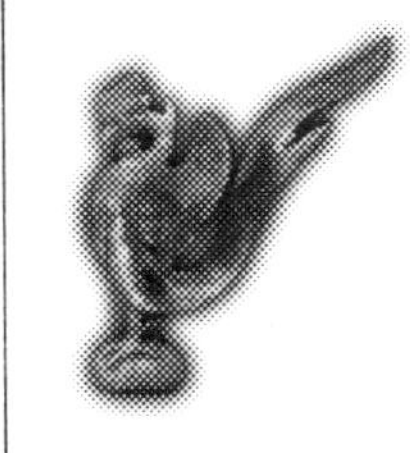

序・跋・其他

〈서평〉

《청자부》(靑磁賦)

월탄시백(月灘詩伯)이 손수 엮은 시집 《청자부》! 이 속에 짜여진 슬픔과 멋이 바로 청자의 그것에 통하는 것은 명리로 말미암음이 아닌 별다른 애수가 시간을 뛰어넘어 온전히 합치되었기 때문인가 한다.

전통의 푸른 하늘에 떠가는 구름을 사랑하는 시인이 있어, 종시 초연(超然)히 일세를 비예(睥睨)하였던 것이니, 한창(寒窓)에 기대어 슬픈 노래를 부를 때라든지, 도라지꽃도 추위에 떠는 안개 서린 고개에서, 혹은 서라벌 천년의 석불(石佛)을 만지며 대체 이 시인은 무엇을 보았는가? 슬픔이 많은 이라야 한바탕 춤도 값진 것이라, 멋을 누가 가벼이 사치와 일락에 돌리리요! 진실로 멋은 평범한 속에서 다시 이를 벗어난 것이니, 이 시집에 나타난 멋떨어진 율조(律調)는 한 발자욱 아기자기한 저속(低俗)의 절정에서 소생(蘇生)한 것이었다.

사화(士禍)와 당쟁(黨爭) 속에 시조의 멋이 배태(胚胎)되더니, 이 시집이 지닌 에스프리가 시조 정신에다 새로운 일맥을 이은 것은 자못 자명한 일이다. 읽고 나면 그 무엇이 있기도 하고 없기도 한 유묵(幽默)한 암시를 시인 듯 아닌 듯이 절로 짜 낸 쉰두 편! 소박하고 미끄러운 운치가 개인 하늘에 씻긴 고봉(高峰)과 같이 소쇄(瀟灑)하다.

— 1946년 5월, 《동아일보》

〈서평〉

《피 리》

　서정시(抒情詩)의 임종을 예견하고 그 파괴를 자극하는 시론(詩論)
이 이 땅에서 논의된 지도 이미 오랜 일이다. 운문에서의 결별(訣別)
과 속도미(速度美)의 구가(謳歌), 아침의 생리(生理)와 시각적 이미지
로 표방된 이 운동의 시작은 시를 야회복(夜會服) 입은 산문으로, 부
박(浮薄)한 위트의 인조보석으로 변용(變容)시켰던 것밖에 아직 아무
것도 남긴 것이 없다. 인간을 자연에서 분리시킬 수는 영원히 없는 바
에야 시를 자연보다 기계에, 윤리보다 과학에 귀속시키려는 운동은 기
실 서정시의 소멸운동에 멈추지 않고 시의 파멸에 이끌 위험이 있다.
여기에 오늘의 시건설(詩建設)의 방향이 서구시의 이식(移植)에 초급
(焦急)하기보다 먼저 시의 풍토를 자각해야 하는 까닭이 있는 것이다.
수입한 시의 묘목(苗木)이 생장할 기후와 토양을 연구하지 않고는 도
회지귤(渡淮之橘)조차 바랄 수가 없을 것이다.
　곤강(崑崗)은 네 권의 시집을 내기까지 유파(流派)의 시험을 치르어
왔다. 그가 침묵 10년에 시단(詩壇)에 묻는 시집 《피리》를 읽으면 누
구나 고향은 떠나 봐야 고향이 그립고 이방(異邦)의 길에 서 보고야
고국(故國)에 돌아가 묻히지 않으면 안 될 슬픔을 깨닫게 되는 것임을
느낄 수 있으리라. 나에게도 월하고루(月下高樓)에 기대어 불던 피리

가 있어 이제 곤강의 피리 소리에 남다른 감회가 스미는 바 있다.

무궁화의 원산지(原産地)가 중앙아시아 지방이란 것을 아는 이는 우리의 악기(樂器)에 예루살렘의 목자(牧者)가 불던 피리가 전해지고 있다는 것도 알 것이다. 그러면 곤강의 피리 가락은 어디서 오는 것일까. 서구시유학(西歐詩留學) 10년에 초연히 돌아온 곤강의 피리 가락에는 아직 이방(異邦)의 격조(格調)가 깃들이어 있다. 그러나 곤강의 마음에는 지난날의 부질없는 꿈을 불사르고 조선의 피리를 체득하기 위하여 손수 호미 낫을 들고 땀을 흘리려는 정성이 차 있는 것을 우리는 알 수 있다.

미친 듯한 향토애(鄕土愛)의 순정 때문에 곤강의 시는 고어(古語)를 남용하는 경향이 있다. 그 폐어화(廢語化)한 낱말에 라이프기버가 되지 못하고 박물관 진열창격(陳列窓格)에 떨어진 느낌도 있으나 가 버린 것을 사랑하는 집착은 먼저 수집벽(蒐集癖)에 통할 수 있다는 것도 우리는 모르지 않는다. 다만, 너무 귀여워서 송아지를 핥아 죽이는 어미 소의 눈먼 사랑을 시인이 경계해야 한다는 충언(忠言)을 드리고 싶다는 것뿐이다.

논과 밭 속에 전신주가 서고 호롱불 대신에 전등이 들어온 세상에 새삼스레 풀피리의 가락을 사랑하는 시인이 있다. 자연과 전통을 어느 가축이 쓰던 것처럼 천시(賤視)해야만 뽐낼 수 있는 세상에 민족시(民族詩)의 주체를 찾아 침잠(沈潛)하는 곤강은 슬프고도 복되다 할 것이다. 곤강은 벌써 한걸음 앞서 있기 때문이다.

시집《피리》는 곤강의 피리의 유래를 보인 것이다. 이제 이 피리로 부는 새 가락이 울려오리라.

—1948. 5. 23, 《경향신문》

《 해 》

진실한 시인으로 더불어 한 세상을 살고 있다는 것은 우리들 가난한 삶에 얼마나 큰 행복이며, 진실한 시인을 벗으로 공경하는 것은 또 얼마나 큰 위안이랴. 참으로 시인이요, 나의 심우(心友)의 한 사람인 박두진(朴斗鎭)을 말할 때마다 나는 부질없는 찬사가 도무지 성가실 것이 없고 경건한 근심이 끝내 괴롭지 않다.

내가 박두진의 최근의 시를 읽은 것은 이미 열 한 해를 손꼽게 되었으나, 그의 서늘한 이지(理智)의 샘가에, 따사한 사색의 변두리에 처음 접하기는 해방되던 해 가을이었다. 유리(流離)하는 시주반생(詩酒半生)의 나의 삶이 다시 서울에 돌아왔던 그 무렵이다.

소란한 종로 어느 빌딩 사무실에서 저물어 가는 유리창가에 묵묵히 서서 거리를 내다보고 있던 시인 박두진! 수척한 얼굴에 안경이 유달리 크고 슬프던 그의 모습은 이미 방황하는 사람이 아니라 추구할 구경(究竟)의 관두(關頭) 앞에 직립(直立)한 자세였다. 일심으로 무엇을 간구하는 그의 눈결에서 또는 내가 읽은 그의 시로써 그가 종교성을 지향하는 시인임을 나는 이내 깨달을 수 있었으나 그가 진실한 크리스천이라는 것을 안 것은 훨씬 뒷날의 일이었다.

갈피 없는 환상의 자유를 거부하고 이상과 초첨(焦點)을 응시하기에 그의 생의 수고로움으로 하여 눈물에 젖은 눈을 퇴폐에 맡기지 않았고, 피비린 살육(殺戮)의 마당을 넘어서 신(神)의 섭리를 체험하기에 그는 원죄의 무거운 짐에서 새로운 보람의 양식을 얻어 왔다. 그러므로 종교와 시를 일체화한 그는 겸손과 기도와 함께 청신(淸新)한 감각을 잃지 않은 것이요, 신(神)의 애무(愛撫)에 대한 본능적 욕구를 차라리 싱싱한 자연의 품에서 깨닫는 것이니, 여기에 그의 새로운 종교시가 한갓 찬송가(讚頌歌)에 멈추지 않는 까닭이 있고, 여기에 그의 증장(增長)하는 관념의 길이 현실의 근거를 상실할 수 없는 까닭이 있다. 마침내 고통의 상처를 입지 않는 두진은 천재의 배상(賠償)을 즐겨서 버리고 일찍이 범부(凡夫)의 행복으로서 신의 촉수(觸手)를 감득(感得)한 것이 아닐까.

무릇, 그리움의 태반(胎盤)이란 시의 본원적 생리이기도 하다. 그러므로, 기다림의 정서란 어떠한 우수한 시인에게나 충일하는 생리였다. 그리움에의 해후(解逅)를 단념했던 소월(素月)의 다한(多恨)한 기다림은 천양(天壤)의 거리감에 자포자기하여 말련(末聯)의 율조를 노래했고, 그리움의 환향(還鄕)을 주원(呪願)하던 한용운의 다난(多難)한 기다림은 신비한 트릭으로써 자조자위(自嘲自慰)의 편지를 썼으나, 또 하나의 기다림의 명수(名手) 박두진은 이루어질 수 없는 그리움을 기원하여 이미 스스로 보고 있는 그리움의 광망(光芒)을 향해 손짓하고 있다. 떠나 버린 듯 실상 가슴속에 깃들이어 있고, 오는 듯 오지 않는 그리운 사람을 위해 두진이 기다리는 방법은 끝까지 경건하고 밝은 노래일 수밖에 없었다.

어둠을 살라 먹을 태양을 찾아, 더러움을 씻을 샘물을 찾아, 두진은 수탉의 목청을 기르고 호미의 목을 닦는 것이 아닌가. 그는 오직 자기에게 성실한 시를 썼고, 이 때문에 그의 시는 거룩한 보편(普遍)의 진실을 울리고 있다.

두진의 시가 해방 후 시단에 찬란한 광망(光芒)을 나타낸 것은 이와 같은 빛의 생리에서 연유한 것이었다. 그러나 그의 시가 충분히 밝으면서도 경박(輕薄)에 떨어지지 않는 것은 윤리의 초점을 척결(剔抉)하는 냉철한 사색을 잃지 않기 때문이니, 실로 디오니소스의 마주(魔酒)에서 소생하여 아폴로의 피로만 얻어온 것이 아니라 사탄의 망토 위에 비춰 오는 십자가의 빛을 그가 시정신 속에 간직하고 있기 때문이다.

두진의 시는 거의 모두가 시각적 형태를 산문에 의지하고 있으나 그의 내재율(內在律)은 엄밀한 전통적 율조를 청각에 호소한다. 소박하고 자연스러운 언어는 단조로운 반복을 통하여 미묘한 진동을 불러일으키고, 우아하고 기초(奇峭)한 구성은 동심(童心)의 율동을 통하여 고귀한 심령(心靈)에 도달한다. 산만한 언어를 긴박한 정신으로 묶어 놓고 불타는 정열을 회오(悔悟)와도 같은 사설에 풀이하는 기법, 운문과 산문이 경계선을 허물어 놓은 다음 거리낌없이 넘나드는 그의 시의 형식이 자유로우면서도 분방하지 않는 것은 한 곳으로 매진하는 그의 시정신의 제약이요, 그러한 자유구속(自由拘束)의 시정신은 그의 신앙적 인간성의 발로인 것이다. 교당(教堂)의 종소리는 아무래도 공간을 퍼져 나가는 음악일 수밖에 없다. 음악적인 율조(律調) 그것은 심령의 자연한 구성이다.

이제 두진의 몇 편 시가 영원히 존재하는 것을 내가 증명해도 좋을 때가 왔다. 그리운 메시아의 재림(再臨), 기다리는 해의 승천(昇天), 메시아의 호흡을 듣는 청산도(靑山道), 해의 율동을 보는 바닷가, 이 네 가지가 어울린 그의 시가 길이 사람의 가슴을 아늑하게 하고 새롭게 할 것을 믿어도 좋을 때가 왔다. 생명의 충동 모두가 그대로 이상의 규범에 합치되는 아름다운 영혼의 수도(修道)가 장차 무엇을 베풀리라는 것을 예견해도 좋을 때가 왔다. 이러한 그의 시정신을 모조리 망각해도 오히려 착하고 아름다운 세상이 계시(啓示)되는 시가 스스로 살아 움직이고 있기 때문이다.

살아서 설던 주검 죽었으매 이내 안 서럽고 언제 무덤 속 환히 비
춰 줄 그런 太陽만이 그리우리

향기로운 주검의 내가 풍기는 무덤 속 촉루(髑髏)를 노래한 〈묘지
송〉(墓地頌)은 무덤 속 같은 세상에 살기에 이 민족 부활을 울리기도
하였고,

달밤이 싫어 달밤이 싫어 눈물 같은 골짜기에 달밤이 싫어 아무도
없는 뜰에 달밤이 싫어 아무도 없는 뜰에 달밤이 나는 싫어.

꽃도 새도 짐승도 한자리 앉아 앳되고 고운 날을 누리기를 기다리는
〈해〉의 율격에는 오늘의 싸움이 가슴 아프게 울려오기도 하였다.

산아 푸른 산아 내 가슴 향기로운 풀밭에 엎드리면 나는 가슴이
울어라.
아득히 가버린 것 잊어버린 하늘과 아른아른 오지 않는 보고 싶은
하늘에 어쩌면 만나도질 볼이 고운 사람이 난 혼자 그리워라.

〈청산도〉(靑山道)에서 그는 풀잎의 혈맥(血脈)에 그리운 님 메시아
의 고운 뺨을 볼 수 있었고,

나만 혼자서 그리는 하늘 나만 혼자서 그리는 사람 그리는 사람과
구름을 밟고 나란히 층층계에 올라가 본다.
머얼리 따로 있어 생각하는 이, 바다로 걸어가며 생각하는 이,
당신의 가슴으론 해가 오리라.

구름이 떠가는 바다에 가도 오매에 잊을 수 없는 그의 님 때문에 그
는 함빡 〈해수〉(海愁)에 젖는다. 〈향현〉(香峴) 〈설악부〉(雪岳賦) 〈도

326

봉〉(道峰) 〈별〉 〈들려오는 노래 있어〉 〈바다로〉에 대하여 더 쓰지 않
아도 좋으리라. 다만 이 한결같은 메시아와, 해와 청산(青山)과 바다
를 노래하는 노래들이 시인 두진과 많은 독자를 인간의 구경적(究竟
的) 구원(救援)의 기구(祈求)에다 맺어 줄 것을 의심할 수 없다. 두진
의 시적 개성의 장점은 — 모든 시인에게 주어진 그것과 마찬가지로 —
단점에 통해 있다. '단조(單調)와 안도(安堵)'의 '관념', '찬양'(讚揚)과
'교훈'(敎訓)의 '산문', 이것이 어떻게 시로 승화되느냐 하는 데 두진에
대한 나의 시우(詩友)로서 경건한 근심이 있을 따름이려니와, 각고(刻
苦)의 시인이요 오직 시로써만 살아온 두진을 알기에 나의 근심은 오
히려 즐겁기까지 하다.

— 1949. 7. 14, 《경향신문》

〈축사〉

상화 (尙火) 와 고월 (古月)

좋은 시란 써 놓고만 볼 양이면 시집은 어느 때라도 나오고야 마는 법이다. 확실히 우리 나라 초창기 시단에 빛나는 두 별이던 상화(尙火) 와 고월(古月) 두 분이 이승에 살아 있을 때도 한 권의 시집을 이루지 않았고, 두 분이 다 타계한 뒤 20년이 지나고 또 가까워지도록, 이를 모아 주는 이조차 없더니, 이제 두 분의 고우(故友)인 목우(牧牛) 백기만(白基萬)님이 이 소란한 싸움의 마당에 그 유주(遺珠)를 모아 이 한사(恨事)를 덜게 하였음은 근일 쾌심(快心)의 일이 아닐 수 없다. 젊은 날의 사제(師弟)의 의(誼)로 안서(岸曙)가 소월(素月)의 시를 엮음을 보았더니 죽마(竹馬)의 옛 벗으로서 목우(牧牛)가 이제 상화(尙火) 와 고월(古月)을 한자리에 모아 놓고 아끼고 기리는 것이 어찌 범연한 일이라 하랴. 이 모두 벗을 사랑하고 잊지 않는 미덕(美德) 이 아직은 영 쇠(衰) 하지 않았음을 보인다 할 것이다.

시의 성격으로 봐서 판연(判然) 히 다른 상화와 고월이 한 권의 시집 속에 오히려 단란(團欒) 함은 두 분이 같은 향토(鄕土) 에 자라나 같은 무렵에 시를 썼고 같은 불우의 세월을 호흡하고 있었기 때문이니, 내 또한 육신의 고향으로나 마음의 고향에 있어 동도(同道) 의 선배인 두 분의 시집을 위하여 몇 마디 무사(蕪辭) 를 초(草) 하는 것도 고단한 세상에 스스로 즐거움이라 불러 탓할 이 없으리라 한다.

이백(李白)이 평생에 기선(企羨)한 사람을 보면 노중달(魯仲達), 후영(候嬴), 역식기(酈食其), 장량(張良), 동방삭(東方朔), 한신(韓信) 같은 사람이었다. 공을 세우고 이름을 드날린 뒤 문득 옷자락을 떨치고 떠난 사람들 — 이로써 가히 그의 뜻을 알 것이니 이백의 기개(氣槪)와 호방(豪放)을 알뜰한 정서(情緒)로 아로새긴 것이 상화(尙火)의 시심(詩心)이었고, 백락(伯樂)이 없음에 천리마(千里馬)가 죽통과 마판 사이에서 죽어간다고 울던 한유(韓愈)의 의욕과 울분에 비하여 조년성예(早年聲譽)에 화려한 운의(韻意)를 더한 것이 상화(尙火)의 생애라 하면 어떨는지. 어쨌든 상화(尙火)의 시는 시를 공부하는 젊은 정열에 길이 양식이 될 것이다.

조촐한 몸으로 세속의 진애(塵埃)를 어이 무릅쓸 것이냐고 충의(忠義)와 원한에 안색이 초췌(憔悴)하던 굴원(屈原)의 뜻이 세기말의 우수로 고월(古月)의 가슴에 박혔으매, 어지러운 세월에 유리전락(流離轉落)하던 두보(杜甫)의 비탄과 각고(刻苦)가 고월(古月)의 환상 속에 감각되지 않을 수 있었으랴. 고월(古月)의 시는 길이 두고 이 땅 젊은 시도(詩徒)의 고뇌에 좋은 거울이 될 것이다.

뜻은 상화와 더불어 달리고 정은 고월과 함께 머무르고자 하는 나의 시심(詩心)에 그리울진저 시집 《상화와 고월》! 그님들 살아 계실 때 못 뵈었을망정 지금에도 후생(後生)을 울리는 시집 《상화와 고월》.

— 1951. 9. 21. 출판기념회 축사

《보병과 더불어》후기

　시집 《보병과 더불어》는 청마 사백(詞伯)의 여섯 권째 시집이니 전화(戰火)에 뒤덮인 조국의 산하가 그의 가슴에 새겨 준 바 감명을 모은 귀한 기록이다. 아예 애련(哀憐)의 계절에는 물들지 않고 침중(沈重)한 비통(悲痛) 속에 흘립(屹立)하는 거암(巨岩)이고자 하면 그의 시가 이 가열한 전란 속에서 오히려 부드럽고 빛나는 영혼의 촉수(觸手)를 드리우는 것은 무슨 때문인가. 이는 진실로 그가 남달리 고원(高遠)한 인생의 그 한 장 푸른 하늘을 흐리움이 없이 고이 지니고 있음을 증거함이라 할 것이다.

　시인 청마는 이미 시인이기 전에 한 사람의 사회사상가로서의 기틀을 잡은 분이다. 그러므로, 그의 넓은 시세계 속에서도 그의 관심과 지향이 가장 깊은 곳은 ‘인간의 윤리’, ‘사회의 현실’에 대한 불타는 의지였다. 스스로의 시를 말하되 ‘해결할 수 없는 고뇌와 더불어 겨루는 한 마당의 격투’라고 선언하는 그에게는 시인이란 영원한 혁명가에 지나지 않는다 할 것이니, 이와 같은 그의 입지를 이해하고서야 우리는 비로소 “참의 시는 마침내 시가 아니어도 좋다”는 그의 시정신을 수긍할 수 있는 것이다. 청마의 시를 읽고 ‘힘’을 느끼는 까닭이 여기 있으며 청마의 시가 민족시(民族詩)의 건설에 초석을 놓을 수 있었음도 이 때문이라고 나는 믿는다.

그러나 사회사상가로서의 청마(靑馬)의 일면은 의지의 시인 유치환(柳致環)을 형성시키는 기본조건이 될 뿐 그는 마침내 혁명가는 아니었다. 혁명가이기에는 너무나 집착이 없고, 허영(虛榮)이 없고, 그렇게 시에서 느낄 수 있는 용솟음치는 힘조차 볼 수 없는 순정의 호호야(好好爺)가 그의 인간적 모습이기 때문이다. 그러므로, 정신의 혁명가 유치환은 실상 겸허한 구도자의 이름으로 바뀌어지는 것이니 여기에 그의 시인으로서의 숙명이 있다 할 것이다.

혹은 바탕이 순정의 사람이기 때문에 자신의 비력(非力)에 반역하는 의지의 강인성을 수도(修道) 했는지도 모른다. 8·15 해방 이후 우리 소수의 몇몇 문우(文友)가 도도히 밀려오는 사악의 물결 앞에 화란(和蘭)의 한 소년과도 같이 방파제의 터진 물구멍을 몸으로 막고 밤을 새울 때에도 청마는 끝내 우리와 함께 있었고, 갖은 오해와 음모 속에서도 한사코 지킬 것을 지켜 온 그를 볼 때 우리는 순정(純情)의 겸허(謙虛)가 의리 앞에서는 허영의 집착보다 힘있음을 깨달았다. 이러고 보면, 시인 청마는 불의를 미워함에 안으로 도사리는 내면의 혁명가요, 부패를 막는 데 겉으로 청화(淸和)한 외면의 구도자(求道者)인가 한다.

청마 사백은 가끔 편지 끝에다 이 썩어 가는 민족과 병든 인간성 밑에 폐사(斃死)하려는 윤리를 어찌 하느냐고 탄식하여 마지않았다. 호올로 붙잡고 몸부림쳐도 이는 한갓 무익한 작위(作爲)일 뿐 뛰어나와 함께 싸워도 혼란을 더할 따름이니, 도시 참담한 이 현실 속에서 약한 시인은 그 무거운 짐을 감당할 수가 없어서 남다른 영혼의 십자가를 진 시인에게 개돼지 같은 동물적 죄고(罪苦)만은 면죄시켜 달라고 애원할 때에도 그는 이 죄고를 기피하지 않고 끝까지 마주서서 길항(拮抗)하였던 것이다.

지난 경인(庚寅) 6월의 적란(赤亂)에 우리가 부모형제와 이산(離散)하고 선배 고구(故舊)를 잃고 남쪽 하늘 아래 흘러와서 모였을 때 그냥 있을 수 없어 무슨 일을 해야겠다고 만든 것이 '문총구국대'(文總救國隊) 라는 것이었고, 영남(嶺南) 좌우도(左右道) 만이 조국의 판도(版圖)로 남은 속에서 보람도 없는 몇 가지 일을 한다고 한반도가 끝나는 '배수(背水)의 거리' 부산에 갔을 때 나는 자주 청마와 막걸리를 마시었다. 도망갈 배를 사고 혹은 청산가리(靑酸加里)를 마련하는 혼란 속에서 우리는 전국(戰局)의 추이와 국제정세의 변동마저 짐짓 잊으려 하였다. 운명을 극복하기 위하여 오직 운명을 인종(忍從) 할 뿐—이러는 동안에 우리는 우국(憂國)의 정성을 썩히면서 전쟁이 가져온 인간의 누(累)에 얽매여 살아 왔었다.

지난해 9월 영천대회전(永川大會戰)이 끝나고 인천 상륙이 결행되자 사람들은 저마다 서울길이 바빠서 서둘 때에, 우리는 어쩌면 다시 볼 수 없는 고귀한 전투에 참가하고자 백의종군(白衣從軍)을 떠났던 것이니, 같은 날에 청마 사백은 포항에서 부터 3사단을 따라 동북부 전선을 종군(從軍)하고, 나는 의성에서부터 8사단을 따라 중서부 전선을 종군하였던 것이다. 청마가 종군한 사단은 남먼저 38선을 넘었기 때문에 그는 금강산을 보고 그해 10월 10일 원산에 입성하였다. 내 12월 3일 평양에서 돌아와《문예》전시판(戰時版)에 실린 그의 종군시초(從軍詩抄)〈보병과 더불어〉10편을 읽고 진실로 감개무량하였던 것은, 나는 해주를 거쳐 평양에서 50일을 머무는 동안 한편의 시를 쓰지 못하고 메모만 해 둔 나머지 부질없는 문화단체를 만든다고 평양에 남아 있던 예술가들과 어울려 무슨 새로운 일을 한다고 분주만 떠노라 초고(草稿)를 손보지 못한 채 돌아왔는데, 청마는 이 전란(戰亂) 있은 후 질로나 양으로나 뛰어 나는 수십의 시편(詩篇)을 얻고 왔음을 알았기 때문이었다. 더구나 거기 거두어진 시편(詩篇)들이 세소위(世所謂) 전쟁시(戰爭詩)라는 선전 삐라가 아니고 진실로 인간의 목숨에 저력을 플러스하는 높은 시임에 있어서랴. 원수와 싸우는 마당에서까지 냉정하고 침착한 사유(思惟)를 얻어 작은 상극(相克)을 살육(殺戮)하고 더 큰 인생의 일체를 통찰하는 그의 태도는 앞서 말한 바 나의 청마관(靑馬觀)이 어긋나지 않았음을 새삼스레 깨닫게 하였다.

내 오늘 이렇게 장황한 글을 쓰는 것은 선배시우(先輩詩友)요, 지기인 청마 사백의 조국의 전쟁을 기록한 시집 《보병과 더불어》가 나옴을 찬하(讚賀)하는 데 인색할 수가 없기 때문이요, 그보다도 이 시집에서 내가 밟고 내가 느낀 바 인생도 숨어 있기 때문이다.

— 1951년

《낙화집》(落花集) 서

　김관식(金冠植) 군이 대구 우거(寓居)로 나를 찾아온 것은 지난해 가을인가 한다. 김 군을 나에게로 보낸 이는 서정주 사백이요, 김 군이 나를 찾아온 까닭은 시를 배우기 위함이라 하였다. 저즈음 내 외로움과 시름에 겨워 무료(無聊)에 잠겨 있을 때라, 먼 곳으로부터 젊은 선비가 오고, 겸하여 오래 막힌 친구의 소식을 전하매 이는 그날의 쾌사(快事)가 아닐 수 없었다. 그러나 김 군의 말이 시를 배운다는 마디에 이르러 내 문득 창연히 탄식해 마지않았음은 무슨 까닭인가. 문장이란 본래 도(道)에 있어서 하찮은 것이요, 시가 또한 문장에 한 티끌이라 사나이 한세상 일에 몇 줄 시가 무슨 아랑곳이냐는 내심에서였다. 어지러운 세상에 나서 한갓 시주(詩酒)로 침륜(沈淪)하여 헛되이 반생을 보내고 나서 얻은 것이 이 한 마디라면 그 부질없음이 어떻다 할 것인가. 허나, 한편으로 다시 생각하면 글이란 그래도 좋기는 한 것이, 읽고 쓰는 이 즐거움마저 없으면 장년(長年) 임하(林下)의 그윽한 회포를 무엇으로 소견(消遣)하랴. 진실로 무일물(無一物)한 가운데 무진장(無盡藏)한 것이 시인가 한다.

　김 군은 규모 있는 선비 집에 태어나 자질이 밝고 가정의 계루(繫累)가 적으며 나이 아직 어린지라, 먼 곳의 선배를 두루 찾아 비뚤기 쉬운 젊은 마음을 가다듬음도 이런 뜻에서 젊은 때의 낙사(樂事)가 될 것이니 위당(爲堂)·가람 두 선생에게 나아가 한문과 시조를 배우고 영랑 선생을 사숙(私淑)하여 현대시를 공부한 김 군의 그 호학불권(好學不倦)의 정성을 나는 먼저 가상하다 한다.

문장은 천고(千古)엣 일이니 득실은 제 마음에 안다는 것은 노두(老杜)의 말이거니와 시를 어찌 남에게 배워서 알리요. 내가 또 족히 남을 가르칠 수 있는 그릇이 아니라 무엇을 바라고 나를 찾아왔느냐 묻고 싶었음은 서정주 사백이 김 군을 나에게 보낸 심정이 알고 싶은 까닭이었다. 이는 반드시 시란 배우는 것이 아니요, 스스로 체득하는 것임을 가르치고 제대로 버려 두어 구경하게 함이라, 옛 어느 선승(禪僧)은 한 스승을 10년을 모셔도 오탈(悟脫)의 기연(機緣)을 얻지 못하다가 그 스승의 권으로 다른 스승을 찾아가 언하(言下)에 대오(大悟)했다는 이야기가 있더라니, 이제 김 군이 나를 찾아와 시를 깨달으면 그 단련(鍛鍊)의 공은 지난날의 여러 스승에게 있고, 나는 무위(無爲)한 채로 시인 하나이 이루어짐을 기릴 것이 아닌가. 가히 우스운 것은 시를 위하여 배우고 가르침의 무익함이 이토록 심한 까닭이다.

김 군이 지니고 온 원고를 보매 한시(漢詩)와 시조와 시가 각 수십 수로 모두 아담한 격을 이루어 평일의 그 공부의 옅지 않음과 그를 훈도(薰陶)한 여러 스승들의 풍을 엿보이게 함이 있었다. 아직 앞길이 먼 젊은 시인을 과찬하여 자안(自安)하게 함은 떳떳한 정이 아니매, 나는 다만 김 군이 무턱대고 덤비지 않고 먼저 찾아야 할 전통, 몸에 배어야 할 민족정서, 다듬어야 할 언어에 대한 착실한 공부와 그 재질을 믿음직하게 생각하며 다른 이도 이를 알아주리라고 생각하였다. 김 군의 시 공부는 영랑의 서정시 중에도 그 초기작이고 또 주옥편(珠玉篇)인 4행시로부터 연원(淵源)을 얻었다. 여기 무슨 심원한 인생의 깊이가 있는 것은 아니되 그 섬려(纖麗)와 애수(哀愁)는 스승의 체(體)와 김 군의 개성으로 어울리어 천진성을 유로(流露)하였다.

이제 김 군이 그 습작(習作)을 모아 상재(上梓)하고 《낙화집》(落花

集)이라 이름지어 고(故) 영랑 선생의 영전에 바치고 겸하여 선배 고구(故舊)에게 나누어 드리리라 하여 나에게 서문을 청하는지라, 내 은근히 생각하기를 일찍이 시집을 내는 것은 삼갈 일이라 하여 말리고 싶었으나, 이는 비(比)하건대 벗어 던진 헌 옷이라 옛날을 정리하고 새로 떠나려는 정성이라면 구태여 막을 것도 없는 것이므로 나는 다만 김 군과 내가 만난 그 인연을 적음으로써 서문에 대신하기로 하였다.

　김 군! 자네는 착하나 좀 느리고 진실하나 날카롭지 못한 것이 허물일세. 이것이 내가 군을 위하여 추수(秋水)라는 호를 주는 까닭이니, 시인의 금심수장(錦心繡腸)도 추수(秋水)의 신(神)과 옥(玉)의 골(骨)을 못 가지면 안 되는 것, 태아(太阿)의 검(劍)과 같이 푸른 서슬로 혹은 백천관하(百川灌河)의 기개(氣槪)를 군이 가질 수 있겠는가. 실상은 사내 나이 스물도 어린 나이는 아닌 것, 시가 인생보다 가벼움을 이제 못 깨달으면 몇 줄 글을 쓰는 인연으로 하여 이제부터 자네를 지켜 보겠네. 그 마땅히 각골부심(刻骨腐心) 할진저.

　　　　　　　　　　　　　　　　　　　　— 1951년

고행(苦行)의 유열(愉悦)
― 김용팔(金榕八) 씨와 그 시집 《폐허》

선생 노릇을 오래 하면 훈장(訓長) 때가 묻는다고 한다. 남의 사표(師表)가 되고 보니 적은 언동 하나하나가 이목에 오르내리게 되고 그만큼 근신과 절제가 뒤를 따라서 마침내 고행승(苦行僧)의 모습같이 초췌한 땟물이 흐르기가 일쑤다. 더욱이 여학교 선생 노릇이 이런 점에서 더 심한 법이다. 그래서 젊은 나이에 겉늙어 버리는 마음을 붙들고 꾀죄죄하게 묻어 오는 옹졸한 진애(塵埃)를 닦기 위해서는 남의 선생 노릇 하는 사람은 누구나 시를 배워야 한다. 시를 통하여 학문과 윤리가 심정 속에 승화되는 것은 물론 영원히 젊은 마음이 거기서 샘솟기 때문이다. 김용팔(金榕八) 씨의 시집 《폐허》를 받아 읽고 문득 이런 것을 생각해 보았다.

해방된 이듬해 봄부터 반년 동안을 내가 어느 여학교에서 교편을 잡고 있을 때 동료 교원(教員) 속에서 같이 국어를 맡아보는 한 분이 김용팔 씨였다. 해방된 기쁨이 충동한 바도 있었고 넓고 자유로운 교육에 대한 정열도 있어서 사기(邪氣) 없는 방종(放縱)으로 술국 끓이는 법을 가르치기까지 하던 장난꾼 선생 ― 나는 이러한 환경의 제약을 상당히 극복한데도 불구하고 드디어 적지 않게 늙고 말았다. 그때 내가 본 김용팔 씨는 이미 틀이 잡힌 교육자였다. 묵묵히 그리고 서서히 노력하는 그의 성실에 나는 마음속으로 경의(敬意)를 가지고 있었거니와 그가 시를 쓰고 있다는 것을 나는 끝내 알지 못하였다. 이번 시집이 나오기 전 그가 오랫동안 써서 모아 둔 시고를 가지고 대구를 찾아왔을 때 나는 옛 벗을 만난 즐거움과 새로운 시인 한 사람을 얻은 기쁨에 취하였다. 그보다도 나노인 지 10년 가까운 세월, 더구나 거듭된 민족의 풍상(風霜) 속에 그의 모습이 낡고 바래이기는커녕 오히려 젊어진 데 놀랐고 그 까닭을 이 한 권의 시고에서 보았던 것이다. 시우(詩友) 목월(木月)의 서(序)와 연현(演鉉)의 발(跋)이 이미 이 시집에 대한 벗의 성의로서 정곡(正鵠)을 얻었음에 나는 인간 김용팔을 말함으로써 우리의 구의(舊誼)를 시단(詩壇)에 자랑할 따름이다.

시공부로써 김용팔 씨는 확실히 꾀죄죄한 훈장티를 벗었으나 교육자이기 때문에 그의 시는 담담하면서 절실함이 좀 모자라고 여유는 있으면서도 긴박한 힘이 적은 편이다. 전통에 대한 것과 새로운 것에 대한 절충적 취미 또한 그의 교육자적 호상(好尙)의 태도에 연유하는 것이겠지만 시가 자가견(自家見)을 세우는 데는 적지 않게 동요(動搖)를 준다고 할 것이다. 이런 의미에서 제2부 '낙동강반'(落東江畔)에 수록된 작품은 흔들리는 증거요, 제1부 '목련월'(木蓮月)에 수록된 작품은 시험의 과정이라 볼 수 있는 데 비해서 제4부의 '폐허'(廢墟)에 수록된 〈연(蓮)아〉와 〈폐허〉(廢墟) 두 편의 절실한 힘을 동반한 점에서 김용팔 씨의 시심(詩心)의 본영(本領)에 가장 적합한 것이 아닐까 한다. 또 제3부 '회춘'(回春)에 수록된 중에서 〈밀어〉(密語) 〈다람쥐〉 두 편이 이 시집 전체가 지니는바 결구(結構)의 무력성을 초극한 점으로 봐서 수일(秀逸)한 바 있다.

이미 시를 쓴 지 오래였으나 뒤늦게 새로 나온 겸손의 시인 김용팔 씨를 위해서 베푼 교우(交友), 화우(畵友)들의 호의가 꾸밈새에 있어서 높은 품격의 조촐한 시집 한 권을 보여 준 것은 반갑고 아름다운

338

풍속(風俗)이라고 하겠다.

앞으로도 몇 권의 시집이 같은 저자(著者)의 손으로 우리 시우(詩友)에게 논아지게 될 것을 믿는다. 자중자애(自重自愛)하여 조급하지 않는 그의 천성을 믿기 때문에 그의 시가 이 폐허 위에 새로운 꽃을 피울 날이 올 것을 바라고 시를 사랑하는 모든 사람과 그의 제자들에게 이 시집이 좋은 선물이 될 것을 기뻐하며 크리스마스 이 날을 부산 여사(釜山旅舍)에서 맞아 멀리 성탄절(聖誕節) 노래를 들으며 이 글을 쓴다.

— 1952. 12. 31

《산도화》 발문

목월(木月)의 첫 시집이 '산도화'(山桃花)란 이름으로 이제사 나오게 되었다. 10년내에 목월의 시집이 지상에 예고된 적은 한두 번이 아니었다. 그러면서도 그 시집들이 번번이 세상을 보지 못한 채 스러진 것은 시인 스스로가 그 시집의 조판(組版)을 허물어 버린 까닭이다. 우리는 이 하나의 사실만으로도 목월의 시에 대한 태도가 얼마나 정성스럽고 또 경건한 것인가를 엿볼 수 있다. 제 시를 자기보다 더 사랑하는 사람이 이 세상에 있을 수 없음을 알면서도 제 시를 제 손으로 모을 만용이 없는 곳에 시인의 아름다운 겸허(謙虛)의 마음이 있기 때문이다.

목월의 이름이 우리 시단에 처음으로 알려진 것은 1939년 《문장》지 추천에 그의 첫 작품 〈산그늘〉이 발표되면서 부터다. 향토(鄕土)와 전통의 율조(律調)를 연연한 슬픔으로 노래하는 시인 박목월은 그 당시에도 이미 시단의 주목을 끈 바 있지만, 목월의 시가 널리 인구에 회자(膾炙)된 것은 그보다 7년 뒤인 1946년에 《청록집》(靑鹿集) 발간을 계기로 해서 그가 몇 편의 완벽한 서정시를 우리 시사(詩史)에 기여한 뒤의 일이다. 이와 같이 만 15년이란 세월을 그의 고운 시심(詩心)은 우리의 기대를 저버림이 없이 꾸준한 정진(精進)을 계속하고 있거니와, 특히 이 시집 《산도화》에 실린 시편은 《청록집》에 수록한 작품과 같은 시기의 것으로서 그의 시정신의 본바탕을 엿볼 수 있는 무이(無二)의 재료라고 할 수 있으니, 그날의 그의 시심을 가장 잘 아는 시우(詩友)로서 몇 줄의 글을 이 시집에 붙이게 된 감개(感慨)도 깊은 바가 있다.

우리가 시단에 처음 등장하던 시절은 민족적 수난이 그 절정에 이르렀을 때라, 그립고 아쉬운 정에 목이 마른 데다가 같은 자리에 함께 나온 시우(詩友)들의 시심(詩心)에도 일맥이 통하는 바가 있어 서로 그리워하는 마음이 남다른 바가 있었다. 더구나, 목월의 그때 노래하던 현대적 세련의 민요조(民謠調)는 내가 그때 다루던 민족정서의 새로운 고전미(古典美)와 지향하는 바가 매우 가까워서 그의 시에 스며 있는 사투리까지도 매력을 느꼈다. 그러나 어려운 세월은 우리들의 만날 인연을 쉽사리 허락하지는 않았었다..

내가 목월을 처음 만난 것은 1942년 이른봄이었다. 그 전에 가을에 나는 절간에서 일본의 진주만 공격의 소식을 들었고 《문장》 폐간호를 받았다. 그해 겨울 과음한 탓으로 빈사(瀕死)의 몸이 되어 서울로 와서 이른바 《국민문학》(國民文學)이 발간된 것을 보았고 몇 달을 누워 있다가 이듬해 봄에 '조선어 학회'의 《큰 사전》 편찬을 돕고 있을 때였다. 일본서 돌아오는 초면의 시인이 하나 화동(花洞)에 있는 '조선어 학회'를 찾아와서 오는 길에 목월을 만나고 왔다는 말을 전했었다. 그 때까지 경주를 못 보았을 뿐 아니라 겸하여 목월도 만나고 싶고 해서 나는 그 이튿날 목월에게 편지를 썼다. 무슨 말을 썼는지 지금은 모르지만 매우 긴 편지였다는 것만을 기억하고 있다. 얼마 뒤에 목월에게서 답장이 왔었다. 그 짧으면서도 면면한 정회(情懷)가 서려 있는 편지는 다음과 같았다.

경주 박물관에는 지금 노오란 산수유(山茱萸) 꽃이 한창입니다. 늘 외롭게 가서 보곤 하던 싸느란 옥저(玉笛)를 마음속에 그리던

임과 함께 볼 수 있는 감격을 지금부터 기다리겠습니다. 오실 때 미리 전보(電報) 주시압.

이 짧은 글을 받고 나는 이내 전보를 쳤었다.

철에 이른 봄옷을 갈아입고 표연히 경주에 내린 것은 저녁 어스름— 분분한 눈송이와 함께 봄비가 뿌릴 때였다. 목월은 초면에 서울 나그네를 맞으려 '박목월'이란 깃대를 들고 건천(乾川)까지 마중을 나왔었다는 것이다. 그 밤 여사(旅舍)에서 목월이 나에게 준 시는 '밭을 갈아 콩을 심고'한 시였다. '장독 앞에 모란 심고 장독 뒤에 더덕 심고'의 구절과 '꾹 구구구 비둘기야'라는 후렴구는 아직도 기억에 남아 있다. 외롭고 슬픈 내 노래의 마음을 세상에 알아주는 이가 목월이라는 처음 보는 눈이 크고 맑은 시인밖에 없는 상싶어 미덥고 서럽던 생각! 목월이 출장 다닐 때 걸어가는 길가에서 들은 비둘기 울음, 혹은 살살 날리는 어스름과 산그늘도 그의 소개로 나는 듣고 보았다. 석굴암 가던 날은 대숲에 복사꽃이 피고 진눈깨비가 뿌리는 희한한 날씨였다. 불국사 나무 그늘에서 나는 찬 술에 취하여 떨리는 봄옷을 외투로 덮어 주던 목월의 체온도 새로이 생각난다.

그리하여 나는 보름 동안을 경주에서 머물렀고 옥산서원(玉山書院)의 독락당(獨樂堂)에 눕기도 하였으며 〈완화삼〉(玩花衫)이란 졸시(拙詩)를 목월에게 보내기도 하였다. 목월의 시 〈나그네〉는 이 〈완화삼〉에 화답하여 보내준 시이다. 압운(押韻)이 없는 현대시에는 이렇게 더 절실한 심운(心韻)이 있다는 것을 보여준 시였다. 붓을 꺾고 떠돌며 살던 5년간은 우리는 이렇게 편지로 서로의 마음을 하소연하며 해방을 맞았던 것이다.

목월의 시는 동시(童詩)로서 출발하였다. 목월의 본명 박영종(朴永鍾)이 우리의 동시사(童詩史)에 새로운 한 경지를 개척하였음은 아는 사람은 알지만, 이러한 동시의 세계는 목월의 시심(詩心)에 움직일 수 없는 바탕을 주었으니 동시와 시의 한계선은 그에 의하여 무너지기도 하였다. 구전동요(口傳童謠)와 구전민요의 전통을 그의 고향 경주의 풍토에서 현대의 지성으로 육종(育種)한 것이 바로 목월의 초기시의 세계였다. 이 때문에 목월의 시는 앳되고 깨끗하고 연약하고 슬프며, 따라서 천진하고 순수할 수밖에 없었던 것이다. 그러므로, 조촐한 감상과 가벼운 정한은 목월의 자랑은 될지언정 허물이 되지 않는 것이다. 다만, 우리가 안타까워하는 것은 이러한 목월의 다감(多感)이 늙으면 어쩌느냐는 점이다. 그의 환경이 고고(孤高)한 전원(田園)이 아닌 경우에 안이(安易)한 소시민성(小市民性)이 그를 사로잡을까 봐 두렵다는 점이다. 그러나 '동심여선'(童心如仙)이라니 이 마음만 있으면 속진(俗塵)이 무슨 아랑곳이 있겠는가.

목월의 시에 사상성의 엷음을 허물하지 말라. 생명의 흐름을 노래함은 시의 사상이 아니고 무엇이겠는가. 목월의 시를 한인한사(閑人閑事)의 탄식이라 비웃지 말라. 풍화설월(風花雪月)의 진경(眞境)을 아는 사람만이 아는 법이다. 이런 뜻에서 내가 시우 목월에게 주고 싶은 말은 너무 겸손하지 말고 15년 온축(蘊蓄)을 남김없이 털어 내어 세상에 던지라는 말이다. 좋든 나쁘든 써 놓은 시는 이미 시인의 것은 아니니 아는 이 있고 없음이야 족히 마음할 것이 못 된다. 스무 해 가까운 생에 우리의 젊음도 많이는 갔고 우리의 시도 적지 아니 달라졌다.

그러나 처음 시를 쓸 때의 그 마음은 다름이 없으며 시로 아는 본래의 그 시관(詩觀)에도 아무런 변함이 없음을 이 글을 쓰면서 다시 깨닫는다. 시 때문에 우리의 청춘이 병들었더니 시로 하여 우리의 뜻이 다시 서게 되었구나.

목월! 그대의 반생경제(半生經濟)는 몇 편 시가 남았는가. 그대 웃으며 가리키는 이 '산도화' 한 가지 … 옛날의 불국사에 눈이 내리리라.

— 1955년

〈서평〉

《박두진 시선》

《박두진 시선》이 나왔다. 저자가 자선(自選)한 이 45편이 짜내는 황홀한 무늬 앞에서 우리는 그 천성(天成)의 영롱한 시심(詩心)과 시도(詩道) 20년의 혈한(血汗)의 수련(修鍊)을 볼 수가 있을 것이다. 구슬이 서 말이라도 꿰어야 보배라니, 주옥(珠玉) 같은 두진의 시가 이제 한 점의 구김살도 없는 그의 건전한 시정신으로 일관된 이 시선(詩選)은 어쩔 수 없는 우리 시의 보배가 되고 말 것이다.

두진의 시에 대하여 소개의 말을 붙이는 것은 차라리 진부한 일에 속한다. 무슨 동화와 같이 신비한 꿈의 세계 — 그 눈부신 빛으로 충만한 염원의 우주는 현실의 신산(辛酸)과 사악(邪惡)과 암흑 때문에 더욱 찬란한 세계이다. 햇볕과 같이 따스한 그의 사색 앞에는 항시 금빛 날개를 지닌 새가 와서 지저귀고, 흰 비둘기 떼가 날아오르고, 붉은 장미가 핀다. 더구나, 곡우(穀雨) 무렵의 수액(樹液)처럼 철철 넘치는 그 싱싱한 율조(律調)에는 미풍(微風)의 호흡과 대해(大海)의 포효(咆哮)가 자재(自在)한다. 초목금수(草木禽獸)조차 혈육이 되고 이웃이 된다. 새로운 세상을 기다리기에 목이 말라도 지금 있는 세상을 미워하거나 저주하지 않고 오직 연민(憐憫)하며 기다려도 열리지 않는 새로운 하늘 앞에 슬퍼하거나 낙망하지 않고 끝까지 신념하는 그의 시는 이미 시의 종교화의 경지에 도달하였다.

슬픔을 조용히 정화(淨化)하며 머언 산봉(山峰) 위에 퍼덕이는 깃발을 바라보는 그의 고요한 자세는 20년내 세찬 풍우(風雨) 속에도 변함이 없다. 그 영감의 원천에서 솟아오르는 찬미가(讚美歌)인 이 새로운 자연의 노래에 귀를 기울여 보라. 인생은 서러운 것만이 아님을 알 것이다. 아니 서럽기 때문에 더욱 아름다운 세상임을 알 것이다.

— 1956. 5. 10, 《동아일보》

〈서평〉

《카오스의 사족 (蛇足)》

정한모(鄭漢模) 씨의 첫 시집 《카오스의 사족》이 나왔다. 수많은 그림까지 곁들인 호화로운 장식(裝飾) — 입기는 장가가는 날처럼 입고 먹기는 환갑날처럼 먹으라는 옛말이 있더니 첫 시집의 호사(豪奢)가 이만하면 족할 것 같다. 40줄에 첫 장가라 시단(詩壇)의 노총각 정한모가 거드럭거릴 만하지 않는가.

정한모 씨의 시를 다시 읽고 그 안온한 심서(心緒)와 섬세한 관찰, 교치(巧緻)한 기미(機微)를 볼 수 있는 것이 좋았다. 시를 포착하되 고원하고 심오한 데서 어렵게 마음 쓰지 않고 비근(卑近)한 신변에서 마치 아이들이 나비와 잠자리를 잡듯이 그렇게 조심스러운 여유가 있다. 그러므로, 정한모 씨의 시에는 무슨 비통이라든지 법열(法悅)이 따로 없다. 다정하고 건강하고 칙칙하지 않고 서투르지 않아 시와 작자의 인간성이 이렇게 맞아떨어지기도 쉽지는 않은 일이리라.

그러나 정한모 씨의 시는 전형적인 훈장(訓長)의 시다. 실지로 이 시집에는 교단에서 얻은 시들이 많지만 그 기본자세가 훈장의 마음가짐에서 온 것이 역력하다. 탈선보다는 상도(常道)를, 따끔하기보다는 부드러운 훈유(訓諭)를, 짤짤한 결구(結構)보다는 순순한 사설이 주류를 이루고 있다. 미적(美的) 교육에서 시가 어느 것에 쉽사리 양보할 수 있으리요마는, 시인으로서의 득실로 봐서 끝내 점잔과 미온(微溫)의 훈장티만으로써 의젓할 수는 없으리라.

정한모 씨의 시는 진폭(振幅)의 강도를 위해서 좀더 소년다운 용기가 필요할 것 같다. '카오스의 사족'이라 명명한 것은 그의 시에 대한 자기겸허(自己謙虛)를 말하는 것이겠지만, 실상 이 시집은 '카오스의 사족'이 아니라 '코스모스의 여정(餘情)'이었다. 세련된 폼은 그의 시의 연륜을 보여 주고 있으나 두드러진 것을 만들지 않고 안정된 그늘에 자꾸만 숨으려는 그의 자세는 차라리 시를 잃는 한이 있더라도 백척간두(百尺竿頭)에 올라서야 하지 않을까. 이것은 동병상련(同病相憐)의 나의 푸념인지도 모른다.

"미소 같은 우리들의 촛불을 밝혀 놓고", "서로의 공백을 공백으로 채워 주면서 손보다 눈이 더 많이 어루만져 주면서" 그렇게 하는 사이에 "밤새도록 어둠으로 씻기운 가슴에선 한 톨 진주(眞珠)알 같은 빛이 눈을 뜬다"는 것 ― 그것은 정한모 씨의 시심(詩心)이다.

정한모 씨의 시작(詩作)이 왕성히 진작(振作)됨으로써 다음 잔치가 한결 더 푸지기를 빌며 이야말로 한 마디 사족을 붙인다.

― 1958. 11, 《동아일보》

박희진 시집《실내악》서

　박희진(朴喜璡)의 첫 시집이 나온다고 나더러 책머리에 몇 마디 쓰라고 한다.

　희진(喜璡)이 처음 시단(詩壇)에 나올 때 우리는 그의 성실한 태도, 치밀한 수법, 의젓한 자세에 기대하는 바 컸었다. 과연 희진은 그 뒤로 이 기대를 저버리지 않고 꾸준히 노력하여 이제 한 시인으로서가 아니라 벌써 하나의 중견(中堅)으로 시단에 두각을 나타내게 되었다.

　희진의 시를 읽으면 그의 시심(詩心)의 바탕과 공부의 열역(閱歷)과 앞날의 지향을 이내 알 수 있다. 우리 시의 올바른 전통을 계승하여 그 자세는 안정되었고, 외래시(外來詩)의 진수(眞髓)를 체득하여 그의 촉수(觸手)는 날카로운 바 있으니 그 융합의 지점에 새로운 서정의 기치를 꽂고 야심(野心)이 자못 발발(勃勃)하다.

　희진의 시는 우리 시사(詩史) 30년대의 바탕에서부터 시작되어 40년대의 시련을 거치고 50년대 말에는 이미 우리 현대시의 주류에 뛰어들게 되었다. 이 시집은 희진이 그의 작품을 시단에 묻는 첫 시집일 뿐 아니라 그의 인생 30년의 관두(關頭)를 넘어서는 기념비적인 의의를 지니기도 한다. 혹은 이 시집이 그 일생의 정점(頂點)이 되는 한이 있더라도 이것은 이것대로 한 권의 시집으로 그의 청춘을 부끄럽지 않게 쓰다듬어 줄 것이다.

이 시집은 잘 짜인 음악(音樂)이다. 이름하여 '실내악'(室內樂)! 나는 여기 모은 시편들을 거의 다 작자 자신의 목청으로 읊는 것을 들은 바 있다. 고요하고 슬픈 것이든 격렬하고 어두운 것이든 듣고 나면 모두 다 즐거워야 한다. 좋은 시는 기쁨을 준다. 즐겁지 않고 어찌하랴.

시를 뽑기란 그다지 어려운 일이 아니다. 다만 시를 진실로 알기가 어려울 뿐이다. 박희진의 첫 시집 《실내악》을 읽으며 문득 시를 보는 나의 눈이 흐리지 않았음을 느끼고 스스로 축배를 들고 싶었다.

'희진의 첫 시집이 나온다.' 이렇게 외쳐나 볼까.

내 또 무엇을 더 말하랴.

— 1960년 2월

민재식 시집《속죄양》서

　민재식(閔在植) 군은 우리가 가장 아끼고 촉망(囑望)하는 시인의 한 사람이다. 충분히 참신한 감각을 풍기면서도 결코 경박하지 않는 민 군의 시는 언제나 그 기경(奇警)한 비약 뒤에 친절한 이해의 저류(低流)를 마련함으로써 지적(知的) 서정시로서의 현대시의 공로(公路)에 한 방향을 열었기 때문이다.

　그가 학생 때 나에게 보여준 첫 시편들은 시골의 풍경, 시골 사람의 마음과 생활을 그린 조촐한 작품들이었으나 그때 이미 민 군의 시는 재치 있는 감각의 코를 으쓱 내밀고 있었다. 그러나 내가 민 군의 시에서 처음 느낀 것은 시를 다루는 그 세련된 솜씨보다도 그 주제의 밑바닥을 흐르고 있는 따뜻하고 느꺼운 사랑의 마음씨였다. 이 다사한 전류적(傳流的) 심서(心緒)는 하고 싶은 얘기가 많다. 이것이 민 군의 시를 사설조(辭說調)로 만든 것이 아니던가. 그러나 민 군의 지성은 그 슬픔과 넋두리를 진부하고 구질하게 쏟지는 않는다. 절제와 정련으로써 승화된 회화체(會話體) ― 여기에 민 군은 그 시의 거점(據點)을 잡은 것이다.

　현대적 기법으로 현대의 우리 생활감정을 부조(浮彫)하는 것이 민 군 시의 기본 격조라면 이것은 바로 그의 초기 시편으로 부터 오늘에 이르기까지 일관하여 변함이 없는 자세라고 할 것이다. 더구나 그가 전공한 영시(英詩)의 깊이를 활용하여 우리 고가(古歌)의 멋에 융합시킬 정도로 그의 서구적 지성(知性)과 민족적 감성(感性)은 이미 하나가 되어 있다.

시집《속죄양》(贖罪羊)은 현대의 청산별곡(靑山別曲)! 머루와 다래가 아니라 커피 맛과 잉크 내에 싸여 의자에 파묻힌 지성의 설움이다. 어두운 나라에 살며 고도한 지성의 빛을 본 젊은 시인의 회의(懷疑)는 이제 시도 비평성(批評性)을 잊을 수 없게 되었다. 누가 던진 돌인 줄도 모르고 의리도 괴리도 없이 마자셔 우니는 시인은 본디 한 마리 속죄양(贖罪羊)! 어쩌자고 민 군은 이 험한 세상에 시인으로 태어났는가. 그래도 시는 즐거운 형벌(刑罰)이라 시단에 처음으로 민 군의 속죄양을 소개한 그 인연으로 내 이 글을 적는다.

시인 민재식의 첫 시집을 위하여 이 밤에 내가 대백(大白)을 기울이리라.

— 1960년 가배절(嘉俳節)

북녘에 갇혀 있지만

오랜만의 음용(音容)
─ 김동환 제 4 시집 《 파인시집 》

　　파인(巴人)의 시집이 나왔다. 제(題)하여 '돌아온 날개'─ 파인은 북쪽 하늘 아래 갇히어 있고 그가 남겨 놓고 간 시집이 실로 오래간만에 그의 음용(音容)을 전해 준다. 우리 시사(詩史)에 끼친 그의 공적을 돌아볼 때 감회가 자못 깊다.

　　파인(巴人)은 상화(尙火), 석송(石松)으로 더불어 우리 시단에 초기 민중시파(初期民衆詩派)의 단(端)을 연 사람일 뿐 아니라 그 바탕은 한걸음 나아가 그 독특의 경지인 자조적(自嘲的) 비장(悲壯)의 시풍(詩風)으로 민요시(民謠詩)의 일방을 개척하였으니 소월(素月)의 관서조(關西調)나 영랑(永郎)의 호남조(湖南調)와는 이취(異趣)인 관북조(關北調) ─ 그 억센 사투리의 넋을 충분히 살리고 세련하였다.

　　이 시집은 《국경의 밤》《승천하는 청춘》《해당화》에 뒤이은 그의 제 4 시집이거니와 여기 수록된 작품을 읽으면 거개가 다 해방전후(解放前後)에 씌어진 것임을 알 수 있다. 무구(無垢)한 애국의 정성으로 읊어진 사회시(社會詩)가 반넘어 차지한 이 시집이 그의 광저(筐底)에서 오랫동안 햇빛을 못 본 까닭은 최정희(崔貞熙) 여사의 후기(後記)가 아니라도 우리는 짐작할 수가 있다.

요즘 독자는 이미 모르게 되었지만 파인은 시재(詩才)뿐 아니라 잡지편집에도 놀라운 재능을 가졌던 분이다. 이것이 누(累)가 되어 해방 후에 한때 괴로움을 당했거니와, 그의 시를 읽으면 언제나 민족의 운명에 함께 눈물지으리만큼 그런 마음 바탕에서 울려오는 것이 있었다.

초창기 시단의 선배들이 거의 다 조세(早世)하거나 시작(詩作)에서 떠난 적막한 시기에 미발표작으로 엮어진 시집, 그것도 아주 낡거나 김빠지지 않고 후인(後人)에게 가르침을 베푸는 생생한 시편(詩篇)들이 우리 눈앞에 전개된다는 것은 뜻 깊은 일이 아닐 수 없다.

파인이 납북된 지 열 두 해, 근자의 신문은 그 생존의 소식을 전하고 있다. 때마침 나온 이 시집으로 하여 시단이 함께 기뻐하게 되었다. 애시가(愛詩家)의 일독(一讀)을 권한다.

범대순 시집 《흑인 고수(鼓手) 루이의 북》서

　범대순(范大錞) 군은 숨은 시인의 한 사람이다. 그가 나에게 처음 시를 보여 준 것이 10여 년 전의 옛날이니, 범 군은 그동안 적지 않은 세월을 시를 쓰면서 시와 함께 살아 온 것이다. 꾸준히 시를 쓰면서도 발표와는 아랑곳없었고 충분히 역량을 지니면서도 그 숱한 동인지 활동에의 참여조차 무관심하면서 오직 스스로의 진실의 느껴 온 바를 외로이 시를 써서 모았던 것이니 내가 범 군을 숨은 시인이라 부르는 내정(內情)이 여기에 있는 것이다.

　범 군은 이러한 그의 은밀한 시적 진실과 성실한 작업을 이따금 편지 갈피 속에 넣어서 나에게 보내 왔고, 나는 그 시편들을 통하여 그의 의지의 소재(素材)와 변모(變貌) 또는 탈피의 과정을 유심히 지켜 왔던 것이다. 때로는 그 중의 어떤 것은 시단에 묻게 할까고 생각한 적도 있었으나 발표에 초조하거나 굳이 집념하지 않는 그의 태도가 미덥고 그 마음을 기리고 싶어서 다만 미소로써 두고 보아 왔던 것이다.

　범대순의 시는 기계와 문명과 사회에 대한 관심으로 충일(充溢) 되어 있다. 숨어서 시를 쓰기에는 그 의욕이 지나칠 정도로 격정적이다. 저항과 절규와 저주의 세찬 호흡은 거의 자제적(自制的)인 폐쇄(閉鎖) 로서 시적 승화를 이루었고 따뜻한 휴머니티의 반조(返照)를 성취한 것이 아니던가. 이렇게 본다면 오늘의 범 군의 시는 개방하지 않은 그

은공(隱工)의 소치(所致)라 하여 마땅한 것이다. 도피(逃避)의 가녈픈 릴리시즘이 아닌 저항의 강렬한 사회시(社會詩)에도 시적 절제와 자복(雌伏)은 필요하다는 것을 이로써 깨달을 수가 있다.

　범 군이 그동안의 작품을 모아 첫 시집을 상재(上梓)한다. 강렬한 의욕을 지적으로 처리한 그의 유니크한 시가 우리 시단의 새로운 경지의 타개(打開)에 기여할 것을 믿어 의심하지 않는다. 오랫동안 그의 시를 보아 온 정의를 돌아볼 때 첫 시집을 내는 범 군의 기쁨에 못지않게 나도 덩달아 한몫 신이 난다. 그래서 몇 줄 글을 책머리에 얹으려 한다. 아니 쓰고 어쩌랴. 다만 이와 같을 따름이다.

— 1965년 7월

신석정 시집 《산의 서곡》 서

석정(夕汀) 사백의 제4 시집이 나온다고 나더러 몇 줄 글을 책머리에 얹으라 한다. 석정 선생의 시에 대하여 내 무어라 찬사(贊辭)를 더하랴. 다만 서슴없이 말할 수 있는 것은 그 시가 우리 시문학사(詩文學史) 위에 소쇄(瀟洒)하게 빼어난 한 고봉(高峰)이라는 사실이다.

석정 사백이 우리 시단에 전원시(田園詩)의 한 경지를 열고 목가(牧歌) 시인으로 찬양된 것은 1930년대의 일이다. 동화(童話)와도 같은 황홀한 꿈의 세계를 나직이 속삭이는 듯한 대화체로 읊은 그 날의 시편들은 첫 시집 《촛불》 속에 거두어져 있거니와 참신한 시어(詩語)가 충분히 매력적이던 것을 우리는 아직도 생생하게 기억하고 있다.

이래 40개 성상(星霜) 가까운 세월을 석정 사백은 시와 더불어 살아왔고 시단의 현역에서 물러난 적이 없었다. 때로 돌과 난초에서 고담(枯淡)과 유현(幽玄)을 관조(觀照)하기도 하고, 깨어진 꿈의 엘레지로서 '슬픈 목가(牧歌)'를 부르기도 하고, 조국의 참담한 현실 앞에 입술을 깨물기도 하였으나, 그러나 시인 신석정은 끝내 시인일 수밖에 없었고 시인 중에도 고요하고 다정한 시인이어서 〈촛불〉을 쓰던 그 시절의 마음 바탕이 그대로 그의 시의 기조를 이루고 있다. 바닷가에 자랐으면서도 산(山)의 시를 더 많이 쓴 것이라든지, 가슴에 불을 지녔으되 겉으로는 항상 서느롭고, 마음에 깊은 한을 안았으면서도 결코 넘두리하며 울지는 않는 그 시의 자세는 바로 이러한 인품에서 유래하는 것이 아니던가. 석정 사백을 친히 만나 본 이는 누구나 그 시와 사람이 너무도 같음에 놀랄 것이다.

석정의 청수(淸秀)한 시심(詩心)에서 석전노사(石顚老師)의 모습을 회상하기도 하고 석정의 신비한 대화체의 기법에서 만해(萬海) 선생의 시심(詩心)을 느끼기도 한다. 이 모두 다 불타(佛陀)와 타고르에 경도(傾倒)했던 석정 사백의 정신의 열력(閱歷)이 살아 있는 한 미소가 아니던가. 40년을 산(山)의 시를 쓰고도 이제 그 시집을 '산(山)의 서곡(序曲)'이라 명명하는 그 마음을 가히 알 만도 하다. 저 산의 모습이야 항상 변함이 없지만 그것을 보고 느끼고 이해하는 마음은 한결같을 수가 없다. 2, 30대가 다르고 4, 50대에 보는 산이 또 절로 다를 것이니 60의 마루턱에 올라서 보지 않고서 누가 감히 산의 진미를 안다고 할 것인가. '산의 서곡'이라니 그 산을 배우는 마음 두고두고 시로써 읊으시기를.

이 해는 석정 사백 환력(環曆)의 해요, 이 시집은 바로 이를 기념하는 시집이다. 시심은 선심(仙心)이요 선심은 곧 영원히 늙지 않는 천진(天眞)의 마음이라 늙는 마음을 시인은 실감하지 못하는 법이다. 그저 상상하여 알 뿐 신선(神仙)이 늙지 않는 줄을 이로써 알 것이니, 괴로운 세상에 그래도 시만큼 좋은 것도 없는가 봅니다. 석정 사백!

칠월칠석이 다가옵니다. 그리운 사람들에게 보내는 당신의 마음의 편지 《산의 서곡》을 우리가 함께 듣겠습니다. 시인 석정(夕汀)에 대하여 또 무슨 말을 더 하랴.

— 丁未 季夏　洛方城北　沈雨堂에서

《20세기 시집》서

우리의 현대시가 당면한 과제를 대략 두 가지로 나눌 수 있다. 우리 시의 내부로부터 언어, 운율(韻律), 형태 등을 파악하는 환원적(還元 的)인 반성이 그 하나요, 바깥으로부터 사조(思潮), 심상(心像), 기법 (技法) 등을 섭취하는 이른바 진취적인 수용(受容)이 그 다른 하나이 다. 나는 이번에 간행된 《20세기 시집》(동아출판사판 세계문학전집 18 권)을 읽고 그것이 후자의 의미에서 보람있는 양서의 하나임을 느꼈 다.

우리 현대시의 대부분이 아직도 19세기 또는 20세기 초두의 자리에 서 머뭇거리는 오늘, 서구 현대시의 바탕을 이룩한 선구(先驅) 시인으 로부터 새로운 시인에 이르기까지의 그 유수한 시편을 체통 있게 역출 (譯出)한 이 시집은 우리 현대시운동의 반성에 좋은 시사를 주고 있 다. 전세대(前世代)의 낡은 언어로써는 새로운 시의 감각을 감당하기 어려운 법인데 이 시집은 그 역자(譯者)를 거의 다 신진기예의 학도로 써 구성함으로써 이 난점을 어느 정도 해소하였다고 할 수 있다. 좀 생경(生硬)하긴 하지만 그 때문에 또 청신(淸新)한 것도 사실이다.

그러나, 우리는 외국어의 해독능력과 작품번역능력이 반드시 일치하 지 않는다는 번역문학의 첫째 난관을 미리 이해해야 한다. 언어의 표 면장벽을 무너뜨린다 해서 그것만으로 시의 비오(秘奧)에 직입할 수 없다는 것을 알아야 한다는 말이다. 언어의 이질(異質)에서 오는 상차(相差)를 시 정신의 창조적 공감으로써 얼마만큼 극복하였느냐에 따라 역시(譯詩)의 비중은 자명한 것이다. 얼마만큼 우리 시가 되었느냐의 문제이다.

《20세기 시집》은 우선 해외의 새로운 시인을 한자리에 모아 소개하였다는 사실로써 우리 번역문학사상에 좋은 수확이 되었다. 근래에 드문 향연이다. 영(英)·불(佛)·독(獨)의 20세기 시인은 무엇을 느끼고 생각하고 노래하였는가. 이것을 아는 것만으로도 귀중한 보람이 아닐 수 없으니 이 시집이 바로 그것을 우리에게 선사하고 있다 우리는 이것을 어떻게 받아들일 것인가 하는 문제가 이에 따른다. 써 시에 뜻을 둔 동호(同好)의 일독을 권한다.

이원섭 역《당시신역》(唐詩新譯) 서

　이원섭(李元燮) 형이 오래간만에 한 묶음의 시고(詩稿)를 품고 성북(城北)의 우거(寓居)를 찾아왔다. 천지에 봄소식이 울려오는 입춘절(立春節)이었다. 책상 위의 먼지를 털고 마주앉아 헤쳐 보니 그가 연래(年來)로 틈틈이 번역해 온 당시(唐詩) 214 수(首)! 어떤 것은 직역(直譯)하여 원시(原詩)의 소박간명(素朴簡明)한 맛을 얻었고, 어떤 것은 창작하다시피 새로 엮어 원시(原詩)의 기틀을 전하였다. 긴 시의 흐름을 그대로 타기도 하고 몇 구를 잘라 결정(結晶)시키기도 하였다. 이 모두 다 시를 아는 이의 심사오도(深思悟到)의 경지, 낡은 지편(紙片)이 문득 구슬의 빛을 나누고 황귤(黃橘)의 향기를 풍긴다. 이윽고 시고(詩稿)를 덮으며 그의 노고를 치하하고 이 일에 그 사람 얻었음을 기뻐하였다.

　시심(詩心)에는 국경이 없으나 시어(詩語)에는 국경이 있다. 시를 위하여 이 어찌 천고(千古)의 한사(恨事)가 아니리오. 시는 그 나랏말의 정화(精華)라 그 언어의 음조(音調)와 정감과 내지는 그 바탕 되는 역사와 문화를 체득하기 전에는 시의 번역이란 불가능에 가까운 것이 사실이다. 그러나, 시가 끝까지 아주 번역될 수 없는 것이라면 국경 없는 시심(詩心)의 열락(悅樂)은 그 나랏말을 아는 소수의 사람에게만 국한될 것이 아닌가.

실상은 그 나랏말에 능통하다 하여 반드시 그 나라의 시를 잘 아는 것도 아니고 보면 시의 진실한 이해는 시를 아는 사람만이 가능한 일이다. 시전통(詩傳統)을 진실로 아는 이 손에 의하여 그 나라의 시심(詩心)에 젖어들 수 있는 길이 마련된다는 것을 믿지 않을 수 없는 것이다. 이것이 곧 내가 이원섭 형으로써 한시(漢詩) 번역 사업에 적임자 한 사람 얻었음을 말하게 된 소이연(所以然)이다.

당시(唐詩)는 한시(漢詩)가 그 규격을 세운 시대의 산물이자 바로 그대로 한시사상(漢詩史上)의 절정이요 황금시대여서 한시의 고전으로서만 아니라 그대로 한시의 상징이기도 하다. 서력(西曆)으로는 7, 8세기경 ─ 세계 서정시사(抒情詩史) 위에 일찍이 이보다 고도의 경지를 개척한 나라가 어디 또 있는가. 당시(唐詩)의 전통은 중국문학뿐만 아니라 동양의 시심(詩心)에 맥맥(脈脈)한 흐름을 아직도 이어가고 있다. 이것이 우리 시의 전통체득에 당시(唐詩)의 이해가 요청되는 까닭이기도 하다. 이런 뜻에서 이원섭 형의 이 역고(譯稿)는 우리 현대시의 공부에도 많은 도움을 줄 것이니 이 책은 한문(漢文)이 쇠(衰)해 가는 시대에 전문가로서의 한문 공부의 매력을 돋구게 될지도 모른다.

미진(未盡)과 오착(誤錯)이 간혹 있을지라도 이는 판(版)을 바꿀 때에 고칠 수 있는 일이다. 마침 이 역고(譯稿)를 상재(上梓)하려는 책사(冊肆)가 있다 하여 책머리에 서문(序文)을 붙여 주기를 청하므로 이에 몇 마디 무사(蕪辭)를 얹는다.

辛丑 立春節　　趙芝薰 識

'Korean Verses' 후기

외국시를 우리말로 번역해 들인 것은 이미 오래 전의 일이요, 그동안 이 방면의 출판도 꾸준히 계속된 바가 있다. 그러나 우리 시를 외국시로 번역하기 시작한 것은 해방 전후에 비롯된 것으로 간혹 외어(外語) 신문잡지에 한두 번 소개되었을 뿐 그 거개가 이 방면을 타개한 몇 사람 역자(譯者)의 책상 서랍에서 썩고 있는 형편이었다.

우리 시가 국제적 수준에 올랐다는 것은 이미 자타가 공인하는 사실이거니와 문화의 국제교류와 우리 문화의 해외 선양(宣揚)을 위해서 이러한 성과를 한자리에 모으는 일은 작금(昨今) 수년내로 더욱 절실히 요청되었다.

이 'Korean Verses'는 이번 벨지움에서 열린 제5차 국제시인회의에 한국이 처음 참가하는 기념으로 우리 대표단이 동 회의에 가지고 가는 선물로서 편찬(編纂)된 것이다. 향가(鄕歌), 여요(麗謠) 및 시조(時調)를 비롯하여 현대시에 이르는 시사적(詩史的) 편집을 시도했으나, 갑자기 엮는 것이 되어 이미 역출(譯出)되어 있는 것을 널리 찾아 수록했을 뿐 응당 들어야 할 시인도 역시(譯詩)를 얻지 못하거나 또 불가피한 사정으로 누락(漏落)과 편외(篇外)를 참지 않을 수 없었던 것이 유감이다.

우리는 우선 힘이 미치는 범위 안에서 최선을 다했다. 첫술에 배부를 수 없다는 것을 알기 때문에 좀더 여유를 두고 증보개정판(增補改訂版)에 착수할 심산(心算)이다. 매우 불만족한 것이나마 이 시집은 이 정도로도 한국시가 어떤 것임을 아주 모르는 해외시단(海外詩壇)에 과시(誇視)되어 찬사(讚辭)를 받아 응분의 구실을 한 바 있다.

이제 원시(原詩)를 붙여 대역판(對譯版)을 내는 것은 이 방면에 뜻둔 인사 또는 신진 학도의 우리 시의 외국어역(外國語譯)에 대한 관심을 환기(喚起)하려는 데 그 본의(本意)가 있다.

우리 시의 해외진출에 이 시집이 첫 봉화(烽火)가 됨으로써 사업이 더욱 풍성해지기를 비는 마음 간절하다.

1961년 10월
한국시인협회

시대의 윤리

― 최문환(崔文煥) 저 《근세사회사상사》

근대에서 사회 의식의 자각이 인간 사고의 모든 면에 끼친 본질적 영향은 지대한 바가 있다. 사회 의식을 어떤 개인이 가진 의식과 구별하는 의미에서 그 의식의 주체를 집단으로 상정(想定)하거나, 개인이 자기가 생활하고 있는 사회에 대하여 가지는 바 의식을 총괄하는 개념으로 보거나 결국 그것이 개인의 의지 책임과 무관계 할 수 없는 이상, 개인과 사회의 관계는 구경(究竟) 인간성의 본질 문제로 환원하지 않을 수 없을 것이며, 이러한 문제는 차치하고라도 정치, 경제, 과학, 문예 등 모든 사상에 한결같이 이 사회 의식이 중대한 과제를 주고 있다는 것은 어김없는 사실이다.

어떠한 사회 내지 국가 의식이 개인의 의식을 초월하여 그들 개인의 생멸(生滅)과는 무관히 연속되는 것을 부인할 수 없지만, 그 사회 내지 국가의 의지 책임이란 것은 언제나 이미 윤리(倫理)란 것이 인간과 인간과의 관계 도리를 밝히는 개념임을 생각할 때 개인 윤리의 구분은 무의미한 것이요, 개인과 사회의 상생성(相生性)과 상극성(相克性) 속에 윤리는 그 본질적 의의를 지닌다 할 것이다.

그러므로, 윤리는 사회에서 창조되고 다시 개인과 충돌하는 현실을 그 자체 안에 지니기 때문에 이 모순을 처리하는 방법이 하나의 시대 윤리를 낳거니와, 시대 윤리란 다름아닌 이성적 사회적 내지 기술적 인간형(人間型)의 제양상(諸樣相)이 역사적 가능성 속에 발견하는 자신의 최선한 길이라 할 수 있다.

그러나 이러한 모든 시대 정신도 움직이는 역사를 고착시킬 수 없으며 본연한 인간성을 엄폐할 수는 없다. 그러므로, 한 시대를 영도하는 사상이 유전(流轉)하는 역사 속에서 자신의 초시대적(超時代的) 존립을 연장하기 위해서는 다음 시대 안에 우상화(偶像化)되지 않을 수 없는 것이니 그들은 항시 인간 생활 의식 전체의 결합 운동인 역사의 동력에서 일정한 요소를 추출확대(抽出擴大)하여 자신의 타당한 근거에 합리화하는 공식을 찾는 것이다. 여기에 어떠한 새로운 시대 정신도 먼저 지난날 낡은 시대 정신의 자아옹호 투쟁 공식(公式)과 부딪히지 않을 수 없는 이유가 있는 것이다.

오늘날, 우리가 우리의 시대 정신을 개적(個的)으로나, 민족적으로나 잃어진 자아 문제에 집중시켜야 한다는 데는 아무 이의도 넣을 수 없지만, 지나간 시대의 역사적 산물인 모든 사회사상이 곧 그대로 오늘 우리의 사회 의식의 거점이 되고 있는 것을 간과할 수는 없는 것이니, 역사의 주체가 되는 인간 생활의 시대적 특수성이 몰각된 사회 의식 곧 기성 이데올로기는 새로운 사회 의식을 지배하는 타당성과 부당성을 함께 가져오기 때문이다. 다시 말하면, 개인의 대(對) 사회관계 의식이라든가 민족의 대 세계관계 의식이 자아 문제, 자신의 안에 들어오지 않으면 안 될 우리의 시대 정신은 초시대적 보편성만을 기점으로 하는 어떠한 기성 사상과 새로운 사상에게도 그 정통을 쉽사리 양보할 수 없는 것이다. 이렇게 보는 사회 의식이야말로 역사적 현실에서 찾은바 어느 때 어떠한 민족에게도 타당한 시대 정신이라 할 것이다.

시대 정신은 진리 ─ 인간성 ─ 의 시대적 표변(表變)이다.

그러나, 한 시대의 진리란 결코 우리 인간의 이때까지 문제삼지 않은 새로운 문제의 발견 속에 있는 것이 아니요, 우리가 오늘까지 문제삼아 온 묵은 문제 속에 고민하는 생명으로 존재하는 것이다. 다시 말하면, 새로 생성시켜야 할 문제 속에 있다는 것이 시대 정신의 고민이란 말이다. 이와 같은 의미에서 나는 외우(畏友) 최문환(崔文煥) 교수의 신저 《근세사회사상사》를 받았을 때, "경제학을 전공하는 학도로서 전공 아닌 부문에 처녀작(處女作)을 출간함이 부끄럽지만 이는 어쩔 수 없는 저자 자신의 해방 후 심적 고민에서 출현(出現)된 것"이란 서문의 첫 줄을 읽고 나도 전공 부문 아닌 이 책에 대한 소감을 쓰고 싶어졌다. 이는 곧 저자나 나의 의식이 많은 사람으로 더불어 하나의 바른 시대 정신을 찾으려는 지향(志向)에서 오는 공명에 연결되어 있기 때문이다. 그의 태도는 그대로 올바른 시대 정신 발견의 단초(端初)에 서 있는 방법적 회의였다.

> 외족(外族)에게 유린(蹂躪) 받은 우리 민족도 해방의 환희를 얻었으나 독립과 자유의 노정은 참으로 고난의 도정(道程)이었다.
> 환희가 비애로, 재건이 파괴로, 질서가 혼란으로 대체할 때 일학구(一學究)로서 학원의 일우(一隅)에서 조국의 전도를 전망함에 끓어오르는 우민(憂悶)의 정열을 어찌할 수 없으며, 지어(紙魚)의 안일한 타면(惰眠)에 익애(溺愛)할 수가 없었다. 더욱 경제적 질서는 파괴로, 사상계는 지적(知的) 무정부 상태로 혼미(混迷) 되었다.
> 이 지적 무정부 상태는 유독 사토(斯土)의 문제일 뿐 아니라 세계적 통유현상(通有現象)이라 하겠으나 우리 사회는 너무나 사상의 난립이 심한 듯하다. 이러한 난립된 사상의 조류도, 산(山)을 전하(轉下)하는 세류(細流)가 합류하여 도도한 대하(大河)가 되어 넓은 평야를 관개(灌漑) 하듯이 조국의 풍양한 추수(秋收)에 이바지하리라고 믿기에는 너무나 현실은 가혹하며 안일한 낙관을 허용하지 않는다." (서문에서)

여기에, 저자는 이 지적 무정부 상태가 초래된 원인을 척결 분석 비판하여 새로운 사상 재건에 이바지하려는 동기를 발견한 것이니, 새로운 사상 재건이란 내가 말하는 새로운 시대 정신에 지나지 않음을 알 것이다.

그는 순수한 학문의 정열을 상아탑에만 감추지 않고 시대의 고민을 함께 호흡하여 민족의 비원(悲願)에 바치면서도 "자의(恣意)로 자기 사상의 우상만 편집하는 저돌적 태도를 사회적 파괴 작용으로 보아" 학문의 존엄을 지키며 정파적 선입견으로써 단도직입의 논단(論斷)을 취하지 않은 것이다. 혹자는 이를 세속적 용어로써 중간파라 이름지을지 모르나, 정당 운동의 중간파와 학문적 이념의 비판적 방법과는 반드시 일치되는 것이 아니다. 지난날 역사적 산물인 모든 사상 중 특히 "서구의 사회에서 생성 발전한 사상의 경과와 성격을 추출(抽出)하면서 현 단계적 의의를 찾아 현하 우리 사회에 적합한 연관을 검토한다"는 것은 얼마나 타당하고 긴급한 과제인가. 저자와 나는 때로 술잔을 함께 기울이며 여러 가지로 사회에 대한 울민(鬱悶)을 풀지만, 이러한 정열을 먼저 학적(學的) 사업으로 성취시켜 놓았다는 것은 부러운 일이다.

그러나 글은 아무래도 평이할수록 상승(上乘)이다. 문장의 난삽(難澁)은 이 책의 사명인 모든 사회인과의 진지한 토의를 환기시킴에 허다한 난점이 있으니 이는 단시일의 집필에 기인한다 하겠으나 실상은 저자가 근본적으로 의도한 바 "발견의 여행과 정신의 연극추구(演劇追究)"에 치중하는 우회적 시사의 방법론에서 기인하는 바 더 많음을 지적할 수 있다.

다시 말하면, "실천성과 현실성을 매개로 하는 우리 사회의 문제성에 비추어 취재(取材)를 선출(選出) 조리(調理)"하려 하면서도 그 방법론이 주는 바 자가견의 확실한 논단(論斷)을 지나치게 회피함으로써 소재의 산만한 나열을 일관하는 사상의 감명이 결여되는 것이다.

그러나, 한 숙어의 개념조차 이른바 시전삼호격(市傳三虎格)이 되어 버린 오늘 이 땅에 그들 사상의 원형을 발전 과정에서 파악했다는 것만으로도 커다란 의의가 있음을 누구나 인정하지 않을 수 없을 것이다.

"저자는 이 땅에 난립한 사상을 그 기본적 징표(徵表)에 의준(依準)하여 대개 자유주의·민족주의·사회주의의 삼대 사조로 단결시킬 수 있다고 생각하고", 이 책에서는 주로 자유주의 사상을 문제삼고, 2권에서 민족주의, 3권에서 사회주의를 해명하기로 하여 집필중에 있다 하니 그 자자(孜孜)한 학적 노력에 경의를 표하거니와 이러한 3부를 속간하는 동안 그가 도달할 4부의 현실적 총논결의 모습을 독자로 하여금 차츰 추리할 수 있게 할 줄 믿는다. 나는 다만 최 씨의 근업(近業)에 대한 그 시대적 의의를 강조함으로써 사회인으로서 나의 고민의 일단을 피력할 따름이다.

그러나, 저자는 이 책에서 중세 사회사상을 자유주의 사상에만 대비함으로써 사적(史的) 발전의 중세적 사명을 등한시하지 않았던가. 일반적으로 정체저조(停滯低調)한 사회라고 보는 중세 사회도 일관적으로 고정응저(固定凝佇)된 불변의 사회가 아니라고 서두에서 말했을 뿐 전반의 논조는 암흑 사회에만 멈추어 있었다. 통일이라는 유일무이의 법칙을 줌으로써 과학 발달의 준비를 준 정신 생활의 발전에 다대한 공헌을 준 점은 그 발생사에서 논해야 할 것이니, 해프딩의《근세 휴머니즘과 문예부흥》등 중세 옹호설과 질송의《중세 휴머니즘과 문예부흥》, G. 사튼의《과학사와 신휴머니즘》등의 중세과학 비판 같은 것은 좋은 참고가 될 수 있었을 것이다.

또, 우리가 봉건(封建)이라는 역어를 붙이는 서양의 Feud(Fief)란 말의 어원이 처음에는 "소"라는 뜻이었다는 것과, 농노제 앞에 마르크 공동체의 붕괴쯤은 부기해 두는 것이 독자의 상식을 위하여 좋지 않을까. 그리고, 중세에서 싹튼 근대 정신을 밝히기 위하여 종교적 박해 속에서 굴종하고, 반항하며 과학 문명에 공헌한 알베르투스 마그누스와 로저 베이컨에 대해서도 터치가 있었으면 싶다. 뿐만 아니라 기술사상과 문예사상을 사회사상사에서 논외로 둔 것이 미흡하다 않을 수 없는 것이다. 중세를 일반적으로 암흑 사회로 보는 것은 실상 중세사회의 배리(背理)로 출발한 근대의 시대 정신에 의거하는 이념이기 때문에 오늘 새로운 시대 정신을 찾는 데는, 그 결과의 섭취는 여하튼 지난날의 사조를 먼저 동등한 계열에 놓고 비판하는 방법이 필요한 것이다.

마찬가지로, 르네상스의 공죄(功罪)를 함께 파악하였는가. 또, 르네상스 발생의 지반에서 항해술의 확립에만 치중하고 화약 응용 등 군사 기술과 인쇄술의 발달을 논외로 한 것, 다시 말하면 군수 공업적 매뉴팩처는 중세 기사에게 무엇을 주었으며, 에라스무스의 《우신예찬》(愚神禮讚)이 각국에 번역되어 16세기 교회 반박에 어떠한 영향을 주었는가에 대해서는 왜 일언이 없는가.

르네상스 사상만을 대표로 내세운 것은 르네상스 정신에 일종의 오해를 일으킬 우려가 있으니 장 보댕의 《국가론》(國家論), 요한 알루시아스의 《주권재민설》(主權在民說), 토마스 모어의 《유토피아》는 물론, 여러 가지로 근대 의식의 자각에서 중세 사회를 비판한 몽테뉴의 《수상록》(隨想錄)과 폰포나치의 《이중진리설》(二重眞理說) 정도는 간단히 소개하여야 르네상스의 자유로운 개화를 파악할 수 있는 것이다. 마키아벨리 후기 사상은 실상 개방된 르네상스 정신의 산만에 반발하는 파생적 사상으로 볼 수 있기 때문이다. 루터, 캘빈 사상을 주로 한 종교개혁사상의 본질과 및 종교개혁과 자본주의 정신에 대한 논설 태도는 정곡(正鵠)을 얻어서 즐거웠다.

이미 소정의 매수가 많이 넘었으므로 각필코자 하거니와, 정작 저자는 계몽사상에 주력한 듯하고 프랑스 혁명, 산업 혁명, 공리주의(功利主義), 독일 자유주의로 내려올수록 필치는 무르익어 가는 듯 싶다. 갑오경장에서 3·1 운동까지를 상투 깎는 르네상스, 3·1 운동에서 해방까지를 학교 세우는 계몽사상이 시대 정신이었다면, 오늘 이 땅의 시대 정신은 무엇일까. 여기에 최대의 문제가 남아 있다. 우리가 저자에게 기대하는 것은 바로 이 점에 있다. 그의 이 방면의 3부작이 하루 빨리 완성되기를 바라는 마음 간절하다. 지나간 날 모든 것을 사상에서 경과하고 실천에서 체험하지 못한 우리의 후진성이 장래할 인류 문화의 선구성으로 전환할 길을 찾아 주기를 우리 겨레를 근심하는 각 부문의 학구 제현에게 다시 한번 부탁해 둔다.

— 1949. 2, 《연합신문》

수필의 세계

― 마해송(馬海松) 저 《戰塵과 人生》

　　마해송 씨 수필집 《전진과 인생》은 근자(近者)에 내가 읽은 서적 가운데서 매우 흥미 깊게, 그리고 상당한 감명을 지니면서 읽은 책의 하나이다.

　　첫째, 이 책에 엮어진 글들은 모두가 세월을 근심하는 모든 문필인의 굳은 신념이 조국의 환난에 바치는 열의 있는 정신 내지는 보다 더 보람있는 인생을 위한 냉철한 비판으로 일관되어 제호(題號) 그대로 전진(戰塵) 속에 찾는 아름다운 인생에 대한 편편상(片片想)으로 골자를 이루고 있기 때문이다.

　　둘째, 한 편의 책을 읽음에 있어 그 저자를 친히 이해하는 경우와 그렇지 못한 경우는 많은 경정이 있는데, 마해송 씨는 우리가 전란 후 종군의 길에서 만나 조석으로 상종함으로써 그 생활의 주위에 우리가 같은 생활을 호흡하였고 그 이념과 심정을 가까운 자리에서 나누었을 뿐 아니라 이 책 속에 엮어진 글까지도 우리가 초고(草稿)로 미리 읽고 발표된 뒤에도 읽은 것이어서, 저자를 이해하는 정도를 넘어 뜨거운 정신의 혈맥이 통하는 글들이기 때문이다.

　　이 두 가지 까닭이 수필집 《전진과 인생》으로 하여금 전란 속에 사는 이 땅 문필인의 전형적 생활상과 올바른 충정(衷情)을 표현케 하여 어느 의미에서는 동란 3년간의 우리 문필인의 역사를 축약한 듯한 감개를 자아내는 것이다.

인간 마해송은 안분자족(安分自足) 지신정결(持身淨潔)의 인(人)이다. 그 온화하면서 결백하고 예리하면서 강인한 인간성은 준엄하고 호방한 사람에게는 호의조차 오해를 살 수 있을 정도로 고루하기까지 하다. 이런 뜻에서 그는 난국을 극복하고 또 수습할 수 있는 규모 큰 경륜가 타입이기보다는 정관하고 내조하는 살뜰하고 치밀한 선비 타입이라 할 것이다. 이러한 그 성격의 표현으로서 《전진과 인생》이라는 일권서(一卷書)가 전쟁에 임하는 문인 또는 후방 전사의 문화선을 맡은 저자로 하여금 여러 가지 각도의 노파심적 충정을 아로새기게 한 것이요, 또 글은 곧 그 사람이란 말을 여실히 증명하여 이 땅 수필 문학에 새로운 위치를 차지함으로써 한 격을 이루었다 할 수 있다.

마해송 씨의 수필은 그의 신변과 주위의 일상견문(日常見聞)에서 취재한 것으로 대인, 접물(接物), 주석취담(酒席醉談)이라도 그가 한번 메모에 올려 두면 편편상의 짧은 글이 된다. 취재 선택의 묘미, 요리 각도의 참신, 관찰 분석의 예민, 표현 형상의 치밀한 비약은 때로 시적 정취와 콩트적 구성에 핍(逼)하고 산조(散調)의 논문, 아심속사(雅心俗事)의 경에 자적(自適)하고 있다. 이 모두가 인간 마해송의 성격에서 유래하는 개성적 문체의 구현이라고 할 수 있다.

실상 수필이란 것은 오늘 우리가 말하는 바 문학의 장르 속에서 가장 그 본질이 모호한 것이다. 시로 승화되지 못한 글, 소설로 형상되지 못한 글, 논문으로 체계지워지지 못한 글, 내지 일체 의욕의 문장적 표현을 통칭하여 수필이라고 부르는 것은 수필 문학을 여기문자(餘技文字) 잡문의 경(境)에서 끌어올리지 못하게 하는 장애적 통념이다.

물론 이러한 이 땅의 통념은 에세이의 개념과 미셀러니의 개념에서 우리 문단이 "수필"이란 용어를 쓰기 시작할 때부터 막연하나마 오늘의 수필에 대한 개념을 형성하고 있었다 볼 것이다. 수감(隨感), 수시(隨

時), 수사(隨事)의 문필 행위에 주어진 이름이 수필이기 때문이다. 그러나, 수필을 전문으로 하여 그 자신의 문학 의욕 구현의 유일한 수단으로 하는 이에게는 수필은 여기(餘技)가 아니요, 종래 수필에 대한 통념 이상의 절실한 것이 없으면 안 되는 것이다.

수필가로서 마해송 씨는 이 점에 그 고심을 주력하고 있는 것 같다. 다시 말하면, 지적(知的) 사유의 문학적 표현으로서의 에세이와 일상 생활의 안이한 여기적 표백(表白)으로서의 잡문의 중간에다 수필을 두려는 것, 곧 그 집필 태도가 저락하는 잡문과 동의어로서의 수필이 아니라, 문학적 향훈(香薰)을 향한 상승하는 새로운 수필로서의 위치를 설정하려는 것이 마해송 씨 수필의 위치인 듯하다. 도대체 아속(雅俗)은 일여(一如)한 것이다. 아(雅)가 속(俗)이 되고 속이 아가 되는 것은 인격의 소치일 따름이니, 교양과 인격과 성의만 갖춘 이면 여기문자(餘技文字)라도 본격문학이 될 수 있다는 데 수필문학의 자존성이 있는 것이다. 수필은 진실로 내용과 형식에 아무런 한계가 없는 수필 그 자체가 그의 영야(領野)이기 때문이다.

일찍이 소년운동과 아동문학에 관심을 두었던 30대 이상의 사람이 아니면 현하(現下)의 문단독자층에는 마해송 씨 이름은 그다지 익숙한 이름이 아닐 것이다. 초창기 아동 잡지에서 정다웠던 이름의 마해송은 30년 가까운 세월이 지나 이제 고국에 돌아와서 소생하고 있다. 그 첫 선물이 '전진과 인생'이란 뜻깊은 이름으로 장식되었다는 것만으로도 우리가 동경(同慶)할 일이므로 그를 위하여 몇 줄을 써서 구안자(具眼者)의 일독을 권하는 바이다.

— 1953. 1. 2, 《주간문학예술》(週刊文學藝術)

《여명 80년》 서문
― 생생한 감동을 주는 항일사(抗日史)다.

《여명 80년》은 1884년 갑신정변(甲申政變) 이래의 한국 최근세사상 중요한 사건들을 골라서 극적(劇的) 수법으로 구성, 점철함으로써 지나간 풍운의 세기를 생생한 감동으로 역력히 재현시켜 놓았다.

여기에 거두어진 모든 사건들은 따로 떨어진 별개의 사건들이지만 그 사건들은 모두가 다 우리 민족의 내부에서 솟는 황홀한 꿈과 뜨거운 의지가 국제정세의 미묘착잡(微妙錯雜) 한 권모(權謀)와 잔인한 폭력에 어울리고 부딪치어 짜내는 파란만장의 기록들이다.

그러므로, 우리는 이 《여명 80년》을 일관하는 흐름이 민족의 자유를 위한 처절한 몸부림과 다함없는 기구(祈求) 란 것을 쉽사리 간파할 수가 있는 것이다.

《여명 80년》은 문자 그대로 전근대적 암흑 속에 방황하던 민족이 근대의 여명을 찾아 형극의 길을 뚫고 간 80년간의 역정(歷程) 이다.

다시 말하면, 근대의 여명을 맞이한 뒤에도 우리의 역사는 결코 그 밝음을 누릴 수가 없었다. 근대의 태양은 분명히 떠올랐으나 그것은 이내 몽몽(濛濛) 한 흑운(黑雲)과 몰아치는 광풍(狂風), 굉굉(轟轟) 한 지진과 포효(咆哮) 하는 노도(怒濤) 에 휩싸이고 말았던 것이다.

이 찬란해야 할 근대의 태양을 가리운 것이 일본 제국주의의 침략의

374

마수 때문이라는 것은 누구나 다 아는 일이다. 그러므로 《여명 80년》은 바로 항일투쟁의 역사인 것이다.

전근대적인 미몽(迷夢)에 잠겨 있던 오랜 세월을 이 민족은 사대주의를 자랑하였고, 민중들은 노예의 상태를 체념하고 있었다. 그러나, 한 번 근대의 여명을 본 그들은 지난날의 사대주의와 노예의 상태를 감수하려 하지는 않았다.

다시 말하면, 근대의 여명은 민족의식과 민중의식의 자각이란 말과 동의어이기 때문이다. 여기에 피의 항쟁이 시작되었고, 이 피의 항쟁은 8·15 해방까지 국내·국외에서 끊임없이 지속되었으며, 때로는 전 민족이 함께 일어나 항쟁함으로써 우리 민족은 약소민족 운동사(史) 상에 양적으로나 질적으로나 선봉에 서게 되었던 것이다.

《여명 80년》을 읽으면 우리는 누가 민족을 지켰고 민족해방에 공을 쌓았으며, 누가 민족을 팔고 민족 분열에 가담했는가를 역력히 알 수가 있다. 민족의 자유를 위하여 봉화를 올린 사람과 모닥불을 놓고 지킨 사람과 폭풍우 속에 민족의 갈 길을 호롱불을 켜 들고 걸어간 사람들에게 바치는 감루(感淚)와, 제방을 허물고 도둑질을 하고 이 민족을 함정으로 몰아넣은 사람들에게 던지는 증오가 함께 있는 것이다.

1935년을 넘어서면서부터 해방까지 10년간, 그것은 한국의 민족운동이 완전한 암흑기에 든 시기요, 전근대적(前近代的) 폭학(暴虐)으로 가득 찬 세월이었다.

일본 제국주의는 1931년에 이유 없는 전화(戰火)를 일으켜 만주를 점령하여 만주국(滿洲國)이란 괴뢰정부를 세웠고, 1937년 7월 7일 드디어 노구교(蘆溝橋) 사건을 만들어 중국 본토 침략을 개시하였으며, 1941년에는 미·영에 대하여 선전(宣傳)을 포고함으로써 단말마적(斷末魔的) 발악을 시작했던 것이다. 이리하여, 이 땅은 일본이 군수공업(軍需工業)과 군수자원의 개발, 전쟁물자의 강제공출과 전쟁노동 강제징용으로 처참하게 황폐되어 갔다.

뿐만 아니라, 이때의 조선총독부는 이른바 황민화운동(皇民化運動)이란 강력동화정책(强力同化政策)을 시행하여 민족문화의 말살에 광분하였다. 1937년에는 왜천황(倭天皇)에게 충성을 맹서하는 구호(口號) 이른바 '황국신민(皇國臣民)의 서사(誓詞)'를 만들어 집회 때마다 제창하게 하였고, 1938년에는 한국어 교육의 완전 폐지와 일어상용(日語常用)을 강요하였다. 또 1940년에는 한인의 성씨를 일본식으로 강제 개작(改作)하게 하는 창씨제도(創氏制度)를 실시하였고 기독교도에까지 일본 신사(神社)의 참배를 강요하였으며, 한국어 출판물을 금지하여 일체의 신문·잡지를 폐간시켰던 것이다.

또 전시를 이유로 사상통제(思想統制)와 감시를 강화하여 은거(隱居) 칩복(蟄伏)하는 인사까지 강제로 끌어내고 투옥하였으니, 즉 1936년에는 '조선 사상범 보호관찰령'을 만들어 반일운동의 요시찰인(要視察人)을 감시하고, 1938년에는 '사상범 예비구금령'을 내려 반일운동 혐의자를 예비구속할 수 있게 하였고, '국민총력연맹'(國民總力聯盟)과 '임전보국단'(臨戰報國團)을 만들어 한인 지도층의 인사를 친일여론 환기(喚起)와 전쟁협력에 강제동원하였으며, 전문학교 이상의 한인 학생을 병역연령 초과자라도 강제로 군대에 편입(編入)하는 이른바 '학병제'를 실시하였다.

이와 같은 강력한 탄압정책으로 말미암아 민족문화는 송두리째 뿌리가 뽑히는 듯 싶었다. 그 숨가뿐 공식상태(空食狀態)는 비타협의 소극적 반항조차 힘들게 되었던 것이니 모든 민족운동은 지하로 들어가 은신함으로써 체포를 면하는 길을 찾는 수밖에 없게 되었다.

이 암흑기에 국내에서 민족의 정기를 지킨 이는 친일여론 환기(喚起)의 강제동원을 거부한 소수의 지도자와 국학(國學)을 연구하는 소수의 학자들과 일어(日語) 문학 및 전쟁협력 예술활동을 거부한 소수의 문학인, 예술인들과 신사참배(神社參拜)를 거부한 소수의 기독교인과 창씨(創氏)를 거부한 소수의 인사들뿐이었다. 이와 같은 신념의 지조

(志操)는 투옥(投獄) 또는 전공(專攻) 활동의 완전포기로 생업의 완전봉쇄를 각오하고 감내(堪耐)하는 사람만이 지킬 수 있게 되었던 것이다.

이 책《여명 80년》제 5 권은 바로 이러한 일본 제국주의 최후의 독아(毒牙)에 물려 빈사(瀕死)의 경(境)에 있던 시기의 사건들을 엮은 것이다. 지금의 40대 전후의 사람이면 이 시기를 체험한 사람들이요, 그 수난의 분한(憤恨)이 뼈에 새겨 있을 것이다. 그만큼 이 제 5 권은 별다른 감회를 자아내는 바 있을 뿐 아니라 커다란 교훈을 암시하고 있다.

《여명 80년》전 5 권의 완결에 즈음하여 저자(著者)의 노고를 치하(致賀)하고 몇 마디 글로써 서문(序文)에 대신한다.

— 1964년 7월 5일

《세계문학전집》을 보고

　민족문화의　성장발전이　외래문화의　정상(正常)한　수용과　섭취로써
이루어진다는　것은　누구나　아는　상식의　하나이다.　그러나,　외래문화의
정당한　수용이라는　문제　앞에는　항상　번역이라는　제1의　난관(難關)이
가로놓여　있는　법이다.　더구나　우리의　번역문화는　기형적인　역사를　걸
어왔다.　고대에서는　한문(漢文),　근대에서는　일어(日語),　이　두　가지
어문(語文)의　강제적　우세(優勢)는　우리의　번역문화의　발전을　저해하였
으니,　한역(漢譯)과　일역(日譯)　그대로를　일반　독자층이　읽을　수　있었
다는　조건　때문에　우리의　출판문화마저　어쩔　수　없는　위축을　가져왔던
것이다.　해방　후에도　이　타성(惰性)은　쉽사리　극복되지　못했으니　일역
에서의　중역(重譯)은　한때　불가피한　노릇이었다.　그러나　현재의　경우
는　확연히　달라졌다.　대다수의　독자들,　자라나는　새　세대는　일어를　읽
지　못한다.　그들에게　마땅히　읽혀야　할　것을　읽히기　위하여　고전의　우
리말　번역이　있어야　하고,　그것도　중역(重譯)　아닌　원전(原典)에서의
직접번역이라는　본궤도가　성취되어야　할　때가　왔다는　것이다.
　이런　의미에서　이번　정음사(正音社)가　간행을　시작한 ‘세계문학전집’
전 60권의　방대한　계획은　정말로　시의(時宜)를　얻은　획기적　사업이라
할　것이니　그　문화적　의의를　찬양하기에　인색할　수가　없다.　믿을,수
있는　전문가들이,　성력(誠力)을　기울인　그　역자들이　우리　번역문화의

기단(基壇)을 구축하고 거기 탑(塔) 한 층을 올려 놓으리라는 것을 의심하지 않는다. 제 1 회 배본(配本) '셰익스피어'를 받아 먼저 깨끗하고 탄탄한 책맵시를 만져 보고 기나긴 가을밤의 좋은 벗을 얻은 일이 기뻐서 반가운 마음으로 몇 줄을 적어 독서인(讀書人)에게 알려 드린다.

《대학》, 《중용》 서

교열 조지훈
역해 이동환

　《대학》과 《중용》은 《논어》와 《맹자》로 더불어 사서(四書)라 일컬어지는 유교경전의 중요한 두 가지이다. 이 《대학》과 《중용》 두 가지 책은 원래 《예기》(禮記) 중에 들어 있던 것을 송(宋)나라 정이(程頤)가 각기 따로 뽑아 내어 사서에 넣고 주희(朱熹)가 이에 주석(註釋)을 붙임으로써 독립한 경전이 된 것이다.

　《대학》은 경(經)과 전(傳)의 두 부분으로 이루어졌는바 경은 증자(曾子)가 공자의 말한 바를 기술(記述)한 것이요, 전은 증자의 견해를 그 제자들이 기록한 것이라 한다. 그러나 《대학》의 골자(骨子)는 경에 있고, 그 골자는 삼강령(三綱領 ; 明明德, 新民, 止於至善)과 팔조목(八條目 ; 平天下, 治國, 齊家, 修身, 正心, 誠意, 致知, 格物)으로써 유교사상의 기본구조를 밝히는 데 있다. 특히 전기유학(前期儒學)에서는 막연하던 두 분야인 수기(修己), 치인(治人)의 양자를 교묘히 이론적으로 관계지은 명편(名篇)이다. 이런 점에서 《대학》은 사서 중 가장 이론적인 책이라 할 수 있다.

　가령, 사서의 다른 세 가지를 《대학》이 제시한 삼강령에 비정(比定)한다면 《중용》은 명명덕(明明德), 《맹자》는 신민(新民), 《논어》는 지어지선(止於至善)에 해당된다고 볼 수 있거니와, 그러나, 《대학》은 그 자체의 골자인 삼강령(三綱領) 팔조목(八條目)의 어느 한 면에 치우친 것이 아니요, 유교사상 전체를 학적인 각도에서 처리한 것이어서 그 맛이 다른 바 있다. 《대학》의 이런 성격을 가리켜 주희는 유교사상의 골격(骨格)을 나타낸 것이라고 표현했던 것이다.

《중용》은 공자의 손자 자사(子思)의 저(著)라고 하나 확실하지 않다. 진한(秦漢) 시대 작(作)이라 함은 너무 지나치고 전국시대(戰國時代) 유자(儒者)의 작이라 함이 타당하다. 맹자 계류(系流)의 저술이란 설이 있거니와, 맹자는 자사(子思)의 문류(門流)이므로 자사의 저를 그 계류(系流)의 후인이 부연한 것인 듯하다.

《중용》은 상하 2부로 이루어졌는바 전편에서는 '성'(性), '도'(道), '교'(敎) 3자를 천(天)에다 기초지움으로써 성선설(性善說)을 바탕으로 한 천인합일사상(天人合一思想)을 명백히 하여 중국 철학의 기본문제를 해명하였고, 합규범적(合規範的) 행위로서의 '중용'의 지난(至難) 함과 규범(規範)으로서의 '도(道)'의 내용을 술(述)하였으며, 후편에는 '성'(性)으로서의 '성'(誠)과 '성'(誠)의 실현조건인 명선(明善)과 명선의 수단인 학수(學修)를 술(述)하고 있다. 다시 말하면 《중용》의 골자는 '천명'(天命)을 '성'(性)이라 하고 '성'(性)에 따르는 것을 '도'(道)라 하고 '도'(道)를 마름하는 것을 '교'(敎)라고 설하는 것과 인생의 본질을 '성'(誠)이라는 입지에서 '성'(誠)을 중심으로 하여 여러 가지 문제에 논급(論及)하는 데 있다.

이 《중용》의 사상은 도가(道家)의 '도'(道)의 개념이 유가(儒家)에 섭취되어 유(儒)·도(道) 융합의 결과에 이루어진 것이라고 볼 수 있는 것으로서 한대(漢代)에 이미 그 특이성이 알려져서 《예기》로부터 떼어내어 별행(別行)하였고, 송대(宋代)에 이르러 정이는 공문전수(孔門傳授)의 심법(心法)이 이에 있다 하였으며, 주희는 이를 주석(註釋)하여 '장구'(章句)를 지을 정도로 유교사상의 철학적 형성의 기틀을 마련한 책이다. 《중용》은 《역경》(易經)으로 더불어 송학(宋學) — 이른바 성리학(性理學)의 큰 바탕이 되었다는 것은 지적해 두고자 한다.

이와 같이 사서 중에도 가장 학적(學的)이요 심오하다고 이르는 《대학》과 《중용》을 역해(譯解)한다는 것은 지난(至難)의 사업(事業)이 아닐 수 없으나 과거의 주석이나 언해(諺解)로써는 이미 현대인에게는 이해가 되지 않는 너무나 소원(疎遠)한 고전이 되고만 것이 현하(現下)의 실정이다. 유학을 전공으로 하지 않는 문외(門外)의 독자인 현대 지성인의 교양으로서의 유교사상의 대강(大綱)을 좀더 쉽게 이해시킴에 도움을 주기 위해서는 비록 좀 분수에 넘치는 혐(嫌)이 있더라도 이러한 현대 역해의 시도가 절실히 요청되는 것이 사실이다.

이러한 취의(趣意)에 부응하기 위하여 이 책은 제가(諸家)의 주해(註解)를 고루 섭렵하고 정리하는 성의를 바탕으로 해서 큰 오류와 망발을 범하지 않으려는 신중한 태도로 풀어 가면서도 그 대의의 파악을 위해서는 대담한 방법을 취하고 있다.

이 책은 역자의 학적(學的) 노력의 첫 착수요, 그 결과인 만큼 완미(完美)한 것은 아니라고 하더라도 그 애쓴 보람을 역력히 보여주고 있음을 내가 보았다. 동양 고전의 현대적 이해에 이 책이 기여하는 바 있기를, 그리고 대방(大方)의 질정(叱正)이 소장학도(少壯學徒) 이 군에게 베풀어지기를 바라는 마음으로 이 글을 쓴다.

을사(乙巳) 중추(仲秋)

지성의 풍류
― 오종식(吳宗植) 저 《석북만필》(碩北漫筆)

참다못해 냉수 한 바가지를 뒤집어쓰고 북창(北窓) 아래 누워 졸며 깨며 하다가 새로 나온 석천(昔泉) 수필집 《석북만필》을 받았다. 받은 즉시로 하나둘 골라 읽다 보니 전편을 거의 통독하게 되었다. 반일(半日)의 소서(消暑)가 이 책으로 하여 가능했음은 이 책이 재미가 있는 책이란 것을 증명한다. 아무리 명서라 할지라도 재미라는 매력이 없고야 가만히 있기에도 견디기 어려운 이 더위에 감히 읽어 볼 엄두나마 낼 수 있겠는가.

첫째, 이 책은 우리 주변의 생활 취미에서 시작되어 역사, 교육, 사회, 문화로, 다시 국제, 정치, 경제, 시사에 이르기까지 종횡무진한 그 폭넓은 애기가 우선 흥미진진해서 좋다. 게다가 붓을 든 자세가 또한 까다롭게 도사리거나 끈질기게 파헤치는 것이 아니고 그저 수월하게 술술 써 내려간 것이어서 친근미가 한결 더하다.

그러나 이 평이하고 감흥 있는 글들도 어느 것이나 다 저자의 교양의 바탕에서 절로 우러난 생각들이 보이지 않는 솜씨로 세심하게 다루어진 것이기 때문에 마침내 교화(敎化)의 높이에까지 도달하였다.

저자의 박흡(博洽)한 식견도 식견이려니와 그보다도 독자를 이끄는 것은 그 문장의 구수한 맛, 은근한 맛, 격정의 애교, 소방(疏放)의 허극(虛隙)이다. 저자의 인간성과 풍모를 방불(彷彿)하게 하여 독자로 하여금 미소를 머금게 한다. 품격있는 선비의 주석(酒席) 취담의 운치, 이것이 《석북만필》의 자세라면 어떨는지? 가위 문주반생(文酒半生) 취성일여(醉醒一如)의 경지에서만 능히 할 수 있는 일이다.

우리 나라 사랑방 수작(酬酌)에는 독특한 풍격이 있다. 자못 낙천적인 고아(高雅)한 농담, 눈물과 촌철(寸鐵)을 감춘 엉뚱한 유머는 얼핏 들어서 심상한, 그러나 다시 생각하면 문득 공감의 실소를 불금(不禁)하게 하는 것이 그 멋이다. 가다간 양념으로 조고상금(弔古傷今)의 일말 파토스를 곁들이고 좌관만리(坐觀萬里)의 시국방담(時局放談)을 더하여 고담준론(高談峻論)이 일진의 바람을 휘몰아치기도 한다. 《석북만필》이 바로 그 풍격이다. 이러고 보면 저자는 서구의 교양에도 남못지 않지만 그 문장인즉 틀림없는 동양적 전통의 향기를 찾은 분이라 할 수 있다.

수필에서 한국적 지성의 전개! 이것이 내가 독서가에게 이 책의 일독을 감히 권하는 소이연이다.

《구자균 (具滋均) 박사 유고집》 발 (跋)

일오(一梧) 구자균(具滋均) 박사 타계하신 지 어느덧 한 돌이 되었다. 고인의 훈도(薰陶)를 받은 문인(門人)들이 은사를 추모하는 정성으로 그 유고(遺稿)를 수집(蒐輯) 상재(上梓)함에 즈음하여 나더러 몇 줄 글을 책끝에 붙이라고 한다.

구자균 선생은 초창기 국문학계의 선구자의 한 분이다. 저 일제의 간악한 마수가 민족문화를 송두리째 뽑으려던 세월에 국문학을 전공으로 택했다는 것부터가 민족문화에 대한 고인(故人)의 남다른 정성의 소치였으니, 끝내는 교단에서 전공의 과목을 빼앗기고 일어와 영어를 가르치게 된 비통한 세상을 겪었기에, 해방을 맞자 선생은 남다른 정열로 국문학 교육의 앞장에서 심혈을 경주(傾注)하였던 것이다. 고려대학교 국문과의 초석(礎石)을 놓았을 뿐 아니라, 도하(都下) 각 대학교 국문과의 개강 초에 선생의 정성이 빠짐이 없을 정도로 선생은 국문학 교육을 기임(己任)으로 삼아 동치서주(東馳西走) 마침내 그 일생을 이에 바치었던 것이다.

이리하여 선생의 문하에서는 이미 수많은 중견·소장의 국문학도가 배출되었고, 이 유고집은 바로 그러한 선생의 노고에 대한 문인(門人)들의 보은(報恩)의 정의(情義)로 영전(靈前)에 바쳐지는 것임을 생각할 때 사제간의 이 따뜻한 정의는 진실로 감개(感慨) 깊은 바 있다.

선생은 온아한 인품에 살뜰한 인정을 지닌 분이었다. 선생의 부음(訃音)이 한번 전하매 옛 제자들이 달려와 성금을 모아 서교(西郊)에 유택(幽宅)의 터를 마련하였고, 시항(市巷)의 인인(隣人)까지 영전에 나아와 술을 따르고 섧게 울었던 것이니, 각박한 세상에 선생의 끼친 덕화(德化)가 어떠했던가를 짐작하고 남음이 있다 하겠다.

선생은 또 청빈에 자족(自足)하여 뇌락소탈(磊落疎脫)한 멋을 지녔던 분이다. 애주(愛酒)하여 장취불성(長醉不醒)의 경(境)에 노닐어 마침내 이로 인하여 병을 얻었으되, 지우(知友)가 그 과주(過酒)를 충고하면 "내가 어디 술을 많이 마셔 병이 났나. 안주를 안 먹어 병이 났지"하고 파안대소하는 유머를 잃지 않았던 것이다.

선생의 일생은 사랑의 교육자, 멋을 아는 선비로 시종(始終)하였으니, 이 때문에 학적(學的) 깊이 있는 논저(論著)를 많이 남기지는 못하였다. 최근 수년래 선생은 재기하여 '평민문학사'(平民文學史)의 개고(改稿) 및 '고대(古代) 소설사 신연구'의 기고(起稿) 및 '한국문학 근대화과정' 연구에 착수하는 등 왕성한 의욕을 보여 주었는데, 이 모두를 미완성의 영원한 숙제로 남기고 떠나셨다. 애석한 일이 아닐 수 없다.

열 아홉 해 전 여름날 나를 고대(高大)의 강단으로 이끌고자 일사(一簑) 방종현(方鍾鉉) 선생과 함께 나를 찾아오셨던 그날의 첫 대면을 돌이켜 보고 20년간 고락(苦樂)을 같이했던 일과 피난중의 회포를 아울러 추억하며 일성장호(一聲長號)의 목메임을 막을 길 없다. 이제 운정(芸丁) 선생과 마주앉아 매양 빈자리 하나를 어루만지게 된 것을 못내 가슴 아파한다.

참으로 이 책을 엮은 국문과 교우일동(校友一同)을 치하(致賀)하고 출판을 맡아 주신 박영사(博英社) 안항옥 사장의 호의에 감사한다.

― 을사(乙巳) 11월 3일

《민족문화연구》 창간사

　　전통은 창조의 원천이요 그 형상의 질료(質料)이며, 창조는 전통의 의욕이요 그 계승의 방법이다. 그러므로, 전통 없는 창조는 공소(空疎)하고 허약하여 뿌리 없는 나무와 같고 창조 없는 전통은 침체하고 고루하여 인습의 폐풍(弊風)에 병들게 된다. 이와 같이 전통과 창조는 불즉불리(不卽不離)의 상관개념(相關槪念)이기 때문에 오늘 우리가 당면한 새로운 민족문화의 수립이란 명제 앞에 전통심구(傳統深求)의 현대적 의의(意義)가 놓이게 되는 것이다.

　　우리 민족문화는 반세기에 걸친 침략자의 간교한 정책 아래 유린되고 왜곡되고 보잘것없는 것으로 낙하되었다. 이러한 정책이 오랜 기간을 두고 교육과 선전(宣傳)을 통하여 계속됨으로써 우리 민족문화에 대한 자기비하(自己卑下)와 멸시의 관념을 조성하여 그 악영향은 현재까지도 내외에 강력히 남아 있다. 자시(自恃) 자면(自勉)의 긍지와 신념을 상실한 곳에는 전통도 창조도 있을 수 없다. 오늘 우리가 민족주체의식(民族主體意識)의 자각을 고창(高唱)하는 소이연(所以然)도 진실로 이 점에 있는 것이다.

　　민족 해방을 맞아 어느덧 20년, 그동안 우리 학계는 모든 혼란과 궁핍의 악조건을 극복하면서 꾸준히 발전해 왔다. 그러나, 분석과 고증(考證)에 치우친 학풍은 우리가 목마르게 요청하고 있는 민족문화의 학적 체계화 또는 거시적 사관(史觀), 심화적(深化的) 방법에는 외면하는 혐(嫌)이 있다.

이에 우리는 새로운 문화창조를 위한 바탕으로서의 전통의 현대적 탐구와 민족문화의 학적(學的) 체계화를 위한 운동의 일익(一翼)으로 이 《민족문화연구》를 창간한다. 과거를 정리하고 비판(批判) 집성(集成)하며 미래를 전망하고 모색(摸索) 타개(打開)하기 위하여 동호자(同好者) 여러분의 성원과 협조와 참여가 있기를 바란다.

— 1960년 10월 3일

민족적 자아발견의 겨울
─《20세기 한국》을 엮고 나서

　현실은 과거의 연속이요 그 누적의 결과인 동시에 미래의 단서요 그 전환의 계기(契機)이다. 그러므로, 현실은 우리에게 전통적 창조의 동력과 누습(陋習)의 완강한 타성(惰性)을 줄 뿐 아니라 동시에 자주전환 (自主轉換)의 무한한 가능성과 추수순응(追隨順應)의 야릇한 매력을 주고 있다. 이와 같이, 막연하고 혼란한 현실을 정확하게 파악한다는 것은 너무나 벅찬 일이지만, 그러나 이에 대한 시도를 회피할 수 없는 시점에 이른 것이 사실이다.

　우리 민족이 우리 풍토 안에서 우리의 역사적 과정 속에서 공동으로 만들어 놓은 오늘의 이 현실은 좋든 나쁘든 우리가 빚어 낸 것이요 우리에 의하여 결과된 것이기 때문에 그 자랑도 허물도 모두 우리에게 돌아오지 않을 수 없는 것이다. 따라서, 이 당면한 현실을 정확히 파악할 수 있는 눈은 우리의 눈이어야 하고 새로이 타개(打開)하는 방향은 우리의 뜻이어야 하며 줄기찬 창조도 우리의 손에 의해서 이루어져야만 한다. 그런데, 이 중요한 우리의 관점(觀點), 우리의 방향의식, 우리의 창조방법이 아직 서 있지 않다. 다시 말하면, 민족적 현실의 파악에 선행해야 할 민족적 자아 발견, 민족적 자기의식(自己意識)이 이루어지지 못했기 때문에 이 주체의식(主體意識)의 혼미(混迷)라는 공통된 고민이 민족적 현실의 파악을 망설이게 하고 흐리게 한다는 것이다.

민족적 자아 발견에 대한 관심과 시도가 싹을 보인 일은 우리 역사상에도 몇 번 있었다. 17, 8세기의 실학파(實學派) 학자에 의해서 갑오경장(甲午更張) 전후의 신문화운동 선구자에 의해서 3 · 1운동 후의 국학자에 의해서 시도되어 또 제나름의 성과도 거둔 바 있으나, 그것은 아직도 전근대적인 유교적 사상의 기반을 탈각(脫却)하지 못했고 엄밀한 의미의 과학적 방법이 결여된 것도 숨길 수 없는 사실이다. 그러나, 우리의 민족, 우리의 사상의 연구가 자유마저 거부되었던 이민족(異民族)에 의한 피압박(被壓迫)의 시대에서 학문이 단순한 학문으로서가 아니라 민족의식의 고수(固守)와 앙양(昂揚)에 결부되었던 것은 당연한 추세이기도 하였으나, 오늘날 우리의 안목으로 보아서는 쇼비니즘적 경향을 띠었던 것도 부인할 수 없다.

제2차 대전의 발발 직전 우리의 민족문화가 침략자에 의하여 송두리째 말살되려던 시기에 소수의 학자가 민족적 자아 발견의 학적 시도에 기여했으나 이도 마침내 좌절되었다. 그러나, 해방 후 오늘에 이르는 동안 이 방면의 탐구의욕(探究意慾)은 점고(漸高)되어 양으로나 질로나 앞 세대를 단연 능가하게 된 것은 흔행(欣幸)한 일이라 하겠지만, 해방 직후의 유물사관(唯物史觀) 아류(亞流)의 이른바 과학주의, 주체를 망각한 국제주의, 오늘날의 이른바 후진국주의 이론이 일세(一世)를 풍미(風靡)한 영향인지 민족문화에 대한 평가 태도가 거의 우리의 결점 및 약점만을 들추어내는 것을 능사(能事)로 삼아, 그런 것만이 과학적 방법인 줄 아는 착각이 모든 분야의 통폐(通弊)로 지적되기에 이르렀다.

민족문화에 대한 주체적 자각과 긍지가 없이는 새로운 창조는 불가능한 법이다. 여기서, 우리는 허장성세(虛張聲勢)의 자과자존(自誇自尊)이 진실한 민족적 자아의 발견에 장해가 되는, 아니 그보다 오히려 더 해로운 것은 이러한 잔혹한 자비(自卑), 자학적 태도에 있음을 자각해야 한다. '쇼비니즘'이라 비웃는 전세대적(前世代的) 지성들의 이상론, 결정론적 추수주의(追隨主義)의 경향도 마땅히 지양되어야 한다. 과장도 폄하(貶下)도 아닌 진실한 자아의 발견과 인식, 만들어지는 현실에 저항하는 창조적 초극력(超克力) ― 이것의 발견과 체득만이 우리가 당면한 과제요 사명이다.

《20세기의 한국》을 조감(鳥瞰)한다는 것은 곧 우리 근대문화의 거의 전과정을 부관(俯觀)하는 일이다. '너 자신을 알라'는 말은 그리스 '델피'의 신전에 새겨진 경구(警句)로서 소크라테스를 통하여 널리 알려진 교훈이거니와, 오늘날 한국―우리들의 민족적 자아(自我)의 모습을 찾는 데 일조가 될까 하여 이 책을 엮었다. 제 눈으로 제 모습을 볼 수는 없다. 역사의 거울이 비친 제 모습을 볼 수 있을 따름이다. 이 거울에 비친 20세기 세계사(世界史)상의 한국의 모습이 과연 얼마나 정확한지 우리는 아직 모른다. 자아는 각자가 체득할 수밖에 없으니 제 모습을 찾는 마음을 일깨우는 것만으로 이 책의 사명은 다 한다고 할 수 있다.

― 1963년 9월 28일

《서창집》(西窓集) 권두언

생자필멸(生者必滅). 만물의 으뜸이라는 사람도 백년을 못다 살고 가는 것이다. 길이 살지 못하고 가는 것일 바에야 어찌 아침에 났다 저녁에 죽는 부유(蜉蝣)와 가릴 바 있으랴. 성자 석가도 가신 것이니 육신은 이 바람과 같도다. 그 돌아가는 바가 어디뇨. 다만 만고에 변하지 않는 것 오직 진리로다. 진리를 설(說)하신 몸도 아니 가지 못하신 것이다. 아니로다. 생자필멸의 진리의 변함없음을 보이기 위하여 쌍림(雙林) 아래 불멸의 법(法)을 말하시며 불타도 인세(人世)를 버리고 최승(最勝)한 선정(禪定)에 드신 것이다. 최승한 선정, 이는 곧 죽음일러라.

불타가 가신 뒤에 남은 것이 무엇이뇨. 거룩한지고, 아름다운 법신(法身)이로다. 법신이 무엇이랴 곧 진리로다. 불타가 가시고 공자가 가시고 야소(耶蘇)가 가신들 어찌 진실로 가신 것이랴. 가셨으되 영원히 살아 계신 것이로다. 어찌 더러운 육체의 안일을 위하여 영화(榮華)에 아유(阿諛)하고 권세에 자저(趑趄)할 것이랴. 일단사(一簞食)와 일표음(一瓢飮)으로써 살기 족한 것이니, 사람으로 타고난 이 영광을 깨끗한 진리를 찾기에 온전히 바치는 것이 어찌 귀하다 아니 하랴.

육신이 간 뒤에 남는 것은 곧 아름다운 생각이요, 생각이 널리 세상에 퍼지고 세월을 겪는 것은 다 글로 말미암음이라. 사람으로서 아끼고 귀히 배우지 않을 수 있으랴.

글은 곧 아름다운 사상에 옷을 입힘이로다. 추부(醜婦)가 비단 옷을 감으면 더 추한 것이요 깨끗한 얼굴에 좋은 옷이 더 빛난 것이로다. 어찌 좋은 생각이 없이 외람(猥濫)히 붓을 희롱할 것이뇨. 쓰지 아니하지 못할 내적 생명의 바탕에서 우러난 생각을 고이 다듬고 깨끗이 엮어 한 편의 글을 만들라. 이 한 편 글을 쓰기 위하여 자기가 세상에 났다고 생각하라. 글을 모르는 자 글의 귀함을 모르는 도다. 어찌 이목 구비의 형체만 있으면 다 사람이라 하겠느뇨. 혼이 없으면 이는 허수아비로다. 꼭두각시로다. 글도 이와 같도다. 혼이 없으면 글이 아니로다. "혼이 있으나 말로 나타나지 않으면 사람이 보기 어렵도다."

좋은 글을 쓰려면 먼저 완전한 인간이 되어야 하리니 글은 곧 사람이라, 자기의 마음에 없는 바는 쓸 수 없음이요, 혹 쓴대도 이는 거짓이 스스로 나타나는 것이로다. 자기가 자기를 속이는 것은 곧 남이 자기에게 속지 않는 줄도 모름이로다.

어떤 이 있어 글을 쓰면 좋은 생각의 정기가 허비된다 하더라. 이는 그렇지 않음이니 옥은 갈수록 빛나는 것이요, 생각은 사고할수록 정결해짐이요, 글은 다듬을수록 아름다움이요, 또한 글을 씀으로 생각이 살이 찌는 것이다.

옛 조사(祖師)도 붓을 들어 시를 쓰셨도다. 시 속에 우주를 노래하셨도다. 가만히 눈감고 생각하라. 봄이 오매 새 노래하고 꽃은 피는 것을, 그 꽃과 그대의 관계를. 눈에 보이고 들리는 것 다 마음만 닦으면 절로 깨우침의 귀한 마음이 되리로다. 다만 마음을 닦으라. 그리하여 글을 쓰기 전에 명경지수(明鏡止水)에 거니는 한 줄기 백운(白雲)같이 정적(靜寂) 하라.

생각은 좋으나 글이 또한 요령부득(要領不得)에 문맥이 닿지 않아서야 무엇에 쓸 것이랴. 글은 먼저 다듬어야 한다. 금쟁반을 고이 닦고 그 위에 아름다운 과일을 올려 놓으라. 빛나도다 글이여! 생각이 좋고 글이 좋으면 쓴 이야 갈지언정 글이 갈 리 있겠는가. 글자 한 자 말 한 마디 고르고 아낌을 나의 혈육과 같이 하라. 그도 또한 빛나는 진리를 위한 값비싼 노력이로다. 값없는 글은 그 글을 쓴 사람보다도 먼저 죽는 것이니 먼저 값있는 사람이 되라. 값있는 사람의 글이 어찌 값없는 글이 될 수 있으며 값있는 글이 어찌 일찍 멸해 버리고 말겠는가.

생자필멸. 값있는 글도 갈지 모른다. 그렇다. 가 버린들 무슨 슬픈 일이냐. 다만 나의 생애의 모든 정성을 바치면 그만이다. 다만 이렇게 생각하라. 그 곳에 빛이 있으리라.

‘월정(月精)의 벗을 위하여 첫 선물로 이 글을 드린다.’

《한글》지 꼬리말

잃었던 조국과 모어를 다시 찾은 기쁨! 인류가 가진 바 즐거움 속에서 이보다 더 큰 즐거움이 있는가? 만나는 사람마다 손목을 잡고 눈물 반 웃음 반 어쩔 줄 몰랐다. 옥창에서 두 분 스승을 여읜 것이 새삼스레 한이 되나, 남으신 스승들이 나오시와 건강이 회복되시고 강습회에, 교과서에, 사전에 눈코 뜰 사이 없이 바쁜 것이 또한 신이 나지 않는 것도 아니다.

산골에 숨었다 뛰어나와 작은 힘이나마 나라를 위해 일해야겠다고 돌다가 맡은 것이 역시 옛 인연 깊고 새로운 어학회 일이었다. 《한글》 편집은 처음 맡는지라 서투르고 어색한데다가, 이번 호는 속간호요, 아울러 해방 기념호인 만큼 보다 더 아름답고 깊고 높은 수준의 책이어야 할 것이언만, 건국 초의 허다한 일이 여러 선생에게 지워진지라, 약속한 글이 반도 채 들어오지 못했으니 나 혼자 애쓴들 무슨 재간이 있겠는가? 기어이 이 정도로 자위하는 수밖에 없으니 다음 호를 기다리기로 한다. 정당이 어지럽고, 음식점이 어지럽고, 신문 잡지가 어지럽고, 해방 후 거리를 휩쓰는 가장 어지러운 것이 세 가지어니와 묵묵히 꾸준히 일하는 단란한 우리 살림이야말로 서울 장안, 아니, 나라 안에 가장 미더운 가족이요 깨끗한 살림이 아닐 수 없다. 반동과 비난과 모함은 일찍이 우리가 마음에 두는 바 아니니 오직 우리의 일을 사랑하고 진실한 편달을 주는 이만을 우리는 존경하고 기다리는 바이다.

끝으로 바라는 것은 이 《한글》의 발전을 약한 편집자에게만 짐 지우지 말고 여러분의 힘으로 키워 달라는 것이다.

— 1946. 3, 《한글》 제 11 권 1호

《석탑문학》 권두언

《석탑문학》(石塔文學) 제1집을 사화집(詞華集) 형식으로 대구 피난 살이에서 창간하게 되었으니 나더러 무슨 말이든 한 마디 써야 한다는 것이다.

'석탑'은 고려대학의 높고도 밝은 전통적 이상의 상징과 그 외현적 (外現的) 형자(形姿)를 뜻하는 말이 된 지가 이미 오래다. 이제 《석탑문학》이 이 강건(剛健)한 고대문화에 일단의 돌을 더 쌓게 된 것은 얼마나 즐거운 일인가.

돌은 바로 석굴암을 조성한 그 화강암이요 탑은 바로 노아의 홍수 뒤에 하늘에 오르려는 인간의 의욕이 쌓아 올리던 바벨의 탑—. 《석탑문학》의 지향은 바로 민족적이요 세계적인 것이라야 한다.

동란중에 남다른 고민을 맛보고 빛의 힘을 체득한 젊은 동인들이 일하지 않고는 배기지 못하는 정성으로 닦는 이 작은 동인지는 그 질과 양에서 혹은 거칠고 초라할는지는 모르나 초창기 고대문학(高大文學)의 기단(基壇)을 축조(築造)하는 데 선구의 구실을 부하(負荷)하였다는 것은 어김없는 사실이요 또 이 점에서 우리는 마땅히 찬하(讚賀)하고 미쁘게 생각해야 할 것임을 안다.

이 이상 나는 더 쓸 말이 없다.

— 1953. 6. 25

《한용운 연구》 서문
박노준 · 인권환 공저

만해(萬海) 한용운 선생은 근대 한국이 낳은 고사(高士)요, 우리 나라 신문화(新文化) 여명기(黎明期)의 선구자의 한 분이시다. 우리의 신문화 건설에 개척의 공을 쌓은 분은 많지만 그 대개가 계몽운동가(啓蒙運動家)로 그쳤을 뿐 초창기의 업적 그대로가 역사의 마멸(磨滅)을 견디어 오늘에도 맥맥히 살아 있는 공적을 이룬 이는 그리 많지를 않다. 그러나, 선생의 애국지사로서 이 평생 행적은 일말(一抹)의 의아를 허용하지 않는 고결하고 삼엄한 지조로써 민족정기의 지표를 이루었고, 불학의 석덕(碩德)으로 선생이 갈파(喝破)한 바 선견지명은 현대 불교의 이상을 세웠으며, 문단의 거벽(巨擘)으로 남긴 바 선생의 유작은 시의 한 고전이 되었으니, 선생과 동시대 인사로 이만큼 폭넓게 오늘에까지 거악(巨嶽)으로 숭앙되는 분은 선생을 두고는 다시없을 것이다.

한용운 선생의 진면목은 혁명가와 선승(禪僧)과 시인의 일체화에 있었다. 이 세 가지 성격은 마치 정삼각형과 같아서 어느 것이나 다른 양자를 저변으로 한 정점을 이루어 각기 독립한 면에서도 후세의 전범(典範)이 되었지만, 이 세 가지 면을 아울러 보지 않고는 선생의 진면목은 체득되지 않는다. 왜 그러냐 하면, 지사로서의 선생의 강직한 기개와 고고한 절조(節操)는 불교의 온축(蘊蓄)과 문학작품으로써 빛과 향기를 더했고, 선교쌍수(禪敎雙修)의 종장(宗匠)으로서의 선생의 증득

(證得) 은 민족운동과 서정시 (抒情詩) 로써 표현되었으며, 선생의 문학을 일관하는 정신이 또한 민족과 불 (佛) 을 일체화한 '님' 에의 가없는 사모였기 때문이다.

그러므로, 혁명가로서의 선생의 지조가 한갓 소극적인 은둔에 멈추지 않고 항시 적극적 항쟁의 성격을 띠었던 것도 임제선 (臨濟禪) 의 종풍 (宗風) 을 방불하게 하는 것이요, 선생의 불교가 또한 우원 (迂遠) 한 법문이 아니고 현실에 즉 (卽) 한 호국불교, 대중불교를 염원했던 것도 민족의식에서 유래하였기 때문이며, 선생의 문학을 주로 비분강개 (悲憤慷慨) 와 자연관조 (自然觀照) 의 두 가지로 나눌 수 있는 것도 지조와 선 (禪) 에서 우러났기 때문이라 할 수 있다. 이 비분강개와 자연관조와 양면을 조화시켜 놓은 사랑과 하소연의 정서에 선생의 문학의 가장 높은 경지가 있는 것을 우리는 곧 이해할 수가 있는 것이다.

한용운 선생은 확실히 많은 감동을 후세에 끼친 어른이시다. 이런 뜻에서 나는 기회 있을 때마다 선생을 칭도 (稱道) 하였고 그 연구를 시도하는 것을 학생들에게 권해 왔었다. 지난해 봄에 이와 같은 나의 뜻이 고대문학회 (高大文學會) 의 사업으로 착수되어 산일 (散逸) 된 선생의 유고가 학생들 손으로 수집됨으로써 전집 편찬이 시작되었던바, 이것이 인연이 되어 한용운 선생 기념사업회가 개편되고 고대문학회의 사업이 거기에 합일됨으로써 마침내 전집 12 권의 거질 (巨秩) 이 편집 완료된 것은 자하 (自賀) 할 일이었다.

인권환, 박노준 양군은 고대문학회의 동인 (同人) 이요, 고대 국문과 재학의 학생으로서 국문학을 전공하는 학생들이다. 만해 선생의 전집 편찬에 자진 참여하여 일하는 동안에 따로이 공동연구로 "한용운 연구" (韓龍雲研究) 라는 장논문 (長論文) 을 탈고하여 나에게 가져왔다. 어려운 일에 유종의 미를 거둔 것도 가상 (嘉尙) 한데 겸하여 의의가 큰 연구논문을 이루어 세상에 묻는 것은 이 곧 학도의 본연의 자세라 할지라도 대견하지 않을 수가 없었다. 소론 (所論) 이 정곡을 잃지 않았고 행문

(行文)이 회삽(晦澁)을 벗어난 데다가 자료의 섭렵(涉獵)에서 타의 추수(追隨)를 허하지 않는 강점이 있어서 학계의 좋은 수확(收獲)이 되었다. 감격하기 쉬운 연치(年齒)라 논조가 자못 찬탄에 가까운 것도 이해할 만하지 않은가. 이 연구논문을 통하여 저자 양군은 문학뿐 아니라 민족운동사와 불교학의 깊이를 처음 체득하였을 것이니, 이는 저자들과 같은 세대의 젊은이에게는 좋은 양식이 될 것이다.

이 한 권으로써 한용운 선생의 생애와 사상에 대해서는 남김이 없을 만하다. 전집이 아직 나오지 않은 오늘 이 책 한 권은 족히 전정(全鼎)의 미(味)를 맛보게 할 것이다.

몇 마디 경위를 적어 서(序)에 대신한다.

— 1960년 4월 15일

《흘러간 성좌(星座)》서
임종국·박노준 공저

　역사의 물결 위에는 무수한 이름들이 흘러갔고 또 흘러가고 있다. 그 수많은 이름들은 대개가 한때의 물거품처럼 사라지고 마는 이름들이어서 사람들의 기억에서 이내 잊혀지고 만다. 그러나 역사의 흐름은 단순한 망각의 강물만은 아니다. 오히려 그 사라지는 이름들 속에서 소수의 몇 사람을 건져서 그 시간의 강기슭에 새겨 두는 기록의 하상(河床)을 지니고 있기 때문이다.

　마치 이남박으로 쌀을 일듯이 역사의 물결은 항상 무수한 사람의 이름을 일고 있다. 그러면, 역사의 이남박이 건져내는 이름은 어떤 것인가? 인류와 민족, 세계와 국가에 공헌한 사람만인가. 그러나, 인류나 국가에 공헌하는 방법은 여러 가지요, 그 방법과 업적을 평가하는 관점도 한결같을 수가 없으므로, 역사는 선(善)과 함께 악을, 정(正)과 함께 반(反)을, 상(常)과 함께 변(變)을 한 자리에서 건져 올리기도 한다. 이런 뜻에서 본다면 역사는 그 시대의 물결 위에 큰 파란을 일으킨 이름을 먼저 취하는 것 같기도 하다. 그러므로, 역사는 언제나 범상 이상의 것을 그 기록대상의 자격으로 요구한다고 할 수 있다. 정치와 경제와 군사, 학문과 예술과 종교 등 인문의 모든 영야(領野)에서 특이한 행동과 업적 및 일화를 남긴 이에게 역사의 눈길과 사람의 기억은 함께 향하기로 마련인 것이다.

이 책《흘러간 성좌》는 '한국 근세 기인 열전'(韓國近世奇人列傳)이라 이름지을 수 있는 것으로 여기 수록된 이름들은 우리 근대사의 일반사에 오를 이도 있고, 각 방면의 분류사에 오를 이름도 있지만, 그 어디에도 기록될 수 없는 영원한 일사(逸士)도 있다. 이러한 각계 각양의 이름들을 한 자리에 모을 수 있는 것은 이 분들의 공통된 점이 보통 사람과는 다른 특이한 생애와 업적을 지녔을 뿐만 아니라 성격과 행동, 신념과 고집, 풍자와 해학 등이 거의 기인 이행(異行)에 가까웠기 때문이다.

"지인(至人)은 지시상(只是常)"이란 말이 있거니와, 기이한 행장(行狀)이란 반드시 찬양할 일은 아니다. 그러나, 기인 이행이란 원래 그 사람 천래의 성격에 말미암은 것이어서 아무나 하려고 해서 다 할 수 있는 일이 아니요, 권해서 되거나 말려서 안 할 수 있는 것도 아닌 포폄(褒貶)을 초월한 일인 것이다. 더구나 우리의 역사는 예로부터 이런 기인을 많이 낳게 한 슬픈 여건 아래 있었던 것을 생각하면 이분들의 신념과 지조, 비분과 강개, 퇴폐와 자기(自棄)는 경의와 눈물과 이해로써 감동하지 않을 수 없을 것이다. 웃음조차 실상은 눈물인 이 일화들은 역사의 희생을 우리 앞에 역력히 비춰 주는 거울이 되기도 할 것이다.

이 책의 저자 임종국(林鐘國) 군은《이상 전집》(李箱全集)을, 박노준 군은《한용운 연구》를 이미 학창(學窓)에 있을 때 상재(上梓)하여 호평을 얻은 바 있다. 그러므로, 이《흘러간 성좌》는 양군의 첫 공동연구의 업적이라 할 수 있다. 읽을 거리로 수월하게 술술 씌어진 필치이지만 그 자료의 수집과 처리는 학적 성실에 바탕을 둔 것이어서 사학(斯學)에 기여하는 바 크리라는 것을 믿어 의심하지 않는다.

임·박 양군의 이 방면에 대한 관심을 처음부터 권장하고 그 뒤를 돌보아 온 인연으로 몇 마디 글을 책머리에 얹으면서 나는 나에게 지

위졌던 짐을 대신 처리하여 훌륭한 성과를 이룬 두 사람의 노력을 높
이 치하하며 성하(盛夏)의 더위를 잊고 쾌재를 부른다.

— 1966년 8월

《돌의 미학》 서

　여기 《돌의 미학》이란 제(題) 아래 모은 여섯 편의 산문은 나의 시여(詩餘)라고나　할까, 수시수감(隨時隨感), 수사수필(隨事隨筆)의　문자에서 각 체(體)를 골고루 뽑아 엮은 것이니, 고대(高大) 출판부의 요청에 수응한 것이다.

　제1부 ‘수정관음’(水晶觀音)은 젊은 날의 회상을 그린 감상문, 나의 역정(歷程)의　편모를 자서(自敍)한 것이요,　제2부 ‘우국(憂國)의 서(書)’는 사회·시사·정치·교육에 관계된 나의 견해를 피력한 것으로 졸저 《지조론》에 수록된 것 이후의 최근 것을 모은 것이다.　제3부 ‘아삼속사’(雅三俗四)는 생활의 여적(餘滴)과 고사(故事)의 묘미를 음미한 풍자로서 세속의 천태만상에서 교훈을 찾는 만필(漫筆)이며,　제4부 ‘전통의 흐름’은 우리 현대의 전통 인식을 위한 논의문이다.　제5부 ‘적막한 이야기’는 주담(酒談)을 통하여 느낀 인생의 심층을 실소와 페이소스로 교직(交織)한 유머요,　제6부 ‘대도무문’(大道無門)은 속어(俗語)·연애·군인·운명·종교·철학에 관한 몇 가지 문제의 고구(考究)와 단상이다.

　전편의 거개가 농가성진(弄假成眞)의 만필적(漫筆的)　의취(意趣)를 띤 것은 흥미있는 문제를 재미있게 다루어 달라는 수시 요청에 따른 문장이라는 데도 연유하지만, 근본적으로는 한국적 유머에 대한 나의 기호(嗜好)의 소치임을 말해 둔다. 수필에서까지 답답하고 따분하게 꼬치꼬치 캘 게 무엇이며 필요 이상으로 엄숙하고 거드름 피울 까닭이 무엇인가. 읽어서 그저 즐겁고 흐뭇해야 한다는 것이 나의 시여(詩餘) 의 본색이다. 웃으며 읽는 가운데 나의 본뜻을 건져 준다면 더 바랄 것이 없다고 하겠다.

1964년 5월 1일　　　趙 芝 薰 識

《효석 전집》 간행사

효석(孝石)은 우리 소설문학에 새로운 영토와 새로운 풍격을 이룩한 작가의 한 사람이다.

그의 문학이 성장하고 변모한 모습은 어느 의미에선 그 시대의 한국 지성의 한 전형이기도 하였다. 그의 작가적 기질과 역량은 마침내 그의 문학을 어지러운 산문의 거리에서 아름다운 자연의 품속으로 이끌어 한때 문단 주시(注視)의 적(的)이 되었거니와, 그러한 동기 그 자체에도 충분히 검토되어야 할 역사적 배경이 있었던 것이다.

그의 원숙한 필치가 자아내는 향기 높은 문장은 범용한 시인을 무색하게 할 정도로 항상 시의 핵심을 찔렀다.

효석이 간 지 이미 열 여섯 해, 그를 아끼는 몇 사람이 산일(散逸)된 그의 작품을 모아 이제 다섯 권의 전집을 엮게 되었다. 이로써 효석 문학의 고고한 향기가 널리 퍼지고 오래 남을 것을 믿고 또한 빈다.

— 1958년 9월 1일

《창에 기대어》 서

아름다운 사상(思想)을 아늑한 정서(情緒)로 쓰다듬어 주는 부드러운 문장 ─ 그것은 내 어린 날의 소망의 하나였다. 식후(食後) 몇 조각 과일같이 싱그럽고, 피로할 때에 맞는 한 대의 보혈주사(補血注射)처럼 흐뭇한 글을 쓰는 것이 어린 마음에 커다란 욕망으로 자리잡게 된 것은 내가 그러한 글에서 받은 감명(感銘)이 너무도 컸기 때문이었다. 그러나 나는 아직까지 이러한 글을 한 편도 이루어 보지는 못하였다. 나의 정성과 공부가 모자라는 탓이리라.

신문 잡지의 부탁을 받고 갑자기 쓴 글 가운데서 그래도 이 뜻에 어울릴 수 있을 것 같은 몇 편을 골라 한 권에 모으고 이름하여 '창에 기대어'라 하였다. 이것들이 모두 창가에서 찾는 명상(暝想)이요 창가에서 찾은 추억이며, 창가에서 나눈 대화들이기 때문이다. 그러나, 정서에 목마른 사람들에게 읽어서 즐거울 뿐 아니라 이내 피와 살이 될 수 있는 훗훗한 문장을 쓰고 싶다는 내 어린 날의 꿈은 아직도 그냥 그대로 꿈으로 남아 있을 따름이다. '꿩 값에 닭'이란 말을 생각하고 스스로 웃음 짓는다.

제1부 '인생 노트'는 《학생계》(學生界)지에 '소년의 서(書)'란 이름으로 연재하던 것으로 소년을 위한 인생독본(人生讀本)을 쓰라는 것이었으나 동지(同誌)의 폐간으로 인하여 7회로써 중단된 것이다.

제2부 '램프를 켜 놓고'에 수록된 것은 나의 지난날의 가지가지 회상 속에서 뽑아 낸 감상문들 —.

제3부 '생활 노트'는 《주부생활》지에 '생활의 꽃밭'이란 이름으로 반년간 연재하던 것 — 주로 가정생활의 정서와 취미를 우리의 고유한 마음 바탕에서 얘기해 본 것이다.

제4부 '청춘의 특권'에 수록한 것은 나에게 수시로 던져진 문제들을 나대로 다루어 본 것들. 여기 붙인 세 편의 초역(抄譯)도 소년에게 읽히기 위하여 부탁 받고 몇 대문을 너그럽게 옮겨 본 것이다.

제5부는 자작시초(自作詩抄). 그저 평순(平順)한 것 몇 편을 골랐을 뿐이다.

무술(戊戌) 소설일(小雪日)

著者 識

한글학회 지은 《중사전》 서평

한글학회의 《중사전》이 나왔다. 한글학회가 파란 많은 우리 어문(語文) 운동 반세기의 역사 속에서 피눈물의 항쟁을 지속함으로써 본래의 비원(悲願)이던 우리말 큰사전 편찬의 거업(巨業)을 완성하였을 때 우리는 남다른 감격에 젖지 않을 수 없었으니, 전권에 역력히 배어 있는 그 기구(崎嶇)한 운명과 고난의 연륜은 민족어(民族語) 수호의 상징으로 겨레의 가슴에 별다른 경모(敬慕)의 염(念)을 불러일으켜 주었기 때문이다.

《큰사전》은 이미 우리말 사전의 고전이 되었다. 앞으로 개인적으로나 국가적 사업으로 더 크고 충실한 사전이 편찬되려니와, 그때마다 이는 어쩔 수 없는 바탕이요 또 전거가 될 것이니, 《큰사전》이 한번 완성되자 이내 수많은 중사전이 쏟아져 나왔다는 사실이 바로 이것을 밝혀 준다고 할 것이다.

그러나, 《큰사전》은 권질(卷帙)이 많아서 사용에 좀 불편하고 오랜 세월을 두고 가난한 경비로 편집해 왔기 때문에 내용과 체재(體裁)도 현대 사전으로서는 자못 고색(古色)이 창연(蒼然)한 바 있는 것이 사실이다. 이 때문에 《큰사전》을 아끼는 독자들로 누구나 《중사전》을 새로이 편찬해 줄 것을 내심(內心)으로 바라고 있었던 것이다. 이제 우리들의 이러한 요청을 한글학회가 저버리지 않고 《큰사전》 완성 이후 불과 일년에 《중사전》을 또 세상에 보내 준 것은 반가운 일이라 아니 할 수 없다.

한글학회의 《중사전》은 다른 중사전에 비해서 뒤늦게 나왔으나마 거기에는 더욱 믿음직한 까닭이 있으니, 그것은 곧 한글학회의 민립(民立) 아카데미적 존재로서의 신중성이 말미암은 것이기 때문이다. 어휘수록(語彙收錄)이 많다는 것은 사전의 자랑임에는 틀림없으나, 그것이 외래어와 유행신어(流行新語)의 다량에만 치우칠 때는 무비판적인 수용은 국어 정화의 혼란을 초래하기 쉬운 것이니, 외래어의 채택에 의한 어휘의 증대는 반드시 국어사전으로서의 우위성을 말하는 것은 아니다. 순수한 우리말, 익숙한 우리말의 어휘 수와 풀이에서는 한글학회의 《중사전》이 뛰어난다. 다른 사전에는 보이지 않는 몇 개의 우리말 속어(俗語)와 은어(隱語)를 찾아보니 이 《중사전》에는 들어 있었다. 물론 《큰사전》이나 《중사전》에도 누락된 우리말은 아직도 많지만, 이 점에서는 그래도 한글학회의 권위는 떨어지지 않았다. 《큰사전》의 바탕을 다시 현대성으로 세련하고 실용성으로 취사(取捨)함으로써 사용에 더욱 편리하게 한 이 《중사전》은 《큰사전》의 정신적 권위를 일상생활에 정으로 바꾸었다. 그러나 한글학회 《중사전》의 특색은 아무래도 국어의 주체성(主體性)에 의한 어휘 취택의 신중과 내용의 정확에 있다고 할 것이다.

'맞춤법 통일안', '표준말 모음', '외래어 표기법 통일안'으로 사전 편찬의 삼대 기초사업을 성취하여 국어 정리 운동에 큰 공적으로 끼친 한글학회가 이제 《큰사전》《중사전》《소사전》으로 우리 문화의 발전에 박차를 더하고 있음을 감사한다.

무게 있는 내용, 묵직한 체제를 갖춘 이 《중사전》이 집집의 책상머리에 놓일 것이 반갑다.

《현대인의 한방(漢方)》 서

　동양과 서양의 문화가 여러 가지 면에서 좋은 대비(對比)를 이루고 있다는 것은 흔히 지적되는 사실이다. 의학에서도 이 점에서는 예외가 아니다. 서양의학은 분석적이고 동양의학은 종합적이라든가, 전자는 해부학(解剖學)을 토대로 하는데 후자는 증후학(證候學)을 기초로 한다든가, 전자는 외과의학(外科醫學)이 발달되었고 후자는 내과의학(內科醫學)에 특장(特長)이 있다든가 하는 통설은 모두 이 두 의학의 대비를 말하고 있는 것이다.

　그러나, 동서의학(東西醫學)의 근본적 대비는 무엇보다도 질병현상에 대한 관점의 차이에서 찾아지는 것이 아닌가 한다. 서양의학은 질병을 생체조직의 이상으로 보기 때문에 그 의술(醫術)은 국소처치(局所處置) 의술의 감이 없지 않다. 병명이 결정되면 누구에게나 획일적으로 정해진 특효약을 정해진 순서로 투여해 봐서 효력이 있거나 없거나 치료는 그것으로 끝나게 된다. 이에 반하여 동양의학은 질병을 생명현상의 변조(變調)로 보기 때문에 그 의술은 전체조정(全體調整) 의술이 된다. 병명 여하에 불구하고 체질의 증후(證候)에 맞추어 응변(應變)의 투약을 시(施)함으로써 생명현상의 파괴된 균형을 복구하려 한다.

　이러한 동양의학의 근본적 입지(立地)는 결국 동양문화 일반의 공통한 기저(基底)인 자연과 인간관계에 대한 전통적인 사상에 유래한다.

'천인상즉'(天人相卽)이라든가 사람은 자연을 본받는다는 사고방식 말이다. '인신(人身)은 소우주(小宇宙)'라 해서, 인체의 기관과 조직과 생리작용까지도 천체(天體)나 자연현상에 대하여 설명하고 있을 정도인 것이다. 서양의 문화 일반이 자연과의 대립과 도전 또는 극복적 성격을 띠고, 그 방법이 분석적이요 인공적인 양상을 띠는 데 비하여 동양의 그것은 자연에의 조화와 순응, 또는 동화적 성격을 띠고, 종합적이요 자연적인 방법을 택한다고 할 수 있다. 의학뿐 아니라 정치학, 병법학, 동양의 모든 학예기술(學藝技術)은 구극(究極)에 천리(天理)에 순응 조화와 수양론(修養論)에 귀착함을 보거니와, 이런 의미에서 본다면 동양의학은 곧 양생의학(養生醫學)이라 부를 수가 있는 것이다.

이러한 동양의학을 우리는 한의학(漢醫學)이란 이름으로 수천년 동안 생활화하여 왔다. 다른 학문의 경우와 마찬가지로 이 의학은 우리나라에서 크게 발달되었다. 그 땅에서 생기는 병은 반드시 그 땅에 약이 있다는 원칙에서 국산약재만으로 만든 처방집 《향약집성방》(鄕藥集成方)이라든가 《의방유취》(醫方類聚) 같은 266권이나 되는 의약전서(醫藥全書)의 편찬이라든가, 중국・일본에까지 번각(飜刻)되어 성가를 높인 허준(許浚)의 《동의보감》(東醫寶鑑)과 사상의학(四象醫學)이란 특이한 학설로 체질의학(體質醫學)을 제창한 이제마(李濟馬)의 《동의수세보원》(東醫壽世保元) 이것만으로도 우리 고전의학은 드높은 기염(氣焰)을 올린 것이 된다.

근대에 들어와 양의학(洋醫學)이 수입됨으로써 한의학은 제도상으로 버림받게 되었다. 그러나, 1930년대 초두에 이르러 한의학은 자각과 부흥의 기운을 맞게 되었으나, 한의학의 과학적 연구 내지 현대적 이해를 둘러싸고 동서의학 전공자간에 벌어졌던 열띤 논쟁은 현대적 이론으로 무장한 동양의학자측이 판정승이었다는 것이 세평이었다. 그러나, 몇 해 뒤 한의학은 다시 침체에 빠졌고 전쟁하의 암흑기를 민족문화의 다른 부문과 마찬가지로 한의학도 칩복(蟄伏)하고 있었던 것이다. 해방 후에는 한의과 대학이 서고 사학(斯學)을 연구하는 학도가 늘어 서광이 비치게 되었다. 그러나, 어쩐지 이에 대한 사회적 관심과 학문적 논의는 그만큼 활발하지 못하고 학적 성과도 뚜렷한 진경(進境)이 있는 것 같지를 않다. 이웃 나라의 국가적 장려에 비추어 볼 때 우리 한의학은 무언가 아쉬운 점이 많아 안타깝기 짝이 없다.

우리는 동서의학의 대비에서 언제나 일장일단을 느껴왔다. 그 일방의 장점은 곧 다른 일방의 단점인 만큼 서로 취장보단(取長補短)하여 새로운 동서종합의 의학을 세웠으면 하는 염원을 가지고 있다. 그리고, 이러한 새로운 종합의학은 한국 의학이 부하(負荷)한 과제요, 또 그것을 이룩하는 데 가장 유리한 입지에 있는 것이 한국이란 것을 믿어 의심하지 않는다.

동서의학을 함께 닦아 온 노정우(盧正祐) 교수가 이번 《현대인의 한방》이란 저서를 저술하여 평이하고 미끄러운 필치(筆致), 홍미 깊고 유익한 해설로써 한방의학의 오묘한 이치를 파헤치고 올바른 의학이 있어야 할 자세를 가리키며 새로운 의학에의 꿈을 재언(再言)한 것은 근래의 흔쾌(欣快)한 일이 아닐 수 없다. 출판에 즈음하여 서문(序文)을 청하므로 가엄(家嚴)과의 사제(師弟) 관계 및 평소의 우의(友誼)와 학적 공명(共鳴)을 생각하여 몇 줄 무사(蕪辭)를 기꺼이 엮는다.

한국의 한의학(漢醫學)을 '한의학(韓醫學)'으로, 동서의 두 의학도 '한의학'으로 — 그리하여 빨리 '한 의학'이 한국에서 이룩되기를 빈다.

1968년 정초(正初)

발 (跋) ━ 심산공 (心汕公) 유고 (遺稿)

오종(吾宗) 태희(台熙)씨가 어느 날 나를 찾아와 그 선군자(先君子) 심산공(心汕公) 유고(遺稿)를 보이고 두어 줄글을 청하는지라, 내 비십후생(菲十後生)으로 어찌 감히 선배의 온오(蘊奧)에 췌사(贅辭)를 가(加)하리요 하여 이를 사양하였더니 다시 이르기를, 어버이 끼치신 바를 받들어 후세에 길이 전하고자 함은 인자지도(人子之道)에 떳떳한 정이라 그대는 나의 어버이 못 잊는 이 마음을 위하여 일언을 사양 말라 하였다. 이 말에 문득 느끼운 바 있어 정신을 가다듬고 공의 유고(遺稿)를 열독(閱讀)한 지 양구(良久)에 책을 덮고 탄식하기를, 이 몇 편 글이여, 또한 공(公)의 생애(生涯)를 알기에 족(足)하도다 라고 하였다.

공은 호남(湖南)의 한사(寒士)로 계세(季世)에 나셨다. 몸으로 유업(儒業)을 지키매 소우(疎迂)의 청고(淸苦)에 일빈(一貧)이 여세(如洗)하였으나 봉호적막(蓬蒿寂寞)의 기슭에 안여(晏如)하여 명성을 팔지 않았고 눈으로 창상(滄桑)의 변(變)을 본지라 지사(志士)의 종적(踪跡)이 대륙을 구치(驅馳)하고 영어(囹圄)에 신음(呻吟)하였건만 붕파험조(風波險阻)의 전후기구(前後崎嶇)를 무릅써 끝내 지조(志操)를 바꾸지 않았나니 이것이 곧 사람으로 하여금 기경(起敬)하게 하는 소이연(所以然)이다. 공의 글이 경명행수(經明行修)의 교회(敎誨)와 강개비가(慷慨悲

歌)의 격조(格調)와 성리역학(性理易學)의 온축(蘊蓄)에서 우러나지 않음이 없는 것도 바로 공의 일생이 유자(儒者)에서 비롯되어 지사(志士)로, 다시 만년(晩年) 심학(心學)에로 옮겨 간 누변(累變)의 자취라 할 것이다. 이와 같이 공의 자취는 누변하였으나 그 경륜지의(經綸志意)의 근본인즉 의리와 절조(節操)일 따름이니 이는 실로 전가(傳家)의 훈(訓)이기도 하다.

공(公)의 십세조(十世祖) 산서공휘(山西公諱) 경남(慶男)은 임진도이(壬辰島夷)의 난(亂)에 거의(擧義)하여 누차의 기공(奇功)을 세웠으나 포상을 고사(固辭)하였고 뒤에 성균진사(成均進士)가 되었으나 세사(世事)에 뜻을 끊고 오직 난중잡록(亂中雜錄) 8권의 사필(史筆)을 남김으로써 이름이 있다. 공의 학행(學行)이 또한 이와 같으니 공은 능히 그 세업(世業)을 이었다 이를 만하다. 공의 윤자(胤子) 태희(台熙) — 앞서 산서잡록(山西雜錄)을 상재(上梓) 반포(頒布)하더니 이어서 공의 유고를 간행하리라 하니 이에 나는 공의 심적(心迹)이 길이 후세에 전하게 된 것을 하송(賀頌)하고 아울러 태희(台熙)씨의 조업(祖業) 창대(昌大)의 갈성(碣誠)을 칭도(稱道)하여 몇 줄 무사(蕪辭)를 엮어 책 끝에 붙인다.

을사(乙巳) 유하(榴夏) 종후학(宗後學) 지훈(芝薰) 근서(謹敍)

世林詩集

集　詩　林　世

振　束　趙

1938년 시인 오일도(吳一島)가
운영하던 시원사(詩苑社)에서
출간된 《세림시집》의 제자(題字).
오일도 · 조지훈이 편집한
이 추모 유고시집은 푸른색
표지의 양장본으로 당시에
제작된 것으로는 꽤나
고급스러운 느낌을 준다.

　조세림(趙世林)은 한양인(漢陽人)이니 이름은 동진(東振)이요 세림(世林)은 아호(雅號)러라. 나라 허물어진 뒤 정사(丁巳) 2월 고은(古隱) 매계동(梅溪洞) 향제(鄕第)에 나서 스물 한 살에 세상을 버리니 미취무후(未娶無後)함에 다만 한 권의 시집(詩集)을 끼칠 따름이러라. 한(恨) 많은 세상에 병들어 설운 노래를 부르더니, 이제 고향의 앞산 남쪽 기슭에 길이 묻혀 바람과 달을 벗하는도다. 죽마(竹馬)의 옛 벗이 그를 아껴 찬 산에 한 조각 돌을 세우고 그의 아우 동탁으로 하여금 두어 줄 글을 울며 쓰게 하노니,

　"망망한 이 누리에 임 왔다 간 줄 고향의 하늘은 아오리라."

—지훈이 형 세림을 위해 쓴 碑文

世林 趙東振 年譜

1917. 경북 영양군(英陽郡) 일월면(日月面) 주곡동(注谷洞)에서 부 조헌영(趙憲泳, 제헌 및 2대 국회의원, 6·25 때 납북됨) 모 유노미(柳魯尾)의 3남 1녀 가운데 장남으로 출생.

1922.~1928. 조부 조인석(趙寅錫)으로부터 한문 수학(修學). 방정환의 《어린이》(1923년 창간)를 읽고 감명받아 동요·동시 등 창작. 일찍이 문재(文才)를 인정받음.

1929. 일월보통학교 4년 졸업.

1930. 영양보통학교 5년에 편입.

1931. 마을 소년을 모아 '꽃탑'회 조직. 어린이날을 기념하여 문집 《꽃탑》을 발간하고 소인극 등을 공연함. 《꽃탑》에 다수의 프로 동시 및 희곡 발표. 사회과학서적 탐독.

1932. 영양보통학교 졸업.

1933. '월록서당'(月麓書堂)에서 수학중 소설에 흥미를 느끼는 한편 시작에 몰두.

1935. 상경(上京), 오일도(吳一島)의 시원사(詩苑社)에서 머무름. 강노향, 임학수 등과 교우. 박종화로부터 격려받음.

1936. 낙향. 시작에 몰두, 소년회 활동을 재개, 어린이날을 기념하기 위해 소인극(素人劇) 〈목화〉 공연. 이 일로 인해 일경의 집요한 취조와 가택수색을 받고 울분에 싸인 나날을 보냄. 서울에서 방문한 문우 강노향과 함께 일경의 취조를 받고 울분을 못이겨, 이를 뽑은 것도 잊고 술을 마신 일로 주독(수풍)을 얻음.

1937. 음력 3월에 운명.

1938. 3월 오일도, 조지훈의 편집으로 추모 유고시집 《세림시집》 출간.

• 1936년 3월 16일, 소인극 공연 기념촬영. 가운뎃줄 왼쪽에서 두 번째가 지훈,
뒷줄 왼쪽에서 세 번째가 세림.

서(序)

시인 치고 예로부터 불운치 않은 자 적지마는 우리 약관(弱冠) 시인 가운데 한 사람을 들라면 나는 고(故) 세림(世林) 군을 말하고 싶다.

군은 여러 가지 불운 속에서 인생의 꽃다운 청춘의 때를 청춘답게 한 번 못기뻐 보고 낙막(落漠), 우울(憂鬱), 고민(苦悶), 방황(彷徨)으로 지내다가 그 청춘도 길지 못하여 마침내 지난봄 불귀(不歸)의 길을 밟고 말았으니 이 무슨 악착(惡錯)한 운명인고!

군의 시는 전편이 그 운명에 대한 비통(悲痛)한 울음과 우울의 모습과 반항의 정열로 충일되어 있다. 군의 시는 무엇보다 자기를 속이지 않고 자기에게 충실한 시, '시즉기인'(詩卽其人)이란 말은 군을 위하여 더욱 지언(至言)이라 하겠다.

군은 시의 도(道)에 있어서 이러한 진정한 태도와 열렬한 감정의 소유자로서 더욱 부단(不斷)의 노력을 하여 왔다. 앞으로 좀더 여년(餘年)을 허(許)하였더면 장래 우리 시단에 반드시 커다란 기여가 있을 줄 기대하였던 것이 이 또한 수포(水泡)의 나의 망념(妄念), 망망천고(茫茫千古) 유명(幽明)을 격(隔)하여 군의 소식을 어디서 다시 물을고.

군이 이 세상을 떠난 지 벌써 일주(一週)라 지나간 봄은 다시 돌아와서 일월산록(日月山麓)에 마른풀 새 속잎 나리! 이제 그 유고(遺稿) 몇 편으로 작은 책을 만들어 지하의 영(靈)을 위로하는 동시에 멀리 일곡(一哭)에 대(代)한다.

戊寅 春

吳 一 島

아름다운 묘비
― 고 세림의 영전에

동해 가까운 산촌에 그대의 청춘은 영원히 잠들었다. 해질녘 가냘 픈 굴뚝에서 흰 연기 가늘게 피어오를 때 평화한 안식과 소박한 동화 를 그리던 정서도 그대는 다시 즐기지 못하는가. 생전 그대가 그렇게 도 즐기던 그 황혼의 정서를…. 한적(閑寂)한 일월산록(日月山麓)에 한 그루의 보리수(菩提樹)가 있다. 그 나무 그늘 밑에 장식 없는 그 대의 묘지가 있다. 해질녘이면 바람소리만 처량한 그 곳. 간혹, 두세 마리의 꿩이 구슬피 울며 지나가는 그 곳. 태양도 멀고, 별빛도 멀 고, 만가(挽歌)와 울음조차 들을 수 없는 외딴 그곳이다. 그래도 봄 이면 산나물의 향기가 떠돌 것이다. 손질 않은 산화(山花)들이 몇 포 기 계절을 즐길는지도 모른다.

세림, 이제 그대의 영전(靈前)에 거룩하고 아름다운 한 개의 묘비 가 세워진다. 그것이 곧 이 '시집'이다.

세림, 새 계절이 가까워 온다. 흙냄새 진동하는 고향의 땅 속에서 그대 앞에 세워진 아름다운 묘비를 바라보며 계절이 가져오는 봄풍경 을 기다려 보게나.

그대의 명복을 빈다.

戊寅　正初

姜　鷺　鄕

憂　鬱

無聊에 지치인몸
오늘도 들창턱에 기대서서
창살넘어
끝없이 펼처진 하늘을바라보다

새장속에 파들거리는
작은새와같은 삶이여 !
힘오른 팔뚝
퉁겨진 血管속에 靑春은 慟哭한다

失 春 譜

불미꼴 골안에 뻐꾸기 애끊게울어
앞개울 버들가지 無聊한 하로해도 깊었다

虛氣진 어린애들 陽地쪽에 누어 하늘만보거니
휘늘어진 버들가지 물오름도 부질없어라

땅에붙은보리싹 자라기도전 단지밑긁는 살님사리
풀뿌리 나무껍줄을 젖줄삼아 부황난 얼골들이여

옆집 福順이는 七百兩에 몸을팔아 分넘친 自動車를 타드니
아랫마을 長孫네는 머나먼北쪽길 서글픈 쪽백이를 차고

어제는 수동할머니 굶어죽은 송장이 사람을 울리드니
오늘은 마름집고깐에 도적이들었다는 소문이돈다

誤植된 靑春

어수선한 校正室
오늘 하루도
蒼白한 疲勞에 뜻없이 저믄다

빛잃은 電燈이 슬프구나
사늘한세상 가슴속 언어름장은
暖爐의 붉은불로도 녹일길없나니

찌그러진 椅子에 몸을실고
내홀로 준(校正)을보다가
誤植된 活字보고 한숨짓노라

한창 벋어야할 靑春의때를
하로 세끼밥에 목을매고서
憂鬱한 방안에서 이렇게 보내다니

오…… 사랑하는 세월아 !
誤植된 내머리우에 붉은줄을처주지않으려나

春 想

저물기 더딘 봄볕은
산기슭 연못에 깃들고
살낭 살낭 부들어운 바람결에
방싯 방싯 웃는 일홈모를꽃이여 !

파랗게 개인 저— 하늘에
감정빛 제비들이 번거롭고
금가루 은가루냥 반뜩이는모래턱우에
포근한 낮잠이 나를부르다

넘실넘실 춤추는 저긔 江물이
맑게개인 하늘만치 푸르러있고
푸른잎새 욱어진 봉화재우에
붉게타는 저것이 진달내런가

이한봄도 덛없이 보내려는가
불타는 이정렬이 그대로 싸그러지려나
아지랑이 아른아른 눈이황홀코
가고싶은 어니땅도 눈앞에 아른거린다

哀 歌

란이 시집가자 논두렁에 곡식거두니
논뚝길 란의집앞이 무척쓸쓸타

네집앞 포풀라 푸르든잎새가 하나식둘식
벼이삭 탐스럽든 논가온데 휘날려울고

둘이서 거닐든 저괴 洞口숲
옛이야기 간직한 느립나무밑엔 落葉이한아름

아하 가을이라 들판은 쓸쓸하건만
네가 뿌려놓고간 서름의싹은 자꾸커간다

沈　愁

낡은 들창살에 새빨안 夕陽
푸른 담배연기가 비단문의를 그린다

情熱의 입술은 드디어 휘파람조차잊고
靜寂의 氣流속 한간 冷突에 내몸을던저

無聊한 하로해 미련한感情은
오로지 淡淡한 追憶을 깨물고있나니

生活의 물결은 저 멀리 끝없이
마음의 憂愁와 平行되여 몽일줄을 모르고

不安의 보금자리 孤獨에 사모친 서글픈 눈동자가
하늘끝 아득히 푸른搖籃의꿈에 젖어있다

燦爛한 蜃氣樓는 덧없이 褪色해와도
情熱은 재텀이 되여 生活의軌道는 찾을길없고

肉重한 氣流에 여윈가슴을 엎눌려
時計의 움즉임에 微妙한 戰慄이있다

沈愁의 골방속 疲勞한 내영혼아
黃昏을 끌어안고 人生을 逍遙하자

나의靑春은 나의祖國
밝는날 햇빛알에 情熱아 불타거라

搖　籃

哀愁의 힌너울속에 흐득이는 이게집애야！
不安의 네입술가에 가느단 한숨이흐르고

絶望의 구렁속에 여위인 네 눈동자가
하늘끝 저멀리 푸른搖籃의 꿈에젖어있구나

七百里라 洛東江기슭 피무든 발자최남긴
堅實한 靑春의隊伍속 한떨기꽃같이 빛나든게집애야

옛그날 불타든 情熱을 어디다 간직코
意味없는 哀愁에 네靑春을 우느냐

쌀쌀한 가을날 초라한 나무닢새와도같이
젊은情熱의 舞臺 우리의城廓은 허물어지고

勇敢한 意志를 굽힐줄모르든 옛동모들은
敗北의 찬마루장에 억매여 가슴을 뜯지만

구비치는 眞理의물결은 그칠줄모르나니
멀지않아 城廓은다시빛나고 승리의꽃다발은 우리게오리라

絶望의 너울속 不安에떠는 蒼白한 게집애야!
눈감고 가슴속에 옛情熱을 다시불너라

意味없는 哀愁를 저멀리 팽겨치고
씩씩한 生活의 물결속에 뛰여들어라

어두운골목 受難의隊伍가온데 네귀여운얼골을 다시찾을 때
이땅의 사나히 뜨거운가슴을 아낌없이 너를 안아주리라

430

鄕　愁 1

저멀리 내故鄕 그리운 들창앞에
지금쯤 누른국화가 함빡피였으리라

갈미봉 붉게 붉게 타는 단풍닢
아― 黃熟의 앞들에는 거듬도 한물이렷다

뒷산기슭 풋대추 處女의치마를 기다리고
이웃집 감나무알에 발벗은동무들이 옹기종기 모여들겟지

오동나무 달그늘에 글소리 더욱높고
겨울옷 재촉하는 다드미장단이 급하리라

바람찬 서리밤 질화로가에 모여앉아서
밤깊는줄 모르는 구수한 이야기가 그립고나

조고만 보따리 큰뜻을품고
洞口숲 떠나온지 어느듯 몇가을

約束없는 人生의 길 싸늘한 거리에서
헛되히 靑春은 여위여가나니 ……………

鄕　愁 2

不夜城 밝은 불빛을 피해서
으슥한 城터를 헤메는 마음이여

네거리에 괄시받는 푸른달빛이
허무러진 옛城터에 무척밝구나

차거운 성벽에 구지 기대여
멀리 남쪽을 우러러봤소

눈물어린 눈으로 하늘을보며
구슬픈 휘파람도 불어보았소

歸　鄕

八月달 이랑진 바다우으로
山岳같은 배는 비트적 비트적 肉重한 몸을옮긴다

손들면 만저질듯 함폭 나려앉은하늘
한여름 따거운 햇살이 이글이글 뱃전에흐르고
저멀리 大陸의 변두리를 스처온 바다바람에
머리칼은 하늘에대고 넥타이는 기빨처럼 펄럭인다

담배도 사랑도 오늘은 시들하다
눈초리를 저긔아득한 水平線우에던지고 팔장을끼니
가슴속 설레이는 피의波濤 귀에아련히 들닐듯싶다

故鄕 떠난지 十年째…………
옛그날 내양자그려 고요히눈감으니
떠올르는건 몹시도 여위여진 고향의얼골
문득 황소처럼 소리처 울고싶구나

내마음은

내마음은 매방산의 검고큰바위
봄이되면 동무생각 간절합니다

내마음은 우물가의 老松나무라
물깃는 색시들이 그립습니다

내마음은 갈미봉의 붉은진달네
산골처녀 고은손이 그립습니다

내마음은 시냇가의 실버드나무
피리부는 총각들이 그립습니다

내마음은 영창앞의 늙은감나무
가을이면 어린동무 생각납니다

내마음은 우름우는 적은기러기
멀리게신 엄마품이 그립습니다

八月夜半

검은하늘 저쪽끝에 주먹만한 별이빛나고
서늘해진 저녁바람에 호박꽃이 집니다

키다리 포푸라가 달빛을 기다리지만
구름을 쓸기에는 키가모자라는 모양이외다

어둠에 아롱지든 휘파람 소리끊지고
바람쏘이던 별아가씨 검은커—텐속에 숨어버리니

여긔 개울가에 담배불이 외롭다
저건너 주막집에 장명등이 처량타

채 송 화

서늘한 아츰겨를
나의 작은뜰을 장식하는 채송화는 곱다

그러나 대낮의 붉은입술이 大地를 핥을때
애련한 채송화야! 너는파김치같이 시들겠나니

차마 애무선 그情景을 어이보리
나는 오늘도 한나절 내방을 떠나련다

豊 年 頌

아! 끝없는靑杞벌에 함빡豊年이 왔단다
누른물결 넘실거리는 들판에 즐거운우슴이 한창이란다

울며울며 北滿洲로 가버린 오— 내사랑하는 란아!
눈물흔적 뚜렷이 잊혀지지않는 그옛날
너와나 두어린넋이 그얼마나 이날이오기를 기대렸었늬

네가멀리 가버린이제
기뻐야할 豊年에 내가슴은 한창 구슬프구나

뜨거운 두가슴 남몰래 간직한 사랑을
기리기리 키우지못한채 너는가고 말었나니

지금 홍림산 중허리에 저녁煙氣 감돌고
멀리 北쪽하늘가에 붉은노을타는 夕陽이란다
입술을 깨물어도 깨물어도 追憶은 끝없구나

이른봄 靑杞벌에 부슬부슬 구즌비뿌리는 날이였다
너의들 세식구가 정든 이마실을 떠나든날이………

무거운 거름거리 자욱마다 눈물뿌리며
십리길 물탕앞까지

딿아가는 나를 한번 도리켜 보지도않든너
오! 란아! 나는 네 어린가슴속을 잘알었단다

네가 이마실 떠난지도 이미다섯달
지금 끝없는 靑杞벌에 합빡豊年이왔단다

봄마다 나물캐려 네가오르내리든 日月山에
새빩안 단풍들어 봄날보담 아름답고
아름드리 머루다래 넝쿨에 열매가 한창이란다

정다운 네동모들이 즐겁게 오르내리건만
거기서 네귀여운 얼굴은 도시 찾을수없나니
오 ─ 앞날에도 먼앞날에도…………

庭園의 輓歌

선들바람 웅얼거리는 뜰앞 —
늙어야윈 강낭대가 손짓을하오
높아가는 하늘에 손짓을하오

"아이 그만 높아 저요 —"

그러나 只今은 八月
애꾸진 하늘은 들은척 만척
담밑에 菊花닢이 싱글싱글 웃소

이윽고 닥쳐을 運命!
그렇게 사랑스러운 子息을 빼아끼면서도
그래도 말없이 있었건만…………

지성스리 가꾸어주든 총각의손길은
마침내 낯을들고 ………… 오 …………

菊　花

담밑에 쓸쓸이핀 누른菊花야!
네 그孤獨의 姿態가 압흐다

바람에 불려불려 설게울어도
기다리는 나비는 그림자도 없고…………

서릿발 차운손길에
마당가 오동닢새가 한개 두개

길게살아 무엇하리 오래살아 무엇하리
끝내 구슬픈 삶이량이면…………

오 菊花 외로운 내마음아
처량한 바람소리에 가슴이째진다

검 은 밤

달도 불도 담배도 없는밤
멀리 개짖는 소리만 무시무시하게 들린다
일그러진 창살틈으로 밖앝을 내다보니
자욱한 어둠장막속에 마슬은 한잠이들었다

이밤사말고 누가휘파람을 저리애닯이도부노
근심스런 살림의 내일을 울고있나부다
옆집 드높은담안 肥滿한로적 변두리엔
사나운 청삽싸리의 두눈깔이 번득이고있다

절 간 길

푸른달빛이 새여드는
소나무 빽빽한 절간길은
포근한 호랑담뇨처럼 얼눅 덜눅하다

여긔 고요한 길우를 거닐고있나니
쌀랑한 바람 두볼에 부다치나
그윽한 솔거문고소리에 치운줄도 모르고 …………

마즈막 한모금 힘껏 빨아당긴 담배꽁치
멀리 밤하늘로 서글피 팽겨치니
검은 허공에 그붉은線이 아름답구나

푸른달빛이 새여드는
소나무 빽빽한 절간길은
포근한 호랑담뇨처럼 얼룩 덜룩하다

눈날리는밤

꾸무러진 하늘…………
하얀눈이 곤두박질친다
말없이선 街路燈에 빛나는눈발
電車조차 끊어진 잠든거리에
소리없이 한치두치 쌓여만가네

고요히 쌓여가는 힌눈우를
검은발로 지꾸지 밟아보고는
찢어진 내가슴을 어루만젓네

몇번이나 쌌트다가 짓밟힌 希望의쌌을…………

왼종일 짓밟힌 이거리는
눈이나려 포근히 덮어주것만
열여덟해나 시달린 내가슴의 傷處는
어루만저 줄이조차없는가
오 ― 눈속을 달리고싶은 이밤의마음이여

밤

기둥時計 은근스리 옛이야기 중얼대는 바다속처럼 깊은밤
한떨기 장미꽃인양 座燈은 흰무리를 쓰고조은다

책상우 검은 쟁반에 새빩안 능금하나
情熱의 껍질을 베끼고 차거운 哀愁를씹는 나의靑春이여!

우수수흩으러진 머리카락을 만지며만지며
부서진 살님의來日을 곰곰히 設計하다가

별안간 당황스리 서두는 時計소리에 고개를드니
밤은 ………… 두시를가르치는 時計의 바늘끝에와있다

狂想數片

1. 明 月

暗黑을 그리는마음 電燈을끄니 房안은 그대로밝다
오 ·········· 라 오늘이 보름인가봐 ··········

2. 海 巖

激流에 꿈적않는 씩씩한얼굴이여
쉽사리 쓰러진 내마음이 미워지누나

3. 清 流

지낸날 속삭이던 시내언덕밑
물우의 그림자가 외롭기도하이

4. 落 花

얄미운 그게집애 고운얼골도
때홀르면 저꼴되여 지렷다

5. 落 葉

 歷史의바퀴는 자꾸 새놈을 잡아내나니
처음엔 젊든 이時代도 저러하렷다

疲　勞

눈부시는 高燭電燈밑 …………
어둑거리는 벨트

하구루마는 끄님없이 밤을깨물어
時間은 이제 午後의線을 뛰여넘다

눈섭에 조롱조롱 보채는睡眠
벼란간 피스톤 소리가 나른해지드니

소리없는 絶叫
슬프지도 않은 눈물이 빰을적신다

茶　房

구녕뚫린 白銅錢 한푼이 갖어오는安息
生活에 疲勞한 넋을안고 茶房으로가자

몸살나는 機械의 悲鳴도 여긔엔없고
피비린 生活의 악다구니도 여긔엔없다

가시넝쿨 험한길에 지치인넋을
잠간쉬여 타는목을 쉬여보자꾸나

베일쓴 電燈밑 푸른 그늘에
귀설은 異國의노래나마 눈감고 듣자

안개피는 들창가에 란초분이 하나
……………………………

芝薰 趙東卓 先生 年譜

1920. 12. 3. 경북 영양군(英陽郡) 일월면(日月面) 주곡동(注谷洞)에서 부 조헌영(趙憲泳, 제헌 및 2대 국회의원, 6·25 때 납북됨) 모 유노미 (柳魯尾)의 3남 1녀 가운데 차남으로 출생.

1925.~1928. 조부 조인석(趙寅錫)으로부터 한문 수학(修學), 영양보통학교 에 다님.

1929. 처음 동요를 지음. 메테를링크의 〈파랑새〉, 배리의 〈피터팬〉, 와일 드의 〈행복한 왕자〉 등을 읽음.

1931. 형 세림(世林;東振)과 '꽃탑'회 조직. 마을 소년 중심의 문집 〈꽃 탑〉 꾸며냄.

1934. 와세다대학 통신강의록 공부함.

1935. 시 습작에 손을 댐.

1936. 첫 상경(上京), 오일도(吳一島)의 시원사(詩苑社)에서 머무름. 인사 동에서 고서점(古書店) '일월서방'(日月書房)을 열다. 조선어학회에 관계함. 보들레르·와일드·도스토예프스키·플로베르 읽음. 〈살로 메〉를 번역함. 초기 작품 〈춘일〉(春日)·〈부시〉(浮屍) 등을 씀. "된 소리에 대한 일 고찰" 발표함.

1938. 한용운(韓龍雲)·홍로작(洪露雀) 선생 찾아봄.

1939. 《문장》(文章) 3호에 〈고풍의상〉(古風衣裳) 추천받음. 동인지 《백 지》(白紙) 발간함[그 1집에 〈계산표〉(計算表), 〈귀곡지〉(鬼哭誌) 발표함]. 〈승무〉(僧舞) 추천받음(12월).

1940. 〈봉황수〉(鳳凰愁) 추천받음(2월). 김위남(金渭男;蘭姬)과 결혼함.

1941. 혜화전문학교 졸업(3월). 오대산 월정사(月精寺) 불교강원(佛敎講 院) 외전강사(外典講師) 취임(4월). 상경(12월).

1942. 조선어학회 〈큰사전〉 편찬원(3월). 조선어학회 사건으로 검거되어 심문받음(10월). 경주를 다녀옴. 목월(木月)과 처음 교유.

1943. 낙향함(9월).

1945. 조선문화건설협의회 회원(8월). 한글학회 〈국어교본〉 편찬원(10월). 명륜전문학교 강사(10월). 진단학회 〈국사교본〉 편찬원(11월).

1946. 경기여고 교사(2월). 전국문필가협회 중앙위원(3월). 청년문학가협회 고전문학부장(4월). 박두진(朴斗鎭)·박목월(朴木月)과의 3인 공저 《청록집》(靑鹿集) 간행. 서울 여자의전(女子醫專) 교수(9월).

1947. 전국문화단체총연합회 창립위원(2월). 동국대 강사(4월).

1948. 고려대학교 문과대학 교수(10월).

1949. 한국문학가협회 창립위원(10월).

1950. 문총구국대(文總救國隊) 기획위원장(7월). 종군(從軍)하여 평양에 다녀옴(10월).

1951. 종군문인단(從軍文人團) 부단장(5월).

1952. 제2 시집 《풀잎 단장(斷章)》 간행.

1953. 시론집 《시의 원리》 간행.

1956. 제3 시집 《조지훈 시선》 간행. 자유문학상 수상.

1958. 한용운(韓龍雲) 전집 간행위원회를 만해(萬海)의 지기 및 후학들과 함께 구성함. 수상집(隨想集) 《창에 기대어》 간행.

1959. 민권수호국민총연맹 중앙위원. 공명선거 전국위원회 중앙위원. 시론집 《시의 원리》 개정판 간행. 제4 시집 《역사 앞에서》 간행. 수상집 《시와 인생》 간행. 번역서 《채근담》(菜根譚) 간행.

1960. 한국교수협회 중앙위원. 세종대왕 기념사업회 이사. 3·1 독립선언 기념비건립위원회 이사. 고려대아세아문제연구소 평의원.

1961. 세계문화 자유회의 한국본부 창립위원. 벨기에의 크노케에서 열린 국제시인회의에 한국대표로 참가. 한국 휴머니스트회 평의원.

1962. 고려대 한국고전국역위원장. 《지조론》(志操論) 간행.

1963. 고려대 민족문화연구소 초대 소장. 《한국문화사대계》(韓國文化史大系) 제 6 권 기획. 《한국민족운동사》 집필.

1964. 동국대 동국역경원 위원. 수상집 《돌의 미학》 간행. 《한국문화사대계》 제 1 권 〈민족·국가사〉 간행. 제 5 시집 《여운》(餘韻) 간행. 《한국문화사서설》(韓國文化史序說) 간행.

1965. 성균관대 대동문화연구원(大東文化硏究院) 편찬위원.

1966. 민족문화추진위원회 편집위원.

1967. 한국시인협회 회장. 한국 신시 60년 기념사업회 회장.

1968. 5월 17일 새벽 5시 40분 기관지 확장으로 영면(永眠). 경기도 양주군 마석리(磨石里) 송라산(松羅山)에 묻힘.

1972. 남산에 '조지훈 시비'가 세워짐.

1973. 《조지훈 전집》(全 7권)을 일지사(一志社)에서 펴냄.

1978. 《조지훈 연구》(金宗吉 등)가 고려대학교 출판부에서 나옴.

1982. 향리(鄕里)에 '지훈 조동탁 시비'를 세움.

가족사항

미망인 김위남(金渭男) 여사(88세)

장남 광열(光烈, 미국 체류)	자부 고부숙(高富淑)
차남 학열(學烈)	자부 이명선(李明善)
장녀 혜경(惠璟)	사위 김승교(金承敎)
삼남 태열(兌烈, 주 스페인 대사)	자부 김혜경(金惠卿)

趙芝薰 전집 3

문 학 론

1996년 10월 15일 발행
2010년 4월 5일 2쇄

著 者 : 趙 芝 薰
發行人 : 趙 相 浩

發行處 : (주) 나 남

413-756

경기도 파주시 교하읍 출판도시 518-4

전화 : (031) 955-4600 (代),   FAX : (031) 955-4555

등록 : 제 1-71호 (79. 5. 12)

http://www.nanam.net

post@nanam.net

ISBN 978-89-300-3443-2

책값은 뒤표지에 있습니다.